Axel Breuckmann / Nicole Würth

ZDF WISO
Ratgeber
Rechtsstreit

REDLINE WIRTSCHAFT
bei ueberreuter

Axel Breuckmann / Nicole Würth
WISO Ratgeber Rechtsstreit:
Anwaltssuche, Prozesskostenhilfe, Rechtsschutzversicherung, Prozesstaktik,
Streitschlichtung
Frankfurt/Wien: Redline Wirtschaft bei ueberreuter, 2003
ISBN 3-8323-1009-6

Unsere Web-Adressen:

http://www.redline-wirtschaft.de
http://www.redline-wirtschaft.at

1 2 3 / 2005 2004 2003

Alle Rechte vorbehalten
Umschlag: INIT, Büro für Gestaltung, Bielefeld
Coverabbildung: Getty Images, München
Copyright © 2003 by Wirtschaftsverlag Carl Ueberreuter, Frankfurt/Wien
Druck: Himmer, Augsburg
Printed in Germany

Das bietet WISO – Rechtsstreit

Inhalt

Vorwort 13

I. Das Beschaffen rechtlicher Informationen. 15
  1. Erst informieren, dann streiten 15
  2. Allgemeine Informationsquellen 16
    a) Bücher und Broschüren... 16
    b) Zeitschriften und Zeitungen 20
    c) CD-ROM, DVD 21
    d) Internet 22
    e) Internet-Foren, Newsgroups.. 26
    f) Newsletter, Mailinglisten... 28
    g) SMS2mail 28
    h) Faxabrufe.. 28
    i) Telefonaktionen 30
    j) Funk und Fernsehen 31
    k) Vorträge, Seminare, Kurse, Informationsabende 31
    l) Freunde und Bekannte... 31
    m) Rechtsrat durch Verbände, Organisationen,
       Behörden und andere Einrichtungen................................ 32
  3. Individuelle Rechtsberatung... 33
    a) Rechtsrat nur durch autorisierte Stellen 34
    b) Anwalt... 37
    c) Notar 37
    d) Steuerberater und Lohnsteuerhilfevereine........................... 42
    e) Öffentliche Rechtsberatung.. 44
    f) Verbraucherzentralen 45
    g) Gewerkschaften 46
    h) Sozial-, Behinderten- und Wohlfahrtsverbände 47
    i) Mietervereine 47
    j) Schuldnerberatungsstellen... 48
    k) Inkassobüros.. 49

II. Das richtige Verhalten im Streitfall 50
  1. Ziele bestimmen.. 50
  2. Mündlich oder schriftlich vorgehen?................................... 50
  3. Der richtige Tonfall... 51

4. Aufbau und Inhalt eines Schreibens 52
5. Was tun, wenn ein Schreiben vom Gegner kommt? 53
6. Druckmittel: Schreiben über den Anwalt 54
7. Wie man ein Schreiben an den Gegner übermittelt 56
8. Sich einigen ist oft besser als streiten 59
9. Das letzte Mittel: Den Gegner verklagen 59
10. Risiken rechtsschutzversichern 60
11. Richtig mahnen 60
    a) Wenn der Schuldner nicht zahlt 60
    b) Erst denken, dann mahnen 61
    c) Rechnung, Zahlungserinnerung, Mahnschreiben 62
    d) Was der Schuldner tun kann 65
    e) Anschrift und Aufenthaltsort des Schuldners 66
    f) Auskunftsrecht und Kostenerstattung 70
    g) Die Vermögensverhältnisse des Schuldners 70
    h) Einsatz eines Inkassobüros 71
    i) Einsatz „schwarzer Männer" 73
12. Nicht verpassen: Fristen und Termine 74
    a) Wer zu spät kommt, den bestraft das Leben – oder das Gesetz 74
    b) Fristversäumung: Auf den Nachweis kommt es an 75
    c) Äußerste Grenze ist die Verjährung 76
    d) Neue Ereignisse – andere Verjährungsregeln 77
13. Beweise sichern 78
    a) Schriftstücke 78
    b) Zeugen 80
    c) Sachverständigengutachten 83
14. Umgang mit Behörden 87

III. Die Vertretung durch den Rechtsanwalt 90
1. Bei welchen Problemen der Anwalt hilft 90
2. Wodurch sich ein passender Anwalt auszeichnet 91
    a) Berufliche Qualifikation 91
    b) Kompetenz 94
    c) Größe der Kanzlei 95
    d) Standort und Ausstattung der Kanzlei 98
    e) Bekanntheitsgrad und Ruf der Kanzlei 99
    f) Kosten des Anwalts 99
    g) Soziale Kompetenz 99
    h) Erreichbarkeit 100
    i) Einsatzbereitschaft, Zuverlässigkeit, Flexibilität 101
    j) Alter und Erfahrung des Anwalts 101
    k) Geschlecht 102
    l) Persönlichkeit 102
    m) Sprache 103

WISO – Rechtsstreit

n) Anwalt, Notar oder andere Berufe in einer Person 103
o) Zusammenarbeit der Kanzlei mit anderen Berufsgruppen 104
p) Kanzleiwerbung 104
q) Serviceleistungen für Mandanten 107
r) Tätigkeiten des Anwalts als Autor, Kolumnist, Vortragsredner,
   Fernseh- und Radiojurist oder Experte bei Telefonaktionen 107
s) Gütesiegel, Ranking-Listen, Auszeichnungen,
   Referenzen, Mitgliedschaften 108
t) Fazit 109
3. Wie ein passender Anwalt zu finden ist 109
   a) Empfehlungen von Freunden oder Bekannten 109
   b) Gelbe Seiten und Telefonbücher 110
   c) Rechtsanwaltskammern 111
   d) Deutscher Anwaltsverein e.V. 111
   e) Weitere Anwaltssuchdienste 112
   f) Gerichte 113
   g) Interessenverbände 113
   h) Rechtsschutzversicherungen 113
   i) Verbraucherzentralen 113
   j) Anwalts-Ranglisten 114
4. Was bei der Kontaktaufnahme mit dem Anwalt zu beachten ist 114
   a) Terminvereinbarung 114
   b) Beratung in der Kanzlei 115
   c) Beratung zu Hause, im Geschäft oder an einem anderen Ort 117
   d) Telefon- und Hotline-Beratung 118
   e) Online-Beratung 119
   f) Anwaltliche Beratung bei Verbänden und anderen Stellen 119
5. Was bei der Zusammenarbeit mit dem Anwalt zu beachten ist 120
6. Was tun, wenn der Anwalt Fehler macht? 122
7. Haftung des Anwalts 126
8. Was ein Anwalt kostet 130
   a) Beratung nur gegen Bezahlung 130
   b) Höhe der Gebühren 130
   c) Gesetzliche Gebühren und Streitwert 131
   d) Honorarvereinbarung 133
9. Die Anwaltsrechnung 135
10. Wer die Kosten des Anwalts trägt 139

IV. Die Beilegung von Streitigkeiten ohne Gericht 144
1. Die Vor- und Nachteile einer Schlichtung 144
2. Die unterschiedlichen Schlichtungsverfahren im Überblick 146
   a) Reine Vermittlung oder Mediation 146
   b) Echte Schlichtung 148
   c) Entscheidung durch ein privates Schiedsgericht 148

3. Wann eine Verpflichtung zur Schlichtung besteht 150
   a) Die einzelnen Fälle 150
   b) Besonders wichtig: Schlichtungspflicht bei Bagatellstreitigkeiten 151
4. Schlichtung bei Schiedsämtern und anderen allgemeinen Stellen 155
   a) Schiedsämter 156
   b) Öffentliche Vergleichsstellen 156
   c) Anwälte, Notare und Rechtsanwaltskammern 157
5. Schlichtung bei ausgewählten branchenspezifischen Gütestellen 157
   a) Abschleppen 157
   b) Autoreparaturen 158
   c) Bauen 158
   d) Computer, EDV 160
   e) Gebrauchtwagenkauf 160
   f) Geld und Finanzen 160
   g) Gesundheit 162
   h) Handel und Gewerbe 163
   i) Handwerk 163
   j) Mieten und Wohnen 164
   k) Radio und Fernsehen 165
   l) Rechtsanwälte 165
   m) Steuerberater 165
   n) Telekommunikation 166
   o) Textilreinigung 166
   p) Verbraucherangelegenheiten allgemein 167
   q) Versicherungen 167

V. Die Durchführung eines gerichtlichen Mahnverfahrens 169
1. Mahnverfahren nur ausnahmsweise 169
2. Mahnverfahren gut vorbereiten 170
3. Mahnverfahren nur für Geldforderungen 171
4. Der Weg zum Mahnbescheid 171
   a) Antrag auf amtlichem Vordruck 171
   b) Antrag auf Formularen im Internet 173
   c) Erlass des Mahnbescheids 173
   d) Möglichkeit zum Widerspruch 174
   e) Vollstreckungsbescheid und Einspruch 174
5. Kein Anwaltszwang 175
6. Wie der Schuldner sich wehrt 176

VI. Die Durchführung eines gerichtlichen Prozesses 178
1. Der letzte Ausweg 178
2. Vorüberlegungen zum Prozess 179
3. Anwalt ja oder nein? 180
4. Das richtige Gericht 183

8   WISO – Rechtsstreit

5. Wie eine Klage erhoben wird ... 186
6. Der Ablauf eines Prozesses ... 189
7. Wie lange ein Prozess dauert ... 192
8. Worauf der Kläger achten muss ... 192
9. Worauf der Beklagte achten muss ... 195
10. Das Urteil des Gerichts ... 195
11. Was man gegen ein Urteil tun kann ... 197
12. Kosten des Prozesses ... 199
13. Besonderheiten einzelner Verfahren ... 202
    a) Arbeitsgericht ... 202
    b) Familiengericht ... 203
    c) Finanzgericht ... 203
    d) Sozialgericht ... 204
    e) Strafgericht ... 204
    f) Verfahren der freiwilligen Gerichtsbarkeit ... 206
    g) Verwaltungsgericht ... 206
    h) Verfassungsgericht ... 207

VII. Die Durchsetzung von Rechten nach einem Prozess ... 208
1. Häufig geht es nur mit Zwang ... 208
2. Selbsthilfe ist verboten ... 209
3. Wie der Gläubiger bei der Zwangsvollstreckung vorgeht ... 210
4. Was der Gerichtsvollzieher macht ... 213
5. Tipps für den Schuldner ... 214
   a) Zahlungsvereinbarungen treffen ... 214
   b) Keine Angst vor der Pfändung ... 214
   c) Zur Not: Zutritt verweigern ... 215
   d) Die Abgabe einer eidesstattlichen Versicherung ... 215
   e) Rechtsmittel einlegen ... 216
6. Schnäppchen: Versteigerung ... 217

VIII. Die Finanzierung eines Rechtsstreits ... 219
1. Kostenhilfe durch den Staat ... 219
   a) Beratungshilfe ... 220
   b) Prozesskostenhilfe ... 224
2. Kostenübernahme durch Rechtsschutzversicherungen ... 229
   a) Vertragsabschluss nur bei Bedarf ... 230
   b) Alternativen prüfen ... 231
   c) Gezielt versichern ... 233
   d) Wahl des Versicherers: Gleiche Leistungen – unterschiedliche Preise ... 236
   e) Kleingedruckt, doch groß geschrieben: Die Vertragsbedingungen ... 238
   f) Was tun im Versicherungsfall? ... 239
   g) Wenn die Deckung abgelehnt wird ... 241
   h) Was die Versicherung zahlt ... 242

  i) Problem: Sperrfristen 243
  j) Problem: Streitigkeiten aus der Vergangenheit 244
  k) Ausstieg aus dem Versicherungsvertrag 244
 3. Finanzierung von Prozesskosten über spezielle Unternehmen 245
  a) Prinzip: Geld gegen Erfolg 245
  b) Entscheidend: Erfolgsaussichten und Streitwert 247
  c) Wie die Finanzierung abläuft 248
  d) Wenn der Finanzierer vorzeitig aussteigt 249
  e) Die Auswahl des Finanzierers – verhandeln und vergleichen 249
  f) Vorsicht: Geldgeber ohne Geld 250
 4. Vorschuss für die Prozesskosten aus der Familie 251
  a) Vorschuss für den Ehegatten 251
  b) Vorschuss für die Kinder 254
 5. Wirtschaftliche Entlastung von Prozesskosten in besonderen Fällen 254
 6. Kostenübernahme durch Vereine, Verbände und andere Organisationen 255
  a) Gewerkschaften 255
  b) Sozial- und Behindertenverbände 256
  c) Wohlfahrtsverbände... 256
  d) Lohnsteuerhilfevereine 256
  e) Mietervereine 257
  f) Automobilclubs 257
  g) Arbeits- und Arbeitnehmerkammern 258
 7. Kostengünstige Beratung durch spezielle Beratungsstellen 258
  a) Verbraucherzentralen 258
  b) Schuldnerberatungsstellen 259
  c) Öffentliche Rechtsberatung 259

IX. Streitigkeiten mit internationalem Bezug 260
 1. Sorgfältig informieren 260
 2. Rat vom Anwalt einholen 261
 3. Konflikte ohne Gericht regeln 262
  a) Allgemeine Verbrauchergeschäfte 263
  b) Banken und Versicherungen 263
  c) e-Commerce 264
  d) Verwaltung und Behörden 265
  e) Schiedsgerichte 265
 4. Internationale Prozesse und Vollstreckungsmaßnahmen 266

Anhang 267
Anschriften von Bundesbehörden und anderen Bundeseinrichtungen 267
Beispiel: Schriftliche Aufforderung zur Zahlung eines Kaufpreises 273
Beispiel: Zahlungserinnerung und Mahnschreiben 274
Beispiel: Klage auf Zahlung eines Kaufpreises 276
Beispiel: Erwiderung auf eine Klage auf Zahlung eines Kaufpreises 278
Beispiel: Klage auf rückständiges Gehalt 279

Antrag auf Beratungshilfe mit Hinweisblatt 281
Antrag auf Prozesskostenhilfe mit Hinweisblatt 285
Antrag auf Erlass eines Mahnbescheides mit Hinweisen 292
Tabelle Gerichtsgebühren 294
Tabelle Rechtsanwaltsgebühren 295
Tabelle Notargebühren 296
Tabelle Raten bei Prozesskostenhilfe 297
Tabelle Pfändungsfreigrenzen 298

Stichwortregister 304

Der WISO-Zuschauerservice 308
WISO-Bookware 309
    Buch und Software in einem Paket 309

Die WISO-Bücher im Überblick 310

Vorwort

Ob beim morgendlichen Brötchenkauf, beim Benutzen öffentlicher Verkehrsmittel oder beim Buchen der Urlaubsreise – fast täglich treffen wir Entscheidungen, die einen komplizierten rechtlichen Hintergrund haben. Viele Alltagsgeschäfte gehen dabei über die Bühne, ohne dass die Beteiligten großartig darüber reden. Doch nicht in allen Fällen sollte sich der Verbraucher auf den Zufall verlassen. Geht es etwa um persönlich oder finanziell folgenschwere Entscheidungen wie den Kauf eines Hauses oder den Abschluss eines Mietvertrages, muss vielmehr gezielt vorgesorgt werden, um Streitereien von vornherein zu vermeiden. Schriftliche Vereinbarungen mit klaren und eindeutigen Regelungen sowie eine frühzeitige rechtliche Beratung können hierbei helfen. Doch trotz aller Vorsicht: Die Gefahr, in einen Rechtsstreit hineingezogen zu werden, lässt sich nicht ausschließen. Selbst der Frömmste kann bekanntlich nicht in Frieden leben, wenn es dem bösen Nachbarn nicht gefällt.

Kommt es zum Streit, wollen viele Bürger die Sache erst einmal selbst in die Hand nehmen. „Do it yourself", heißt die Devise – auch bei der Durchsetzung der eigenen Rechte. Wer sich selbst helfen will, steht allerdings häufig vor grundlegenden Fragen: Wo erhalte ich rechtliche Informationen? Wie muss ich mich gegenüber meinem Kontrahenten verhalten? Wie läuft ein Streit vor Gericht ab? Welche Schritte sind notwendig, um am Ende zu seinem Recht zu kommen? Welche Kosten kommen auf mich zu? Wie kann ich einen Rechtsstreit finanzieren? Was passiert bei Streitereien mit Auslandsbezug?

Manche Rechtsfälle wiederum sind so kompliziert, dass der Verbraucher von vornherein nicht auf fremde Hilfe verzichten sollte. Schließlich operiert sich auch niemand am Herzen, nur weil er vorher mal ein Buch darüber gelesen hat. Wer sich dazu entschließt, sich nicht selbst zu helfen, sondern helfen zu lassen, der muss erst einmal wissen, wer ihm am besten helfen kann. Der gut gemeinte Ratschlag, sich in solchen Fällen an einen Anwalt zu wenden, hilft den Betroffenen meist nur wenig weiter. Welcher Anwalt ist für ihren Fall der Richtige? Lohnt es sich überhaupt, einen Anwalt einzuschalten? Wer muss den Anwalt bezahlen? Was passiert, wenn der Anwalt einen Fehler macht? Kann man sich auch bei anderen Stellen rechtlich beraten lassen? Sind solche Beratungen günstiger als beim Anwalt? Haben sie die gleiche Qualität? Lässt sich der Konflikt auch vor einem Schlichter lösen? Das sind die Fragen, auf die der Verbraucher hier eine Antwort braucht.

Der vorliegende Ratgeber WISO-Rechtsstreit gibt dem interessierten Verbraucher einen Leitfaden an die Hand, mit dem er für jeden Rechtsstreit gut gerüstet ist. Das Buch liefert die nötigen Informationen, um im Streitfall in die Offensive zu gehen und seine eigenen Rechte erfolgreich durchzusetzen. Es hilft, die richtige Strategie zu entwickeln, Fehler zu vermeiden und auf dem Weg zum Recht keine wichtigen Punkte zu übersehen. Behandelt wird das gesamte „Drumherum" rechtlicher Konflikte – von der Selbsthilfe über die Anwaltssuche bis zur Prozessfinanzierung. Das Buch ist damit die passende und notwendige Ergänzung zu sämtlichen verbraucherrechtlichen Nachschlagewerken. Die Sprache ist bewusst einfach und verständlich gehalten. Zahlreiche in den Text eingearbeitete Adressen bieten Gelegenheit, sich schnell und gezielt weitergehende Informationen zu beschaffen. Konkrete Hilfestellungen geben außerdem Tabellen und Mustertexte im Anhang.

Aus Gründen der besseren Lesbarkeit haben wir uns darauf beschränkt, von „männlichen" Personen wie Verbrauchern, Anwälten oder Richtern zu sprechen. Gemeint sind damit aber natürlich immer auch die entsprechenden weiblichen Personen.

Dr. jur. Axel Breuckmann
Nicole Würth

I. Das Beschaffen rechtlicher Informationen

1. Erst informieren, dann streiten

Rechtliche Probleme treffen einen oft nicht wie der Blitz aus heiterem Himmel. Der Streit mit dem Autoverkäufer, der Ärger mit dem Chef, die Auseinandersetzung mit dem Vermieter, die Trennung vom Partner – meist schwelen Konflikte bereits eine Weile, ehe es irgendwann einmal zum großen Krach kommt. Die Aufwärmphase „nutzen" die Betroffenen häufig dazu, die Angelegenheit im Familienkreis zu erörtern und sich mit ihrem Gegenüber wilde Schrift- oder Wortwechsel zu liefern. Beliebt sind auch stundenlange Telefonate mit Freunden oder Bekannten, um die Sache rechtlich auszudiskutieren und sich passende Strategien für das weitere Vorgehen zu überlegen. Das Problem: Am Ende ist der Betroffene vor lauter guten Ratschlägen meist genauso schlau wie vorher. Und wenn es später richtig ernst wird, wenn also die andere Seite zur Lösung des Konfliktes einen Anwalt oder das Gericht einschaltet, weiß er immer noch nicht, wer nun eigentlich Recht hat. Was aber noch viel schwerer wiegt: Durch fehlende oder unzureichende Informationen passieren unter Umständen bereits im Frühstadium einer Auseinandersetzung Fehler, die sich später nur noch schwer korrigieren lassen. Wichtig ist es deshalb, sich möglichst frühzeitig das nötige rechtliche Hintergrundwissen zu verschaffen, um drohende Streitereien von vornherein in die richtige Richtung zu lenken. Gute Kenntnisse helfen,

- die eigene Situation zutreffend und realistisch einzuschätzen,
- die Gegenseite von den eigenen Argumenten zu überzeugen,
- selbstbewusster und zielstrebiger aufzutreten,
- zur richtigen Zeit die richtigen Maßnahmen zu treffen,
- den eigenen Anwalt umfänglich über den Sachverhalt zu unterrichten, die Bearbeitung des Falles zu beschleunigen und keine wichtigen Hinweise zu vergessen,
- die Ausführungen der Gegenseite oder ihres Anwaltes auf ihre Richtigkeit zu überprüfen,
- sich mit dem Gegner zu einigen,
- den Streit so schnell zu beenden wie möglich.

Wichtig: Selbst wenn ein rechtliches Problem völlig überraschend auftaucht, also etwa von einem Tag auf den anderen eine Kündigung des Chefs ins Haus flattert oder der Polizist bei der Verkehrskontrolle ein Bußgeld verlangt, sollte der Betroffene sich nicht zu irgendwelchen Schnellschüssen verleiten lassen. Vielmehr gilt auch hier das Motto: Erst informieren, dann handeln. Zumindest für eine Beratung durch einen Rechtsanwalt reicht die Zeit im Normalfall immer aus.

WISO rät: Verdrängen Sie rechtliche Probleme nicht, sondern stellen Sie sich Ihnen. Verhalten Sie sich nicht passiv, sondern nehmen Sie die Sache aktiv in die Hand. Gehen Sie dabei ruhig, zielstrebig und systematisch vor.

Verschaffen Sie sich zunächst einen Überblick über Ihre rechtliche Situation. Nutzen Sie hierzu allgemeine Informationsquellen, wie etwa Bücher oder Medien. Lassen Sie sich gegebenenfalls individuell beraten, beispielsweise durch einen Rechtsanwalt oder bei einer Verbraucherzentrale. Achten Sie darauf, dass Ihre Quellen zuverlässig sind.

Ziehen Sie aus Ihren Informationen keine voreiligen Schlüsse, sondern überlegen Sie stets gut, welchen Schritt Sie als Nächstes ergreifen. Sichern Sie Ihre Informationen notfalls noch einmal ab. Vermeiden Sie vor allem vorschnelle und unüberlegte Wort- oder Schriftwechsel mit Ihrem Gegner.

2. Allgemeine Informationsquellen

Um sich einen allgemeinen Überblick über seine Rechte zu verschaffen, stehen dem Verbraucher eine ganze Reihe von Möglichkeiten zur Verfügung. Die einzelnen Informationsangebote sind nicht nur für diejenigen von Interesse, die sich im Streitfall selbst helfen wollen. Auch wer einen Anwalt oder eine andere Beratungsstelle einschaltet, sollte sich auf diesem Weg schlau machen. Die eigenen Kenntnisse helfen dann, die Ratschläge des Anwalts zu überprüfen und mit ihm zusammen das bestmögliche Ergebnis aus dem Fall herauszuholen.

a) Bücher und Broschüren

Kaufen, Bestellen, Ersteigern

Zu jeder Art von juristischen Problemen gibt es im Buchhandel eine Unmenge an Fachliteratur. Häufig kann der Interessent sogar zusätzlich noch wählen, ob er die Informationen in der klassischen Buchform oder auf elektronischen Datenträgern, wie etwa CD-ROMs, haben möchte. Das Problem: Die meisten juristischen Bücher sind nicht für den Verbraucher, sondern für den juristischen Fachmann geschrieben und deshalb nur schwer verständlich. Außerdem steht ihr Anschaffungspreis in der Regel in keinem vernünftigen Verhältnis zu ihrem Ertrag. Für den Verbraucher ist es deshalb wichtig zu wissen, welche Bücher ihm seine Fragen schnell, kostengünstig und einfach verständlich beantworten. Denn nur solche Bücher sind für den Rechtssuchenden wirklich von Interesse. Abstriche bei der Qualität sollte der Leser dafür natürlich trotzdem nicht in Kauf nehmen.

Spezielle Verbraucherbücher

Auf dem Markt gibt es mittlerweile mehrere Buchreihen, die sich speziell auf die Bedürfnisse von Verbrauchern eingestellt haben. Neben der WISO-Buchreihe, die Sie im Überblick am Ende des Buches sehen können, sind auch die Broschüren der Verbrau-

I. Das Beschaffen rechtlicher Informationen

cherzentralen, etwa zu Rechtsfragen bei Eigenheimbau, Handwerkerrechnungen, Reiserecht, Erbschaften oder Altersvorsorge, empfehlenswert. Der Vertrieb der Ratgeber erfolgt ausschließlich über die Verbraucherzentralen. Eine Übersicht über aktuelle Bücher und Broschüren erhält der Verbraucher beim Bundesverband der Verbraucherzentralen e.V., Markgrafenstr. 66, 10969 Berlin, Tel.: 030/25 80 00, Fax: 030/25 80 05 18, e-Mail: info@vzbv.de, oder im Internet unter www.vzbv.de. Hier finden sich auch die Adressen der einzelnen Verbraucherzentralen, die zum Teil eigene Publikationslisten bereithalten, wie etwa die Verbraucherzentrale Nordrhein-Westfalen e.V., Mintropstraße 27, 40215 Düsseldorf, Tel.: 0211/380 90, Fax: 0211/380 91 72, e-Mail: publikationen@vz-nrw.de, Internet: www.vz-nrw.de.

Kostenlose Bestellmöglichkeiten

Erste Adresse für kostenlose Bestellungen sind die Bundesministerien der Bundesregierung. Hier erhält der interessierte Verbraucher eine Vielzahl von Broschüren über verschiedene Rechtsthemen. Die Broschüren sind in der Regel kurz und übersichtlich, je nach Gebiet können sie aber auch mal bis zu über hundert Seiten stark sein. Wer sich erst einmal allgemein über ein Thema informieren oder Adressen weiterer Anlaufstellen finden möchte, für den sind die Broschüren auf jeden Fall ein idealer Einstieg. Weiterer Vorteil: Die Veröffentlichung durch die Bundesministerien garantiert ein hohes Maß an Aktualität, Neutralität und Richtigkeit der angebotenen Informationen. Und noch ein zusätzliches Plus: Die Broschüren können im Regelfall nicht nur kostenlos bestellt, sondern auch online als PDF-Datei heruntergeladen werden. Auch das ist kostenfrei. Das entsprechende Programm, um die PDF-Dateien am PC lesen oder ausdrucken zu können, der so genannte Adobe Acrobat Reader, wird auf den entsprechenden Webseiten gleich mitgeliefert. Er kann aber auch kostenlos im Internet heruntergeladen werden, etwa unter www.adobe.de.

Bei welchen Bundesministerien Sie Broschüren oder Verzeichnisse anfordern können, finden Sie im Anhang. Aufgeführt sind auch weitere Bundesbehörden oder Körperschaften, die kostenlose oder kostengünstige Broschüren, Informationsmaterialien und Gesetzestexte bereithalten.

Gute Links zu den Institutionen und weiteren Behörden finden sich im Internet etwa unter www.bund.de und www.brak.de.

Achtung: Natürlich bieten nicht nur die Bundesministerien, sondern auch die Ministerien und Senate der einzelnen Bundesländer umfangreiches Informationsmaterial zu rechtlichen Themen an. Besonders wichtig sind diese Anlaufstellen bei Rechtsfragen, für die besondere landesrechtliche Vorschriften gelten, wie etwa bei der außergerichtlichen Streitbeilegung oder beim Baurecht. Auch Adressen von Gerichten, Behörden oder sonstigen Einrichtungen in der näheren Umgebung lassen sich auf diesem Weg am besten in Erfahrung bringen. Zuständig für den Versand von Informationsmaterialien sind die einzelnen Ministerien und Senate. Die Adressen erfahren Sie über die jeweiligen Staats- und Senatskanzleien oder über das Internet, wie etwa unter www.hessen.de, www.bayern.de usw.

2. Allgemeine Informationsquellen

Kauf auf eigene Faust

Sicherlich: Es gibt auch noch andere als die aufgeführten Bücher und Broschüren, die den Verbraucher mit Rechtsinformationen versorgen. Die Qualität der Bücher ist allerdings sehr unterschiedlich. Viele Verbraucherhandbücher sind beispielsweise von reinen Rechtsanwälten oder Richtern geschrieben. Wer aber ein guter Rechtsanwalt oder Richter ist, muss noch lange kein guter Autor sein. Im Gegenteil: Ein Buch für den juristischen Laien zu schreiben ist eine Kunst, die nur die wenigsten Juristen beherrschen. Ein weiteres Problem: An den Büchern selbst lässt sich oft nur schwer erkennen, ob hinter den Veröffentlichungen nicht handfeste wirtschaftliche Interessen bestimmter Verbände oder anderer Gruppierungen stecken. Und ob ein Buch für die konkrete Rechtsfrage wirklich brauchbar ist oder nicht, kann der Verbraucher meist auch erst im Nachhinein beurteilen. Deshalb sollte man hier nie die Katze im Sack kaufen. Denn sonst ist das Geld nachher futsch, ohne dass es einen Ertrag gebracht hätte.

Wer sich mit den zuvor genannten Buchtipps nicht zufrieden geben, sondern auf eigene Faust ein Buch erwerben möchte, der sollte sich beim Kauf wenigstens die Zeit nehmen, sich in Ruhe mehrere Bücher anzuschauen und diese „anzulesen". Am besten geht das natürlich in größeren Buchläden oder juristischen Fachbuchhandlungen, da hier die Auswahl an rechtlicher Literatur am größten ist. Eine wertvolle Entscheidungshilfe kann auch die kompetente Beratung durch einen Verkäufer sein. Dessen Ratschlägen sollte man allerdings nicht blind vertrauen, sondern sich durch einen Blick in die Bücher vergewissern, ob die Empfehlungen mit den eigenen Vorstellungen übereinstimmen.

Schwierig wird es mit der Beratung und Selbstinformation natürlich, wenn ein Buch online gekauft oder ersteigert werden soll, etwa beim virtuellen Buchladen www.amazon.de oder dem virtuellen Auktionshaus www.ebay.de. Diese Adressen sind deshalb vor allem für diejenigen empfehlenswert, die bereits wissen, welches Buch sie erwerben wollen.

Übrigens: Im Buchhandel gilt nach wie vor die Preisbindung. Wer also ein neues Buch kaufen möchte, der zahlt hierfür in jedem Buchladen grundsätzlich das Gleiche. Trotzdem sollte natürlich jeder die Preise verschiedener Bücher vor dem Kauf vergleichen.

WISO rät: Bei kleineren Problemen ist es meist nicht erforderlich, sich gleich ein ganzes Buch zu kaufen. Schauen Sie vielmehr, ob es in Ihrer Umgebung die Möglichkeit gibt, sich ein entsprechendes Buch für eine gewisse Zeit auszuleihen oder einzusehen, etwa in einer Bibliothek oder Bücherei, beim Nachbarn oder bei Freunden. So können Sie auch leichter entscheiden, ob es sich vielleicht lohnt, das Buch später doch noch selbst anzuschaffen.

Ausleihen, Kopieren, Lesen

Büchereien, in denen man sich Verbraucherbücher ausleihen kann, finden sich in zahlreichen deutschen Städten und Gemeinden. Viele von ihnen führen für solche Bücher sogar eigene Rubriken mit der Bezeichnung „Recht" oder „Jura". Das Problem: Die ge-

I. Das Beschaffen rechtlicher Informationen

wöhnlichen Stadt- oder Gemeindebüchereien sind in der Regel nicht darauf ausgerichtet, ihre Leser mit juristischen Informationen zu versorgen. Das Angebot ist hier deshalb eher mäßig. Besser ausgestattet sind da schon die Landesbibliotheken, von denen es allerdings in jedem Bundesland nur eine gibt. Wer bei der Ausleihe dagegen gar keine Kompromisse eingehen will, der muss sich an die deutsche Bibliothek in Frankfurt am Main wenden. Hier findet sich der gesamte Bestand aller deutschsprachigen juristischen Bücher. Ein besonderer Tipp für rechtlich Interessierte sind die allgemeinen oder rechtlichen Bibliotheken der Universitäten oder Fachhochschulen. Hier kann sich jeder kostenlos durch eine Unmenge von Fachbüchern und Zeitschriften wühlen, Kopien anfertigen (rund 0,05 Euro pro Seite) und per Computer nach bestimmten Büchern beziehungsweise Bücherkategorien recherchieren.

Das Nachlesen in spezieller juristischer Literatur erfordert allerdings Übung und Geduld. Das große Problem: Die Mehrzahl solcher Bücher ist für den Laien nur sehr schwer verständlich. Denn diese Art von Büchern sind in der Regel nicht für den Verbraucher, sondern für den Juristen geschrieben und enthalten daher häufig schwierige Fachbegriffe.

Weiteres Manko: Wer nicht als Student an der Universität oder Fachhochschule eingeschrieben ist, kann sich die Bücher nicht ausleihen, sondern nur vor Ort schmökern. Hier heißt es also Zeit mitbringen. Zum Trost sei aber noch gesagt, dass die meisten Lesesäle der Bibliotheken bis in die Nacht hinein und sogar am Samstag geöffnet haben.

Lässt sich das gesuchte Buch nicht in der örtlichen Bibliothek finden, hilft häufig eine Recherche im Internet. Die meisten Buchtitel können nämlich per Fernleihe über die örtliche Bibliothek bestellt oder direkt online ausgeliehen werden. Für Nutzer von Stadt- oder Landesbibliotheken etwa lohnt ein Blick auf die Seiten regionaler Bibliotheksverbünde. So lassen sich etwa in Rheinland-Pfalz unter www.vbrpexpress.de die Bücher anderer Stadtbibliotheken innerhalb weniger Tage für 2,50 Euro pro Buch ausleihen.

Wer es eilig hat, sucht unter www.subito.doc.de. Per Expressdienst werden die gewünschten Bücher oder Zeitschriftenartikel hier für 10,00 bis 20,00 Euro in ein bis zwei Tagen leihweise ins Haus geliefert. Im Normaldienst kostet die Ausleihe zwischen 6,00 und 8,00 Euro. An dem Angebot teilnehmen kann jeder, der Interesse an Büchern oder Aufsätzen hat.

Für speziellere Recherchen eignet sich die Seite des Karlsruher Virtuellen Katalogs unter www.ubka.uni-karlsruhe.de/kvk.html. Hier erfährt der Nutzer übrigens nicht nur, welche Fachveröffentlichungen es zu dem einschlägigen Thema gibt. Er erhält außerdem einen Überblick darüber, wo er die Bücher und Artikel ausleihen beziehungsweise lesen oder online erwerben kann.

WISO rät: Um eine Bücherei besuchen und vor Ort nutzen, das heißt zum Beispiel Bücher lesen oder kopieren zu dürfen, brauchen Sie in der Regel kein Mitglied zu sein. Lediglich für die Ausleihe ist ein besonderer Büchereiausweis erforderlich.

Um die Bibliotheken der Universitäten betreten zu dürfen, brauchen Sie in der Regel nicht als Student eingeschrieben zu sein.

Nehmen Sie bei jedem Büchereibesuch Zettel, Stift und ein kleines Schloss oder ein bisschen Kleingeld für einen Kleiderspind sowie Münzen zum Kopieren mit. Alles andere sollten Sie dagegen zu Hause lassen.

Halten Sie sich bei Ihren Büchereibesuchen unbedingt an die jeweiligen Hausordnungen und Ausleihbedingungen.

Beim Auffinden Ihres Rechtsproblems sollten Sie ein Buch immer von hinten nach vorne lesen, das heißt, schauen Sie erst einmal im Stichwortverzeichnis nach, ob das Buch überhaupt Informationen zu Ihrem Problem beinhaltet.

Haben Sie in einem Buch eine Antwort auf Ihr Problem gefunden, lesen Sie noch einmal in einem anderen Buch „quer", um sicherzugehen, dass die Information richtig ist und Sie sie auch richtig verstanden haben. Verzetteln Sie sich aber nicht, sondern belassen Sie es bei zwei bis drei unterschiedlichen Büchern. Achten Sie vor allem auf das gleiche oder ein ähnliches Erscheinungsjahr der Bücher.

Fertigen Sie von wichtigen Seiten Kopien an. Notieren Sie sich auf jeder Kopie, aus welchem Buch sie stammt und wo beziehungsweise unter welcher Standnummer das Buch auffindbar ist.

Eine Alternative zur Bücherei sind bei bestimmten Rechtsfragen die Infotheken der Verbraucherzentralen. Hier sind aktuelle Informationen zu verschiedenen Themen in Ordnern zusammengestellt. Die Ordner können gegen eine geringe Gebühr (meist 1,00 bis 1,50 Euro) genutzt werden. Kopien kosten zusätzlich rund 0,10 bis 0,15 Euro pro Seite. Auch Verbraucherzeitschriften wie „test" oder „finanztest" können bei den Beratungsstellen eingesehen werden. Welche Materialien vor Ort im Einzelnen zur Verfügung stehen, erfährt der Verbraucher bei der jeweiligen Verbraucherzentrale. Adressen gibt es über den Bundesverband der Verbraucherzentralen e.V., Markgrafenstr. 66, 10969 Berlin, Tel.: 030/25 80 00, Fax: 030/25 80 05 18, e-Mail: info@vzbv.de oder im Internet unter www.vzbv.de.

Wichtig: Nur neue Auflagen benutzen

Wer ein Buch anschaffen oder ausleihen will, sollte stets darauf achten, dass er eine möglichst neue Auflage erhält. Ansonsten kann es passieren, dass die Informationen bereits veraltet sind oder wichtige Rechtsänderungen noch gar nicht berücksichtigt wurden. Ältere Auflagen sollten deshalb selbst dann im Regal stehen bleiben, wenn sie zu einem besonders günstigen Preis angeboten werden.

Augen auf heißt es aber nicht nur bei der Auflage des Buches. Auch das Erscheinungsjahr ist von Interesse. So nutzt es dem Verbraucher wenig, wenn er zwar die aktuelle Auflage eines Buches erwirbt, diese aber schon mehrere Jahre zurückliegt. Im Zweifel empfiehlt es sich hier nachzufragen, wann die nächste Auflage des Buches erscheint oder welche aktuellen Neuerscheinungen es zu dem gesuchten Thema gibt.

b) Zeitschriften und Zeitungen

Für die rechtliche Information aus Zeitschriften beziehungsweise Zeitungen gelten im Prinzip die gleichen Regeln wie bei der Benutzung von Büchern: Spezielle Fachzeitschriften sollten den juristischen Profis vorbehalten bleiben, während juristische Laien besser auf besondere Verbraucherzeitschriften zurückgreifen sollten, die rechtliche Themen allgemein verständlich aufbereiten.

Zu nennen sind beispielsweise die Zeitschriften „test" und „finanztest" von der Stiftung Warentest, in denen sich von Zeit zu Zeit Untersuchungen über juristische Themen finden. Die Zeitschriften kosten pro Ausgabe 6,50 Euro (test) beziehungsweise 7,50 Euro (finanztest) und sind in jedem Zeitschriftenladen erhältlich. Bestellungen sind auch möglich bei der Stiftung Warentest, Lützowplatz 11–13, 10785 Berlin, Tel.: 030/263 10, Fax: 030/31 27 27, oder im Internet unter www.warentest.de. Hier können auch die Inhalte der einzelnen Ausgaben recherchiert werden.

Empfehlenswert ist für den Verbraucher auch das monatlich erscheinende ZDF-WISO-Magazin. Hier finden sich Beiträge zu den verschiedensten Rechtsthemen, unter anderem aus den Bereichen Finanzen, Steuern, Arbeit, Reisen, Familie, Wohnung, Verkehr, Versicherungen, Altersvorsorge, Verträge. Das Magazin kostet pro Ausgabe 4,70 Euro, im jährlichen Abonnement 48,00 Euro. Zu bestellen ist es bei der AWM Verlag GmbH & Co. KG, Postfach 3129, 53740 Sankt Augustin, Tel.: 0 2241/913 30, Fax: 02241/91 33 33 23, des Weiteren telefonisch unter 0180/35 45 55 (12 Ct./Min.) oder per e-Mail unter WISO-Service@zdf.de sowie im Internet unter www.zdf.de im WISO-Shop.

WISO rät: Auch Zeitschriften können Sie in Büchereien ausleihen, einsehen oder zum Kopieren verwenden. Das lohnt sich vor allem dann, wenn Sie auf ältere Ausgaben zurückgreifen müssen. Notfalls lassen sich alte Ausgaben auch günstig über www.ebay.de ersteigern.

Ob eine ältere Ausgabe ein für Sie interessantes Thema behandelt, erfahren Sie meist über die Internet-Adresse des Verlages oder beim Verlag selbst

Vorsicht ist angezeigt bei rechtlichen Tipps, Meldungen und Ratschlägen in Boulevardzeitschriften. Die Informationen sind hier häufig aus dem Zusammenhang gerissen und lassen sich in der Regel nicht, jedenfalls aber nicht ohne weiteres auf den Fall des Verbrauchers übertragen.

c) CD-ROM, DVD

Anstelle von Büchern oder Zeitschriften kann sich der Verbraucher rechtliche Informationen auch per CD-ROM oder DVD ins Haus holen. Zum Teil gibt es die gleichen Werke sogar alternativ in gedruckter oder in elektronischer Form. Manche Bücher sind auch zusätzlich mit einer CD-ROM ausgestattet, auf der sich weitergehende oder ergänzende Informationen finden. CD-ROMs und DVDs sind natürlich nur für denjenigen interessant, der einen PC mit CD-ROM-Laufwerk zu Hause stehen hat. Außerdem ist das Lesen und Blättern auf dem Bildschirm nicht jedermanns Sache. Mit ein bisschen Übung lassen sich diese Schwierigkeiten aber überwinden. Und wer erst einmal die Möglichkeiten und Vorteile einer CD-ROM oder DVD-Nutzung entdeckt hat, wird schnell an diesem Medium Gefallen finden.

Das Problem beim Kauf der kleinen Scheiben: Der Verbraucher kann kaum überprüfen, ob der Inhalt einer CD-ROM oder DVD auch tatsächlich das hält, was die Ankündigung auf der Hülle oder dem Cover verspricht. Denn in der Regel lassen sich die Scheiben nicht „probelesen". Außerdem werden CD-ROMs mit rechtlichen Informationen meist nicht in Geschäften angeboten, sondern sind nur über Verlage, Verbände oder andere Institutionen zu beziehen.

Wie teuer eine CD-ROM oder DVD ist, hängt in erster Linie von ihrem Inhalt ab. Müssen etwa für elektronische Versionen juristischer Fachzeitschriften schon mal mehrere hundert Euro hingeblättert werden, bekommt der Verbraucher allgemeine Rechts-CD-ROMs bereits für weniger als zehn Euro. Vorsicht ist allerdings bei Schnäppchenpreisen angebracht: Häufig sind die Informationen solcher CD-ROMs nämlich nicht mehr auf dem aktuellen Stand. Kaufkriterien sollten deshalb nicht nur Preis und Inhalt, sondern auch die Aktualität der Scheibe sein.

Für Verbraucher und juristische Laien zu empfehlen sind unter anderem die monatlich erscheinenden CD-ROMs der WISO-Redaktion. Hier finden sich ausführliche Beiträge zu den wichtigsten Rechtsthemen der WISO-Sendungen, etwa aus den Bereichen Finanzen, Wohnung, Arbeit, Familie, Verkehr, Steuern, Reisen. Die CD-ROMs kosten jeweils 7,41 Euro, im jährlichen Abonnement 70,56 Euro. Zu bestellen sind sie telefonisch unter der Nummer 018/535 45 51 (12 Ct./Min.), per e-Mail unter der Adresse WISO-Service@zdf.de oder im Internet unter www.buhl.de oder unter www.zdf.de im WISO-Shop.

WISO rät: Auch CD-ROMs gehören mittlerweile zum Standard größerer Büchereien. Erkundigen Sie sich also vor Ort nach entsprechenden Angeboten. Ausleihen können Sie sich CD-ROMs möglicherweise auch bei Freunden oder Bekannten. Denken Sie daran: Nachfragen kostet nichts, kann sich aber für Sie schnell auszahlen.

Beachten Sie, dass Sie geliehene CD-ROMs im Normalfall nicht auf Ihren PC oder einen anderen Datenträger kopieren dürfen. Bei Verstoß drohen Schadensersatz und Strafverfolgung.

Achten Sie beim Kaufen, Leihen und Ersteigern von CD-ROMs stets darauf, dass die Informationen noch nicht veraltet sind.

d) Internet

Internet-Seiten mit rechtlichen Informationen

Die Anzahl von Internet-Seiten, die sich mit dem Thema Recht beschäftigen, ist nahezu unüberschaubar. Deshalb gibt es auch zu jedem Problem eine Fülle von Seiten mit Informationen, Ratschlägen und weiterführenden Links. So wirft die Suchmaschine www.google.de zum Stichwort Kaufvertrag beispielsweise mehr als 117.000 Einträge aus. Der Inhalt der angebotenen Informationen ist allerdings oft widersprüchlich, unvollständig oder veraltet. Zum Teil finden sich auch Falschinformationen oder rechtlich zweifelhafte Ratschläge. Der Grund hierfür liegt darin, dass es keine Kontrolle darüber gibt, welche Inhalte von welchen Person ins Internet gestellt wird. Jeder Laie kann also hier seine Rechtsauffassung zum Besten geben.

WISO rät: Um im Internet zu recherchieren, benötigen Sie einen PC mit Internet-Zugang. Einzelheiten zum Anschluss erfahren Sie in Telekommunikations- oder Elektronikläden.

Selbst wenn Sie zu Hause keinen Internet-Anschluss haben, brauchen Sie auf Recherchen im Internet nicht zu verzichten. Oftmals lässt es sich ohne weiteres bei Freunden, Bekannten oder am Arbeitsplatz surfen. Für alle Fälle gibt es außerdem Internet-Cafes, in denen Sie sich für wenig Geld – die Stunde kostet meist zwischen 1,00 und 3,00 Euro – stundenlang im Internet aufhalten können.

Um das Dickicht an Rechtsinformationen im Internet zu durchdringen, sollte jeder Nutzer zunächst ein System in seine Suche hineinbringen. Am einfachsten hat es hier natürlich derjenige, der schon einige Webadressen zum Thema kennt. Er kann die entsprechenden Seiten gezielt aufschlagen und sich dort über sein Problem schlau machen. Alle anderen müssen den Umweg über so genannte Suchmaschinen gehen. Das sind spezielle Internet-Adressen, die einem bei der Suche nach bestimmten Internet-Seiten weiterhelfen. Das Prinzip ist einfach: Man gibt ein oder mehrere Stichwörter in die Suchmaske ein und startet dann den Suchvorgang. Nach kurzer Zeit erhält der Interessent eine Übersicht über alle Seiten, in denen die Suchworte enthalten sind. Nun kann er gezielt auswählen, ob und auf welche der angezeigten Seiten er zugreifen möchte. Verläuft die Suche erfolglos, besteht die Möglichkeit, die Suchbegriffe zu verändern und eine neue Suche zu starten. Bei den Nutzern besonders beliebt ist derzeit die Suchmaschine www.google.de. Weitere empfehlenswerte Suchmaschinen sind etwa www.altavista.de oder www.fireball.de.

WISO rät: Für den Erfolg der Suche sind häufig die eingegebenen Stichworte entscheidend. Probieren Sie hier jeweils mehrere Begriffe einzeln oder in Kombination aus. Beschränken Sie sich nicht auf spezielle Suchbegriffe, sondern denken Sie auch an die Eingabe von Oberbegriffen oder Themengebieten.

Übrigens: Auch wer schon auf anderem Weg über „passende" Internet-Seiten informiert ist, sollte auf den Einsatz von Suchmaschinen nicht verzichten. Denn schließlich gibt es keine Garantie dafür, dass die bereits bekannten Seiten auch wirklich die Besten sind. Und außerdem lassen sich über die Suchmaschine weitere, vielleicht erst neu eingerichtete Seiten auffinden, anhand derer man seine Informationen noch einmal überprüfen kann.

Ob bekannte Webadresse oder Einsatz einer Suchmaschine: Die Sucherei nach der „richtigen" Seite ist oft umständlich und zeitraubend. Nachstehend haben wir Ihnen deshalb eine kleine Übersicht zusammengestellt, die Ihnen die Suche nach passenden und informativen Seiten erleichtert.

Gesetzestexte

Wer sich zuverlässig über aktuelle Gesetzestexte informieren möchte, ist auf den Webseiten von Ministerien, Behörden, Bundesländern, Gemeinden, Gerichten und Körperschaften, wie etwa der Bundesversicherungsanstalt für Angestellte, zunächst am besten aufgehoben. Die entsprechenden Internet-Adressen finden sich im Anhang oder auf der Seite www.bund.de.

Die wichtigsten Bundesgesetze gibt es in kompakter Form auf der Seite www.staat-modern.de. Landesgesetze lassen sich am schnellsten und einfachsten suchen über www.jura.uni-sb.de.

Gerichte

Adressen von Gerichten sucht man am besten gezielt unter www.justiz.nrw.de, Rubrik „Adressen & Links", Stichwort „Adressdatenbank", oder www.jusline.de, Rubrik „Rechtsprechung", Stichwort „Ihr Gericht". Nachschlagen kann man auch auf den Seiten www.jura.uni-sb.de oder www.metalaw.de.

Tarifverträge

Tarifverträge lassen sich im Internet kaum finden. Gewerkschaftsmitglieder können den für sie geltenden Tarifvertrag aber über ihre Gewerkschaft beziehen. Im Internet lohnt ein Blick auf die Seite www.boeckler.de. Einige Tarifverträge sind hier vollständig oder auszugsweise abgedruckt.

Urteile und Entscheidungen

Datenbanken mit Gerichtsentscheidungen gibt es im Internet in Hülle und Fülle. Einige Angebote können allerdings nur gegen eine Gebühr genutzt werden. Einen guten und kostenfreien Service findet der Verbraucher auf der Seite www.jura.uni.sb.de. Ebenso zu empfehlen sind die kostenlosen Entscheidungsübersichten und Links bei www.ard.de, Rubrik Ratgeber Recht, www.metalaw.de, www.annonet.de, www.jura-lotse.de. Wer sich für Entscheidungen des Bundesverfassungsgerichtes interessiert, sucht am besten unter www.bundesverfassungsgericht.de.

Aufgepasst: Die Entscheidungen der Gerichte beziehen sich immer nur auf einen konkreten Fall und lassen sich nicht ohne weiteres verallgemeinern.

Einzelne Rechtsgebiete

Informationen zu bestimmten Rechtsgebieten lassen sich am besten über die Internet-Seiten von Behörden, Verbänden, Verbrauchermagazinen, Anwälten oder allgemeinen juristischen Servicediensten, wie etwa. www.juracafe.de oder www.jura-lotse.de, abrufen. Das Angebot ist unüberschaubar. Wer keine Adressen kennt, sollte zum Einstieg am besten auf eine Suchmaschine zurückgreifen. Adressen von Behörden und Verbänden finden sich im Anhang sowie im zweiten Abschnitt dieses Kapitels. Hilfreich ist bei Behörden auch ein Blick auf die Seite www.bund.de. Spezielle Verbraucherinformationen bieten die Seiten:
www.zdf.de
www.ard.de unter der Rubrik Ratgeber Recht
www.warentest.de
www.verbraucherzentrale.com mit Links zu den Seiten der einzelnen Verbraucherzentralen
www.focus.de
www.anwaltsuchservice.de unter der Rubrik „Ratgeber".

I. Das Beschaffen rechtlicher Informationen

Aufgepasst: Nicht immer sind die Informationen auf den Seiten aktuell, vollständig und zutreffend. Deshalb sollten stets mehrere Seiten aufgesucht werden.

WISO rät: Nehmen Sie sich für eine Recherche im Internet immer genügend Zeit. Verteilen Sie die Zeit notfalls auf mehrere „Internet-Sitzungen".

Geben Sie sich nicht mit den erstbesten Informationen zufrieden, sondern überprüfen Sie Ihre Ergebnisse anhand eines Vergleichs mit anderen Webseiten.

Achten Sie darauf, dass sich die Informationen tatsächlich auf Ihr Problem beziehen und dass Sie deren Inhalt richtig verstanden haben. Lesen Sie die gefundenen Texte notfalls zwei- oder dreimal.

Betrachten Sie Ihre Rechtsfrage nicht isoliert, sondern im Zusammenhang mit übergeordneten Rechtsbegriffen oder Themengebieten.

Bevorzugen Sie solche Seiten, deren Inhalte erst vor kurzem aktualisiert wurden oder laufend aktualisiert werden. Achten Sie darauf, ob unterschiedliche Informationen zum gleichen Thema nicht auf einen unterschiedlichen Stand beziehungsweise eine unterschiedliche Aktualisierung der Informationen zurückzuführen sind.

Drucken Sie sich die besten Seiten am Ende jeder Internet-Sitzung aus. So verplempern Sie beim nächsten Mal keine wertvolle Zeit mit dem Wiederauffinden bestimmter Seiten. Außerdem müssen Sie bei der nächsten Internet-Suche nicht wieder bei Null zu recherchieren anfangen.

Suchen und Herunterladen von Büchern, Broschüren, Texten

Das Internet eignet sich auch hervorragend dazu, um nach Büchern oder Aufsätzen zu einem rechtlichen Problem oder einer rechtlichen Thematik zu recherchieren.

Für Nutzer von Stadt- oder Landesbibliotheken lohnt ein Blick auf die Seiten regionaler Bibliotheksverbünde. So lassen sich etwa in Rheinland-Pfalz unter www.vbrpexpress.de die Bücherbestände verschiedener regionaler Stadtbibliotheken durchsuchen. Für 2,50 Euro pro Buch können die gewünschten Titel sogar online ausgeliehen werden.

Ein guter Ausgangspunkt für eine etwas speziellere Suche ist etwa die Seite des Karlsruher Virtuellen Katalogs unter www.ubka.uni-karlsruhe.de/kvk.html. Hier erfährt der Nutzer übrigens nicht nur, welche Veröffentlichungen es zu dem einschlägigen Thema gibt. Er erhält außerdem einen Überblick darüber, wo er die Bücher und Artikel ausleihen beziehungsweise lesen oder online erwerben kann. Wer es besonders eilig hat, sucht unter www.subito.doc.de. Per Expressdienst werden die gewünschten Bücher oder Zeitschriftenartikel hier für 10,00 bis 20,00 Euro in ein bis zwei Tagen leihweise ins Haus geliefert. Im Normaldienst kostet die Ausleihe zwischen 6,00 und 8,00 Euro. An dem Angebot teilnehmen kann jeder, der Interesse an Büchern oder Aufsätzen hat.

Wesentlich schwieriger ist es, vollständige Bücher, Zeitschriften oder Broschüren im Internet zu lesen oder aus dem Internet herunterzuladen. Hier haben die Autoren verständlicherweise kein großes Interesse daran, dass sich jeder Nutzer ihre Werke kostenlos über das Internet beschaffen kann. In der Regel gibt es Online-Dokumente daher nur gegen Bezahlung oder gar nicht. Ausnahmen bestätigen allerdings die Regel: So bieten etwa die verschiedenen Bundesministerien eine Vielzahl an Broschüren und Informationstexten kostenlos zum Lesen oder Herunterladen an. Die jeweiligen Webadressen finden sich im Anhang. Kostenpflichtig aus dem Internet herunterladen kann sich der Verbraucher oftmals auch kurze rechtliche Tipps und Informationen, etwa von den Verbraucherzentralen. Der Preis liegt hier in der Regel zwischen 1,00 und 3,00 Euro. Werden die Tipps gleichzeitig als Faxabruf angeboten, ist es meist billiger, sich für das Herunterladen im Internet zu entscheiden. Einzelheiten zu Faxabrufen finden sich im Abschnitt „Faxabrufe" in diesem Kapitel.

e) Internet-Foren, Newsgroups

Internet-Foren

Im Internet kann der Rechtssuchende nicht nur nach informativen Webseiten suchen, sondern sein Problem auch mit anderen Internet-Nutzern besprechen. Gelegenheit hierzu bieten so genannte Internet-Foren. Das sind spezielle Angebote, die private oder gewerbsmäßige Homepage-Betreiber auf ihren Internet-Seiten eingerichtet haben. Vergleichbar ist das Ganze mit einer Diskussionsrunde im Fernsehen, nur mit dem Unterschied, das die Diskussion online stattfindet und der Teilnehmerkreis nicht auf einige wenige Personen beschränkt ist. Außerdem gibt es für die Diskussion im Normalfall keine zeitliche Grenze.

In einem Forum kann jeder eigene Beiträge in die Diskussion einbringen, auf fremde Beiträge reagieren oder einfach nur die Beiträge von anderen Nutzern lesen. Es können Fragen gestellt und Kommentare abgegeben werden. Die Teilnahme ist kostenlos. Wer Bedenken hat, sich unter Angabe seines Namens an der Diskussion zu beteiligen, kann seine Beiträge auch anonym beisteuern. Immer häufiger ist es allerdings erforderlich, sich zuvor bei dem Betreiber der Webseite registrieren zu lassen. Einige Foren sind darüber hinaus nur Mitgliedern bestimmter Gruppierungen vorbehalten, wie etwa Anwälten oder Mitgliedern von Mietervereinen.

Was die Teilnahme an einem Forum im Einzelfall bringt, hängt natürlich entscheidend davon ab, welche Personen sich an der Diskussion beteiligen. Eine Diskussion unter juristischen Laien wird in der Regel weniger ertragreich sein als eine Erörterung mit Fachleuten; eine Diskussion zwischen zwei Personen weniger ertragreich als ein Gespräch zwischen mehreren Teilnehmern. Das Hauptproblem hierbei ist, dass der Nutzer oft überhaupt nicht weiß, von wem die anderen Beiträge stammen. Viele Teilnehmer bleiben nämlich anonym. Über die Qualität oder den Wahrheitsgehalt der eingestellten Beiträge muss der Nutzer sich also in der Regel sein eigenes Bild machen. Eine konkrete Rechtsberatung darf er über ein Forum ohnehin nicht erwarten. Selbst wenn ein Rechtsanwalt an der Diskussion beteiligt ist, wäre nämlich etwa eine anwaltliche Einzelfallberatung per Internet-Forum unzulässig. Dennoch: Wer eine Frage zum Thema Recht oder Rechtsberatung hat, sollte sie auf jeden Fall in einem Internet-Forum zur Diskussion stellen. Der Meinungsaustausch mit anderen hilft häufig, die Dinge klarer zu sehen oder die eigene Strategie noch einmal zu überprüfen. Nachfolgend einige Internet-Adressen, bei denen in Foren diskutiert werden kann:

www.recht.de
www.valuenet.de
www.123recht.net
www.juracafe.de
www.jusline.de

Achtung: Nicht mit der Teilnahme an einem Internet-Forum zu verwechseln sind Angebote, sich bestimmte Rechtsfragen per e-Mail beantworten zu lassen. Solche Angebote finden sich auf den Internet-Seiten zahlreicher Verbände oder Rechtsanwälte. Der Nutzer kann hier seine Fragen direkt per e-Mail an den jeweiligen Adressat richten. Die gestellte Frage wird dann nicht mit anderen im Internet diskutiert, sondern online von der angemailten Stelle beantwortet. Aber Vorsicht: Handelt es sich hierbei um eine konkrete Rechtsberatung, etwa bei einem Anwalt, werden für die Antwort die üblichen Gebühren fällig. Einzelheiten zur Online-Beratung durch Anwälte finden Sie im Abschnitt „Online-Beratung" im dritten Kapitel dieses Buches).

Newsgroups

So genannte Newsgroups funktionieren im Prinzip ähnlich wie Internet-Foren. Wichtigster Unterschied: Die Diskussion findet nicht auf einer Webseite, wie etwa www.recht.de, sondern unter einer speziellen Newsgroup-Adresse statt. Beispiel: de.soc.recht.misc. Auch für Newsgroup-Angebote benötigt der Teilnehmer aber einen PC mit Internet-Verbindung.

Genutzt werden Newsgroups in der Regel nur von besonders interessierten Kreisen. Die dort eingestellten Informationen sind deshalb oftmals sehr aktuell. Für den unerfahrenen PC-Nutzer ist die Teilnahme an einer Newsgroup allerdings nicht ganz einfach. Das fängt schon bei der Suche nach der passenden Newsgroup an. Wer hier keine konkreten Adressen hat, versucht es am besten erst einmal mit Hilfe der Suchmaschine www.google.de unter der Rubrik „groups". Zu den eingegebenen Suchwörtern finden sich dann entsprechende Beiträge aus Newsgroups, die der Nutzer sich über einen Klick auf die entsprechende Adresse anzeigen lassen kann. Weiterer Vorteil: Google ermöglicht es dem Nutzer, sich auch andere Beiträge aus der angewählten Newsgroup anzuschauen. Wer Interesse hat, kann sich über eine spezielle Kennung sogar direkt an der Diskussion in der nNewsgroup beteiligen. Ein solcher Service ist keineswegs selbstverständlich. Im Normalfall benötigt der Nutzer nämlich für den Zugang zu einer Newsgroup ein bestimmtes Newsreader-Programm, das er erst einmal auf seinem PC installieren muss. Doch keine Panik: Häufig sind solche Programme bereits auf dem heimischen Computer vorinstalliert. Wer etwa mit Outlook Express arbeitet, hat automatisch die Möglichkeit, sich bei zahlreichen Newsgroups anzumelden.

Beliebte Adressen rechtlicher Newsgroups findet der Verbraucher im Übrigen auch auf der Internet-Seite www.jura.uni-sb.de.

2. Allgemeine Informationsquellen

f) Newsletter, Mailinglisten

Wer per Internet automatisch mit rechtlichen Informationen versorgt werden will, kann auf verschiedenen Webseiten so genannte Newsletter abonnieren. Er erhält dann von Zeit zu Zeit e-Mails, die ihn über aktuelle Urteile, Gesetzesänderungen und andere Neuigkeiten auf dem jeweiligen Rechtsgebiet informieren. Die Newsletter sind in der Regel kostenlos. Seriöse Quellen finden sich unter anderem auf den Seiten der einzelnen Bundesministerien, Adressen im Anhang.

Eine andere Variante besteht darin, sich auf einer Webseite in eine so genannte Mailingliste einzutragen. Auch das ist meist kostenlos. Die Teilnehmer an einer Mailingliste tauschen untereinander e-Mails zu einem bestimmten Thema aus. Das Prinzip funktioniert ähnlich wie bei einer Diskussion in einem Internet-Forum oder einer Newsgroup. Wer sich an einer Mailingliste beteiligt, bekommt die Diskussionsbeiträge aber automatisch per e-Mail und muss sich nicht auf bestimmte Webseiten begeben. Weiterer Vorteil: Die Teilnehmer können in der Regel auch direkt miteinander kommunizieren, also etwa eine gestellte Frage gezielt an eine bestimmte e-Mail-Adresse beantworten. Adressen von Mailinglisten finden sich etwa unter www.jura.uni-sb.de.

g) SMS2mail

Eine kurze SMS, und schon gibt es die neuesten rechtlichen Informationen an die eigene e-Mail-Adresse. So funktioniert das Prinzip der so genannten SMS2mail, sprich SMS to mail. Alles was der Verbraucher wissen muss, ist die Kurzwahlnummer, die er anwählen muss, und den Text des gewünschten Beitrages. Dazu tippt er dann noch seine eigene e-Mail-Adresse ein, und wenig später liegt die Mail mit den gewünschten Informationen in seiner Mailbox. Die Kosten betragen pro Abruf in der Regel zwischen 1,00 und 2,00 Euro. Angeboten wird der Service unter anderem von der WISO-Redaktion des ZDF. Die Kurzwahlnummer lautet hier 86662, die Themen heißen WISO-Tacker, WISO-Tipps der WISO-Experten. Der Inhalt der einzelnen Themen richtet sich jeweils nach dem Inhalt der WISO-Sendung. Einzelheiten erfährt der Verbraucher im Internet auf der Seite www.zdf.de im Bereich WISO.

h) Faxabrufe

In Mode gekommen sind in den letzten Jahren so genannte Faxabrufe. Hier wird dem interessierten Verbraucher die Möglichkeit gegeben, sich bestimmte Informationen per Fax abzurufen. Dazu muss der Interessent zunächst eine vorgegebene Nummer anwählen und die Starttaste an seinem Faxgerät drücken. Er erhält dann die gewünschten Informationen per Fax zugeschickt. Die Gebühren hierfür werden mit der nächsten Telefonrechnung abgerechnet. Das Problem bei den Faxabrufen: Die Qualität der angebotenen Informationen und die Höhe der Gebühren unterscheiden sich je nach Anbieter erheblich. Auch gibt es in der Branche zahlreiche schwarze Schafe. Es empfiehlt sich hier deshalb am ehesten, auf bekannte und seriöse Quellen zuzugreifen.

Zuverlässige Faxabrufe bieten beispielsweise die Verbraucherzentralen, wie etwa die

Verbraucherzentrale Brandenburg. Die Abrufe kosten hier 12 Ct./Min. bei 0180er-Nummern und 62 Ct./Min. bei 0190er-Nummern. Eine Inhaltsübersicht findet sich auf der Internet-Seite www.vzb.de unter dem Stichwort Brandenburg in der Rubrik Faxabrufservice.

Gute Faxabrufe gibt es weiter bei der Stiftung Warentest. Die Preise belaufen sich auf 12 Ct./Min. für kostenlose Dokumente mit der Vorwahl 0180 und 62 Ct./Min. für kostenpflichtige Dokumente unter der Vorwahl 0190. Ein Inhaltsverzeichnis kann abgerufen werden unter der Nummer 0180/588 76 81 00 (sechs Seiten, 12 Ct./Min.).

Faxabrufe zu rechtlichen Themen verschickt neuerdings auch das Magazin Focus. Eine Inhaltsübersicht findet sich auf der Internet-Seite des Focus unter www.focus.de.

Daneben können etwa per WISO-Faxabruf Informationen zu rechtlichen Themen abgerufen werden. Die Inhalte wechseln wöchentlich. Das aktuelle Inhaltsverzeichnis mit den dazugehörigen Rufnummern erhält der Verbraucher unter der Nummer 0190/ 25 00 25 (62 Ct./Min., zwei bis drei Seiten, Abrufdauer rund zwei Minuten).

Aufgepasst: Viele Faxabrufe lassen sich günstiger und schneller als Dateien aus dem Internet herunterladen. Wer Interesse hat, sollte deshalb zunächst die entsprechenden Webseiten der Anbieter besuchen.

WISO rät: Lassen Sie die Finger von Faxabrufen, die Ihnen unaufgefordert per Fax angeboten werden.

Seien Sie stets vorsichtig, wenn Sie für Faxabrufe eine teure 0190er- oder 0180er-Nummer vorwählen müssen. Lassen Sie sich hier vor allem nicht dadurch irritieren, dass Vor- und Durchwahl nicht getrennt voneinander angegeben werden. Beispiel: 01903/xxxx.

Rufen Sie keine Faxe ab, ohne vorher den Minutenpreis und den Seitenumfang zu kennen.

Vermeiden Sie überteuerte Faxabrufe, bei denen der Wert der Informationen in keinem Verhältnis zu den Kosten steht. So geht es etwa bei Gebühren von 1,63 Euro oder mehr pro Minute oft nur darum, Sie ohne entsprechende Gegenleistung abzuzocken.

Lassen Sie den Faxabruf nie unbeobachtet bei Ihnen ankommen. Ziehen Sie notfalls den Stecker Ihres Faxgerätes aus der Dose, wenn die Übertragung zu lange dauert.

Übrigens: Wer unerwünscht Faxwerbung erhält, braucht sich das nicht gefallen zu lassen. Er kann den Betreiber der absendenden oder auf dem Fax angegebenen Nummer abmahnen und dazu auffordern, die Zusendung der Faxe in Zukunft zu unterlassen. Das Problem: Die Identität der Nummerninhaber ist meist nur schwer feststellbar. Außerdem sitzen die Gesellschaften häufig im Ausland. Dann ist es in der Regel aussichtslos, gegen den Inhaber der Nummer vorzugehen. Hier hilft aber unter Umständen ein Vorgehen gegen die deutsche Betreibergesellschaft, die die Nummer an das ausländische Unternehmen weitervermietet hat. Die Inhaber von 0190er- und 0180er Nummern lassen sich auf folgendem Weg feststellen:
0190:
Regulierungsbehörde für Telekommunikation und Post, Verbraucherservice, Postfach 8001, 53105 Bonn, Tel.: 030/22 48 05 00, Fax: 030/22 48 05 15, Auflistung im Internet unter www.regtp.de.

2. **Allgemeine Informationsquellen**

0180:
Regulierungsbehörde für Telekommunikation und Post, Referat 118, Canisiusstr. 21, 55003 Mainz, Tel.: 06131/180, Fax: 0180/311 33 99.

i) Telefonaktionen

Im Gegensatz zu Internet-Foren oder Mailinglisten bieten Telefonaktionen die Möglichkeit, ein rechtliches Problem persönlich mit einem Dritten zu erörtern. Der Vorteil: Man kann den Sachverhalt ausführlicher schildern, das Problem umfassender beleuchten und gezielter Rückfragen stellen. Außerdem bleibt einem die Identität des Gesprächspartners nicht verborgen. Da für Telefonaktionen in der Regel nur Fachleute eingesetzt werden, besteht zudem eine größere Gewähr dafür, dass der Gesprächspartner am anderen Ende der Leitung auch tatsächlich kompetent ist.

Telefonaktionen zu rechtlich relevanten Themen werden meist über Presse, Funk und Fernsehen angeboten. So stehen etwa in einer Zeitungs- oder Hörfunkredaktion an bestimmten Tagen Experten zur Verfügung, um die Fragen von Zuhörern oder Lesern zu beantworten. Wann, wo und zu welchem Thema solche Telefonaktionen laufen, erfährt der interessierte Verbraucher meist nur über entsprechende Vorankündigungen oder die Redaktion selbst. Regelmäßige Angebote sind dabei eher die Ausnahme.

Einen regelmäßigen Telefonservice bietet das ZDF-Fernsehmagazin WISO seinen Zuschauern am Montagabend zwischen 19.25 und 20.15 Uhr. Unter der Nummer 0180/59 47 67 28 oder der Vanity-Nummer 0180–5 WISORAT kann der Anrufer hier mit einem Experten über ein wöchentlich wechselndes rechtliches Thema plaudern. Für die Verbindung fallen wie bei den meisten Telefonaktionen nur die gewöhnlichen Telefongebühren an.

Eine Kombination zwischen Internet und Telefonaktion findet sich unter der Webadresse www.questico.de. Hier kann der Verbraucher den gewünschten Gesprächspartner im Internet auswählen und sich dann über den Betreiber der Seite mit diesem verbinden lassen. Die Gebühren liegen hier pro Minute zwischen 12 Cent während einer laufenden WISO-Sendung bis zu 1,52 Euro für die Zeit vor oder nach einer Sendung. Zum Einstieg kann der Nutzer den Service aber auch erst einmal für ein bis zwei Minuten kostenlos testen.

Achtung: Eine individuelle Rechtsberatung findet anlässlich von Telefonaktionen in der Regel nicht statt. Wer also am Telefon Einzelheiten zu seinem konkreten Rechtsproblem besprechen möchte, muss sich an einen Anwalt, eine Anwaltshotline oder eine andere Beratungsstelle wenden. Dann fallen im Normalfall auch höhere Kosten an. Nähere Einzelheiten hierzu erfahren Sie im Abschnitt „Individuelle Rechtsberatung" in diesem Kapitel.

Trotzdem: Ein Anruf bei einer Telefonaktion ist selbst bei komplizierten oder sehr speziellen Fragen oft lohnenswert. Häufig kann man seine eigene rechtliche Einschätzung der Sache auf diesem Weg bestätigen oder korrigieren oder wertvolle Hinweise zum weiteren Vorgehen erhalten.

j) Funk und Fernsehen

Wer unter der Woche tagsüber seinen Fernseher einschaltet, kann in der Regel zwar zwischen vielen Programmen, aber nur zwischen zwei Formaten wählen: Talkshow oder Gerichtsshow. „Livesendungen" aus dem Gerichtssaal erlebten in den vergangenen Monaten einen riesigen Boom. Immer häufiger entscheiden Fernsehrichter via fiktiver Verhandlung über Recht und Unrecht. Der Zuschauer urteilt vom Sofa aus mit und findet sich in dem einen oder anderen Fall vielleicht sogar selbst wieder. Wer allerdings verlässliche Rechtsinformationen braucht, der sollte auf diese Art Rechtssendungen lieber nicht vertrauen. Zwar sind die nachgespielten Fälle meist real und die beteiligten Anwälte und Richter auch im wirklichen Leben Juristen. Die Inhalte und Abläufe der TV-Gerichtsshows sind aber rein auf Unterhaltung ausgelegt.

k) Vorträge, Seminare, Kurse, Informationsabende

Besondere Veranstaltungen zu rechtlichen Themen gibt es landesweit in Hülle und Fülle. Ausrichter sind etwa Kirchengemeinden, Verbände, Vereine, Gewerkschaften oder Parteien. Viele Angebote richten sich allerdings nur an Fachpublikum oder eigene Mitglieder. Oftmals ist eine vorherige Anmeldung erforderlich. Die Teilnahmegebühren können stark schwanken: Für Mitglieder sind die Angebote bisweilen sogar kostenlos, für andere Veranstaltungen zahlt der Teilnehmer zum Teil 250,00 Euro pro Tag oder mehr.

Wer sich für die Teilnahme an rechtlichen Veranstaltungen interessiert, sollte stets Augen und Ohren nach aktuellen Terminen offen halten. Übersichten erhält der Verbraucher auch direkt bei den Veranstaltern.

WISO rät: Nutzen Sie die Gelegenheit, am Rande rechtlicher Veranstaltungen mit dem einen oder anderen Referenten persönlich ins Gespräch zu kommen. So erfahren Sie unter Umständen wertvolle Tipps und Tricks zu Ihrem Problem.

l) Freunde und Bekannte

Taucht ein rechtliches Problem auf, führt der erste Weg meist zu Freunden und Bekannten. Die sind in der Regel schnell erreichbar und haben keine festen Sprechzeiten. Außerdem kann hier jeder erst einmal seine Emotionen loswerden. Die Diskussion mit Freunden und Bekannten ist deshalb auch durchaus sinnvoll. Vorsicht ist allerdings bezüglich konkreter Ratschläge oder Rechtsinformationen angebracht. Häufig sind die Ratschläge nämlich zwar gut gemeint, aber wenig hilfreich. Mitunter können sie die eigene Situation sogar noch verschlimmern. Informationen wiederum beruhen häufig auf Halbwissen oder falschen Interpretationen. Bevor also nach der Erörterung mit Freunden konkrete rechtliche Schritte in die Tat umgesetzt werden, sollte eine Absicherung über andere Quellen erfolgen. Hier gilt die Devise: Vertrauen ist gut, Kontrolle ist besser. Und: Gute Freunde haben Verständnis dafür, wenn ihren rechtlichen Einschätzungen nicht blind vertraut wird.

Besonders heikel wird es, wenn der Freund oder Bekannte des Betroffenen selbst

Rechtsanwalt ist. Dann besteht häufig die Erwartungshaltung, der befreundete Anwalt werde nicht nur einige unverbindliche Rechtsauskünfte erteilen, sondern sich der Sache für die Zukunft ganz annehmen – ohne Berechnung von Gebühren, versteht sich, dafür aber mit vollem Einsatz und jederzeitiger Verfügbarkeit. Vor einer solchen Einstellung kann nur gewarnt werden. Denn sonst ist am Ende nicht nur der Rechtsstreit, sondern auch noch eine gute Freundschaft verloren.

WISO rät: Überlegen Sie sorgfältig, ob Sie einen befreundeten Anwalt mit Ihrer Sache beauftragen oder lieber einen fremden Anwalt einschalten. Fragen Sie Ihren befreundeten Anwalt, ob er auf das Sie betreffende Fachgebiet spezialisiert ist.

Entscheiden Sie sich dafür, die Angelegenheit einem befreundeten Anwalt zu übergeben, klären Sie in einem offenen Gespräch zu allererst die Frage der Bezahlung. Erwarten Sie von Ihrem Bekanten hier keine übertriebenen Freundschaftsdienste. Auch Ihr Fall kostet Zeit und Arbeit.

Seien Sie sich darüber im Klaren, dass auch ein befreundeter Anwalt einen aussichtslosen Prozess nicht gewinnen kann.

Beachten Sie bei der Mandatsabwicklung die allgemeinen Verhaltensregeln, wie sie auch für andere Mandanten gelten (siehe dazu den Abschnitt „Was bei der Zusammenarbeit mit dem Anwalt zu beachten ist" im dritten Kapitel dieses Buches).

Machen Sie Ihre persönliche Freundschaft nicht vom Erfolg oder Misserfolg Ihrer Rechtsstreitigkeit abhängig.

m) Rechtsrat durch Verbände, Organisationen, Behörden und andere Einrichtungen

Persönliche Rechtsauskünfte erhält der Verbraucher auch bei zahlreichen Verbänden und Organisationen. „Persönlich" bedeutet, dass der Verbraucher die Möglichkeit hat, sich bei diesen Anlaufstellen über bestimmte Rechtsthemen zu informieren und allgemeine Hinweise einzuholen. Nicht gemeint ist dagegen die individuelle Rechtsauskunft, bei der der Verbraucher gezielt zu einem Rechtsproblem beraten wird. Eine solche Rechtsberatung ist allein Rechtsanwälten und einigen anderen Verbänden und Personen vorbehalten (siehe dazu den nachfolgenden Abschnitt).

Die Grenze zwischen allgemeiner Rechtsauskunft und individueller Rechtsberatung ist jedoch fließend. Wer sich also mit einer Rechtsfrage an einen Verband oder eine Organisation wendet, erhält unter Umständen auch Auskünfte, die eigentlich unter die Rubrik Rechtsberatung fallen. Die Erteilung dieser Auskünfte ist dann zwar eigentlich unzulässig, dem Verbraucher kann das aber letztlich egal sein. Hauptsache, die Informationen haben für ihn einen möglichst hohen Nutzwert. Mit dem Problem der Zulässigkeit braucht er sich nicht zu beschäftigen. Das ist allein Sache des Verbandes oder der Organisation.

Um sich bei einem Verband oder einer Organisation persönlich zu informieren, kann der Verbraucher entweder das Telefon benutzen oder vor Ort mit einem Mitarbeiter sprechen. Bisweilen werden Anfragen auch per e-Mail beantwortet. Neben den persönlichen Beratungsmöglichkeiten bieten viele Verbände zusätzlich kostenlose Bro-

I. Das Beschaffen rechtlicher Informationen

schüren, Merkblätter, Faxabrufe, Internet-Newsletter oder anderes Informationsmaterial an.

WISO rät: Beachten Sie, dass Informationen von Verbänden und Organisationen oft einseitig auf die eigenen Interessen beziehungsweise die Interessen ihrer Mitglieder ausgerichtet sind. Beschaffen Sie sich also zusätzlich Material von unabhängigen Stellen wie Behörden oder Gerichten.

Nachfolgend eine Übersicht über einige wichtige Anlaufstellen für allgemeine Rechtsauskünfte und das jeweilige Rechtsgebiet:

- Behörden wie Arbeitsamt, Finanzamt, Jugendamt, Sozialamt, Ordnungsamt, Bauamt, Kreis- und Stadtverwaltungen, Bundesversicherungsanstalt für Angestellte (vor allem Sozial-, Jugend-, Steuer-, Bau-, Bußgeld-, Renten- und allgemeine Verwaltungsangelegenheiten).
Die jeweiligen Adressen finden sich im Telefonbuch sowie am Anfang der regionalen Gelben Seiten, im Internet unter www.telefonbuch.de und www.gelbe-seiten.de. Die wichtigsten Bundesbehörden sind im Anhang aufgelistet.
- Allgemeine Rechtsauskunftsstellen an einigen deutschen Amtsgerichten.
Für 10,00 Euro erteilen hier Anwälte des örtlichen Anwaltsvereins Ratschläge zu allen rechtlichen Themengebieten. Die Adressen erfährt der Verbraucher in der Anfangsübersicht der meisten Gelben Seiten oder beim nächsten Amtsgericht, am leichtesten zu finden im Internet über www.justiz.nrw.de, Rubrik „Adressen & Links", Stichwort „Adressdatenbank" oder www.jusline.de, Rubrik „Rechtsprechung", Stichwort „Ihr Gericht".
- Gerichte: Hier gibt es oft kostenlose Merkblätter und Infobroschüren.
- Krankenkassen (Kranken- und Pflegeversicherung): Adressen im Telefonbuch oder in den Gelben Seiten.
- Selbsthilfegruppen (Gesundheitsfragen): Adressen bei der Gemeinde, im Telefonbuch oder im Internet.

Übrigens: Allgemeine Rechtsauskünfte erhält der Verbraucher natürlich auch bei solchen Personen und Vereinigungen, die gezielten Rechtsrat erteilen dürfen. Einzelheiten hierzu finden sich im folgenden Abschnitt.

3. Individuelle Rechtsberatung

Muss sich der Verbraucher mit einem rechtlichen Problem herumärgern, empfiehlt es sich häufig, neben allgemeinen Rechtsauskünften auch individuellen Rechtsrat einzuholen. Der Vorteil: Der Verbraucher erhält statt allgemeiner Hinweise konkrete Ratschläge und Tipps, die speziell auf seinen Fall zugeschnitten sind. Der Rechtsberater beschäftigt sich intensiv mit dem geschilderten Problem und zeigt Lösungen, Risiken und Alternativen, vor allem aber auch rechtliche Konsequenzen auf.

Individuellen Rechtsrat sollte man einholen, wenn

- der eigene Fall Besonderheiten aufweist,
- der eigene Fall kompliziert ist,
- die Zeit knapp ist,
- die Sache von großer finanzieller Bedeutung ist,
- die Informationen abgesichert sein müssen,
- eine andere Person für die Informationen haften soll.

a) Rechtsrat nur durch autorisierte Stellen

Rechtsrat ist nicht gleich Rechtsrat

Welche Personen und Einrichtungen dem Verbraucher individuellen Rechtsrat erteilen dürfen, hat der Gesetzgeber im Rechtsberatungsgesetz genau festgelegt. Allen Stellen, die dort nicht aufgeführt sind, ist eine rechtliche Einzelfallberatung verboten. Sie müssen sich darauf beschränken, an den Verbraucher allgemeine Rechtsinformationen weiterzugeben. Aber auch zugelassene Beratungsstellen dürfen in der Regel nur auf bestimmten Gebieten Ratschläge erteilen.

Das Problem: Wo die Grenze zwischen zulässigen und unzulässigen Rechtsauskünften liegt, lässt sich nicht genau bestimmen. Auch die Abgrenzung zwischen einer rechtlichen und einer wirtschaftlichen oder steuerlichen Auskunft ist nicht eindeutig. Viele Stellen nehmen deshalb rechtliche Einzelfallberatungen vor, obwohl sie hierzu gar nicht befugt sind. Wer sich etwa mit einer Rechtsfrage an eine Zeitung, eine Versicherung oder einen Unternehmensberater wendet, erhält dort häufig ebenso konkrete und ausführliche Antworten wie bei einem Rechtsanwalt. Die Anbieter machen sich über die Zulässigkeit ihres Vorgehens meist keine Gedanken. Hauptsache, der Kunde ist zufrieden und wandert nicht zur Konkurrenz. Denn das kann sich auf dem heutigen Beratermarkt kaum noch jemand leisten. Oftmals wird gar nicht erst versucht, die zum Teil offenen Gesetzesverstöße zu kaschieren. Schließlich lässt sich im Nachhinein meist ohnehin nicht mehr nachweisen, dass die Schwelle zur unzulässigen Rechtsberatung tatsächlich überschritten wurde. Und ein gut beratener Kunde hat sich noch selten über eine zu ausführliche Auskunft beschwert.

Der Verbraucher wiederum braucht sich um die Zulässigkeit der einzelnen Beratungsangebote im Normalfall nicht zu kümmern. Ihm kann es nur recht sein, wenn eine immer größer werdende Zahl an Beratungseinrichtungen um seine Gunst buhlt. Das erleichtert die Information, senkt die Preise und erhöht den Service. Vor einer fehlenden fachlichen Qualifikation der Berater muss der Verbraucher in der Regel ebenfalls keine Angst haben. Viele Berater sind nämlich Volljuristen, das heißt, sie haben die gleiche Ausbildung wie ein Rechtsanwalt. Außerdem kennen sie sich mit praktischen Einzelheiten ihres Spezialgebietes oft besser aus als so mancher Anwalt. Und wer am Ende mit den Antworten des Beraters nicht zufrieden ist, kann sich immer noch an einen Rechtsanwalt wenden. Lässt der Verbraucher sich in seinem speziellen Fall von einer nicht autorisierten Stelle beraten, braucht er deswegen übrigens keine Nachteile, wie etwa Bußgeldzahlungen oder Abmahnungen, zu fürchten. Im Gegenteil: Unter

34 I. Das Beschaffen rechtlicher Informationen

Umständen kann der Betroffene von dem Berater sogar Schadensersatz verlangen, etwa wenn bei der Beratung ein Fehler passiert und dem Verbraucher dadurch ein Schaden entsteht. Im Fall einer unzulässigen Beratung droht dem Berater daneben zusätzlicher Ärger von der Konkurrenz. Denn die kann natürlich verlangen, dass der Berater für seinen Fehler geradesteht.

WISO rät: In einfach gelagerten Fällen führt häufig schon eine Auskunft von Behörden, Versicherungen oder anderen Beratungsstellen zum Ziel. Machen Sie von diesen Angeboten deshalb Gebrauch. Denken Sie dran: Fragen kostet hier in der Regel nichts. Scheuen Sie sich bei Ihren Anfragen nicht, Ihren persönlichen Fall zu schildern und um konkrete Auskünfte zu bitten.

Ist Ihr Fall kompliziert oder erfordert er aufwändigere Schriftwechsel oder Verhandlungen mit dem Gegner, empfiehlt es sich in der Regel, zusätzlich einen Anwalt oder eine spezielle Beratungsstelle mit der Sache zu beauftragen.

Die Einschätzung, ob Ihr Fall als einfach oder kompliziert einzustufen ist, können Sie umso leichter treffen, je besser Sie sich zuvor allgemein über Ihre rechtliche Situation informiert haben. Notfalls hilft zu diesem Zweck auch ein kurzer, oftmals nicht in Rechnung gestellter Anruf bei einem Rechtsanwalt.

Die einzelnen Beratungsstellen im Überblick

Wichtigster Anlaufpunkt für eine individuelle Rechtsberatung ist der Rechtsanwalt. Er darf seine Mandanten in sämtlichen rechtlichen Angelegenheiten beraten und vertreten. Für die Beratung durch einen Rechtsanwalt muss der Verbraucher sich aber nicht unbedingt an eine Kanzlei wenden. Rechtsanwälte können auch bei Verbraucherzentralen und bei anderen Stellen, wie etwa Mietervereinen oder öffentlichen Beratungsstellen, tätig sein.

Neben den Rechtsanwälten dürfen in bestimmten Fällen auch andere Personen rechtsberatend tätig werden.

Eine besondere Erlaubnis zur individuellen Rechtsberatung gibt es etwa auf den Gebieten

- Rente und Altersversorgung (durch Rentenberater),
- Versicherung (durch Versicherungsberater),
- Fracht (durch Frachtprüfer),
- Versteigerung (durch vereidigte Versteigerer),
- Forderungseinziehung (durch Inkassobüros) sowie
- ausländisches Recht (durch entsprechend ausgebildete Rechtskundige).

Die jeweiligen Personen werden zum Teil auch als Rechtsbeistand oder zutreffend als Rechtsberater bezeichnet. Vor Gericht dürfen sie nur mit einer besonderen Genehmigung der Behörde auftreten.

Auch bei den Rechtsberatern drängen immer mehr Anbieter auf den Markt. Wegen der behördlichen Erlaubnispflicht ist aber immerhin gewährleistet, dass die einzelnen Personen über die notwendige Zuverlässigkeit und Sachkunde verfügen.

Besonderheiten gelten auch, wenn man rechtliche Hilfeleistung in Steuerangelegenheiten sucht. Hier ist die konkrete Rechtsberatung und Vertretung im Einzelfall nicht

allein den niedergelassenen Rechtsanwälten vorbehalten. Vielmehr dürfen auch nachfolgende Personen eine steuerliche Beratung vornehmen:
- Steuerberater
- Lohnsteuerhilfevereine
- niedergelassene Wirtschaftsprüfer
- niedergelassene vereidigte Buchprüfer

Zur Rechtsberatung befugt sind im Rahmen ihrer Aufgaben und Tätigkeiten weiter
- Behörden
- Notare
- Patentanwälte
- Bewährungshelfer
- Insolvenzverwalter
- Zwangsverwalter
- Nachlasspfleger und -verwalter
- Gesetzliche Betreuer
- Verwalter nach dem Wohnungseigentumsgesetz
- Vermögensverwalter
- Architekten und Baubetreuer
- Makler
- Verbraucherzentralen
- Gewerkschaften
- Schuldnerberatungsstellen
- Mietervereine
- Haus- und Grundbesitzervereine
- Behinderten-, Sozial- und Wohlfahrtsverbände
- Automobilclubs
- Steuerberater in anderen Rechtsbereichen als Steuern und Finanzen, soweit die Rechtsfragen unmittelbar mit der Steuersache zusammenhängen

Die vorstehende Übersicht zeigt, dass dem Verbraucher im Einzelfall eine Vielzahl von Möglichkeiten zur Verfügung stehen, um sich rechtlich beraten zu lassen. Bei seiner Entscheidung sollte der Verbraucher vor allem auf die verschiedenen Kompetenzen und die Kosten der einzelnen Stelle achten. Aber auch die persönlichen Umstände können bei der Auswahl eine Rolle spielen. So ist derjenige, der neben rechtlichem auch psychologischen Beistand braucht, bei einer Wohlfahrtseinrichtung unter Umständen besser aufgehoben als etwa bei einem Anwalt. Möglicherweise empfiehlt es sich sogar, auf eine Rechtsberatung ganz zu verzichten und sich mit seinem Problem gleich an einen Schlichter oder Mediator zu wenden (siehe dazu das vierte Kapitel dieses Buches). Für kranke und alte Menschen wiederum kann es sinnvoller sein, sich über das Vormundschaftsgericht beim Amtsgericht einen Betreuer zu besorgen, der die rechtlichen Angelegenheiten für sie erledigt, anstatt bei jedem Problem eine Beratungsstelle einzuschalten.

Für alle, die auf eine individuelle Rechtsberatung nicht verzichten können, sind die wichtigsten Beratungsstellen nachfolgend näher dargestellt.

b) Anwalt

Die meisten Verbraucher wenden sich bei einem rechtlichen Problem an einen Anwalt. Die Einzelheiten der anwaltlichen Rechtsberatung sind deshalb in einem eigenständigen Kapitel dargestellt (siehe dazu das dritte Kapitel dieses Buches).

c) Notar

Auch Notare dürfen den Verbraucher rechtlich beraten und unterstützen. Trotzdem sind Notare und Rechtsanwälte nicht das Gleiche, wie sich etwa an folgendem kurzen Beispiel zeigt:

Beispiel: Max Müller und seine Frau sind sich einig: Sie wollen sich scheiden lassen. Um die Einzelheiten der Scheidung zu regeln, sucht Herr Müller einen Rechtsanwalt auf, der eine entsprechende Scheidungsvereinbarung vorbereitet. Mit der Unterschrift von Frau Müller wird die Vereinbarung dann gültig. So weit, so gut. Was die Müllers aber nicht bedacht haben: Bei einem Notar hätten sie die gleiche Vereinbarung erheblich billiger bekommen. Außerdem hätte der Notar die Vereinbarung für beide Eheleute gleichzeitig aufsetzen und sie hierüber beraten können. Der Anwalt hingegen musste in erster Linie auf die Interessen seines Auftraggebers, Herrn Müller, achten.

An dem kleinen Beispiel wird deutlich, dass der Verbraucher sich häufig gut überlegen muss, ob er sich mit seiner Sache an einen Notar oder Rechtsanwalt wendet. Doch nicht immer hat der Verbraucher die Wahl: Will er etwa eine Urkunde oder ein Schriftstück beglaubigen lassen, ist hierfür allein der Notar zuständig. Geht die Angelegenheit vor Gericht, kann ihm dort in der Regel nur ein Rechtsanwalt helfen. Für den Beispielsfall bedeutet das Folgendes: Haben die Eheleute Müller selbst ein Schriftstück aufgesetzt, das sie zur Vorbereitung der Scheidung beglaubigen lassen wollen, müssen sie damit zum Notar. Möchten die Eheleute Müller die Scheidung dann endgültig bei Gericht einreichen, brauchen sie hierfür einen Anwalt.

Um im Einzelfall die richtige Entscheidung zwischen Anwalt und Notar zu treffen, ist es wichtig, ein paar Dinge über das Amt des Notars zu wissen.

Was ein Notar macht

Fachlich sind Notare vor allem in folgenden Rechtsbereichen tätig:
- Immobilien (Kauf, Schenkung, Grundschulden, Hypotheken)
- Ehe, Partnerschaft und Familie (Ehevertrag, Scheidungs- und Partnervereinbarung, Adoption)
- Erbe und Schenkung (Testament, Erbvertrag, Erbscheinantrag, Schenkungsvertrag, Nachlassverteilung)
- Unternehmen (Gründung einer Gesellschaft, Anmeldung zum Handelsregister)
- Vorsorgevollmacht (Betreuungsvollmacht, Patientenverfügung)

Inhaltlich gehören zu ihren Aufgaben insbesondere:
- Beurkundungen jeder Art einschließlich der dazugehörigen Beratung, Belehrung und Abwicklung

- Beglaubigung von Unterschriften und Kopien
- Schlichtungs- und Schiedstätigkeiten
- Vornahme von Verlosungen und Auslosungen
- Abnahme von Eiden
- Ausstellen von Bescheinigungen
- Verwahrung von Wertpapieren und Wertgegenständen
- Rechtsberatung und -betreuung außerhalb von Beurkundungen

Zeitlich schalten die Parteien einen Notar in der Regel ein, bevor es zu einem Rechtsstreit kommt. Der Besuch beim Notar soll ja gerade dazu dienen, spätere Streitigkeiten zu vermeiden.

Wichtig: Für manche Rechtsgeschäfte hat der Staat das Tätigwerden eines Notars gesetzlich vorgeschrieben. Wer also etwa ein Haus kaufen will, muss den hierfür erforderlichen Kaufvertrag von einem Notar beurkunden lassen. Die Notarpflicht soll den Verbraucher davor bewahren, sich durch unüberlegte Entscheidungen persönlich oder wirtschaftlich in den Ruin zu stürzen.

WISO rät: Schalten Sie einen Notar immer dann ein, wenn die Angelegenheit kompliziert, folgenreich oder von besonderer Bedeutung ist. Das sollten Sie selbst dann machen, wenn Sie gesetzlich nicht dazu verpflichtet sind.

Durch das frühzeitige Aufsuchen eines Notars vermeiden Sie kostspielige Fehler. Außerdem ist die Urkunde eines Notars ein sehr gutes Beweisstück, falls es später einmal zu einem Rechtsstreit kommt. Alles, was darin steht, gilt zwischen den Parteien unwiderlegbar als vereinbart.

Der Besuch beim Notar

Der Besuch beim Notar kostet aus Sicht vieler Bürger nur Zeit und Geld. Vor allem wenn die Parteien gesetzlich dazu gezwungen sind, für ihre Sache einen Notar einzuschalten, obwohl sie das eigentlich gar nicht für erforderlich halten, wie etwa beim Antrag für einen Erbschein, ist der Unmut oft groß. Was die meisten dabei übersehen: Der Notar nimmt die Wünsche der Parteien nicht nur entgegen, sondern er berät, belehrt und unterstützt sie auch. Dank ihrer besonderen juristischen Fähigkeiten und Erfahrungen kennen sich Notare in vielen rechtlichen Angelegenheiten sehr gut aus.

Wer zum Notar kommt, wird erst einmal schildern müssen, was er eigentlich will. Der Notar wird die Interessen der Beteiligten dann noch einmal genauer hinterfragen und ihnen den bestmöglichen und rechtlich sichersten Weg aufzeigen, auf dem sie ihr Ziel erreichen können. Kommt es zu einer Einigung, schließen die Parteien am Ende meist einen Vertrag, den der Notar formuliert, vorliest und mit seinem Dienstsiegel kennzeichnet. Ansonsten gehen die Parteien nach der Beratung wieder nach Hause. Über den Inhalt der Gespräche hat der Notar Stillschweigen zu bewahren.

Wichtig: Notare sind unabhängig und unparteiisch. Im Gegensatz zu einem Anwalt kann ein Notar deshalb mehrere Beteiligte gleichzeitig beraten. Dabei muss er die Interessen und Wünsche aller Parteien gleichermaßen beachten. Niemand braucht deshalb Angst zu haben, bei Vertragsverhandlungen vor einem Notar über den Tisch gezogen

I. Das Beschaffen rechtlicher Informationen

zu werden. Vor allem bei unerfahrenen Beteiligten hat der Notar die Pflicht, auf mögliche Nachteile hinzuweisen und den Inhalt und die Konsequenzen des Vertrages zu erläutern.

Umgekehrt bedeutet das natürlich, dass die Parteien für den Abschluss eines Vertrages keine einseitige Rechtsberatung bekommen. Wer sich erst einmal über seine Rechte schlau machen möchte, muss hierfür entweder einen anderen Notar alleine aufsuchen oder sich an einen Rechtsanwalt wenden.

WISO rät: Überlegen Sie sich schon vor dem Besuch beim Notar genau, was Sie wollen. Machen Sie sich zu diesem Zweck Notizen. Formulieren Sie auch schon mögliche Fragen. Handelt es sich um einen Vertrag, besprechen Sie die Angelegenheit vorher mit Ihrem Vertragspartner.

Was ein Notar kostet

Notare kosten meist weniger, als viele Bürger glauben. Jedenfalls kosten sie in fast allen Fällen weniger als Rechtsanwälte. Was aber noch viel wichtiger ist: Die Gebühren sind bei allen Notaren gleich. Welche Gebühren der Notar verlangen kann, ist einheitlich in der Kostenordnung für Notare festgelegt. Abweichende Honorarvereinbarungen sind weder nötig noch zulässig. Wie hoch die Gebühren im Einzelfall sind, richtet sich danach, mit welcher Sache der Notar betraut wird und um wie viel Geld es dabei geht. Der Arbeitsaufwand spielt dagegen keine Rolle. Die Kosten hängen also nicht davon ab, ob der Notar ein, zwei oder drei Stunden mit der Angelegenheit beschäftigt ist. Zu den Gebühren für den Notar können unter Umständen noch andere Kosten hinzukommen, etwa Gerichtsgebühren, Verkehrssteuern oder Registergebühren.

Nachfolgend einige Kostenbeispiele:
Erstellung eines Testaments: Bei einem Vermögen von rund 50.000,00 Euro betragen die Kosten bei einer Einzelperson rund 160,00 Euro, bei Eheleuten etwa 320,00 Euro.
Kauf einer Eigentumswohnung: Bei einem Kaufpreis von 160.000,00 Euro entstehen Kosten von rund 1.000,00 Euro.
Gründung einer GmbH: Bei 25.000,00 Euro Stammkapital fallen rund 500,00 Euro Notarkosten an.
Erbscheinantrag: Bei einem Wert des Nachlasses von 25.000,00 Euro erhält der Notar rund 100,00 Euro.
Ehevertrag: Bei einem Vermögen der Ehegatten von 40.000,00 Euro fallen Kosten von rund 270,00 Euro an.

WISO rät: Wollen Sie beim Notar einen Vertrag beurkunden lassen, beauftragen Sie ihn auch damit, den entsprechenden Vertragsentwurf anzufertigen. Die Kosten hierfür sind bereits in der Beurkundungsgebühr enthalten. Es lohnt sich also nicht, den Vertrag selbst aufzusetzen. Auch einen Rechtsanwalt sollten Sie hierfür nicht einschalten. Ansonsten fallen doppelte Kosten an, nämlich einmal für den Anwalt und einmal für den Notar. Fragen Sie Ihren Notar vorher nach der Höhe der Gebühren.

Haben Sie gerade einen finanziellen Engpass, können Sie beim Notar beantragen, von den Notarkosten befreit zu werden oder Raten zahlen zu dürfen. Die Voraussetzungen sind die Gleichen wie bei der Gewährung von Prozesskostenhilfe (siehe dazu den Abschnitt „Prozesskostenhilfe" im achten Kapitel dieses Buches). Über den Gebührennachlass entscheidet der Notar selbst.

Die Gebührentabelle für Notare finden Sie im Anhang, die einzelnen Gebührenvorschriften sind nachzulesen in der Kostenordnung, im Internet zu finden etwa unter der Adresse www.bnotk.de, Rubrik „Texte Berufsrecht".

Auswahl des passenden Notars

Über die Wahl des richtigen Notars braucht sich der Verbraucher – anders als etwa bei der Suche nach einem passenden Anwalt – nicht den Kopf zu zerbrechen. Der Grund: Alle 11.000 deutschen Notare kosten gleich viel, sind vom Justizminister ernannt und haben die gleichen Aufgaben. Einen Notar, der auf ein bestimmtes Rechtsgebiet spezialisiert ist, wird der Verbraucher also vergeblich suchen. Auch auf Zusatzbezeichnungen wie „Fachnotar" oder Ähnliches braucht der Verbraucher nicht zu achten.

Wichtig: Dass alle Notare die gleichen Aufgaben wahrnehmen, bedeutet natürlich nicht, dass es zwischen ihnen keinerlei Qualitätsunterschiede gäbe. So wird der eine Notar vielleicht etwas ausführlicher beraten als der andere oder er ist bei der Gestaltung von Verträgen kreativer und kompetenter. Hier muss sich der Verbraucher wohl oder übel auf die Mundpropaganda in seinem Bekanntenkreis oder auf sein Glück verlassen. Erst vor Ort wird er auch erkennen, ob der Notar menschlich zu ihm passt, damit die Zusammenarbeit erfolgreich verlaufen kann.

Abgesehen von persönlichen Vorlieben ist der Verbraucher bei der Auswahl eines Notars völlig frei. Wo sich der Amtssitz des Notars befindet, spielt keine Rolle. So kann der in Köln wohnende Bürger etwa ohne weiteres einen Kaufvertrag über ein Grundstück in Hamburg bei einem Notar in Stuttgart abschließen. Und: Kein Notar darf einen Bürger in einer notariellen Angelegenheit einfach wieder nach Hause schicken. Jeder Bürger hat ein Recht darauf, beraten zu werden. Wenn es gar nicht anders geht, kommen viele Notare sogar zu dem Mandanten in die Wohnung.

Notare finden sich in Deutschland gleichmäßig verteilt in sämtlichen Regionen. Anschriften erhält der Verbraucher über das Telefonbuch oder die Gelben Seiten unter Rubrik „Rechtsanwälte und Notare", im Internet zu finden unter www.telefonbuch.de beziehungsweise www.gelbe-seiten.de. Auskünfte erteilt auch die Bundesnotarkammer, Mohrenstr. 34, 10117 Berlin, Tel.: 030/383 86 60, Fax: 030/38 38 66 66, e-Mail: bnotk@bnotk.de. Auf der Internet-Seite der Kammer unter www.bnotk.de finden sich weitere Verweise auf die Seiten der regionalen Notarkammern, die wiederum Anschriften der angeschlossenen Notare beinhalten. Online kann der Verbraucher außerdem unter www.deutsche-notarauskunft.de suchen.

I. Das Beschaffen rechtlicher Informationen

Haftung des Notars

Notare sind zwar hoch qualifiziert, aber deshalb noch lange nicht unfehlbar. Für den Mandanten haben Fehler des Notars meist weit reichende Konsequenzen. Vor allem bei Grundstückskäufen und anderen teuren Verträgen ist der eintretende Schaden oft beträchtlich. Doch keine Panik: Der Notar muss für alle seine Fehler geradestehen. So schuldet er seinem Mandanten etwa Schadensersatz, wenn er ihn nicht richtig aufklärt oder belehrt und der Betroffene dadurch einen finanziellen Nachteil erleidet. Aber auch für andere Pflichtverletzungen, etwa bei der Verwahrung von Geld oder der Durchführung eines Vertrages, haftet der Notar in vollem Umfang auf Schadensersatz.

Damit sich die Ansprüche gegen den Notar auch durchsetzen lassen, müssen sich alle Notare gegen die Risiken ihres Berufes für mindestens 500.000,00 Euro pro Schadensfall haftpflichtversichern. Hinzu kommen noch einmal 500.000,00 Euro Versicherungsschutz durch die Haftpflichtversicherung über die Notarkammer. Außerdem haben die Notarkammern zu Gunsten der Mandanten für jeden Notar eine Vertrauensschadenversicherung in Höhe von 1.000.000,00 Euro abgeschlossen, um die Lücken der normalen Berufshaftpflichtversicherung, etwa bei der Veruntreuung von Geldern oder anderen vorsätzlichen Straftaten durch den Notar, abzudecken. Abgerundet wird der Versicherungsschutz schließlich durch eine Zusatzversicherung mit einem Versicherungsbetrag bis zu 2.500.000,00 Euro sowie einem Vertrauensschadenfonds. In der Regel reichen die abgeschlossenen Deckungssummen aus, um den Schaden zu begleichen.

Um seine Ansprüche gegenüber dem Notar durchzusetzen, hat der Geschädigte in der Regel drei Jahre Zeit. Zeigt sich der Fehler erst später, etwa wenn das Grundstück weiterverkauft wird, gilt eine Frist von 30 Jahren.

Ansprechpartner in einem Schadensfall ist zunächst einmal der Notar selbst. Der Geschädigte sollte den Notar auf seinen Fehler ansprechen und die Sache mit ihm erörtern. Häufig stellt sich dabei heraus, dass auf Seiten des Mandanten ein bloßes Missverständnis vorlag oder ihm einige Dinge schlicht unklar geblieben sind. Die meisten Probleme lassen sich deshalb bereits auf diesem Weg aus der Welt schaffen. Hat der Notar tatsächlich einen Fehler begangen, schaltet er seine Versicherung ein. Die Berufshaftpflichtversicherer wickeln den Schadensfall dann in der Regel schnell und ohne einen Prozess ab. Führen die Verhandlungen mit dem Notar oder der Versicherung nicht zum Erfolg, empfiehlt es sich, für das weitere Vorgehen einen Anwalt einzuschalten. Erforderlich wird das spätestens, wenn gegen den Notar geklagt werden soll. Daneben kann sich der Geschädigte bei der Notarkammer über den Notar beschweren. Die Kammer überprüft dann die Angelegenheit. Hält sie die Beanstandungen für berechtigt, rügt sie den Notar oder leitet ein Disziplinarverfahren ein. Im schlimmsten Fall wird der Notar am Ende von seinem Amt enthoben.

Besondere Probleme bei Anwaltsnotaren

In einigen Bundesländern ist es zulässig, dass der Notar nebenbei noch als Rechtsanwalt arbeitet. Man spricht dann von Anwaltsnotaren. Solche Anwaltsnotare gibt es in den Bundesländern Berlin, Bremen, Hessen, Niedersachsen, Baden-Württemberg, Schleswig-Holstein sowie den westfälischen Gebieten von Nordrhein-Westfalen.

3. Individuelle Rechtsberatung

Für den Verbraucher spielt es prinzipiell keine Rolle, ob er bei einem Nur-Notar oder einem Anwaltsnotar landet. Beide Arten von Notaren haben die gleichen Aufgaben. Und die Doppelfunktion des Anwaltsnotars bringt dem Verbraucher auch keine Vorteile: War der Anwaltsnotar nämlich erst einmal als Notar für einen Klienten tätig, darf er den Mandanten in der gleichen Sache später in der Regel nicht mehr als Anwalt vertreten. Umgekehrt gilt das Gleiche. Hat der Anwaltsnotar also zunächst als Anwalt für den Mandanten gearbeitet, scheidet eine spätere notarielle Tätigkeit in der gleichen Sache aus. Käme Herr Müller also etwa im Beispielsfall auf die Idee, bei seinem Anwaltsnotar eine notarielle Scheidungsvereinbarung beurkunden zu lassen und ihn danach als Anwalt mit der Einleitung des Scheidungsverfahrens bei Gericht zu beauftragen, hätte er Pech gehabt. Der Anwaltsnotar würde den Scheidungsauftrag ablehnen. Auch andere Anwälte in der Kanzlei dürften das Scheidungsverfahren nicht durchführen.

Aufgepasst: Wer einen Anwaltsnotar aufsucht, muss sich oft entscheiden, ob der Anwaltsnotar als Notar oder als Anwalt für ihn tätig sein soll. Viele Angelegenheiten können nämlich von Anwälten und Notaren gleichermaßen erledigt werden. Seinen Entschluss sollte sich der Verbraucher gut überlegen. Wird der Anwaltsnotar nämlich als Anwalt tätig, erhält er wesentlich höhere Gebühren, als wenn er die Sache als Notar bearbeitet. Beispiel: Der Notar berät den Mandanten in einer Erbsache. Bei einem Wert von 50.000,00 Euro erhält er als Notar eine Beratungsgebühr von 65,00 Euro. Als Anwalt bekäme er für die gleiche Beratung eine Gebühr von rund 590,00 Euro. Außerdem kann der Anwaltsnotar in seiner Funktion als Notar mehrere Beteiligte gleichzeitig beraten. Vorteilhaft ist das beim Abschluss von Verträgen. Bei der Beratung muss er sich dann allerdings neutral verhalten. Wer also bei einem Vertrag eine Beratung wünscht, die nur auf die eigenen Interessen abzielt, ist beim Anwalt besser aufgehoben. Auch bei der Haftung gibt es Unterschiede: So hat der Anwalt seinen Mandanten auch über die wirtschaftlichen Gefahren eines Geschäfts zu belehren, während der Notar einen Vertrag nur interessengerecht und ausgewogen gestalten muss.

WISO rät: Wollen Sie sich ausschließlich rechtlich beraten lassen, versuchen Sie Ihren Anwaltsnotar dazu zu bringen, Ihre Angelegenheit als Notar und nicht als Anwalt zu bearbeiten. Häufig empfiehlt es sich auch, nach einer kostenlosen Auskunft im Wege einer Gefälligkeit zu fragen. Vergessen Sie aber nicht: Am Ende entscheidet allein Ihr Anwaltsnotar, ob er die Beratung ausnahmsweise kostenlos oder als Notar durchführt.

d) Steuerberater und Lohnsteuerhilfevereine

Wer rechtliche Probleme mit der Steuer hat, wendet sich im Normalfall an einen Steuerberater. Der Steuerberater darf seine Mandanten in sämtlichen Steuersachen umfassend beraten und vertreten, auch vor dem Finanzgericht. Er ist zur Verschwiegenheit verpflichtet und muss sich gegen mögliche Fehler bei seiner Beratung haftpflichtversichern. Abgerechnet wird die Tätigkeit des Steuerberaters nach der Gebührenverordnung für Steuerberater (StBGebV), im Internet nachzulesen etwa unter www.dstv.de, Rubrik „Serviceangebote", Stichwort „Dokumente". Sie ist die Gebührenordnung für

Rechtsanwälte sehr ähnlich (siehe hierzu deshalb auch den Abschnitt „Was ein Anwalt kostet" im dritten Kapitel dieses Buches).

Ergeben sich im Zusammenhang mit der Steuerberatung Rechtsfragen zu anderen Gebieten, wie etwa bei der Gründung einer Gesellschaft, bei Erbfragen oder bei der Übertragung eines Betriebes auf einen anderen, ist es dem Steuerberater gestattet, seine Klienten auch zu diesen Punkten rechtlich zu beraten. Eine Vertretung vor Gericht oder der Entwurf von Verträgen scheidet hier allerdings aus.

Derzeit gibt es in Deutschland rund 70.000 Steuerberater. Anschriften findet der Verbraucher im Telefonbuch oder in den Gelben Seiten unter der Rubrik „Steuerberatung", im Internet unter www.telefonbuch.de beziehungsweise www.gelbe-seiten.de. Auskünfte erhält der Verbraucher auch über die Bundessteuerberaterkammer, Neue Promenade 4, 10178 Berlin, Tel.: 030/24 00 87-0, Fax: 030/24 00 87-99, e-Mail: zentrale@bstbk.de. Auf der Internet-Seite www.bstbk.de finden sich Verweise auf die regionalen Steuerberaterkammern, über die der Verbraucher wiederum nach Steuerberatern in seiner Nähe suchen kann. Einen bundesweiten Steuerberater-Suchservice bietet der Deutsche Steuerberaterverband e.V unter der Rufnummer 030/27 87 65 00. Die volle Anschrift des Verbandes lautet Littenstr. 10, 10179 Berlin, Tel.: 030/27 87 62, Fax: 030/27 87 67 99, e-Mail: dstv.berlin@dstv.de, Internet: www.dstv.de.

Anstatt zum Steuerberater kann der Verbraucher bei steuerrechtlichen Problemen auch zu einem Fachanwalt für Steuerrecht gehen (siehe dazu das dritte Kapitel dieses Buches).

Handelt es sich, wie sehr häufig, um einfach gelagerte Fälle, empfiehlt sich allerdings eher die Beratung durch einen Lohnsteuerhilfeverein. Wer hier Mitglied ist, bekommt bei Problemen mit der Lohnsteuer durch den Verein kostenlosen Rechtsrat erteilt. Außerdem führt der Verein den Schriftwechsel mit dem Finanzamt und vertritt die Mitglieder vor dem Finanzgericht. Die Mitgliedschaft ist im Verhältnis erheblich billiger als eine Beratung durch einen Steuerberater oder einen Fachanwalt für Steuerrecht. Der Jahresbeitrag liegt einkommensabhängig zwischen 55,00 und 200,00 Euro. Das Beratungsangebot ist allerdings begrenzt: Ist der Verbraucher neben seinem Job noch selbstständig tätig oder hat er sonstige Einnahmen, etwa aus Mieten, oder Kapitaleinnahmen von mehr als 9.000,00 Euro im Jahr, scheidet eine Beratung durch einen Lohnsteuerhilfeverein aus.

Aufgepasst: In einer Untersuchung der Stiftung Warentest (finanztest 4/2001) hat sich gezeigt, dass es zwischen den einzelnen Lohnsteuerhilfevereinen erhebliche Qualitätsunterschiede gibt. Vor seinem Beitritt sollte sich der Verbraucher also sorgfältig informieren und die Bedingungen und Leistungen einzelner Vereine miteinander vergleichen. Die Testergebnisse sind zu beziehen über die Stiftung Warentest, Lützowplatz 11–13, 10785 Berlin, Tel.: 030/263 10, Fax: 030/31 27 27 oder im Internet unter www.warentest.de. Auch in Büchereien oder Verbraucherzentralen stehen die Ergebnisse zur Verfügung.

Die Anschriften der umliegenden Lohnsteuerhilfevereine findet der Verbraucher in den Gelben Seiten unter dem Stichwort „Lohnsteuerhilfeverein", im Internet unter www.gelbe-seiten.de.

3. Individuelle Rechtsberatung

WISO rät: Häufig handelt es sich bei Problemen mit der Steuer weniger um Rechtsfragen als um allgemeine steuerliche Verständnisschwierigkeiten. In solchen Fällen hilft oft bereits ein Blick in einen der im Buchhandel erhältlichen Steuerratgeber, etwa von WISO. Auch das Finanzamt steht dem Verbraucher bei Steuerfragen zur Verfügung. Am besten sollte hierzu ein persönlicher Gesprächstermin vereinbart werden. Die Beratung ist kostenlos.

e) Öffentliche Rechtsberatung

Eine auf den Einzelfall abgestimmte Rechtsberatung bekommt der Verbraucher unter Umständen auch bei öffentlichen Stellen wie Behörden, Gemeinden, Kreisverwaltungen oder Kammern. Ob die jeweilige Stelle zur Rechtsberatung berechtigt oder sogar verpflichtet ist, hängt von dem Rechtsgebiet ab, auf dem der Verbraucher sein Problem hat. So erteilt etwa die Gemeinde sicher keine Rechtsauskünfte bei Fragen zu einem Kaufvertrag oder zu einer Handwerkerrechnung.

Anders sieht es da schon im Bereich des Sozialrechts aus, etwa bei Problemen mit der Sozialhilfe. Hier dürfen die Sozialämter den Betroffenen umfassend rechtlich unterstützen. Selbst wenn es nicht allein um Fragen der Sozialhilfe, sondern um andere soziale Angelegenheiten, wie etwa Familien- oder Arbeitssachen, geht, sind die Sozialämter zuständig. Erlaubt ist nicht nur die Beratung, sondern auch Hilfeleistung beim Formulieren von Anträgen und Schriftsätzen. Die Rechtsbetreuung erfolgt kostenlos. Bei schwierigen rechtlichen Problemen muss der Verbraucher aber einen Anwalt oder einen anderen Rechtsberater aufsuchen.

Kostenlose Rechtsberatung erhält der Verbraucher weiter bei den kommunalen Schuldnerberatungsstellen, wenn er finanziell in Schwierigkeiten steckt. Bei Fragen zum Jugendrecht hilft das Jugendamt. Studenten wenden sich bei Problemen, etwa mit BAföG oder der Studentenwohnung, an die jeweilige Studentenschaft. Ausländer wiederum sprechen bei rechtlichen Problemen am besten mit dem Ausländerbeauftragten oder einer Ausländerberatungsstelle. Für Fragen rund um die Arbeitslosigkeit ist das Arbeitsamt die richtige Adresse. In Steuersachen erhält der Verbraucher Auskünfte über das Finanzamt. Geht es um den Rentenbescheid, führt der Weg zur Bundesversicherungsanstalt für Angestellte.

Die Adressen der einzelnen Ämter findet der Verbraucher im Telefonbuch, in der Anfangsübersicht seiner Gelben Seiten oder durch eine Nachfrage auf der Gemeinde. Adressen von Bundesbehörden finden sich auch im Anhang.

Neben den üblichen Beratungsangeboten finden sich in einigen Städten und Bundesländern noch zusätzliche Beratungsmöglichkeiten.

So gibt es in **Hamburg** und **Bremen** für Bürger mit geringem Einkommen eine öffentliche Rechtsberatung in allen Rechtsgebieten. Sie erfolgt in Hamburg über die Öffentliche Rechtsauskunfts- und Vergleichsstelle, in Bremen über die Arbeitnehmerkammer. Die Kosten für die öffentliche Rechtsberatung belaufen sich im Normalfall auf rund 10,00 Euro, je nach finanzieller Situation können die Gebühren aber auch ermäßigt oder erlassen werden. Bei arbeits-, steuer- und sozialversicherungsrechtlichen

44   I. Das Beschaffen rechtlicher Informationen

Problemen braucht der Verbraucher in Bremen nichts bezahlen. Beraten werden auf diesen Gebieten allerdings nur Arbeitnehmer.

In **Berlin** können sich einkommensschwache Bürger für eine kostenlose Rechtsberatung an das jeweilige Bezirksamt wenden. Sämtliche Rechtsgebiete werden abgedeckt.

In **Kiel** erhalten Kieler Bürger gegen eine einkommensabhängige Gebühr zwischen 5,00 und 26,00 Euro Rechtsrat in allen Rechtsgebieten. Für Sozialhilfeempfänger ist die Beratung bei Arbeits-, Miet-, Familien- und Pfändungssachen kostenlos.

In **Lübeck** berät die Öffentliche Rechtsauskunfts- und Vergleichsstelle Bürger mit geringem oder mittlerem Einkommen für 11,00 Euro in sämtlichen Rechtsangelegenheiten.

Im **Saarland** besteht für Arbeitnehmer bei Fragen rund um das Arbeits-, Sozial- und Schwerbehindertenrecht unabhängig von der Höhe des Einkommens die Möglichkeit, sich bei der Arbeitskammer kostenlos beraten und unterstützen zu lassen.

WISO rät: Lassen Sie sich bei den öffentlichen Beratungsstellen auch dann einen Beratungstermin geben, wenn Sie noch nicht knapp bei Kasse sind. Häufig werden die finanziellen Verhältnisse nämlich nicht näher überprüft.

Die Anschriften der Beratungsstellen lauten:
- **Hamburg:** Öffentliche Rechtsauskunfts- und Vergleichsstelle, Holstenwall 6, 20355 Hamburg, Tel.: 040/428 43 30 71, Fax: 040/428 43 36 58, e-Mail: renate.frier@bsf.hamburg, Internet: www.hamburg.de unter der Rubrik „BSF".
- **Bremen:** Arbeitnehmerkammer Bremen, Bürgerstr. 1, 28195 Bremen, Tel.: 0421/36 30 10, Fax: 0421/36 30 19 31, e-Mail: info@arbeitnehmerkammer.de, Internet: www.arbeitnehmerkammer.de.
- **Berlin:** Zuständig sind die Bürgerämter beim jeweiligen Bezirksamt. Adressen finden Sie im Telefonbuch.
- **Kiel:** Bürger- und Ordnungsamt der Stadt Kiel, Rathaus, Fleethörn 9–17, 24103 Kiel, Tel.: 0431/901 29 32 (Montag bis Mittwoch), 0431/901 29 33 (Mittwoch bis Freitag), Fax: 0431/90 16 27 16, e-Mail: buergerberatung@LHStadt.kiel.de, Internet: www.kiel.de, Rubrik „Bürgerservice von A–Z, Stichwort „Rechtsberatung".
- **Lübeck:** Öffentliche Rechtsauskunfts- und Vergleichsstelle der Hansestadt Lübeck, Kronsforder Allee 2–6, 23552 Lübeck, Tel.: 0451/122 44 09.
- **Saarland:** Arbeitskammer des Saarlandes, Fritz-Dobisch-Str. 6–8. 66111 Saarbrücken, Tel.: 0681/400 50, Fax: 0681/400 54 01, e-Mail: presse@arbeitskammer.de, Internet: www.arbeitskammer.de.

f) Verbraucherzentralen

Besonders wichtig für den Verbraucher sind die Beratungsangebote der Verbraucherzentralen. Hier erhält er Rechtsrat zu verbraucherrelevanten Themen, wie etwa Eigenheimbau, Handwerkerrechnungen, Reisen, Erbschaften, Altersvorsorge, Schulden, Miete oder Kauf. Gerichtlich vertreten dürfen die Verbraucherzentralen den Bürger nicht. Allerdings sind die Verbraucherzentralen berechtigt, selbst gegen unseriöse Firmen vorzugehen, die sich wettbewerbswidrig oder rechtswidrig verhalten. Überträgt der Verbraucher seine Forderung an eine Verbraucherzentrale, kann diese gegen die Firma oder den Händler auch eine Musterklage führen.

Die Leistungen und Preise der einzelnen Verbraucherzentralen sind unterschiedlich. In der Regel kostet eine schlichte Beratung zwischen 0,00 und 15,00 Euro. Soll der Rechtsexperte der Verbraucherzentrale auch den Schriftwechsel mit der Behörde oder dem Gegner übernehmen, fallen meist zwischen 5,00 und 30,00 Euro an. Bei Spezialberatungen oder außergerichtlichen Vertretungen, etwa gegenüber Händlern, muss der Verbraucher im Einzelfall auch mal mit 50,00 oder 100,00 Euro und mehr rechnen. Bürger mit geringem Einkommen erhalten zum Teil Ermäßigungen.

Wer will, kann sich bei der Verbraucherzentrale auch telefonisch beraten lassen. Die Tarife liegen hier im Normalfall zwischen 1,24 und 1,86 Euro pro Minute oder pauschal zwischen 8,00 und 13,00 Euro.

Auskünfte über die einzelnen Beratungsangebote und die genauen Kosten erteilen die jeweiligen Verbraucherzentralen. Die Anschrift der nächstgelegenen Verbraucherzentrale erfährt der Verbraucher über den Bundesverband der Verbraucherzentralen e.V., Markgrafenstr. 66, 10969 Berlin, Tel.: 030/25 80 00, Fax: 030/25 80 05 18, e-Mail: info@vzbv.de oder im Internet unter www.vzbv.de. Auch in den Übersichten am Anfang der Gelben Seiten ist die regionale Verbraucherzentrale in der Regel aufgeführt.

Neben den Verbraucherzentralen gibt es noch eine Reihe anderer Verbraucherverbände, die den Bürger rechtlich beraten und auch eigene Verbraucherklagen führen dürfen, so etwa die Zentrale zur Bekämpfung des unlauteren Wettbewerbs e.V., Landgrafenstr. 24 B, 61348 Bad Homburg v.d.H., Tel.: 06172/121 50, Fax: 06172/844 22, e-Mail: mail@wettbewerbszentrale.de, Internet: www.wettbewerbszentrale.de.

g) Gewerkschaften

Wer Gewerkschaftsmitglied ist, kann sich bei rechtlichen Problemen an seine Gewerkschaft wenden. Für einen regelmäßigen Beitrag in Höhe von einem Prozent des Bruttomonatsgehalts erhalten Arbeitnehmer bei der Gewerkschaft den vollen rechtlichen Beistand, wenn es mal Ärger mit dem Chef gibt, wie etwa bei Abmahnungen oder Kündigungen. Rechtsauskünfte, Formulierungshilfen, Vermittlungsgespräche, Prozessvertretung vor dem Arbeits- und Sozialgericht – alles ist im Preis enthalten. Das Angebot beschränkt sich allerdings auf Streitereien rund um das Arbeits- und Sozialrecht. Hat der Arbeitnehmer also etwa ein Problem mit seinem Vermieter oder einem Handwerker, springt die Gewerkschaft nicht ein.

Übrigens: Auch andere Personengruppen wie Arbeitslose, Schüler und Studenten können den Rechtsschutz der Gewerkschaft in Anspruch nehmen, oft sogar zu einem wesentlich günstigeren Mitgliedsbeitrag.

Achtung: Rechtsschutz bekommt der Gewerkschaftler im Normalfall erst nach drei Monaten Mitgliedschaft. Tritt das Problem früher auf, lohnt es sich aber nachzufragen, ob die Gewerkschaft nicht ausnahmsweise doch die Vertretung übernimmt.

Welche Gewerkschaft für ihn die Richtige ist, erfährt der Verbraucher über den Betriebsrat, die im Betrieb tätigen Gewerkschaftsmitglieder oder den Deutschen Gewerkschaftsbund, Henriette-Hertz-Platz 2, 10178 Berlin, Tel.: 030/24 06 00, Fax: 030/24 06 03 24, e-Mail: info@bvv.dgb.de, Internet: www.dgb.de. Einzelheiten zum jeweiligen Rechtsschutz sind nachzulesen in den Satzungen der einzelnen Gewerkschaften.

Was für den Arbeitnehmer die Gewerkschaft, ist für den Arbeitgeber der Arbeitgeberverband. Er gewährt seinen Mitgliedern ebenfalls kostenlosen Rechtsschutz. Informationen gibt es über die Bundesvereinigung der Deutschen Arbeitgeberverbände, 11054 Berlin, Tel.: 030/203 30, Fax: 030/20 33 10 55, e-Mail: info@bda-online.de, Internet: www.bda-online.de.

h) Sozial-, Behinderten- und Wohlfahrtsverbände

Einen rechtlichen Rundum-Service bieten auch die Sozial- und die Behindertenverbände. In sämtlichen Fragen des Sozial- beziehungsweise Behindertenrechts werden die Mitglieder kostenlos beraten, unterstützt und vor dem Sozialgericht vertreten. Die Mitgliedschaft kostet meist nicht mehr als 1,00 bis 5,00 Euro pro Monat.

Kostenlosen Rechtsrat und Rechtshilfe in sozialrechtlichen Angelegenheiten bieten ohne besonderen Mitgliedsbeitrag auch Wohlfahrtsverbände, wie etwa die Caritas oder die Diakonie.

Adressen von Behinderten- und Wohlfahrtsverbänden finden sich in der kostenlosen Broschüre „SGB IX – Rehabilitation und Teilhabe behinderter Menschen" des Bundesministeriums für Gesundheit und Soziale Sicherung, Postfach 500, 53105 Bonn, Tel.: 01888/5270 (aus Berlin und Bonn Ortstarif, sonst normaler Ferntarif), Fax: 01888/527 22 54, e-Mail: info@bmgs.bund.de, Internet: www.bmgs.de.

Informationen zu Sozialverbänden sind zu beziehen über den Sozialverband VdK Deutschland e.V. (Verband der Kriegs- und Wehrdienstopfer, Behinderter und Rentner Deutschlands e.V.), Wurzerstr. 4a, 53175 Bonn, Tel.: 0228/82 09 30, Fax: 0228/820 93 43. e-Mail: kontakt@vdk.de, Internet: www.vdk.de oder über den Sozialverband Deutschland e.V. , Kurfürstenstr. 131, 10785 Berlin, Tel.: 030/263 91 03, Fax: 030/26 39 10 55, e-Mail: contact@sozialverband.de, Internet: www.sozialverband.de.

i) Mietervereine

Kostenlosen Rechtsrat in Mietsachen bieten ihren Mitgliedern die Mietervereine. Der Mitgliedsbeitrag beträgt jährlich zwischen 30,00 und 60,00 Euro plus Zahlung einer einmaligen Aufnahmegebühr in Höhe von rund 15,00 bis 20,00 Euro. Für junge Mieter, Schüler, Studenten, Arbeitslose und Sozialhilfeempfänger sind die Beiträge und Gebühren bei den meisten Mietervereinen ermäßigt oder erlassen. In Gerichtsverhandlungen dürfen die Vereine den Mieter nicht vertreten.

Die Adresse der örtlichen Mietervereine findet der Verbraucher über den Deutschen Mieterbund, Littenstr. 10, 10179 Berlin, Tel.: 030/22 32 30, Fax: 030/22 32 31 00, e-Mail: info@mieterbund.de, Internet: www.mieterbund.de.

Ähnliche Rechtsschutzmöglichkeiten wie für Mieter gibt es natürlich auch für Vermieter. Ansprechpartner sind hier die örtlichen Hauseigentümer- und Grundbesitzervereine. Die Adressen erfahren Sie über Haus & Grund Deutschland, Mohrenstr. 33, 10117 Berlin, Tel.: 030/20 21 60, Fax: 030/20 21 65 55, E-Mail: zv@haus-und-grund.net, Internet: www.haus-und-grund.net.

j) Schuldnerberatungsstellen

Schuldnerberatungsstellen beraten Verbraucher, die finanziell in Not geraten sind. Die Beratung erfolgt bei Gemeinden, Wohlfahrtsverbänden oder Verbraucherzentralen und ist in der Regel kostenlos. Die meisten Beratungsstellen dürfen auch tätig werden, wenn der Verbraucher beabsichtigt, Privatinsolvenz anzumelden und dadurch über einen Zeitraum von sechs Jahren schuldenfrei zu werden.

Aufgepasst: Einige dubiose Leute versuchen, mit der Not anderer ihr Geld zu verdienen. Sie bieten verschuldeten Bürgern an, ihnen gegen eine gewisse Gebühr bei ihren Geldproblemen zu helfen. Geholfen wird den Betroffenen dabei aber meistens nicht. Im Gegenteil: Durch die privaten Schuldenberater geraten sie in der Regel noch tiefer in die Schuldenfalle. Beliebte Tricks auf Kosten der Schuldner bestehen etwa darin,
- hohe Vorschüsse oder Vermittlungsgebühren zu kassieren,
- den Verbraucher auf teure 0190-er-Beratungshotlines oder Faxabrufe zu verweisen,
- dem Verbraucher anzubieten, Unterlagen über teure „Dialer" aus dem Internet herunterzuladen,
- zusätzliche Versicherungen oder andere Leistungen zu verkaufen,
- unberechtigt Auslagen und Gebühren zu berechnen.

WISO rät: Schämen Sie sich nicht für Ihre Schulden und machen Sie sich deshalb keine Vorwürfe. Versuchen Sie aktiv und so schnell wie möglich von Ihren Schulden herunterzukommen. Wenden Sie sich dazu an eine anerkannte Schuldnerberatungsstelle. Notfalls können Sie auch beim örtlichen Pfarrer, einem freundlichen Nachbarn oder einer anderen Vertrauensperson nach Hilfe fragen. Über die Beratungshilfe lässt sich auch ein Besuch beim Anwalt finanzieren (siehe dazu den Abschnitt „Beratungshilfe" im achten Kapitel dieses Buches).

Drängen Sie bei der Schuldnerberatung auf einen sofortigen Gesprächstermin. Lassen Sie sich nicht auf eine Warteliste schreiben. Beschweren Sie sich notfalls bei dem Vorgesetzten oder der übergeordneten Stelle.

Lassen Sie die Finger von privaten Schuldenberatern, Schuldenbereinigern oder Kreditvermittlern.

Versuchen Sie auch nicht, Ihre finanziellen Probleme durch Kredite von Banken oder anderen Geldgebern zu lösen. Meist sind die Nebenkosten hier so hoch, dass der Schuldenberg nur noch weiter anwächst. Auch den Weg zum Pfandleiher sollten Sie erst einmal aufschieben.

Denken Sie gegebenenfalls darüber nach, ob es nicht sinnvoll ist, ein „Verbraucherinsolvenzverfahren" einzuleiten. Jeder hat so eine Chance, schuldenfrei zu werden.

 I. Das Beschaffen rechtlicher Informationen

Anschriften von Schuldnerberatungsstellen in seiner Umgebung erhält der Verbraucher unter anderem im Internet unter der Adresse www.forum-schuldnerberatung.de. Hier können auch die Anträge für die Privatinsolvenz heruntergeladen werden.

Eine Telefonhotline zu Anschriften seriöser Schuldnerberatungsstellen unterhält das Bundesministerium für Familie, Senioren, Frauen und Jugend unter der Nummer 0180/532 93 29 (12 Ct. pro Anruf).

Auskünfte über Adressen erteilen weiter die Bürgerberatungsstellen und Sozialämter der Gemeinden. Telefonnummern finden sich in der Regel im jeweiligen Telefonbuch unter dem Stichwort „Stadtverwaltung" oder in der Anfangsübersicht der Gelben Seiten. Informationen zur Schuldnerberatung durch Verbraucherzentralen und Wohlfahrtsverbände gibt es außerdem bei den jeweiligen Einrichtungen. Die Anschriften finden sich in den vorangehenden Abschnitten dieses Kapitels.

k) Inkassobüros

Inkassobüros dürfen den Verbraucher nur insoweit beraten, als es darum geht, Forderungen gegenüber einem Schuldner einzutreiben. Einzelheiten hierzu finden sich im Abschnitt „Einsatz eines Inkassobüros" im zweiten Kapitel dieses Buches.

II. Das richtige Verhalten im Streitfall

Wer seine Rechte kennt, ist seinem Gegenüber meist schon ein weites Stück voraus. Er kann in der Sache die Initiative ergreifen und dem anderen Vorschläge unterbreiten, um die Auseinandersetzung vernünftig zu beenden. Problematisch ist es allerdings oft, den Gegner dazu zu bringen, auf die eigenen Lösungsvorschläge einzugehen. Hier ist Fingerspitzengefühl gefragt. Je nachdem, worum sich der Streit dreht und wie der Gegner „drauf" ist, kann es sich mal empfehlen, die Holzhammermethode zu wählen, mal lohnt es sich mehr, auf die sanfte Tour vorzugehen. Welche Taktik die Richtige ist, lässt sich jeweils nur im Einzelfall entscheiden. Wer aber einige Grundregeln beachtet, ist für jeden Streit gut gerüstet. Denn trotz aller Unterschiede im Detail: Die Fragen, die bei rechtlichen Auseinandersetzungen auftauchen, sind oft die Gleichen.

1. Ziele bestimmen

Zu Beginn eines Streits sollte sich jeder Betroffene klarmachen, welches Ziel er mit dem Konflikt verfolgt. Erst wenn feststeht, wohin die Reise gehen soll, lassen sich sinnvolle und notwendige Maßnahmen treffen. Nur wer weiß, was er will, ist in der Lage, klar und widerspruchsfrei zu argumentieren. Weiterer Vorteil: In bestimmten Punkten kann der Betroffene vom Gegner „mehr" fordern, um sich nachher vielleicht auf das von ihm gewünschte Ergebnis zu einigen.

WISO rät: Setzen Sie sich klare Ziele. Bedenken Sie, dass die Angelegenheit unter Umständen später vor Gericht kommt. Auch dort müssen Sie klar sagen, was Sie wollen.

Überprüfen Sie Ihre Zielsetzungen laufend und seien Sie nicht zu stolz, sie bei veränderten Bedingungen zu korrigieren, etwa wenn der Gegner einen Einwand bringt, den Sie bislang übersehen haben.

2. Mündlich oder schriftlich vorgehen?

Ob der Verbraucher seine Forderungen oder Rechtspositionen im einzelnen Fall besser mündlich oder schriftlich vortragen sollte, hängt stark von den jeweiligen Umständen ab. So wäre es etwa nicht sehr ratsam, in einem gut funktionierenden Arbeitsverhältnis jede kleine Unstimmigkeit gleich schriftlich beim Chef vorzutragen. Denn damit würde die Beziehung zwischen dem Chef und dem Mitarbeiter nur unnötig belastet. Andererseits sollte sich der Arbeitnehmer in der Regel schriftlich äußern, wenn er etwa eine unberechtigte Abmahnung bekommt. Denn wer denkt, er könne seinen Chef mündlich auffordern, die Abmahnung zurückzunehmen, der hat meistens Pech. Und nur eine schriftliche Gegendarstellung lässt sich später auch in der Personalakte dokumentieren.

Als Faustregel lässt sich sagen: Mündliche Ausführungen sind in jedem Fall dann angebracht, wenn ein offensichtliches Missverständnis vorliegt oder die Aussicht besteht, dass die Gegenseite ihren Fehler einsieht oder der Aufforderung freiwillig nachkommt.

Ein schriftliches Vorgehen empfiehlt sich dann, wenn vorherige mündliche Verhandlungen gescheitert sind oder für spätere Beweiszwecke ein Schriftstück erforderlich ist.

WISO rät: Vermeiden Sie es nach Möglichkeit, Ihr Schreiben per Hand aufzusetzen. Benutzen Sie zumindest eine Schreibmaschine, besser noch einen PC. Ansonsten laufen Sie Gefahr, dass der Gegner den Inhalt Ihres Schreibens allein wegen der äußeren Form nicht so ernst nimmt. Denken Sie daran: Gute Argumente verdienen auch eine gute Präsentation. Werten Sie Ihre Argumente also nicht selbst ab.

Die Schriftform hat übrigens noch weitere Vorteile: So ist der Betroffene stets gezwungen, sorgfältig nachzudenken, bevor er etwas zu Papier bringt. Denn Papier lügt bekanntlich nicht. Das Nachdenken wiederum erleichtert es ihm, seine Gedanken zu ordnen und sich auf das Wesentliche zu konzentrieren. Außerdem lassen sich dadurch Fehler, Wiederholungen und Unvollständigkeiten vermeiden. Auch die Gefahr, ins Unsachliche und Emotionale abzugleiten, ist bei schriftlichen Ausführungen nicht so groß wie bei mündlichen Auseinandersetzungen. Schließlich kann ja auch die andere Seite nicht sofort auf die Argumente reagieren und den Streit hochschaukeln. Ein Wort gibt hier also nicht gleich das andere.

WISO rät: Entscheiden Sie sich für die Schriftform, dann sollten Sie zunächst einen Entwurf anfertigen, den Sie von einer dritten Person auf Fehler und Verständnis Korrektur lesen lassen. Schlafen Sie noch eine Nacht über das Schreiben, bevor Sie es abschicken. Dadurch können Sie den Inhalt noch einmal selbst reflektieren und dem Schreiben am nächsten Tag den nötigen Schliff geben, also etwa zu emotional geratene Passagen entschärfen, unklare Formulierungen abändern, notwendige Ergänzungen vornehmen oder Formatierungen anpassen. Mit dem nötigen Abstand liest sich so manches ganz anders!

3. Der richtige Tonfall

Ganz gleich, ob mündlich oder schriftlich: Der Ton macht die Musik. Wer die andere Seite von seinen Argumenten überzeugen will, darf sich nicht in der Wortwahl vergreifen. Denn dann bewirkt er im schlimmsten Fall genau das Gegenteil von dem, was er eigentlich erreichen wollte. Welcher Ton der Richtige ist, hängt davon ab, in welchem Stadium sich der Konflikt befindet. Wer seinen Gegner zum zehnten Mal auffordert, die rückständigen Zahlungen zu begleichen, kann und sollte sicherlich deutlicher werden als derjenige, der seinen Kontrahenten zum ersten Mal an die Zahlungen erinnert. Was aber in jedem Fall vermieden werden sollte, sind persönliche Beleidigungen. Hierdurch verlagert man nicht nur die Auseinandersetzung auf unwichtige Nebenschauplätze. Man liefert dem Gegner vielmehr auch eigene Angriffspunkte, die mit dem eigentlichen Problem gar nichts mehr zu tun haben. Und: Endet die Sache später in einem Prozess, kommt es bei den Richtern nicht besonders gut an, wenn die Gegenseite ein Schriftstück oder einen Zeugen präsentieren kann, mit dem eigene verbale Entgleisungen belegt werden. Aus diesem Grund sollte auch niemand seinen Anwalt dazu zwingen, in seinen Schriftsätzen so richtig auf den Putz zu hauen. Außerdem: Ein Argument wird nicht dadurch richtiger, dass es laut oder beleidigend vorgetragen wird!

4. Aufbau und Inhalt eines Schreibens

Briefe schreiben fällt vielen Menschen schwer, vor allem wenn es unangenehme Briefe sind, und um solche handelt es sich bei rechtlichen Problemen fast immer. Wer hat nicht schon einmal ein Antwortschreiben wochen- oder monatelang vor sich hergeschoben? Wer nicht schon einmal eine Frist verpasst oder zumindest beinahe versäumt, weil er sich nicht aufraffen konnte, rechtzeitig zu reagieren? Häufig hängt die Angst vor dem Schreiben damit zusammen, dass der Betroffene nicht weiß, wie er beim Abfassen eines Briefes vorgehen soll. Wer allerdings einige Grundregeln beachtet, kann den Einstieg in der Regel leicht finden:

- Sagen Sie in der Betreffzeile, also oberhalb der Anrede, mit einem oder zwei Schlagwörtern, worum es geht.
- Beginnen Sie Ihre Ausführungen mit einer kurzen Darstellung des Sachverhaltes. Schildern Sie also noch einmal in knappen Worten, wo das Problem liegt und was bislang passiert ist. Stellen Sie gegebenenfalls an dieser Stelle richtig, was tatsächlich passiert ist. Legen Sie den Schwerpunkt auf die für Sie günstigen Angaben. Benennen Sie gegebenenfalls Zeugen oder andere Beweismittel.
- Schreiben Sie im Anschluss daran, was Sie von der Gegenseite verlangen beziehungsweise ihr anbieten oder auf welchem Standpunkt Sie stehen. Fassen Sie sich dabei so präzise, dass keine Missverständnisse entstehen und keine Fragen offen bleiben. Verlangen Sie also beispielsweise die Zahlung eines Geldbetrages, so nennen Sie nicht nur die Summe, sondern teilen Sie auch Ihre Bankverbindung mit.
- Erwarten Sie auf Ihr Schreiben eine Antwort oder die Zahlung eines Geldbetrages, setzen Sie hierfür eine angemessene Frist. Angemessen ist in der Regel eine Frist von mindestens zehn Tagen. Bei dringenden Angelegenheiten kann die Frist aber auch kürzer, bei komplizierten Dingen länger bemessen sein.
- Unterschreiben Sie den Brief am Ende und benennen Sie gegebenenfalls noch die beigefügten Anlagen.

Ein Beispiel für ein Forderungsschreiben finden Sie im Anhang.

II. Das richtige Verhalten im Streitfall

WISO rät: Vergessen Sie auf keinen Fall, Ihrem Schreiben eine Originalvollmacht Ihres Auftraggebers beizufügen, wenn Sie nicht oder nicht nur für sich allein sprechen. Ansonsten bleibt Ihr Schreiben unter Umständen wirkungslos. Beispiel: Sie kündigen einen Vertrag, den Sie gemeinsam mit einer anderen Person abgeschlossen haben. Oder es passiert Ihnen, dass Sie plötzlich allein für die Verpflichtungen weiterer Personen einstehen müssen. Beispiel: Sie buchen eine Reise für vier Personen, unterschreiben aber den Vertrag alleine.

Vorsicht: Eine Vollmachtskopie reicht in der Regel nicht aus!

Auch wenn der Verbraucher nicht Absender, sondern Empfänger eines Schreibens ist, sollte er auf die Bevollmächtigung achten. Findet sich etwa auf einem Kündigungsschreiben die Unterschrift eines Dritten, etwa der Frau des Vermieters oder Gattin des Chefs, braucht der Betroffene dies nur zu akzeptieren, wenn der Unterzeichner eine Originalvollmacht vorlegt. Ansonsten kann er die Erklärung unverzüglich, das heißt innerhalb weniger Tage, zurückweisen. Beispiel: Die Kündigung wird von der Gattin des Chefs ausgesprochen, die dem Schreiben keine Vollmacht beifügt.

Besonderheiten hat derjenige zu beachten, der in Eigenregie eine gerichtliche Klageschrift oder Klageerwiderung abfassen möchte. Hier gelten nämlich eigene Regeln. Wer die nicht beachtet, handelt sich schnell Nachteile ein. Die Anfertigung solcher Schriftstücke sollte deshalb besser einem Anwalt überlassen werden. Alternativ kann gegebenenfalls auf gerichtliche Klagevordrucke zurückgegriffen werden, wie etwa für Kündigungsschutzklagen beim Arbeitsgericht. Im Einzelfall sollte hier bei den Rechtsantragsstellen der einzelnen Gerichte nachgefragt werden (siehe dazu auch das sechste Kapitel dieses Buches).

5. Was tun, wenn ein Schreiben vom Gegner kommt?

Wer ein Schreiben des Gegners oder des gegnerischen Anwalts erhält, muss sich entscheiden, ob er hierauf reagiert oder ob er es zunächst nur zur Kenntnis nimmt. Häufig setzt die Gegenseite auch eine Frist, das heißt, der Empfänger wird aufgefordert, bis zu einem bestimmten Zeitpunkt zu dem Schreiben Stellung zu nehmen oder bestimmte Forderungen zu erfüllen. Dann taucht zusätzlich die Frage auf, ob diese Frist bei der Antwort eingehalten werden muss und welche Konsequenzen es hat, eine solche Frist verstreichen zu lassen. Wichtig ist hierbei zunächst, dass eine gesetzte Frist nicht zu knapp bemessen sein darf. Niemand braucht sich also dazu nötigen lassen, in unangemessen kurzer Zeit zu antworten. Aber: Eine zu kurze Frist wird nicht bedeutungslos, sondern verlängert sich nur auf das angemessene Maß. Und das kann im einzelnen Fall durchaus bedeuten, dass man innerhalb weniger Tage reagieren muss. Wer eine gesetzte Frist oder ein sonstiges Schreiben der Gegenseite ohne jede Reaktion verstreichen lässt, muss mit späteren Nachteilen rechnen. So kommt der Betroffene beispielsweise nicht darum herum, auch die Anwaltskosten der Gegenseite zu zahlen, wenn er eine rückständige Forderung erst auf eine Klage des Gegners hin begleicht, obwohl er bereits vorher mehrfach zur Zahlung aufgefordert wurde. Andererseits braucht nicht jeder Frist des Gegners die gleiche Beachtung geschenkt werden. Wer also beispielsweise ein erstes Schreiben des Gegners ablehnend beantwortet hat, der ist nicht gezwungen, auf jede weitere Aufforderung noch einmal zu reagieren. Oder: Der Gegner setzt eine Frist, sagt aber nicht genau, was er eigentlich will, oder versäumt es, seine Forderung zu begründen. Auch dann empfiehlt es sich unter Umständen, erst einmal abzuwarten. Gleiches kann gelten, wenn der Gegner sein Schreiben nur per einfachen Brief verschickt und damit später nicht nachweisen kann, dass der Gegner das Schreiben überhaupt erhalten hat.

WISO rät: Halten Sie das Eingangsdatum sämtlicher Schreiben fest, die Sie erhalten. Heben Sie auch den jeweiligen Briefumschlag auf.

Notieren Sie jede Ihnen gesetzte Frist in Ihrem Kalender. Kommen Sie mit einer gesetzten Frist nicht zu Rande, beantragen Sie im Zweifel eine Fristverlängerung.

Konnten Sie eine Frist unverschuldet nicht einhalten, etwa weil Sie im Urlaub waren, teilen Sie dies der Gegenseite mit und bitten Sie um eine neue Frist.

Haben Sie Ihrem Gegner selbst eine Frist gesetzt, sollten Sie im Regelfall nach Fristablauf noch einige Tage Zeit vergehen lassen, bevor Sie weitere Maßnahmen ergreifen. Häufig trudelt nämlich dann noch ein Schreiben der Gegenseite ein.

6. Druckmittel: Schreiben über den Anwalt

Häufig steht der Verbraucher im Konfliktfall nicht so sehr vor der Frage, ob er einen Anwalt einschalten soll, um zu erfahren, ob er im Recht ist, sondern ob sich das Einschalten eines Anwalts lohnt, um ihn eher ans Ziel zu bringen. Schließlich wird der Gegner spätestens dann nervös, wenn er ein Schreiben vom Anwalt auf dem Schreibtisch hat. Außerdem zeigt der Verbraucher mit der Beauftragung des Anwalts, dass er es mit seinen Standpunkten ernst meint und entschlossen ist, diese ohne Rücksicht auf Kosten und Mühen durchzusetzen. Das Problem: Der Anwalt im Briefkopf kann eine Konfliktlösung auch erschweren, weil sich dadurch die Fronten verhärten. So wird vielleicht plötzlich wieder knallhart verhandelt, obwohl zuvor schon eine Einigung in greifbarer Nähe war. Vor allem aber muss der Verbraucher damit rechnen, dass die Gegenseite auf das anwaltliche Schreiben mit der Beauftragung eines eigenen Anwalts reagiert. Das wird besonders dann zu einem Problem, wenn die eigene Position schwach ist oder der gegnerische Anwalt besser ist als der eigene und sich das Blatt plötzlich zu den eigenen Ungunsten wendet. Bei der Einschaltung eines Anwalts ist also viel Fingerspitzengefühl erforderlich. Folgende Faktoren sind zu berücksichtigen:

Kosten
Einen Anwalt einschalten kostet Geld. Deshalb gilt es zu überlegen,
- ob die Anwaltskosten in einem angemessenen Verhältnis zur Sache stehen,
- ob der Gegner die Anwaltskosten übernehmen muss,

- ob eine Rechtsschutzversicherung für die Kosten einsteht,
- ob sich die Investition auch lohnt, wenn man die Sache später nicht weiterverfolgt, etwa weil man den Streit nicht vor Gericht austragen will,
- ob der Betroffene finanziell in der Lage ist, notfalls auch die gegnerischen Anwaltskosten zu tragen,
- wer die Kosten tragen soll, wenn später eine Einigung erzielt wird,
- ob die Anwaltskosten eine Einigung in der Sache von vornherein unwirtschaftlich oder unmöglich werden lassen.

Effektivität

Die Einschaltung des Anwalts muss effektiv sein. Folgende Fragen sollte sich der Betroffene hier stellen:
- Wie dringend ist die Sache, also wie viel Zeit steht zur Verfügung, um die Angelegenheit zu klären?
- Wie wichtig ist die Sache, also welche Bedeutung hat die Angelegenheit für einen persönlich?
- Wie oft wurde die andere Seite schon selbst auf die Sache angesprochen oder angeschrieben?
- Wie ist mein Gegenüber drauf, also wie hoch ist die Wahrscheinlichkeit, dass er sich von einem Anwaltsschreiben beeindrucken lässt?
- Ist die andere Seite rechtsschutzversichert, kann sie sich also zur Wehr setzen, ohne ein Kostenrisiko zu tragen?
- Hat die andere Seite überhaupt genügend Geld, um etwaige Forderungen zu begleichen?
- Besteht zu der anderen Seite eine persönliche Beziehung oder handelt es sich nur um einen Geschäftspartner?
- Gibt es zur Gegenseite viele Kontakte oder handelt es sich um eine einmalige Angelegenheit?
- Ist man zukünftig auf die andere Seite angewiesen?
- Ist die Angelegenheit von hohem wirtschaftlichen Wert?

WISO rät: Auch nach der ersten Beratung beim Anwalt müssen Sie den Schriftverkehr nicht unbedingt über den Anwalt abwickeln lassen. Überlegen Sie vielmehr, ob es nicht sinnvoller ist, die Sache wieder selbst in die Hand zu nehmen. Gegebenenfalls lassen Sie sich den Inhalt Ihres Schreibens von Ihrem Anwalt aufsetzen beziehungsweise formulieren.

7. Wie man ein Schreiben an den Gegner übermittelt

Empfang sicherstellen

Wer sich dafür entschieden hat, dem Gegner seinen Standpunkt schriftlich mitzuteilen, sollte darauf achten, dass der andere das Schriftstück auch erhält. Sonst war die ganze Mühe des Schreibens am Ende vielleicht umsonst. Besonders wichtig ist ein Empfangsnachweis vor allem dann, wenn der Absender bei seinem Schreiben Fristen einhalten muss. Hier können Verspätungen böse Folgen haben. Um auf Nummer sicher zu gehen, hat der Verbraucher folgende vier Möglichkeiten, ein Schreiben zu übermitteln:

- Er überbringt dem Empfänger das Schreiben persönlich gegen eine Empfangsbestätigung (Quittung).
  Für die Empfangsbestätigung sollte am besten eine Kopie angefertigt werden mit dem Zusatz: „Hiermit bestätige ich, das Original dieses Schreibens am .... erhalten zu haben. Ort, Datum, Unterschrift".
  Problem: Der Empfänger kann die Unterschrift verweigern.
- Er lässt das Schreiben per Gerichtsvollzieher an den Adressaten überbringen.
  Hierzu muss der Verbraucher dem örtlich zuständigen Gerichtsvollzieher das Schreiben übergeben oder übersenden, mit der Bitte, es an den Empfänger weiterzuleiten und ihm den Nachweis über die Zustellung zurückzugeben. Die Übermittlung durch den Gerichtsvollzieher ist kostenpflichtig. In der Regel fallen Gebühren und Auslagen in Höhe von 10,00 bis 25,00 Euro an.
  Problem: Der Verbraucher weiß nicht, an welchem Tag der Gerichtsvollzieher sein Schreiben überbringt. Muss er bei dem Schreiben eine Frist einhalten, kann es also Probleme geben. Insofern empfiehlt es sich, die rechtzeitige Übergabe mit dem Gerichtsvollzieher persönlich abzusprechen.
- Er lässt das Schreiben per Boten an den Adressaten überbringen und darüber vom Boten ein schriftliches Protokoll aufsetzen.
  Problem: Der Bote muss den Adressaten kennen und persönlich antreffen. Übergibt er das Schreiben an eine andere Person, etwa die Ehefrau, kann es in einem späteren Prozess problematisch werden. Um dem vorzubeugen, empfiehlt es sich unter Umständen, zwei Boten einzusetzen.
  Weiteres Problem: Die Übergabe durch einen Boten ist nur so gut, wie der Bote in einem späteren Prozess als Zeuge taugt. Der Verbraucher muss also darauf achten, dass der Bote am Streit nicht selbst beteiligt ist, in einem möglichen Prozess zur Verfügung steht und vor Gericht glaubwürdig auftreten kann.
- Er lässt das Schreiben per Boten in den Briefkasten des Adressaten werfen und darüber vom Boten ein schriftliches Protokoll aufsetzen.

II. Das richtige Verhalten im Streitfall

Wichtig: Nur in den vorstehenden vier Fällen muss sich der Absender später nicht mit dem Einwand herumschlagen, der Adressat habe das Schreiben nie erhalten. Alle anderen Varianten, etwa einfache Briefe, Einschreiben, Einwurfeinschreiben oder Faxe mit O.K.-Vermerk auf dem Sendebericht, sind unsicher!

Behörden und Gerichten stehen noch weitere Möglichkeiten zur Verfügung, ein Schreiben an den Adressaten zu übermitteln, etwa durch Übergabe an den Vermieter oder einen Nachbarn. Wer ein amtliches Schreiben bekommt, kann sich also dem Zugang des Schreibens nicht entziehen.

Häufig empfohlen wird Verbrauchern neben den aufgeführten Möglichkeiten noch eine fünfte Variante, die zwar praktisch, aber letztlich nicht immer hinreichend sicher ist:

- Der Verbraucher verschickt das Schreiben mit der Post per Einschreiben/Rückschein. Das kostet ihn zwischen 4,40 und 5,20 Euro. Der Absender erhält hier nach wenigen Tagen eine Antwortkarte mit der Bestätigung, das der Briefträger den Brief an den Empfänger ausgehändigt hat. Nimmt der Adressat den Brief nicht an, wird er für sieben Werktage bei der Post hinterlegt. Holt der Adressat ihn innerhalb dieser Zeit nicht ab, geht er an den Absender zurück.
  Problem: Durch den Rückschein ist nur nachgewiesen, dass dem Empfänger ein Umschlag übergeben wurde.
  Der Empfänger kann also einwenden, der Briefumschlag sei leer gewesen oder er habe ein anderes Schreiben enthalten.
  Keine Probleme entstehen dagegen dadurch, dass der Empfänger einen hinterlegten Brief nicht bei der Post abholt. Das geht allein zu seinen Lasten. Auch eine etwaige Leerung des Briefkastens durch andere Personen muss der Adressat sich zurechnen lassen.

Achtung: Viele Verbraucher versenden selbst wichtigste Schreiben nur auf dem normalen Postweg, weil ihnen alles andere zu teuer oder zu umständlich ist. Hiervor kann nur gewarnt werden. Sicherlich: 4,40 Euro oder mehr für einen Brief sind nicht gerade wenig, vor allem wenn doch eigentlich der andere an allem schuld ist. Aber: Im Verhältnis zu den Gesamtkosten der Streitigkeit ist dieser Betrag regelmäßig nur eine geringe Investition, und vor allem eine, die sich lohnt. Schließlich müsste auch der Rechtsanwalt sein Schreiben auf sicherem Weg übermitteln. Und: Unter Umständen, nämlich dann, wenn die Versendung schon ein Teil Ihres Schadens ist, etwa weil der Gegner eine Geldforderung zu spät bezahlt, können Sie sich das Geld sogar vom Gegner wieder holen.

WISO rät: Sorgen Sie stets dafür, dass Sie den Empfang eines Schreibens durch den Adressaten nachweisen können. Das gilt vor allem, wenn Sie Fristen einhalten müssen (zur Berechnung von Fristen siehe den Abschnitt „Fristen und Termine" in diesem Kapitel).

Wollen Sie ein Schreiben durch einen Gerichtsvollzieher übermitteln, schauen Sie im Telefonbuch nach oder wenden Sie sich an die Gerichtsvollzieherstelle des nächsten Amtsgerichts. Die Adresse finden Sie ebenfalls im Telefonbuch oder im Internet, etwa unter www.justiz.nrw.de, Rubrik „Adressen & Links", Stichwort „Adressdatenbank" oder www.jusline.de, Rubrik „Rechtsprechung", Stichwort „Ihr Gericht". Notfalls fragen Sie auf Ihrer Gemeinde nach.

Wie man ein Einschreiben/Rückschein versendet, erfahren Sie bei jeder Poststelle. Dort erhalten Sie auch die nötigen Rückscheine und Einlieferungsbelege.

Setzen Sie als Boten nur erwachsene Personen Ihres Vertrauens ein. Notieren Sie sich genau, wann, wie und von wem das Schreiben überbracht wurde, und lassen Sie sich die Übergabe vom Boten schriftlich bestätigen.

Entscheiden Sie sich beim Versenden für den normalen Postweg, sollten Sie das Schreiben – wenn möglich – zusätzlich an die Gegenseite faxen und sich einen Sendebericht ausdrucken lassen.

Verweigern Sie nicht die Annahme eines Schreibens, das per Einschreiben/Rückschein an Sie versendet wurde.

Kommen Sie auf keinen Fall auf die Idee, Schriftstücke wegzuwerfen oder zu ignorieren, die Ihnen von Behörden, Gerichten oder per Gerichtsvollzieher, Bote, Einschreiben/Rückschein zugestellt wurden.

Nehmen Sie keine unbekannten Schreiben an, die per Nachnahme kommen.

Wichtig: Kopien anfertigen

Wer gezwungen ist, ein Originalschreiben aus der Hand zu geben, sollte sich zuvor immer eine Kopie anfertigen. Das gilt auch, wenn das Schreiben am PC abgefasst und auf Festplatte und/oder Diskette gespeichert wurde. Die Kopien sollte der Verbraucher dann zu seinen Unterlagen geben. Es empfiehlt sich, für jede Angelegenheit einen eigenen Ordner anzulegen, in dem die jeweiligen Belege gesammelt werden. Aufbewahren sollte der Verbraucher nicht nur Kopien seiner Schreiben, sondern alles, was mit der Sache zu tun hat, also etwa Schriftstücke der Gegenseite, Rechnungen, Quittungen, Adressen, Zeitungsberichte, Entwürfe, Internet-Ausdrucke. Weiterer Vorteil einer ordentlichen Archivierung: Der Verbraucher hat sämtliche Unterlagen schnell bei der Hand, wenn es einmal darauf ankommt.

WISO rät: Kommunizieren Sie mit Ihrem Gegenüber per e-Mail, sollten Sie sich den e-Mail-Verkehr ausdrucken und ebenfalls zu Ihren Unterlagen geben.

Kopien fertigen Sie am besten in so genannten Copy-Shops an. Hier werden zum Teil weniger als 0,05 Euro für eine Kopie verlangt. Adressen finden Sie zum Beispiel in den Gelben Seiten. Mittlerweile haben auch viele Faxgeräte und PC-Drucker eine Kopierfunktion. Überprüfen Sie Ihre Geräte auf solche Funktionen oder fragen Sie Ihren Nachbarn, ob er ein solches Gerät hat. Unter Umständen lassen sich einige wenige Kopien auch kostengünstig am Arbeitsplatz anfertigen. Für 0,10 Euro oder mehr bieten schließlich zahlreiche Schreibwarenläden, Großhandelsmärkte, Postfilialen oder andere Geschäfte Kopierdienste an.

8. Sich einigen ist oft besser als streiten

Wer sich auf eine Streiterei eingelassen hat, ist oft fest entschlossen, die Sache bis zum Ende durchzuziehen. „Notfalls klagen wir bis zum Bundesgerichtshof", hört man häufig von Seiten der Mandanten. Aber auch einige Anwälte vertreten diese Philosophie. Das Ergebnis: Die Auseinandersetzungen sind oft lang, teuer und nervenaufreibend. Vor allem aber länger, teurer und nervenaufreibender, als sie eigentlich sein müssten. Denn meist lässt sich das gleiche oder sogar ein besseres Ergebnis wie bei einem gerichtlichen Urteil schon viel früher erreichen, nämlich durch eine gütliche Einigung in einem so genannten Vergleich. Einigen bedeutet dabei nicht, dass eine Seite alle ihre Forderungen durchsetzt, während die andere Seite leer ausgeht. Gemeint ist vielmehr ein gegenseitiges Nachgeben, bei dem am Ende jeder auf seine Kosten kommt. Eine gütliche Einigung lässt sich nur herbeiführen, wenn man die Bereitschaft mitbringt, sich auf einen Kompromiss einzulassen. Das sollte vor allem jeder Betroffene selbst beherzigen. Denn der Anwalt wird im Normalfall schon allein deshalb stets an eine Einigung denken, weil er für einen Vergleich eine besondere Gebühr erhält. Und das Gericht ist bereits per Gesetz dazu gezwungen, zu jedem Zeitpunkt des Verfahrens auf eine gütliche Einigung der Parteien hinzuwirken.

WISO rät: Verlieren Sie nie die Möglichkeit einer gütlichen Einigung aus den Augen. Erwägen Sie auch dann eine Einigung, wenn Sie denken, vollständig im Recht zu sein, denn das denkt die Gegenseite in der Regel auch. Den Gerichtsprozess gewinnt am Ende aber immer nur einer. Das Risiko, zu verlieren, lässt sich nie ausschließen.

Fordern Sie vorab unter Umständen lieber etwas mehr, damit Sie später noch Spielraum für eine Einigung haben.

Machen Sie dort Zugeständnisse, wo es Ihnen am wenigsten weh tut. Bleiben Sie dort hartnäckig, wo es für sie darauf ankommt.

Machen Sie nur solche Vorschläge, bei denen auch der Gegner sein Gesicht wahren kann.

Wollen Sie von Ihrem Gegner Geld haben, achten Sie darauf, ob der vielleicht schon fast pleite ist oder in absehbarer Zukunft Pleite gehen wird.

9. Das letzte Mittel: Den Gegner verklagen

Nur in den wenigsten Fällen ist es erforderlich oder sinnvoll, im Falle eines Konfliktes gleich zum Gericht zu gehen. Hauptnachteil: Wer sofort zu Gericht rennt, ohne dem Gegner vorher Gelegenheit zur Stellungnahme zu geben, muss am Ende unter Umständen die Kosten tragen. Dieses Risiko besteht selbst dann, wenn der Prozess gewonnen wird. So kann es etwa sein, dass der Gegner sich im Prozess sofort bereit erklärt, den geforderten Geldbetrag zu zahlen. Dann hat der Kläger zwar recht, trotzdem fallen ihm sämtliche Kosten des Gerichtsverfahrens zur Last. Denn sein Geld hätte er ja vielleicht auch ohne Einschalten des Gerichts bekommen. Aber selbst wenn der Gegner sich zuvor hartnäckig geweigert hat, das Geld zu bezahlen, kann es unter Umständen problematisch sein, ihn zu verklagen. Ist nämlich bei dem Gegner offensichtlich nichts mehr zu holen, bleibt der Kläger am Ende auf seinen Kosten sitzen. Lassen sich die eigenen Forderungen nicht beweisen, wird es für den Verbraucher vor Gericht ebenfalls schwierig.

Natürlich gibt es aber auch Fälle, in denen man um das Einschalten des Gerichtes nicht herumkommt. Das gilt vor allem dann, wenn der Gegner Tatsachen schafft oder schaffen will, gegen die man sich anders nicht wehren kann. Beispiel: Der Arbeitgeber kündigt das Arbeitsverhältnis fristlos. Oder: Jemand beabsichtigt, ihm nicht gehörende Gegenstände beiseite zu schaffen. Dann hilft nur noch der sofortige Gang zum Gericht.

10. Risiken rechtsschutzversichern

Vorsorgen ist besser als streiten. Am besten fährt also immer derjenige, der rechtliche Streitereien von vornherein vermeidet. Leider ist das oft leichter gesagt als getan. Deshalb sollte jeder frühzeitig überlegen, ob er sich nicht wenigstens gegen die finanziellen Risiken eines Rechtsstreits absichert. Zu diesem Zweck bieten viele Rechtsschutzversicherer ihre Dienste an. Wichtig ist dabei, genau zu prüfen, ob und wenn ja, in welchen Bereichen zukünftig Streitereien drohen und welche Risiken im Einzelfall abgesichert werden. Für bereits laufende Streitigkeiten bringt der Abschluss eines Versicherungsvertrages nichts mehr. Denn über einen neu abgeschlossenen Vertrag wird in der Regel kein rückwirkender Versicherungsschutz gewährt. Schwierig wird es auch, wenn die Ursachen für eine spätere Streitigkeit in einem Zeitraum vor Abschluss des Versicherungsvertrages liegen. Auch dann kann die Rechtsschutzversicherung nämlich ihre Deckung verweigern. Einzelheiten zu Rechtsschutzversicherungen finden sich im achten Kapitel dieses Buches.

11. Richtig mahnen

a) Wenn der Schuldner nicht zahlt

Geld allein macht nicht glücklich, aber es beruhigt. Kein Wunder also, dass sich die meisten Rechtsstreitigkeiten ums Geld drehen. Was der eine fordert, will der andere nicht bezahlen. Viele Rechnungen werden von den Schuldnern einfach ignoriert oder landen ungelesen im Papierkorb. Für den Gläubiger ist das ärgerlich. Will er auf sein Geld nicht verzichten, muss er dem Schuldner nunmehr eine Mahnung schicken. Der Aufwand hierfür steht allerdings meist in keinem Verhältnis zum Erfolg. Nur die wenigsten Schuldner sehen sich nämlich durch eine Mahnung veranlasst, ihre Schulden zu bezahlen. Und dennoch: Ohne eine richtige Mahnung läuft für den Gläubiger

II. Das richtige Verhalten im Streitfall

nichts. Nur wer hier keine Fehler macht, ist bei einem späteren Prozess auf der sicheren Seite. Ansonsten droht die Gefahr, auf den Kosten des Prozesses sitzen zu bleiben oder ihn gar insgesamt zu verlieren.

b) Erst denken, dann mahnen

Ob der Gläubiger den Schuldner vor einer Klage einmal oder mehrmals mahnen sollte, hängt von den jeweiligen Umständen des Einzelfalls ab. Zu berücksichtigen ist etwa, welche Beziehung die Beteiligten zueinander haben und wie der Schuldner sich in der Vergangenheit verhalten hat. So wird sicher niemand auf die Idee kommen, einen langjährigen guten Geschäftskunden zu verklagen, nur weil die erste Mahnung erfolglos blieb. Ebenso spielt es eine Rolle, wie eilig die Sache ist und ob der Schuldner überhaupt ein Interesse daran hat, die offenen Rechnungen zu bezahlen. Viele Schuldner sind gegen Rechnungen und Mahnungen nämlich von vornherein resistent. In solchen Fällen kann der Gläubiger sich den Aufwand für weitere Mahnungen sparen. Anders liegt es dagegen, wenn der Schuldner nur deshalb nicht zahlt, weil er gerade finanziell in der Klemme steckt. Hier empfiehlt es sich unter Umständen, dem Schuldner entgegenzukommen und ihm eine Stundung oder Ratenzahlung anzubieten. Schließlich sollte der Gläubiger auch bedenken, dass nicht jeder, der eine Rechnung nicht bezahlt, damit eine böse Absicht verfolgt. Oftmals werden Rechnungen und Mahnungen einfach nur verlegt oder vergessen.

Entsprechend vorsichtig sollte der Gläubiger deshalb auch bei der Formulierung seiner Mahnschreiben vorgehen. Das betrifft nicht nur den Text an sich, sondern bereits die Überschrift. Hier empfiehlt es sich, zumindest bei der ersten Zahlungsaufforderung nicht von einer Mahnung, sondern von einer Zahlungserinnerung zu sprechen. Weniger Zurückhaltung ist dagegen bei einem zweiten oder dritten Mahnschreiben angebracht. Doch auch hier gilt: Der Ton macht die Musik. Wer den Kunden unnötig verärgert, erreicht damit letztlich gar nichts.

Aufgepasst: Wunder bewirken oft „lustige" Mahnungen, bei denen der Schuldner etwa in Gedichtform oder durch ironische Formulierungen auf seine Zahlungsrückstände aufmerksam gemacht wird. Hier muss der Gläubiger nur darauf achten, dass der Schuldner die Mahnung auch als solche erkennen kann. Denn sonst gibt es in einem späteren Prozess Probleme.

Mit den Mahnungen ist die Sache für den Gläubiger oftmals noch nicht erledigt. Viele Schuldner sind äußerst hartnäckig und lassen sich erst durch gerichtliche Maßnahmen beeindrucken. Insgesamt sollte der Gläubiger deshalb auf dem Weg zu seinem Geld folgende Schritte einplanen:

1. Rechnung
2. schriftliche Zahlungserinnerung (erste Mahnung)
3. Mahnschreiben (zweite Mahnung)
4. gegebenenfalls telefonische Nachfrage
5. gegebenenfalls nochmaliges Mahnschreiben (dritte Mahnung)
6. gegebenenfalls Einschalten eines Inkassobüros oder eines Rechtsanwalts

7. gerichtliches Mahnverfahren, ansonsten
8. gerichtliches Klageverfahren, danach
9. gegebenenfalls Zwangsvollstreckung, danach
10. gegebenenfalls eidesstattliche Versicherung

WISO rät: Handeln Sie konsequent und lassen Sie sich zwischen den einzelnen Maßnahmen nicht zu viel Zeit. Bereiten Sie die Durchsetzung Ihrer Forderungen generalstabsmäßig vor. Reagiert der Schuldner auf eine Rechnung nicht, schicken Sie ihm zunächst nach zwei bis drei Wochen eine schriftliche Zahlungserinnerung. Führt das nicht zum Erfolg, schreiben Sie ihm nach weiteren zwei bis drei Wochen eine Mahnung.

Achten Sie bei Ihren Schreiben auf angemessene Formulierungen.

Nummerieren Sie Ihre Mahnungen nicht durch, um dem Schuldner nicht das Gefühl zu geben, die Zahlung sei nicht so dringend.

Besonders wichtig: Übermitteln Sie ein Mahnschreiben per Bote oder Gerichtsvollzieher oder gegen Empfangsbestätigung. Verschicken Sie es notfalls wenigstens per Einschreiben/Rückschein.

Wichtig: Wer von seinem Gegner kein Geld, sondern etwas anderes fordert, etwa einen Gegenstand oder eine bestimmte Handlung, sollte ihm ebenfalls eine Mahnung schicken, wenn er seinen Verpflichtungen nicht nachkommt. Beispiele sind hier etwa Abmahnungen des Arbeitgebers, um eine Kündigung abzusichern, oder Abmahnungen des Mieters, um eine Mietminderung vorzubereiten.

c) Rechnung, Zahlungserinnerung, Mahnschreiben

Für Rechnungen, Zahlungserinnerungen und Mahnschreiben gibt es grundsätzlich keine bestimmten Formvorschriften. Im Prinzip gelten deshalb die gleichen Regeln wie für andere Schreiben des Betroffenen auch (siehe dazu den Abschnitt „Aufbau und Inhalt eines Schreibens" in diesem Kapitel). Auf folgenden Inhalt ist zu achten:

Formalien:
- den eigenen Namen und die eigene Anschrift;
- den richtigen Namen und die richtige Anschrift des Schuldners;
- das Datum des Schreibens;
- eine kurze Betreffzeile vor dem eigentlichen Text, also die Überschrift „Rechnung", „Zahlungserinnerung" oder „Mahnung";
- am Ende: Ort, Datum und Unterschrift des Gläubigers im Original;
- eine Originalvollmacht, soweit der Brief nicht vom Gläubiger unterzeichnet wird.

Angaben zur Sache:
- den genauen Grund des Schreibens, also einen Hinweis auf den Vertrag, die Rechnung oder den sonstigen Sachverhalt, der dem Schreiben zugrunde liegt;
- das Ziel des Schreibens, also die Aufforderung zur Zahlung;

- die genaue Bezifferung der Forderung, also den Betrag, den der Schuldner zu zahlen hat, gegebenenfalls aufgeschlüsselt nach Hauptbetrag, Nebenbeträgen, Zinsen und Mahnkosten;
- eine Zahlungsfrist zwischen 10 Tagen und drei Wochen unter genauer Angabe eines Datums;
- die genaue Angabe des Kontos, auf das der Betrag zu überweisen ist, also Name der Bank, Kontonummer, Bankleitzahl;
- Anlagen, wie etwa eine Kopie der Rechnung.

Ein Muster für eine Zahlungserinnerung und eine Mahnung finden Sie im Anhang.

Bezifferung der Forderung

Besonders wichtig ist die genaue Bezifferung der Forderung. Sie muss so aufgeschlüsselt sein, dass ein Außenstehender ohne weiteres nachvollziehen kann, was der Gläubiger vom Schuldner im Einzelnen verlangt. Wenig Probleme bereitet das noch bei der Rechnung. Schwieriger wird es dagegen schon bei der Mahnung. Hier kommen zu der Hauptforderung nämlich unter Umständen noch Nebenforderungen dazu, die der Gläubiger ebenfalls ersetzt haben will. Von Bedeutung sind vor allem folgende Positionen:

Zinsen: Zinsen kann der Gläubiger erst verlangen, wenn der Schuldner mit seiner Zahlung im Rückstand ist. Um in Zahlungsrückstand zu geraten, muss aber erst einmal feststehen, zu welchem Zeitpunkt der geschuldete Betrag überhaupt zu zahlen war.

Ergibt sich ein konkretes Datum aus der Rechnung, kann der Gläubiger mit Ablauf dieses Tages Zinsen fordern. Vorsicht: Nicht konkret genug ist etwa die Angabe „unverzüglich" oder „innerhalb von 14 Tagen".

Ist das Datum nicht festgelegt, beginnt der Zahlungsrückstand automatisch nach Ablauf von 30 Tagen nach Erhalt der Rechnung, wenn der Gläubiger in der Rechnung darauf hingewiesen hat.

Steht das Datum von vornherein noch nicht fest und enthält die Rechnung auch keine Hinweise, beginnt der Zahlungsrückstand im Normalfall erst mit der Mahnung. Zinsen stehen dem Gläubiger dann frühestens ab dem Tag zu, an dem der Schuldner die Mahnung erhalten hat. Ausnahmsweise laufen die Zinsen auch schon früher, nämlich dann, wenn der Schuldner dem Gläubiger endgültig klarmacht, dass er ohnehin nicht zahlen wird. Eine Mahnung ist dann überflüssig.

Die Höhe der Zinsen beträgt im Normalfall fünf Prozentpunkte über dem Basiszinssatz der Bundesbank pro Jahr. Der Basiszinssatz ändert sich jeweils zum 01. Januar und 01. Juli jeden Jahres und beträgt meist zwischen zwei und vier Prozent. Den aktuellen Wert erfährt der Gläubiger bei seiner Bank oder im Internet unter www.basiszinssatz.de. Wichtig: Zinsen fallen immer täglich an. Auch nicht abgeschlossene Jahre sind also zu verzinsen. Die Zinsen sind dann auf Tage herunterzurechnen.

WISO rät: Sind Sie nicht sicher, ab welchem Zeitpunkt Sie Zinsen verlangen können, wählen Sie den frühesten Tag, der in Betracht kommt. Im Zweifel können Sie später immer noch auf die Zinsen verzichten. Außerdem gelten für Sie unter Umständen noch Sonderregelungen, wenn Ihre Forderung aus der Zeit vor dem 01. Januar 2002 stammt.

Wollen Sie Ihren Gegner verklagen, aber nicht über die Zinsen streiten, verlangen Sie eine Verzinsung ab dem Zeitpunkt Ihrer Klage. Damit gehen Sie auf Nummer sicher.

Haben Sie wegen der Zahlungsrückstände einen verzinslichen Kredit aufgenommen, können Sie die Zinsen in der Höhe Ihrer Kreditzinsen fordern.

Verlangen Sie von Ihrem Schuldner keine Zinseszinsen. Die stehen Ihnen im Normalfall nicht zu. Sind also bei Zahlungsrückständen Zinsen aufgelaufen, können Sie hierauf später nicht noch einmal Zinsen verlangen.

Mahnkosten: Mahnkosten, wie etwa Auslagen für Porto oder Gebühren für einen Rechtsanwalt, muss der Schuldner dem Gläubiger in der Regel erst ab der zweiten Mahnung ersetzen. Es ist deshalb dringend zu empfehlen, die erste Mahnung selbst zu schreiben.

Im Übrigen muss der Gläubiger darauf achten, die Kosten für den Schuldner möglichst niedrig zu halten. Unnötige Kosten braucht der Schuldner nämlich nicht zu bezahlen. Völlig falsch wäre es daher, dem Schuldner mit der Mahnung eins auswischen zu wollen. Wer also etwa mit seinem Anwalt überzogene Mahnhonorare aushandelt, um seinem Schuldner zu schaden, schaut am Ende selbst in die Röhre. Riskant ist auch die Beauftragung eines Inkassobüros. Dessen Kosten muss der Schuldner nämlich allenfalls bis zu der Höhe der üblichen Anwaltsgebühren erstatten. Bleibt die Tätigkeit des Inkassobüros erfolglos und schaltet der Gläubiger danach noch einen Anwalt ein, gehen die Lichter endgültig aus. Hier muss der Gläubiger das Inkassobüro selbst bezahlen. Leer geht der Gläubiger schließlich auch aus, wenn er den Schuldner mehr als ein- oder zweimal mahnt. Akzeptiert werden von den Gerichten nämlich in der Regel nur die Kosten für zwei Mahnungen, pauschal angesetzt also jeweils 2,50 Euro.

Sonstige Kosten: Hierunter fallen zum Beispiel Kosten, die notwendig sind, um den Aufenthaltsort des Schuldners zu ermitteln, wie etwa Auskünfte des Einwohnermeldeamtes. Sie sind nicht nur im Rahmen einer Mahnung, sondern auch schon bei der Rechnung erstattungsfähig. Das gilt auch für Fahrtkosten, etwa wenn der Gläubiger zum Schuldner fährt, um über die Forderung zu verhandeln. Ersatzfähig sind auch Telefonkosten, falls der Gläubiger mit dem Schuldner telefonisch verhandelt. Aber Vorsicht: Die Kosten darf der Gläubiger auch hier nicht künstlich in die Höhe treiben. Wer also denkt, er könne auf Kosten des Schuldners unsinnige Anfragen stellen oder mit dem Handy herumtelefonieren, liegt falsch.

WISO rät: Schreiben Sie die erste Mahnung an Ihren Gegner am besten selbst. Das ist nicht besonders schwierig und spart Ihnen eine Menge Geld. Zur Not können Sie dann später immer noch einen Anwalt oder ein Inkassobüro einschalten.

Kommen Sie mit dem Schreiben der Mahnung nicht klar, können Sie unter Umständen Beratungshilfe beantragen und sich die Mahnung kostenlos von einem Anwalt schreiben lassen (siehe dazu den Abschnitt „Beratungshilfe" im achten Kapitel dieses

II. Das richtige Verhalten im Streitfall

Buches). Eine Kostenübernahme durch die Rechtsschutzversicherung scheitert bei der Mahnung in der Regel an der vereinbarten Selbstbeteiligung.

d) Was der Schuldner tun kann

Die Frage, wie der Schuldner auf eine Rechnung oder Mahnung des Gläubigers reagieren sollte, lässt sich schnell beantworten: bezahlen. Zumindest wenn mit der Rechnung alles in Ordnung ist, gibt es keine günstigere Alternative. Häufig passiert es allerdings, dass der Schuldner die Rechnung zwar bezahlen will, aber nicht kann. Doch auch dann sollte er die Rechnung nicht einfach ignorieren. Besser ist es, auf den Gläubiger zuzugehen und eine Einigung zu versuchen. In vielen Fällen bringt bereits ein offenes Gespräch mit dem Gläubiger eine Lösung. Denkbar ist es etwa, dem Gläubiger zunächst eine Teilzahlung anzubieten oder um eine Stundung, also einen Zahlungsaufschub, zu bitten. Je nach Einzelfall kann der Gläubiger vielleicht auch dazu bewogen werden, auf einen Teil seiner Forderungen zu verzichten. Der Vorteil daran: Die Schulden wachsen nicht weiter an. Außerdem laufen keine Zinsen auf.

WISO rät: Werfen Sie Rechnungen und Mahnschreiben nie ungelesen in den Papierkorb.

Prüfen Sie sorgfältig, ob die Forderungen gegen Sie berechtigt sind. Achten Sie hierbei vor allem auch auf die Zinsen und Mahnkosten. Vielleicht ist die Forderung aber auch schon verjährt, beruht auf einem sittenwidrigen Vertrag oder richtet sich nur gegen Ihren Ehegatten.

Sind Sie gerade knapp bei Kasse, versuchen Sie mit Ihrem Gläubiger eine einvernehmliche Zahlungsregelung zu finden. Sie brauchen sich hierfür nicht zu schämen.

Haben Sie gegen Ihren Gläubiger ebenfalls noch Forderungen, rechnen Sie damit auf.

Lassen Sie sich jede Zahlung quittieren. Heben Sie bei Überweisungen den Kontoauszug auf.

Zahlen Sie auf eine Mahnung zunächst nur den Hauptbetrag ohne Zinsen und Mahnkosten. Unter Umständen verzichtet der Gläubiger auf die weiteren Forderungen.

Landet die Sache bei Gericht, sollten Sie darauf achten, ob der Gläubiger Ihnen die Rechnungen oder Mahnungen per Bote, Gerichtsvollzieher, Einschreiben/Rückschein oder gegen Empfangsbestätigung übermittelt hat. Nur dann kann er nachweisen, dass Sie sie tatsächlich erhalten haben. Das gilt allerdings nicht für Kostenbescheide des Gerichts, die amtlich zugestellt werden und vor denen Sie sich deshalb nicht drücken können.

Der Gläubiger wiederum sollte die Vorschläge des Schuldners sorgfältig prüfen oder sich selbst um eine Lösung bemühen. Ansonsten läuft er Gefahr, dass der Schuldner am Ende überhaupt nicht zahlt und er auf seinen Forderungen sitzen bleibt. Vorsicht ist vor allem angesagt, wenn der Schuldner Teilzahlungen anbietet. Hier besteht unter Umständen die Pflicht, diese anzunehmen. Um auf Nummer sicher zu gehen, sollte der Gläubiger auf eine Teilzahlung des Schuldners in jedem Fall schriftlich reagieren. Empfehlenswert ist es in der Regel, die Teilzahlung anzunehmen, gleichzeitig aber darauf hinzuweisen, dass noch ein Restbetrag offen ist oder die Zahlung als Angebot einer Ratenvereinbarung verstanden wird. Angerechnet wird eine Teilzahlung im Normalfall erst auf die Mahnkosten, dann auf die Zinsen und zum Schluss auf die Hauptforderung. Beispiel: Die Mahnung lautet über 70,00 Euro Kaufpreis, 15,00 Euro Mahnkosten, 5,00 Euro Zinsen. Zahlt der Schuldner 10,00 Euro, bleiben 70,00 Euro Kaufpreis, 5,00 Euro Mahnkosten und 5,00 Euro Zinsen übrig.

Wichtig: Solange der Gläubiger mit dem Schuldner über Zahlungserleichterungen verhandelt, braucht er nicht zu befürchten, dass seine Forderungen wegen Zeitablauf untergehen.

WISO rät: Treffen Sie als Gläubiger Vereinbarungen über Zahlungserleichterungen nur schriftlich. Achten Sie darauf, dass alle wichtigen Punkte angesprochen und geregelt sind, also etwa, wie hoch die Raten sind, wann sie gezahlt werden müssen und was passiert, wenn der Schuldner zu spät zahlt.

e) Anschrift und Aufenthaltsort des Schuldners

Das beste Mahnschreiben nutzt dem Gläubiger nur dann etwas, wenn es der Schuldner auch tatsächlich erhält. Solange der Schuldner unter einer Adresse wohnt, die der Gläubiger kennt, ist das kein Problem. Schwierig wird es aber, wenn die Briefe an den Schuldner mit dem Vermerk zurückkommen: „Empfänger unbekannt verzogen". Dann muss der Gläubiger zunächst einmal die richtige Anschrift des Schuldners ermitteln, bevor er sein Glück ein zweites Mal versuchen kann. Aber auch wenn der Gläubiger die Anschrift des Schuldners von vornherein nicht kennt oder unsicher ist, ob der Schuldner überhaupt noch unter der ihm bekannten Adresse wohnt, kommt er um Nachforschungen nicht herum. Schließlich kosten vergebliche Zusendungen nicht nur Zeit, sondern auch Geld.

Um ausfindig zu machen, wo sich der verschollene Schuldner aufhält, kann der Gläubiger folgende Maßnahmen ergreifen. Hierzu benötigt er keinen Anwalt.

- Anschreiben an die letzte bekannte Adresse:
  Möglicherweise läuft noch ein aktueller Nachsendeauftrag oder der Postbote teilt die neue Anschrift mit. Zu diesem Zweck ist es sinnvoll, auf dem Umschlag zu vermerken, dass der Brief nicht nachgesandt, sondern unter Angabe der neuen Anschrift zurückgeschickt werden soll, wenn der Schuldner verzogen ist.
- Nachfrage beim Einwohnermeldeamt
  Hier erfährt der Gläubiger, ob und wohin der Schuldner sich gegebenenfalls abgemeldet hat. Das Problem: Manche Schuldner melden sich weder ab noch um. Unter Umständen empfiehlt es sich deshalb, bei den umliegenden Meldeämtern nachzufragen, vor allem dann, wenn der Schuldner vermutlich ortsnah verzogen ist. Die Anfrage kostet in der Regel zwischen 5,00 und 10,00 Euro.
- Erweiterte Meldeauskunft beim Einwohnermeldeamt:
  So lässt sich in Erfahrung bringen, ob der Schuldner seinen Namen geändert hat, etwa durch Eheschließung. Kosten: 5,00 bis 10,00 Euro.

II. Das richtige Verhalten im Streitfall

- Nachfrage bei der Poststelle
  Damit lässt sich feststellen, ob der Schuldner einen Nachsendeauftrag gestellt hat. Gefragt werden kann auch, ob der Schuldner dort noch ein Postfach unterhält. Die Kosten für die schriftliche „Anschriftenprüfung" mit Rückantwort belaufen sich auf 0,82 Euro.
- Anfrage beim Gewerbeamt
  Betreibt der Schuldner ein Gewerbe, kann hier nach den Geschäftsräumen und der Firmenbezeichnung gefragt werden. Die Adresse des Gewerbeamtes erfährt der Gläubiger bei der jeweiligen Stadt- oder Gemeindeverwaltung. Auskünfte lassen sich bei den Gemeinden zum Teil auch online abfragen. Kostenpunkt für die Gewerbeauskunft: 13,00 Euro.
- Nachfrage bei der Industrie- und Handelskammer, der Handwerkskammer oder anderen Kammern und Innungen
  Eine solche Nachfrage lohnt sich, wenn der Schuldner selbstständiger Handwerker, Freiberufler oder Gewerbetreibender ist. Adressen findet der Gläubiger im Telefonbuch oder im Internet. Die Auskünfte sind im Normalfall kostenlos.
- Anfrage beim Handels-, Vereins-, Genossenschafts- oder Partnerschaftsregister:
  Hier lassen sich Auskünfte einholen über die Firma des Schuldners und die gesetzlichen Vertreter. Gegebenenfalls empfiehlt es sich, in das Handelsregisterblatt sowie die dazugehörigen Akten Einsicht zu nehmen. Die Register werden in der Regel beim jeweiligen Amtsgericht geführt, in dessen Bezirk das Unternehmen liegt. Ausnahme: Die Partnerschaftsregister, in denen Zusammenschlüsse von Freiberuflern wie Ärzten, Anwälten, Steuerberatern oder Architekten verzeichnet sind. Sie werden in den meisten Bundesländern zentral bei einem Amtsgericht geführt.
  Die Adressen der Amtsgerichte erfährt der Gläubiger über das Telefonbuch, die Anfangsübersicht in den Gelben Seiten, über die Telefonauskunft, aber auch bei seiner Stadt- beziehungsweise Gemeindeverwaltung oder über das Internet, etwa unter www.justiz.nrw.de, Rubrik „Adressen & Links", Stichwort „Adressdatenbank". Die Kosten betragen in der Regel 10,00 Euro für unbeglaubigte Auszüge und 18,00 Euro für beglaubigte Auszüge. Vor Ort ist die Einsicht kostenfrei.
  In einigen Bundesländern, wie etwa Hamburg, Bayern, Brandenburg oder Nordrhein-Westfalen, sind kostengünstige Online-Recherchen möglich. Zum Teil sind hier aber noch nicht alle Gerichte angeschlossen und auch noch nicht alle Register verfügbar.
- Anfrage beim Insolvenzgericht
  Damit lässt sich herausfinden, ob beantragt wurde, über das Vermögen des Schuldners das Insolvenzverfahren zu eröffnen. Die aktuelle Anschrift wird mitgeliefert. Das Insolvenzgericht ist das Amtsgericht, bei dem das Insolvenzverfahren anhängig ist. Die Auskunft ist kostenlos.
- Anfrage beim Nachlassgericht und bei Erben
  Ist der Schuldner verstorben, hilft unter Umständen eine Anfrage beim Nachlassgericht, um die Erben zu ermitteln. Das Nachlassgericht ist eine besondere Abteilung des Amtsgerichts.

- Anfrage beim Grundbuchamt
  Hat der Schuldner Grundbesitz, ist er hier eingetragen, möglicherweise aber nicht mit der aktuellen Adresse. Das Grundbuchamt sitzt im Normalfall beim Amtsgericht. Die Auskunft ist kostenfrei. Auch Online-Abfragen sind möglich.
- Einsicht in die Schuldnerkartei
  Bei jedem Amtsgericht wird eine Schuldnerkartei geführt. Hier erfährt der Gläubiger, ob und unter welcher Anschrift der Schuldner die eidesstattliche Versicherung abgegeben hat, ob ein Haftbefehl vorliegt und ob der Schuldner vermögenslos insolvent ist. Die Einsicht kann kostenlos vor Ort erfolgen. Auszüge werden gegen eine Gebühr von 10,00 Euro zugeschickt.
- Nachfrage beim örtlichen Gerichtsvollzieher
  Sitzen dem Schuldner noch andere Gläubiger im Nacken, kann bei der Ermittlung der aktuellen Anschrift unter Umständen der Gerichtsvollzieher weiterhelfen. Die Gerichtsvollzieher stehen im Telefonbuch. Adressen erhält der Gläubiger aber auch bei der Gerichtsvollzieherstelle des Amtsgerichts.
- Blick in das Telefonbuch oder die Gelben Seiten
  Hat der Schuldner ein Telefon angemeldet, wird er im Normalfall auch im Telefonverzeichnis geführt. Von Vorteil ist das vor allem bei Schuldnern, die ihren Meldepflichten gegenüber der Behörde nicht nachkommen oder sich beim Einwohnermeldeamt nur zum Schein abgemeldet haben. Am effektivsten ist eine Recherche über spezielle CD-ROMs oder über das Internet unter den Adressen www.telefonbuch.de oder ww.gelbe-seiten.de. Damit kann gezielt in bestimmten Orten oder im gesamten Bundesgebiet gesucht werden.
- Nachfrage bei Angehörigen, Freunden, (geschiedenen) Ehegatten, Lebensgefährten
  Diese Methode ist zwar unfein, dafür aber oft sehr effektiv. Zur Not kann der Gläubiger sich als Freund oder Geschäftskollege des Schuldners ausgeben.
- Durchsicht von Zeitungen und Anzeigenblättern
  Ein solches Vorgehen empfiehlt sich nur bei Schuldnern, die per Anzeige ihre Arbeit anbieten oder bei Veranstaltungen auftreten.
- Nachfrage bei Nachbarn
  Oft wissen die Nachbarn, ob, wann und wohin der Schuldner verzogen ist.
- Nachfrage beim Hausverwalter
  Wohnt der Schuldner in einer Wohnungseigentumsanlage, kann gegebenenfalls die Hausverwaltung Auskunft geben.
- Nachfrage beim Vermieter
  Häufig weiß der Vermieter über die neue Anschrift des Schuldners Bescheid, weil er noch offenen Mietforderungen hinterherläuft.
- Nachfrage bei der Kfz-Zulassungsstelle
  Wer das Autokennzeichen des Schuldners kennt, kann unter Umständen eine Auskunft der Zulassungsstelle verlangen. Die Anschrift der Zulassungsstelle findet sich im Telefonbuch oder am Anfang der Gelben Seiten. Notfalls den Nachbarn fragen.
- Überprüfung des Rücksendestempels
  Kriminelle Schuldner schrecken nicht davor zurück, einen Rücksendestempel zu fälschen.

II. Das richtige Verhalten im Streitfall

- Nachfrage bei Arbeitgeber, Arbeitsamt, Sozialamt
Je nachdem, welche Informationen dem Gläubiger zur Verfügung stehen und worum es geht, kann eine Nachfrage bei den aufgeführten Stellen zum Erfolg führen.
- Einsatz von Detekteien, Auskunfteien, Inkassobüros
Sie sind nicht immer billig, arbeiten dafür aber unbürokratisch, unkonventionell und zügig. Anschriften von Detekteien erfahren Sie im Telefonbuch oder den Gelben Seiten unter der Rubrik „Detekteien", im Internet oder beim Bundesverband Deutscher Detektive e.V., Christine-Teusch-Str. 30, 53340 Meckenheim, Tel.: 02225/83 66 71, Fax: 02225/83 66 72, e-Mail: bddev@t-online.de, Internet: www.bdd.de. Bei Auskunfteien sind vor allem die Anzeigen in den Regionalzeitungen zu beachten. Umfassende Auskünfte erhalten Firmen über eine Mitgliedschaft im Verband der Vereine Creditreform e.V., Hellersbergstraße 12, 41460 Neuss, Tel.: 02131/109-0, Fax: 02131/109-8000, e-Mail: creditreform@verband.creditreform.de, Internet: www.creditreform.de. Zu Auskünften über die „Schufa" sowie den Einsatz von Inkassobüros siehe die nächsten Abschnitte in diesem Kapitel.
- Recherchen im Internet
Im Internet finden sich zahlreiche Datenbanken, mit denen sich Informationen über Schuldner beschaffen lassen. Außerdem lässt sich über das Internet auch herausfinden, ob der Schuldner eine Internet-Seite betreibt oder über eine e-Mail-Adresse verfügt. Das wiederum kann Aufschluss über die aktuelle Adresse geben. Abfragen für Inhaber von Internet-Seiten sind zu richten an www.denic.de. E-Mail-Verzeichnisse können etwa unter www.email-verzeichnis.de abgerufen werden.
Nicht vergessen sollte der Gläubiger bei der Recherche natürlich, den Namen des Schuldners direkt in eine Suchmaschine, wie etwa www.google.de, einzugeben.
- Durchsicht der eigenen Unterlagen
Häufig finden sich Anschriften und Firmenangaben auf Geschäftsbriefen oder anderen Schriftstücken. Die bisherige Korrespondenz sollte auf solche Angaben überprüft werden.
- Nachfrage beim Bundeszentralregister
Hier erhalten nur Behörden oder Betroffene selbst Informationen.
- Nachfrage beim Ausländerzentralregister
Hier gibt es nur ausnahmsweise Auskünfte. Die Adresse lautet: Bundesverwaltungsamt, Ausländerzentralregister, Barbarastr. 1, 50996 Köln, Tel.: 01888/83 58 13 53 (aus Bonn und Berlin Ortstarif, sonst normaler Ferntarif), Fax: 01888/358 28 31, e-Mail: azr@bva.bund.de, www.bundesverwaltungsamt.de. Die Auskünfte sind kostenlos.
- Anfrage bei der eigenen Bank
Banken haben untereinander gute Beziehungen, sodass der Gläubiger hier unter Umständen Auskünfte über den Schuldner erhält. Ausreichend sind häufig schon Hinweise auf dessen Bankverbindungen, da der Schuldner meist an dem Ort wohnen wird, wo auch seine Bank sitzt. Dann kann über das Telefonbuch oder das Einwohnermeldeamt weiter recherchiert werden.

- Nicht empfehlenswert: Nachfrage bei Krankenkassen, Gefängnissen und sonstigen Behörden. Wegen des Datenschutzes werden hier in der Regel keine Informationen weitergegeben.

Die angegebenen Stellen können zum Teil auch hilfreich sein, um herauszubekommen, wie der Schuldner heißt oder wer sich hinter einer Firma oder einem Unternehmen verbirgt. Wichtig ist das etwa, wenn der Schuldner verklagt oder gegen ihn vollstreckt werden soll. Beispiel: Der Gläubiger verklagt eine GmbH. Hierfür braucht er die Namen und Anschriften der Geschäftsführer als gesetzliche Vertreter. Ein Blick in den bisherigen Schriftwechsel oder eine Anfrage beim Handels- oder Gewerberegister helfen weiter.

f) Auskunftsrecht und Kostenerstattung

In vielen Fällen werden Auskünfte nur erteilt, wenn der Gläubiger nachweisen kann, dass er hieran ein berechtigtes Interesse hat, etwa weil der Schuldner nicht zahlt. Solange es sich nur um vorgerichtliche Mahnschreiben handelt, kann das mitunter schwierig sein. Einfacher liegt es dagegen, wenn der Gläubiger den Schuldner verklagen oder den Gerichtsvollzieher auf ihn ansetzen will.

Zu beachten ist weiter, dass die Auskünfte bei vielen Stellen Geld kosten. Zwar ist der Schuldner unter Umständen verpflichtet, dem Gläubiger diese Kosten zu ersetzen. Das geht aber nur, soweit sie wirklich notwendig waren. Außerdem lassen sich die Kosten beim Schuldner oft gar nicht mehr realisieren. Der Gläubiger sollte deshalb nicht wild drauflosrecherchieren, sondern systematisch vorgehen und zunächst die Anfragen starten, die ihn wenig kosten und gleichzeitig den größtmöglichen Erfolg versprechen.

WISO rät: Verweisen Sie in einer Anfrage immer darauf, dass Sie Informationen zur Verfolgung privatrechtlicher Ansprüche benötigen. Das hilft unter Umständen weiter.

Lassen Sie sich alle Zahlungen für Ermittlungen und Auskünfte quittieren. Heben Sie vor allem die Kontoauszüge auf.

g) Die Vermögensverhältnisse des Schuldners

Wer nichts hat, bei dem ist nichts zu holen. Diese Binsenweisheit sollte der Gläubiger sich bereits beim Abfassen eines Mahnschreibens vor Augen führen. Akut wird die Frage nach den Vermögensverhältnissen des Schuldners aber spätestens dann, wenn der Gläubiger ihn verklagen oder seine Forderungen im Wege der Zwangsvollstreckung realisieren will. Der Grund: Alle Maßnahmen gegen den Schuldner verursachen Kosten, auf denen der Gläubiger im ungünstigsten Fall sitzen bleibt. Von der verschwendeten Zeit einmal ganz abgesehen.

Besteht Anlass, an der Zahlungsfähig- oder willigkeit des Schuldners zu zweifeln, kann der Gläubiger sich auf folgendem Weg Informationen beschaffen:

- Anfrage bei der zuständigen Industrie- und Handelskammer sowie Handwerkskammern und Innungen.

- Anfrage beim Gewerbeamt
- Anfrage beim Handels- oder Partnerschaftsregister des Amtsgerichts
- Anfrage beim Insolvenzgericht des Amtsgerichts
- Anfrage beim Grundbuchamt des Amtsgerichts
- Einsicht in das Schuldnerverzeichnis
- Beauftragung einer Detektei, Auskunftei oder eines Inkassobüros
- Anfrage an den Gerichtsvollzieher
- Anfrage bei der eigenen Hausbank
- Nachfrage bei Angehörigen, Freunden, Ehegatten, Lebensgefährten
- Anfrage bei der Schutzgemeinschaft für allgemeine Kreditsicherung (Schufa)
  Die Schufa speichert Daten über Kunden von Banken, Einzelhandelsunternehmen und Kaufleuten. Über die Hälfte der Bevölkerung ist hier registriert. Informationen erhalten allerdings nur angeschlossene Mitglieder wie etwa Kreditinstitute oder Versicherungen, nicht dagegen Privatpersonen. Wer gute Kontakte zu seiner Hausbank hat, kann aber vielleicht über diesen Weg etwas herausbekommen. Erlaubt sind außerdem Anfragen darüber, welche Daten zur eigenen Person gespeichert sind. Die Selbstauskunft kostet 7,60 Euro und kann auch online angefordert werden. Zentrale Anschrift: Schufa Holding AG, Hagenauer Str. 44, 65203 Wiesbaden, Tel.: 0611/927 80, Fax: 0611/927 81 09, Internet: www.schufa.de.
- Antrag auf Abgabe der eidesstattlichen Versicherung
  Das geht nur im Rahmen der Zwangsvollstreckung (siehe dazu das siebte Kapitel dieses Buches).
- Klage auf Auskunft
  Hat der Gläubiger ausnahmsweise einen konkreten Anspruch darauf, eine Vermögensauskunft zu erhalten, kann er dieses Recht einklagen. Beispiele: Unterhaltsforderungen oder Auszahlung von Gewinnbeteiligungen.
- Durchsicht von Unterlagen auf mögliche Bankverbindungen, Arbeitsverhältnisse oder Sozialansprüche wie Arbeitslosengeld oder Wohngeld.

Weitere Einzelheiten zu den einzelnen Auskunftsstellen finden sich im vorstehenden Kapitel.

Achtung: Manche Informationsquellen sind erst zugänglich, wenn der Gläubiger für seine Anfrage ein berechtigtes Interesse nachweisen kann, also etwa dass er den Schuldner wegen rückständiger Zahlungen verklagen muss. Pauschale Behauptungen reichen hierzu nicht aus.

Die Anfragen sind außerdem in vielen Fällen kostenpflichtig. Die entstehenden Kosten muss der Schuldner dem Gläubiger nur ausnahmsweise erstatten, so etwa wenn der Gläubiger zuvor bereits einen Prozess geführt hat.

h) Einsatz eines Inkassobüros

Wer keine Lust hat, sich mit seinen Forderungen herumzuärgern, kann auch ein so genanntes Inkassounternehmen einschalten. Hierbei handelt es sich um private Schuldeneintreiber. Ihr Einsatz ist grundsätzlich legal. Die Mitarbeiter des Inkassobüros heften sich dem säumigen Schuldner an die Fersen und versuchen, die offenen Beträge für den Gläubiger einzutreiben. Je nach Auftrag stellen sie Nachforschungen an, schreiben Mahnungen, rufen den Schuldner an oder sprechen persönlich bei ihm vor. Auch eine Rechtsberatung ist zulässig. Hierbei darf es sich allerdings nur um Fragen drehen, die etwas mit dem außergerichtlichen Einzug von Forderungen zu tun haben.

Verläuft die Einziehung der Forderungen erfolgreich, trägt die Kosten des Inkassobüros der Schuldner, ansonsten der Gläubiger. Ist dem Gläubiger das Risiko, auf seinen Kosten sitzen zu bleiben, zu hoch, kann er seine Forderung auch an das Inkassounternehmen verkaufen. Der Erlös beträgt allerdings regelmäßig nur zwischen 10 und 15 Prozent der Forderungssumme. Mit dem Verkauf wird das Inkassounternehmen selbst zum Gläubiger. Gelingt es ihm, die Forderungen einzutreiben, darf es den Gewinn behalten. Beispiel: Der Gläubiger fordert von seinem Schuldner aus einem Kaufvertrag 5.000,00 Euro. Da er vermutet, dass beim Schuldner nichts mehr zu holen ist, verkauft er seine Forderung für 750,00 Euro an ein Inkassobüro. Damit geht er wenigstens nicht ganz leer aus. Schafft es das Inkassobüro, die gesamten 5.000,00 Euro beim Schuldner einzutreiben, darf es quasi als Erfolgsprämie den Gewinn von 4.250,00 Euro einstreichen.

Das Geschäft mit dem Forderungseinzug scheint sich zu lohnen. Jedenfalls boomt die Branche. Kunden sind in erster Linie Unternehmen und Banken, denen häufig Geld geschuldet wird. Sie sparen sich die Kosten für ein aufwändiges Mahnwesen. Außerdem profitieren sie davon, dass die Inkassobüros bei ihrer Arbeit schnell, konsequent, unbürokratisch und unkonventionell zu Werke gehen. Die Chance, doch noch an Geld zu kommen, steigt damit gewaltig.

WISO rät: Entschließen Sie sich dazu, ein Inkassobüro zu beauftragen, vergleichen Sie die Angebote und Preise verschiedener Unternehmen. Lassen Sie sich auch Referenzen und Erfolge vorweisen.

Müssen Sie Forderungen nur ausnahmsweise eintreiben, etwa weil Sie Privatmann sind, achten Sie besonders auf die Angebote kleinerer Unternehmen.

Stellen Sie sicher, dass das Inkassobüro einen „Rundum-Service" bietet, also etwa auch buchhalterische und abrechnungstechnische Aufgaben übernimmt.

Für den Schuldner ist die Einschaltung eines Inkassounternehmens unangenehm. Er kann sich nun nämlich nicht länger darauf beschränken, die Rechnungen und Mahnungen seines Gläubigers zu ignorieren. Die Mitarbeiter des Inkassobüros kommen bis an seine Haustür, telefonieren ihm hinterher und werden im Zweifel auch bei seinen Nachbarn und Angehörigen vorstellig. Der Schuldner ist also gezwungen, sich mit ihnen persönlich auseinanderzusetzen. In seine Wohnung lassen braucht er die Mitarbeiter des Inkassobüros allerdings nicht. Ebenso wenig muss er es hinnehmen, wenn die Inkassovertreter ihn verleumden, handgreiflich werden oder mit Repressalien drohen. In einem solchen Fall sollte der Schuldner die Mitarbeiter unverzüglich bei der Polizei anzeigen. Im Zweifel empfiehlt es sich, den Gläubiger bei dieser Gelegenheit gleich mitanzuzeigen. Handeln die Mitarbeiter nämlich auf Anweisung des Gläubigers, macht der sich wegen einer Anstiftung strafbar.

Die Kosten für das Inkassobüro muss der Schuldner allenfalls so weit übernehmen, wie sie notwendig waren. Überzogene Honorare braucht der Schuldner also nicht zu bezahlen. Sie gehen zu Lasten des Gläubigers. Notwendig sind nach Ansicht der Gerichte im Übrigen nur solche Kosten, die auch ein Rechtsanwalt hätte verlangen können. Und: Hat der Schuldner den Gläubiger bereits frühzeitig darauf hingewiesen, dass er nicht zahlen kann, muss er die Kosten für ein Inkassobüro generell nicht tragen.

WISO rät: Stehen Mitarbeiter eines Inkassobüros vor Ihrer Tür, bleiben Sie ruhig und souverän.

Lassen Sie die Mitarbeiter nicht in Ihre Wohnung.

Fordern Sie einen Nachweis darüber, dass das Inkassobüro überhaupt gesetzlich zum Inkasso befugt ist. Fehlt eine solche Erlaubnis, zeigen Sie die Mitarbeiter beim Gewerbeamt an.

Verlangen Sie weiter einen Nachweis darüber, dass das Inkassobüro die Erlaubnis hat, die Forderungen bei Ihnen einzutreiben, etwa in Form einer Abtretungserklärung oder einer Geldempfangsvollmacht. Das gilt auch, wenn das Inkassobüro das Geld schriftlich anfordert. Achten Sie darauf, ob die entsprechenden Erklärungen vom Gläubiger unterschrieben sind.

Verlangen Sie eine detaillierte Aufstellung der Forderungen.

Erkennen Sie die Forderungen des Gläubigers nicht an der Haustür an.

Zahlen Sie generell nur, wenn an der Forderung keine Zweifel bestehen und Sie über die nötigen Geldmittel verfügen. Prüfen Sie hier vor allem auch die Kosten für das Inkassobüro. Suchen Sie im Zweifel lieber einen Rechtsanwalt auf oder wenden Sie sich an eine Schuldnerberatungsstelle (siehe dazu den Abschnitt „Schuldnerberatungsstellen" im ersten Kapitel dieses Buches).

Wichtig: Ein Inkassomitarbeiter ist kein Gerichtsvollzieher, sondern eine Privatperson. Wollen Sie die Forderung bei ihm nicht bezahlen, kann er Sie nicht gewaltsam dazu zwingen.

Die Anschriften von Inkassounternehmen finden Sie in den Gelben Seiten, Rubrik „Inkassobüros", oder im Internet. Seriöse Anbieter in Ihrer Nähe nennt Ihnen auch der Bundesverband deutscher Inkasso-Unternehmen e.V. (BDIU), Brennerstr. 76, 20099 Hamburg, Tel.: 040/28 08 26-0, Fax: 040/28 08 26-99, E-Mail: bdiu@inkasso.de, Internet: www.inkasso.de.

i) Einsatz „schwarzer Männer"

Als äußerst effektive Methode, um Schulden beizutreiben, hat sich der Einsatz so genannter „schwarzer Männer" herausgestellt. Sie laufen, mit schwarzem Anzug, schwarzem Zylinder, schwarzer Fliege und schwarzem Stockschirm bekleidet, hinter dem Schuldner her, halten sich vor seiner Privatadresse auf und positionieren sich vor seinem Geschäft. Der Schuldner wird damit in der Öffentlichkeit bloßgestellt. Will er den Schatten loswerden, muss er sich mit dem Gläubiger in Verbindung setzen. Das Problem: Die Gerichte haben diese Form der Selbsthilfe verboten, und zwar ohne Wenn und Aber. Selbst wenn der „Schatten" den Schuldner nicht anspricht und kein fremdes Grundstück betritt, bleibt sein Einsatz unzulässig.

12. Nicht verpassen: Fristen und Termine

a) Wer zu spät kommt, den bestraft das Leben – oder das Gesetz

Um seine Rechte einzufordern, hat der Verbraucher oft nur wenig Zeit. Viele Ansprüche lassen sich nämlich nur innerhalb bestimmter Fristen geltend machen, und die können im Einzelfall sehr kurz sein. Wer eine Frist verpasst, hat meist Pech gehabt. Nur ausnahmsweise bekommt er noch eine zweite Chance.

Nachfolgend einige Beispiele für wichtige Fristen:
- Rechte aus einem Arbeitsvertrag: ein bis zwei Monate, wenn tarifvertragliche Ausschlussfristen greifen.
- Kündigung des Arbeitsplatzes: drei Wochen, um gegen die Kündigung zu klagen.
- Entscheidungen einer Behörde: ein Monat, um dagegen Widerspruch einzulegen.
- Reisemängel: noch am Urlaubsort zu rügen, innerhalb eines Monats nach Urlaubsende schriftlich geltend zu machen.
- Ausschlagung einer Erbschaft: sechs Wochen nach Eintritt des Erbfalles.
- Kündigung der Mietwohnung: Wem wegen rückständiger Miete die Wohnung gekündigt wird, der hat nach Erhebung einer Räumungsklage durch den Vermieter noch zwei Monate Zeit, um die Miete zu zahlen und die Kündigung damit aus der Welt zu schaffen.

Kennt der Verbraucher die Fristen, die in seinem Fall gelten, ist er schon einmal ein großes Stück weiter. Um eine Frist nicht zu versäumen, muss er aber auch berechnen können, an welchem Tag die Frist ausläuft. Hierbei tun sich viele Verbraucher schwer. Dabei ist die Berechnung im Prinzip ganz einfach:

Eine Frist fängt im Normalfall mit dem Ende des Tages an zu laufen, an dem das Recht entsteht. Bei schriftlichen Mitteilungen zählt also der Tag, an dem der Adressat das Schriftstück erhält. Die Frist endet mit dem Ablauf des Tages, an dem der maßgebliche Zeitraum vorüber ist.

Beispiel: Der Verbraucher erhält das Schreiben am Montag, den 05. Juni. Die maßgebliche Frist beträgt einen Monat. Die Frist beginnt zu laufen ab Dienstag, den 06. Juni, 0.00 Uhr. Sie endet am 05. Juli um 24.00 Uhr. Achtung: Beträge die Frist im Beispielsfall nicht einen Monat, sondern vier Wochen, ergäbe sich regelmäßig ein anderer Zeitpunkt für den Fristablauf, da ein Monat – abgesehen von Februar – nicht genau vier Wochen dauert.

WISO rät: Achten Sie darauf, ob in Ihrem Fall spezielle Fristen und Termine gelten. Bei Anschreiben von Behörden oder Gerichten werden Sie hierauf ausdrücklich hingewiesen.

Berechnen Sie die Frist frühzeitig und tragen Sie den Endtermin der Frist in Ihrem Kalender ein. Sind Sie bei der Berechnung unsicher, fragen Sie notfalls bei Nachbarn oder Freunden nach. Auskünfte erhalten Sie sicher auch im Bürgerbüro Ihrer Gemeindeverwaltung. Bei Schreiben von Behörden und Gerichten wenden Sie sich wegen der Fristberechnung am besten an den jeweiligen Absender.

Halten Sie die Fristen genau ein. Achten Sie darauf, dass Ihr Schreiben noch vor Ablauf der Frist bei dem jeweiligen Empfänger eingeht. Versenden Sie es notfalls vorab per Telefax. Vergessen Sie in diesem Fall aber nicht, das Original hinterherzuschicken.

Haben Sie Ihr Schreiben nicht per Einschreiben/Rückschein, Bote oder gegen Empfangsbestätigung übermittelt, rufen Sie sicherheitshalber vor Ablauf der Frist an, ob Ihr Brief auch tatsächlich angekommen ist.

Haben Sie eine wichtige Frist verpasst, fragen Sie das Gericht, die Behörde oder Ihren Anwalt, wie Sie sich am besten weiter verhalten sollen. Das gilt vor allem, wenn Sie die Frist versäumt haben, weil Sie krank oder im Urlaub waren. Hier lässt sich meist noch etwas machen.

b) Fristversäumung: Auf den Nachweis kommt es an

Die Versäumung einer Frist muss immer derjenige nachweisen, der sich darauf beruft. Ergibt sich die Frist aus einem Schriftstück, ist also zu belegen, wann der Gegner das Schreiben erhalten hat. Wird der Postweg verwendet, gelingt dieser Nachweis in der Regel nur, wenn der Brief per Einschreiben/Rückschein versandt wurde. Dann erhält der Absender von der Post eine Bestätigung der Zusendung mit Datum und Unterschrift des Empfängers. Verweigert der Empfänger die Annahme oder trifft der Briefträger ihn nicht an, gilt das Schreiben spätestens mit Ablauf der Postlagerungsfrist als zugestellt. Als Alternative zum Postweg kann der Absender sein Schreiben auch per Bote, Gerichtsvollzieher oder gegen eine schriftliche Empfangsbestätigung übermitteln. Als Boten sollten natürlich nur zuverlässige Personen eingesetzt werden. Nicht empfehlenswert ist es dagegen, ein wichtiges Schreiben per Einwurf-Einschreiben oder Fax zu versenden. Der O.K.-Vermerk beim Fax-Sendebericht und der Einlieferungsschein beim Einschreiben werden von den Gerichten in der Regel nicht als Beweis anerkannt.

Aufgepasst: Besonders heikel wird es für den Empfänger, wenn das Schreiben mit der Frist vom Gericht oder von einer Behörde kommt. Dann erfolgt die Zustellung nämlich oftmals von Amts wegen. Das bedeutet, das Schreiben gilt mit dem Tag als zugegangen, an dem es der Gerichtsbeamte oder Briefträger beim Empfänger abgeben will. Ist der Empfänger nicht da, nutzt ihm das nichts. Der Brief wird dann entweder an eine andere Person, etwa ein Familienmitglied oder den Vermieter, übergeben oder bei der Post hinterlegt. Die Frist läuft auch in diesen Fällen sofort. Wann der Empfänger das Schreiben tatsächlich in die Hände bekommt, spielt keine Rolle.

WISO rät: Wollen Sie Ihrem Gegner schriftlich eine Frist setzen, stellen Sie sicher, dass er Ihr Schreiben auch erhält. Bewahren Sie sämtliche Belege, wie etwa Einlieferungsbeleg und Rückschein eines Einschreibens, Notizzettel des Boten oder eine Empfangsbestätigung, sorgfältig auf.

Achten Sie als Empfänger darauf, in welcher Form Ihnen ein Schreiben zugestellt wird. Lesen Sie alle Briefe, die Sie bekommen, aufmerksam durch. Legen Sie Ihr Augenmerk vor allem auf Fristen. Verwahren Sie sämtliche Briefe bei Ihren Unterlagen. Heben Sie auch den Umschlag auf.

c) Äußerste Grenze ist die Verjährung

Hat der Verbraucher im einzelnen Fall keine besonderen Fristen zu beachten, kann er seine Rechte trotzdem nicht endlos geltend machen. Spätestens mit Ablauf der Verjährungsfrist ist Schluss. Das gilt zumindest dann, wenn der Gegner sich auf die Verjährung beruft. Ein gerichtliches Verfahren wird dann verloren. Die Verjährungsfrist ist von Fall zu Fall unterschiedlich lang. Als Faustregel kann der Verbraucher sich aber Folgendes merken:

Die normale Verjährungsfrist beträgt drei Jahre. Früher galten hier einmal 30 Jahre, doch hat sich die Rechtslage zum 01. Januar 2002 entscheidend geändert. Die neuen Regeln sehen allerdings auch einige Ausnahmen vor:

Zwei Jahre gelten etwa
- bei Gewährleistungsrechten, also etwa dann, wenn eine gekaufte Sache einen Fehler hat und Sie sich dagegen wehren wollen. Bei Fehlern an Bauwerken und Bauleistungen verlängert sich die Frist auf fünf Jahre.

Zehn Jahre gelten,
- wenn der Verbraucher von den Umständen, die zur Verjährung führten, nichts wusste und auch nichts wissen konnte. Beispiel: Der Verbraucher erleidet aufgrund eines schadstoffhaltigen Produkts einen Gesundheitsschaden, dessen Ursache er aber erst zwölf Jahre später entdeckt;
- bei vertraglichen Rechten an Grundstücken.

30 Jahre gelten
- grundsätzlich bei Schadensersatzansprüchen, wenn der Verbraucher von den Umständen, die zur Verjährung führten, nichts wusste und auch nichts wissen konnte. Beispiel: Der Gesundheitsschaden zeigt sich beim Verbraucher erst nach 30 Jahren;
- bei Ansprüchen auf Herausgabe von Eigentum;
- bei familien- und erbrechtlichen Ansprüchen;
- bei Forderungen aus offiziellen „Titeln", wie etwa Gerichtsurteilen oder gerichtlichen Vollstreckungsbescheiden. Ausnahme: Titel über die Zahlung von Unterhalt, Miete oder anderen laufenden Leistungen.

Die Verjährung beginnt zu laufen
- bei Gewährleistungsansprüchen aus Kaufverträgen mit Ablieferung der Sache;
- bei Gewährleistungsansprüchen aus Werkverträgen mit der Abnahme des Werkes;
- bei der 10- und 30-jährigen Verjährung mit dem Entstehen des Anspruchs;
- im Übrigen, vor allem also bei der Regelverjährung von drei Jahren, ab dem Ende des Jahres, in dem der Anspruch entstanden ist. Beispiel: Die jeweils am Ersten eines Monats fällige Miete wird für den Monat Mai 2003 nicht gezahlt. Die Verjährungsfrist läuft ab 31. Dezember 2003, 24.00 Uhr. Sie endet nach drei Jahren am 31. Dezember 2006, 24.00 Uhr.

76   II. Das richtige Verhalten im Streitfall

Achtung: Für den Lauf der Frist spielt es keine Rolle, ob der Betroffene die Frist kennt oder nicht. Wer also erst nach fünf Jahren auf die Idee kommt, sein Geld aus einem Kaufvertrag zu fordern, kann sich nicht damit herausreden, er habe von der Verjährungsfrist von drei Jahren nichts gewusst. Will der Gegner nicht zahlen, geht er leer aus.

WISO rät: Überprüfen Sie, welche Verjährungsfrist in Ihrem Fall gilt. Wenden Sie sich dazu notfalls an einen Anwalt. Eine Beratung empfiehlt sich vor allem bei älteren Forderungen, da sich die Rechtslage zum 01. Januar 2002 geändert hat.

Achten Sie darauf, dass die Verjährungsfrist nicht während der Auseinandersetzung mit dem Gegner abläuft. Unterbrechen Sie die Verjährung notfalls durch einen Mahnbescheid oder eine Klage (siehe dazu das fünfte und sechste Kapitel dieses Buches). Klären Sie zuvor aber, ob die Verjährung nicht bereits aus anderen Gründen unterbrochen ist.

Ruhen Sie sich auf der Verjährungsfrist nicht aus, sondern verfolgen Sie Ihre Ansprüche so früh wie möglich. Achten Sie vor allem darauf, ob in Ihrem Fall nicht noch andere, wesentlich kürzere Fristen als die der Verjährung gelten. So können etwa Ansprüche auch vorzeitig verwirken, wenn man lange Zeit nichts unternimmt. Beispiel: Zweieinhalb Jahre nach seinem Ausscheiden aus der Firma verlangt der ehemalige Mitarbeiter ein Arbeitszeugnis.

Schämen Sie sich als Schuldner nicht, sich auf die Verjährung zu berufen. Das ist zwar unfein, aber jederzeit zulässig. Ausnahme: Sie haben sich zuvor selbst treuwidrig verhalten.

d) Neue Ereignisse – andere Verjährungsregeln

Nach bestimmten Ereignissen fängt die Verjährungsfrist wieder von vorn an zu laufen. Das ist etwa der Fall, wenn der Gläubiger den Gerichtsvollzieher losschickt oder der Schuldner die Ansprüche des Gegners anerkennt. Ein solches Anerkenntnis kann unter Umständen schon darin zu sehen sein, dass der Schuldner dem Gläubiger anbietet, auf die Forderungen eine Teilzahlung zu leisten, Zinsen bezahlt oder darum bittet, ihm den Betrag zu stunden.

Unter Umständen wird der Lauf der Verjährung auch gehemmt. Das bedeutet, dass die Verjährung durch ein bestimmtes Ereignis angehalten wird und erst danach wieder weiterläuft. Beispiele:
- Erhebung einer Klage.
- Einleitung eines gerichtlichen Mahnverfahrens.
- Eine fehlerhafte Ware ist in der Reparatur.
- Die Parteien sind über bestimmte Ansprüche noch schriftlich oder mündlich am Verhandeln.
- Die Parteien betreiben ein Verfahren vor einem Schiedsgericht oder einer Gütestelle.
- Der Anspruch ist gestundet.
- Der Schuldner ist nur eingeschränkt geschäftsfähig.

13. Beweise sichern

Wer Recht bekommen will, braucht Beweise, zumindest vor Gericht. Der schönste Vortrag nützt dem Betroffenen nämlich nichts, wenn der Gegner die Forderungen abstreitet und er keine Beweismittel vorlegen kann. Schließlich weiß der Richter ja nicht, ob es auch tatsächlich stimmt, was man gegen den anderen vorbringt. Er war bei dem fraglichen Geschehen nicht selbst dabei. Nur mit den entsprechenden Beweisen lässt der Richter sich von der Wahrheit überzeugen.

Wer in einem Prozess eine bestrittene Tatsache beweisen muss, ist nicht immer ganz leicht herauszubekommen. Als Faustregel lässt sich aber merken: Alles, was für einen selbst von Vorteil ist, muss man auch beweisen. Beruft sich der Kläger also auf Forderungen aus einem Kaufvertrag, muss er den entsprechenden Vertrag vorlegen. Wendet der Beklagte ein, er habe den Kaufpreis schon bezahlt, muss er hierfür einen Nachweis erbringen, etwa in Form einer Quittung oder eines Kontoauszugs. Für bestimmte Fälle hat der Gesetzgeber den Verbraucher aber von seiner Beweispflicht entlastet. So braucht der Betroffene zum Beispiel beim Kauf einer defekten Sache nicht nachweisen, dass der Fehler schon zum Zeitpunkt des Kaufvertrages vorlag. Vielmehr hat der Händler hier zu beweisen, dass er dem Käufer die Sache fehlerfrei übergeben hat. Das gilt allerdings nur, wenn der Fehler innerhalb der ersten sechs Monate nach dem Kauf auftritt. Erleichtert ist dem Verbraucher die Beweisführung auch bei ärztlichen Behandlungsfehlern und bei Schäden, die ihm durch ein fehlerhaftes Produkt entstehen. Müsste der Betroffene hier alle Details nachweisen, würde er nämlich sonst in den meisten Fällen leer ausgehen.

Um seine Angaben im Prozess zu belegen, benötigt der Verbraucher also die passenden Beweismittel. Wichtig sind hier vor allem Schriftstücke, Zeugen und Sachverständigengutachten. Hierum muss sich der Betroffene rechtzeitig kümmern.

a) Schriftstücke

Papier lügt bekanntlich nicht und vergesslich ist es auch nicht. Aus diesem Grund sind schriftliche Unterlagen in einem Prozess besonders wichtig. Sie helfen nicht nur den Parteien, einen bestimmten Vortrag zu beweisen. Oft ist das Gericht überhaupt erst anhand der vorgelegten Unterlagen in der Lage, sich von dem Streitfall ein Bild zu machen und die Ausführungen der Parteien zu verstehen. Der Verbraucher sollte deshalb bei allen Vorgängen, die für ihn eine besondere Bedeutung haben oder später mal haben können, darauf achten, dass sie schriftlich dokumentiert werden. Die Form spielt dabei zunächst keine Rolle. Ob Protokolle, Notizen, Postbelege, Briefe, Bestätigungen, Quittungen, Rechnungen, Erklärungen, Fotos, Skizzen, Verträge – alles lässt sich vor Gericht verwenden. Besonders günstig ist es aber natürlich, wenn der Gegner die entsprechenden Schriftstücke unterschrieben hat. Denn das spricht erst einmal dafür, dass der Unterzeichner mit dem Text einverstanden war und der Inhalt des Schriftstücks der Wahrheit entspricht. Doch Vorsicht: Umgekehrt gilt natürlich das Gleiche. Jeder, der eine Unterschrift abgibt, sollte also vorher genau hinschauen, was er eigentlich unterschreibt.

Übrigens: Zum Beweis reicht es in der Regel auch aus, wenn das Schriftstück nur in elektronischer Form vorliegt. Haben die Parteien also zum Beispiel einen Kaufvertrag nicht schriftlich, sondern per e-Mail oder Mausklick abgeschlossen, sind sie hieran gebunden. Selbst ohne eine besondere digitale Signatur ist der Kaufvertrag gültig. Insofern gilt hier nichts anderes als bei Verträgen per Telefax, Telegramm oder Fernschreiber auch. Auf ein original unterschriebenes Formular kommt es nicht an. Es genügt, wenn etwa am Textende der Name genannt wird, eine Grußformel auftaucht und im Text der Name erwähnt ist oder eine Unterschrift eingescannt wird.

Wer auf Nummer sicher gehen will, kann aber natürlich bei wichtigen Verträgen auf einer besonderen digitalen Signatur seines Vertragspartners bestehen. Für bestimmte Rechtsgeschäfte, wie etwa die Kündigung einer Mietwohnung oder das Ausstellen einer Quittung, ist eine solche Signatur sogar vorgeschrieben. Anderenfalls sind derartige elektronische Erklärungen ungültig, außer die Parteien haben sie zusätzlich schriftlich abgefasst und unterschrieben. Um eine Erklärung besonders elektronisch zu signieren, benötigt der Aussteller einen geheimen, privaten „Schlüssel", in der Regel eine Chipkarte plus zusätzlicher PIN (Personenidentifikationsnummer), mit dem er sein Dokument verschlüsselt und vor nachträglichen Veränderungen schützt. Der Empfänger kann die Nachricht dann mittels eines öffentlichen Schlüssels lesbar machen. Die Schlüssel erhalten die Beteiligten über besondere Zertifizierungsstellen, die von der Regulierungsbehörde überwacht werden. Besonders zuverlässig sind akkreditierte, also quasi TÜV-geprüfte Anbieter wie etwa TeleSec (Deutsche Telekom), D-Trust GmbH, Post Signtrust GmbH (Deutsche Post), TC TrustCenter AG, Datev eG, die Bundesnotarkammer sowie einige Steuerberater- und Rechtsanwaltskammern. Die Preise für ein Zertifikat samt Zubehör belaufen sich derzeit auf rund 100,00 Euro pro Jahr, bei mehrjähriger Zertifikatsgültigkeit gibt es auch schon Startpakete für rund 75,00 Euro pro Jahr.

Eine aktuelle Liste aller akkreditierten Zertifizierer erhält der Verbraucher über die Regulierungsbehörde für Telekommunikation und Post, Tulpenfeld 4, 53113 Bonn, Tel.: 0228/140, Fax: 0228/14 88 72, e-Mail: poststelle@regtp.de, Internet: www.regtp.de, Rubrik „Elektronische Signatur", Stichwort „Zertifizierungsdiensteanbieter".

Achtung: Es gibt Geschäfte, für die elektronische Erklärungen nicht ausreichen, egal, ob mit oder ohne digitale Signatur. Hierzu zählen etwa Kündigungen von Arbeitsverhältnissen, Abschluss von Bürgschaftsverträgen oder das Ausstellen von Arbeitszeugnissen. Auch bei Wertpapiergeschäften hilft die elektronische Form meist nicht weiter.

Häufig streiten die Parteien in einem Prozess gar nicht darum, ob ein vorgelegtes Schriftstück der Wahrheit entspricht, sondern darüber, ob es die andere Seite überhaupt erhalten hat. So bringt dem Gläubiger der Nachweis, dass er eine Mahnung geschrieben hat, etwa nur dann etwas, wenn er beweisen kann, dass der Schuldner die Mahnung auch tatsächlich bekommen hat. Da es sich hierbei um ein generelles und nicht nur um ein Beweisproblem handelt, sind die Einzelheiten hierzu in einem besonderen Abschnitt dargestellt (siehe dazu den Abschnitt „Wie man ein Schriftstück übermittelt" in diesem Kapitel).

Achtung: Mit einem Schriftstück, etwa einem Vertrag, lässt sich im Normalfall nur beweisen, dass der Vertrag mit dem angegebenen Inhalt tatsächlich abgeschlossen wurde. Das besagt aber noch nichts darüber, ob der Inhalt auch gültig, richtig, vollständig oder zulässig ist. Trotzdem: Ein Schriftstück ist ein äußerst schlagkräftiges Beweismittel. Will der Gegner sich nämlich darauf berufen, dass mit dem Schriftstück oder dem Inhalt etwas nicht stimmt, muss er das Gegenteil beweisen.

WISO rät: Heben Sie alle Belege über rechtliche Vorgänge auf. Legen Sie hierzu einen Ordner an. Wichtige e-Mails sollten Sie ausdrucken und ebenfalls abheften.

Lassen Sie sich mündliche Aussagen oder Zusagen immer schriftlich bestätigen.

Achten Sie darauf, dass die entsprechenden Dokumente von Ihrem Gesprächspartner unterschrieben sind.

Gehen Sie bei besonders wichtigen Verträgen zu einem Notar (siehe dazu auch den Abschnitt „Notare" im ersten Kapitel dieses Buches).

Schaffen Sie gegebenenfalls eigene Schriftstücke, indem Sie sich Notizen machen oder an die andere Seite einen Brief, ein Fax oder eine e-Mail schreiben. Sorgen Sie im letzteren Fall für einen Nachweis, dass der Adressat das Schriftstück auch bekommen hat, etwa durch eine Empfangsbestätigung.

Unterschreiben Sie Schriftstücke nur, wenn Sie sicher sind, dass Sie den Inhalt verstanden haben und damit einverstanden sind.

Unterschreiben Sie nie ein Schuldanerkenntnis, also ein Papier, in dem Sie für einen bestimmten Vorfall die Verantwortung übernehmen, etwa nach einem Verkehrsunfall. Sonst haben Sie bei späteren Streitereien schlechte Karten.

b) Zeugen

Ein Zeuge ist für den Betroffenen nicht immer der beste Beweis, dafür aber oft der einzige. Umso wichtiger ist es, hier frühzeitig Vorsorge zu treffen. Wer etwa vorhat, einen mündlichen Vertrag abzuschließen, sollte zu den Verhandlungen immer einen Zeugen mitnehmen. Die Gegenwart von Zeugen empfiehlt sich auch bei Gesprächen mit dem Vorgesetzten, dem Vermieter, dem Reiseveranstalter, dem Handwerker oder dem Möbel- oder Autoverkäufer. Laufen die Gespräche über das Telefon, sollte der Verbraucher eine andere Person mithören lassen und sein Gegenüber darauf hinweisen.

WISO rät: Notieren Sie sich bei Telefonaten, wann, mit wem und worüber Sie gesprochen haben. Fordern Sie Ihren Gesprächspartner dazu auf, Ihnen mündliche Zusagen schriftlich zu bestätigen.

Auch bei anderen Zeugen, etwa bei Beteiligten an einem Verkehrsunfall oder Personen, die eine Straftat beobachtet haben, sollten Sie sich eine schriftliche Aussage geben lassen.

Als Zeuge kommen alle Leute in Betracht, die bei einem Ereignis dabei sind. Das können auch Kinder, Ehegatten oder Verwandte sein. Ihre Zeugenaussagen muss das Gericht genauso berücksichtigen wie die Aussagen anderer Zeugen. Hat der Betroffene auf die Auswahl des Zeugen einen Einfluss, etwa weil er ihn bewusst zu einem Gespräch mitnimmt, sollte er darauf achten, dass die ausgewählte Person zuverlässig und loyal ist. Häufig scheitern Prozesse nämlich daran, dass der Zeuge sich plötzlich nicht mehr genau an das Geschehen erinnern kann oder sich in Widersprüche verstrickt.

WISO rät: Rufen Sie bei einem Verkehrsunfall stets die Polizei, um später einen glaubwürdigen Zeugen zu haben. Zwar hat der Polizist den Unfall meist nicht selbst gesehen, aber er weiß, was die Beteiligten danach für Angaben gemacht haben, wie es am Unfallort aussah und so weiter. Doch aufgepasst: Die Polizei ist bei Bagatellschäden nicht mehr dazu verpflichtet, am Unfallort zu erscheinen.

Lassen Sie bei Streitereien mit Ihrem Vermieter keine unbefugten Personen, wie etwa Hilfspersonen oder Bekannte des Vermieters, in Ihre Wohnung. Ansonsten haben Sie später einen Zeugen gegen sich. Überhaupt nicht in Ihre Wohnung lassen brauchen Sie Leute von der GEZ, der Gebühreneinzugszentrale für Rundfunk- und Fernsehgebühren.

Soll der Zeuge im Prozess vernommen werden, benötigt das Gericht dessen ladungsfähige Anschrift. Erforderlich sind Angaben zum Vor- und Zunamen, zur Straße und zur Hausnummer sowie zur Postleitzahl und zum Wohnort. Die Daten sollte sich der Betroffene deshalb frühzeitig notieren. Wichtig ist das vor allem bei plötzlichen Ereignissen wie Verkehrsunfällen. Hier lassen sich die Zeugen nämlich im Nachhinein meist kaum noch ausfindig machen.

Achtung: Das Gericht vernimmt den Zeugen nur dann, wenn es auf dessen Aussage auch wirklich ankommt. Sind die Parteien sich etwa über einen Punkt einig, braucht hierzu kein Zeuge gehört zu werden. Ebenso wird das Gericht keinen „Zeugen" vorladen, der ein Ereignis lediglich vom Hörensagen kennt. Bezeugen lassen sich nämlich nur solche Tatsachen, die ein Betroffener selbst erlebt hat.

Wer in einem Prozess als Zeuge geladen wird, muss vor Gericht erscheinen und dort seine Aussage machen. Hierbei unterliegt er der Wahrheitspflicht. Unter Umständen ist auch ein Eid zu leisten. Kommt der Zeuge einer Ladung nicht nach oder sagt er nicht aus, muss er damit rechnen, dass gegen ihn ein Ordnungsgeld bis zu 1.000,00 Euro oder gar eine Ordnungshaft bis zu sechs Wochen verhängt wird. Im schlimmsten Fall wird er zwangsweise vorgeführt. Wer falsch aussagt, muss unter Umständen mit einer Freiheitsstrafe bis zu 15 Jahren rechnen.

Ausnahmsweise hat ein Zeuge das Recht, seine Aussage zu verweigern, nämlich dann,
- wenn er durch seine Aussage vermögensrechtliche Nachteile in Kauf nehmen müsste, also zum Beispiel Schadensersatz leisten müsste;
- wenn er der Gefahr ausgesetzt würde, selbst wegen einer Straftat oder Ordnungswidrigkeit verfolgt zu werden;
- wenn er sich durch seine Aussage bloßstellen müsste, etwa durch die Preisgabe von Intimitäten;
- wenn er gezwungen wäre, bei einer Aussage seine Schweigepflichten zu durchbrechen. Geschützt sind also etwa Geistliche, Journalisten, Apotheker, Ärzte, Rechtsanwälte, Steuerberater, Notare, Bänker, Bundestagsabgeordnete;

13. Beweise sichern

- wenn er bei der Beantwortung ein Kunst- oder Gewerbegeheimnis offenbaren müsste;
- wenn er durch die Vernehmung in familiäre Konflikte käme. Ein Verweigerungsrecht haben deshalb etwa Verlobte, Ehegatten, Ex-Ehegatten, Geschwister der Parteien samt Ehegatten und Kindern, Onkel und Tanten, Söhne und Töchter samt Kindern, Eltern mit Ehegatten, Omas und Opas mit Ehegatten. Doch Vorsicht: Das Verweigerungsrecht ist nicht absolut. Zu bestimmten Themen müssen die aufgeführten Personen also aussagen, so etwa der Ehegatte über etwaige Geburten oder Sterbefälle von Familienmitgliedern oder über Fragen zum Güterstand.

WISO rät: Bleiben Sie entspannt, wenn das Gericht oder die Staatsanwaltschaft Sie zu einer Vernehmung als Zeuge lädt. Vor einer Zeugenaussage brauchen Sie keine Angst haben. Sind Sie trotzdem unsicher, können Sie sich in einigen Bundesländern an eine Zeugenbetreuungsstelle wenden. Einzelheiten stehen in Ihrer Ladung.

Erscheinen Sie zu dem Vernehmungstermin pünktlich. Bringen Sie sich etwas zum Lesen oder Entspannen mit, um sich abzulenken und die Zeit bis zur Vernehmung zu überbrücken.

Erzählen Sie dem Richter bei der Vernehmung, was Sie über den fraglichen Vorfall wissen. Verschweigen Sie dabei nichts, fügen Sie aber auch nichts hinzu. Nutzen Sie notfalls schriftliche Unterlagen als Gedächtnisstütze. Reden Sie so, wie Sie es gewohnt sind.

Beantworten Sie auch ergänzende Fragen des Gerichts nach Ihrem besten Wissen. Bitten Sie um Erläuterung, wenn Sie eine Frage nicht genau verstehen. Können Sie sich an etwas nicht mehr genau erinnern, teilen Sie das dem Gericht so mit.

Können Sie einen Zeugentermin nicht wahrnehmen, etwa weil Sie krank geworden sind, informieren Sie das Gericht hierüber rechtzeitig. Schreiben Sie oder rufen Sie notfalls an. Fehlen Sie unentschuldigt, zahlen Sie die dadurch entstehenden Kosten und wenn es schlecht läuft, auch noch ein Ordnungsgeld.

Für seine Mühen erhält der Zeuge vom Gericht eine Entschädigung. Ersetzt werden Verdienstausfall, Reisekosten, Abwesenheit und Auslagen. Die Sätze hierfür sind äußerst gering. So werden als Verdienstausfall je nach Einkommen zwischen 2,00 und 13,00 Euro pro Stunde gezahlt. Einzelheiten sind nachzulesen im Gesetz über die Entschädigung von Zeugen und Sachverständigen (ZuSEG), zu finden etwa im Internet unter www.staat-modern.de.

Weil eine Zeugenaussage mit Unannehmlichkeiten verbunden ist, wollen viele Leute keinen Zeugen abgeben, selbst wenn sie bei einem Ereignis dabei waren. Für den Betroffenen ist das bitter: Er kann den Zeugen nämlich nicht dazu zwingen, ihm seinen Namen zu nennen. Hat er keine anderen Beweismittel, geht er in einem späteren Prozess leer aus. In eine solche Situation will sicherlich niemand geraten. Für jeden Bürger sollte es deshalb eine Selbstverständlichkeit sein, als Zeuge zur Verfügung zu stehen. Zeugenaussage ist Ehrensache!

II. Das richtige Verhalten im Streitfall

c) Sachverständigengutachten

Autounfälle, Baumängel, Arztfehler, Mietminderungen, Altlasten, Grundstücksschätzungen, Computerfehler – viele Streitereien lassen sich heute nur noch mit Hilfe von Experten lösen. Kein Wunder: Mit zunehmendem Fortschritt sind die meisten Bereiche unseres Lebensalltags so kompliziert geworden, dass der Laie sie gar nicht mehr selbst beurteilen kann. Die Gerichte bilden da keine Ausnahme. So sind die Richter zwar Spezialisten bei der Beantwortung von Rechtsfragen. Geht es aber darum, den zugrunde liegenden Sachverhalt fachlich zu bewerten, brauchen Sie die Unterstützung eines Sachverständigen. Vor Gericht ist der Sachverständige deshalb mittlerweile fast genauso wichtig wie der Richter selbst.

Privatgutachten und gerichtlich angeordnetes Gutachten

Für den Bürger stellt sich bei der Einschaltung eines Sachverständigen vor allem die Frage, wer ihn am Ende zu bezahlen hat. Hier heißt es aufpassen. Wird der Gutachter nämlich auf Initiative einer Privatperson tätig, muss der Auftraggeber die Kosten für das Gutachten meist selbst tragen. Der Grund: In einem späteren Gerichtsprozess kann das Privatgutachten nur dann als Beweis verwertet werden, wenn der Gegner dem zustimmt. Das passiert aber in der Regel nicht. Schließlich hat der Gegner kein Interesse daran, ein Gutachten zuzulassen, dessen Ergebnis für ihn negativ ausfällt. Außerdem beantwortet das Gutachten vielleicht auch gar nicht die Fragen, die das Gericht für wichtig hält.

Sinnvoller ist es deshalb meist, auf ein Privatgutachten zu verzichten und die Beauftragung eines Sachverständigen dem Gericht zu überlassen. Im Rahmen der Klage braucht der Betroffene dann nur anzuregen, dass für eine bestimmte Frage ein Sachverständigengutachten eingeholt werden soll. Ordnet das Gericht das Gutachten an, kann die Sache für den Betroffenen aber immer noch teuer werden. Stellt sich nämlich in dem Gutachten heraus, dass nicht er, sondern die andere Seite Recht hatte, muss er die Kosten für den Gutachter im Zweifel alleine berappen. Das Gericht schließt sich den Ausführungen des Gutachters nämlich in der Regel nur noch an.

WISO rät: Geben Sie ein Privatgutachten nur dann in Auftrag, wenn es hierzu keine Alternative gibt. Prüfen Sie vor allem, ob es nicht ausreicht, das Sachverständigengutachten in einem späteren Prozess einholen zu lassen. Wollen Sie mit dem Gutachten nicht bis zu einem Prozess warten, sollten Sie erwägen, anstelle des Privatgutachtens ein selbstständiges gerichtliches Beweisverfahren einzuleiten (siehe dazu den Abschnitt „Sachverständigengutachten" in diesem Kapitel). Eine andere Möglichkeit ist ein Schiedsgutachten, das im Einvernehmen beider Seiten erstellt wird.

Überlegen Sie sorgfältig, für welche Umstände Sie ein Sachverständigengutachten als Beweis anbieten. Jedes Gutachten erhöht Ihr Kostenrisiko. Außerdem müssen Sie für die Kosten des Gutachters in der Regel in Vorlage treten. Achten Sie darauf, dass die voraussichtlichen Kosten in einem vernünftigen Verhältnis zum möglichen Ergebnis stehen. Vergleichen Sie die Angebote verschiedener Gutachter. Für ein Gutachten müssen Sie je nach Einzelfall bis zu mehreren tausend Euro einplanen.

Berücksichtigen Sie weiter, dass sich ein Prozess durch die Einholung eines Gutachtens in der Regel um mehrere Monate verzögert.

Fragen Sie, ob Ihre Haftpflicht- oder Rechtsschutzversicherung die Kosten für den Gutachter übernimmt.

Gutachten im selbstständigen Beweisverfahren

Immer häufiger entscheiden sich Betroffene für die Variante, ein Gutachten im Wege eines selbstständigen Beweisverfahrens erstellen zu lassen. Im Unterschied zum Privatgutachten wird der Sachverständige hierbei nicht durch eine Privatperson, sondern durch das Gericht beauftragt. Trotzdem handelt es sich nicht um ein gerichtlich angeordnetes Gutachten, da der Auftraggeber sich mit seinem Gegner noch nicht vor Gericht streitet, sondern das Gericht nur einschaltet, um eine bestimmte Beweisfrage zu klären. Der Vorteil an der Sache: Das Gutachten hat nicht den Makel, parteilich zu sein, und kann deshalb in einem späteren Prozess verwendet werden. Das Kostenrisiko für den Auftraggeber wird dadurch begrenzt. Denn wenn sich später herausstellt, dass er im Recht ist, muss die andere Seite die Kosten für das Gutachten erstatten. Das selbstständige Beweisverfahren gibt es für folgende Fälle:

1. Allgemeine Feststellung von Tatsachen
- über den Zustand einer Person oder den Zustand oder Wert einer Sache. Beispiele: Feststellung von Mängeln, Stand von Bauarbeiten;
- über die Ursache eines Personenschadens, Sachschadens oder Sachmangels. Beispiel: fehlende Isolierung, fehlerhafte Konstruktion;
- über den Aufwand für die Beseitigung eines solchen Personenschadens, Sachschadens oder Sachmangels. Gemeint sind damit in erster Linie die Kosten.

2. Feststellung des Zustands einer Person oder Sache, wenn zu befürchten ist, dass das Beweismittel sonst verloren geht. Beispiel: Der Gegner will das beschädigte Auto verschrotten lassen.

3. Feststellung von Tatsachen durch einen einvernehmlichen Antrag beider Seiten

Besonders wichtig ist das Beweisverfahren zur allgemeinen Feststellung von Tatsachen (oben Punkt 1). Hierzu muss der Interessierte bei Gericht einen Antrag stellen, in dem er deutlich macht, wer der „Gegner" des Verfahrens ist und warum er an einer bestimmten Feststellung ein Interesse hat. Für den Antrag ist keine bestimmte Form vorgeschrieben. Ein Anwalt ist nicht erforderlich. Den Antrag muss der Antragsteller an das Gericht adressieren, das im Falle eines späteren Streits für die Angelegenheit zuständig wäre (siehe dazu den Abschnitt „Das richtige Gericht" im sechsten Kapitel dieses Buches). Beizufügen sind dem Antrag Schriftstücke oder sonstige Unterlagen, aus denen sich das rechtliche Interesse des Antragstellers ergibt. Zur Not tut es auch eine eigene eidesstattliche Versicherung. Sinnvoll ist es außerdem, einen bestimmten Sachverständigen für die Begutachtung vorzuschlagen, auch wenn das Gericht an diese Anregung nicht gebunden ist.

84   II. Das richtige Verhalten im Streitfall

Wichtig: Für das selbstständige Beweisverfahren kann staatliche Prozesskostenhilfe beantragt werden (siehe dazu den Abschnitt „Prozesskostenhilfe" im achten Kapitel dieses Buches). Auch Rechtsschutzversicherungen springen in der Regel ein.

Auswahl eines Gutachters bei Privatgutachten

Vor allem dann, wenn es nicht um einen konkreten oder drohenden Rechtsstreit geht, kann es sich durchaus einmal empfehlen, einen Sachverständigen selbst zu beauftragen. Häufig geschieht das bei Bausachen und Verkehrsunfällen. Bei Letzteren werden die Kosten für den Sachverständigen über die Haftpflichtversicherung des Gegners erstattet. Die Ersatzpflicht trifft die Versicherung allerdings nur, wenn Ihr Versicherungsnehmer auch an dem Unfall schuld war und es sich nicht um einen Bagatellunfall handelt.

Die Suche nach einem geeigneten Gutachter gestaltet sich für die Betroffenen oft schwierig. Der Grund: Der Markt der Gutachter boomt, die Angebote sind kaum noch überschaubar. Erschwerend kommt hinzu, dass der Begriff des Sachverständigen nicht geschützt ist. Jeder, der sich auf einem bestimmten Gebiet gut auskennt, kann sich so nennen. Erste Wahl sollten daher die Sachverständigen sein, die „öffentlich bestellt und vereidigt" sind. Ihre Fachkompetenz ist durch die Gerichte offiziell anerkannt. Vertrauen darf der Bürger auch Sachverständigen, die „amtlich anerkannt" sind. Sie werden speziell für die technische Überwachung eingesetzt. Weitere empfehlenswerte Adressen sind zertifizierte und behördliche Sachverständige. Schließlich gibt es noch die so genannten freien oder privaten Sachverständigen. Hierzu gehören alle Sachverständigen, die keinen offiziellen Status besitzen. Sie haben sich zum Teil in privaten Verbänden organisiert, die ihre Mitglieder wiederum als Verbandssachverständige „anerkennen". Der Verbraucher sollte sich von dieser Form der Anerkennung aber nicht täuschen lassen. Unter den Anbietern sind nämlich durchaus auch schwarze Schafe zu finden.

WISO rät: Wählen Sie den Sachverständigen sorgfältig aus. Lassen Sie sich bei Werbeanzeigen nicht von irgendwelchen wohlklingenden Zusätzen blenden. Schauen Sie vielmehr genau hin, ob der Sachverständige eine offizielle Bezeichnung führt.

Beauftragen Sie einen Gutachter nur schriftlich. Geben Sie genau an, zu welchem Zweck und über welche Umstände er das Gutachten erstellen soll. Vergessen Sie nicht, die Höhe des Honorars auszuhandeln. Denken Sie daran, dass der Sachverständige Ihnen kein Gefälligkeitsgutachten erteilen darf.

Geben Sie nie das Original des Gutachtens aus der Hand. Fertigen Sie notfalls lieber eine Kopie an.

Nehmen Sie den Gutachter in die Haftung, wenn sich später herausstellt, dass er einen Fehler gemacht hat, etwa das Gutachten nicht selbst gefertigt hat, seine Schweigepflichten verletzt hat oder keine hinreichenden Fachkenntnisse hatte.

Öffentlich bestellte Sachverständige findet der Verbraucher in Verzeichnissen der Industrie- und Handelskammern, Handwerkskammern sowie anderer Kammern und Ingenieurkammern, Wirtschaftsprüferkammern, Steuerberaterkammern, Regierungspräsidien und so weiter. Die Verzeichnisse sind in der Regel auch im Internet abrufbar, so etwa das bundesweite Verzeichnis der Industrie- und Handelskammern unter http://svv.ihk.de.

Bei Kraftfahrzeugfragen: Bundesverband öffentlich bestellter und vereidigter Kfz-Sachverständiger (BVK), Werkstr. 27, 45739 Oer-Erkenschwick, Tel.: 02368/91 56-0, Fax: 02368/91 56-56, Internet: http://kfz-sachverstaendige.de/bvk/.

Ein umfassendes Verzeichnis über öffentlich bestellte Sachverständige ist ferner beim Deutschen Anwaltverlag in Bonn erschienen, Wachsbleiche 7, 53111 Bonn, Tel.: 0228/919 11-0, Fax: 0228/919 11-23, e-Mail: kontakt@anwaltverlag.de, Internet: www.anwaltverlag.de.

Übersichten gibt es auch auf der Internet-Seite des Institutes für Sachverständigenwesen e.V., Gereonstr. 50, 50670 Köln, Tel.: 0221/91 27 71 12, Fax: 0221/91 27 71 99, e-Mail: info@ifsforum.de, Internet: www.ifsforum.de, des Weiteren auf den Internet-Seiten www.jusline.de und www.mego.de sowie bei den Geschäftsstellen der Gerichte.

Für **Sachverständige von Behörden** wendet sich der Verbraucher am besten an die jeweiligen Bundes- oder Landesministerien, bei Berufsgenossenschaften an die entsprechende Berufsgenossenschaft.

Sachverständige technischer Überwachungsorganisationen können zum Beispiel erfragt werden bei den technischen Überwachungsvereinen (TÜV), beim

- Verband der Technischen Überwachungsvereine e.V. (VdTÜV), Kurfürstenstr. 56, 45138 Essen, Tel.: 0201/898 70, Fax: 0201/898 71 20, e-Mail: vdtuev.essen@t-online, Internet: www.vdtuev.de, bei der
- DEKRA AG, Handwerkstr. 15, 70565 Stuttgart, Tel.: 0711/78 61-0, Fax: 0711/78 61-2240, e-Mail: info@dekra.com, Internet: www.dekra1.com sowie bei der
- GTÜ Gesellschaft für Technische Überwachung mbH, Vor dem Lauch 25, 70567 Stuttgart, Tel.: 0711/976 76-0, Fax: 0711/976 76-199, e-Mail: info@gtue.de, Internet: www.gtue.de.

Verzeichnisse von **privaten oder privat organisierten Sachverständigen** gibt es etwa beim

- Bundesverband der öffentlich bestellten und vereidigten sowie qualifizierten Sachverständigen e.V. (BVS), Lindenstr. 76, 10969 Berlin, Tel.: 030/25 59 38-0, Fax: 030/25 59 38-14, e-Mail: bvs-ev@t-online.de, Internet: www.bvs-ev.de oder beim
- Bundesverband der freiberuflichen und unabhängigen Sachverständigen für das Kraftfahrzeugwesen e.V. (BVSK), Kurfürstendamm 57, 10707 Berlin, Tel.: 030/25 37 85-0, Fax: 030/25 37 85-10, e-Mail: info@bvsk.de, Internet: www.bvsk.de, sowie beim
- Bundesverband Deutscher Sachverständiger und Fachgutachter e.V., Postfach 1227, 79547 Weil am Rhein, Tel.: 07621/770 07 15, Fax: 07621/770 07 16, e-Mail: info@bdsf.de, Internet: www.bdsf.de.

14. Umgang mit Behörden

Immer wieder kommt es vor, dass sich der Verbraucher bei rechtlichen Streitereien mit einer Behörde herumschlagen muss. Häufig geht es dabei um

- Renten,
- Berufskrankheiten, Berufsunfähigkeit, Erwerbsunfähigkeit,
- Schwerbehinderung,
- Arbeitslosigkeit,
- Steuern,
- Abgaben,
- Versicherungsleistungen.

Widerspruch einlegen

Ist der Verbraucher mit der Entscheidung einer Behörde, also beispielsweise des Finanz- oder Arbeitsamtes, nicht einverstanden, kann er hiergegen Widerspruch einlegen. Dazu hat er nach Erhalt der Entscheidung einen Monat Zeit. Ausnahmsweise gilt eine Frist von einem Jahr, wenn der Arbeitnehmer in dem Bescheid nicht oder nicht richtig auf seine Möglichkeit zum Widerspruch hingewiesen wurde. Wer die Frist versäumt, kann unter engen Voraussetzungen noch eine nachträgliche Überprüfung erreichen, nämlich dann, wenn er nicht daran schuld war, dass er die Frist verpasst hat, etwa weil er in Urlaub war.

WISO rät: Haben Sie Zweifel, ob der Bescheid, den Sie von einer Behörde bekommen, in Ordnung ist, lassen Sie sich die Einzelheiten noch einmal persönlich erläutern. Vereinbaren Sie hierzu am besten einen Besprechungstermin.

Beantragen Sie notfalls bei der Behörde, Ihre Akte einzusehen. Hierzu sind Sie in der Regel berechtigt. Sie dürfen auch Abschriften machen oder Kopien anfertigen.

Sind Sie mit der Antwort des Sachbearbeiters nicht zufrieden, beschweren Sie sich beim Amts- oder Abteilungsleiter.

Entschließen Sie sich, gegen einen Bescheid Widerspruch einzulegen, halten Sie unbedingt die hierfür vorgesehene Monatsfrist ein. Achten Sie auch auf weitere Fristen, die Ihnen gesetzt werden. Lesen Sie dazu stets die Erläuterungen und Hinweise, die behördlichen Schreiben beigefügt sind. Wie die Fristen im Einzelnen berechnet werden, erfahren Sie im Abschnitt „Fristen und Termine" in diesem Kapitel.

Verpassen Sie eine Frist, obwohl Sie hierfür nichts können, etwa weil Sie in Urlaub waren, teilen Sie dies der Behörde mit und bitten Sie darum, Ihre Einwände noch nachträglich vorbringen zu dürfen.

Wer gegen einen Bescheid Widerspruch einlegt, hat mehrere Vorteile:
- Er erreicht eine nochmalige Überprüfung der Entscheidung durch die Behörde,
- das Widerspruchsverfahren ist kostenfrei,
- der Widerspruch bedeutet für ihn kein Risiko: Die Widerspruchsstelle darf die ursprüngliche Entscheidung der Behörde im Normalfall nicht zu seinen Lasten verschlechtern.

Versäumt der Verbraucher den Widerspruch, wird die Entscheidung der Behörde bestandskräftig. Dann kann er dagegen nichts mehr unternehmen.

Seinen Widerspruch kann der Verbraucher selbst schreiben, persönlich bei der Behörde protokollieren lassen oder über einen Anwalt einlegen. Zum Anwalt zu gehen, empfiehlt sich eigentlich fast immer, vor allem wenn es um schwierige Angelegenheiten geht. Der Anwalt kostet den Verbraucher unter Umständen natürlich Geld, nämlich etwa dann, wenn der Widerspruch zurückgewiesen wird. Bei schlechten Vermögensverhältnissen gibt es allerdings die Möglichkeit, Beratungshilfe zu beantragen. Der Widerspruch selbst sollte folgende Angaben enthalten:

- Name und Anschrift des Verbrauchers,
- Anschrift der Behörde,
- Datum und Geschäftszeichen des Bescheides, den der Verbraucher angreifen will,
- Datum und eigenhändige Unterschrift des Verbrauchers,
- eine Begründung, warum der Verbraucher den Bescheid für falsch hält. Die Behörde ist zwar auch ohne Begründung verpflichtet, ihre Entscheidung in vollem Umfang zu überprüfen. Mit einer Begründung erleichtert und beschleunigt der Verbraucher aber nicht nur das Verfahren, sondern erhöht unter Umständen auch seine Erfolgschancen. Wenn die Zeit knapp ist, kann die Begründung auch noch nach Einlegung des Widerspruchs nachgereicht werden.

Über den Widerspruch entscheidet die Behörde durch einen schriftlichen und schriftlich begründeten Bescheid. Weist sie den Widerspruch zurück, kann der Arbeitnehmer hiergegen innerhalb von einem Monat nach der Zusendung des Bescheides vor Gericht klagen.

WISO rät: Lässt sich die Behörde mit der Bearbeitung Ihres Widerspruchs zu viel Zeit, können Sie in bestimmten Fällen eine Klage wegen Untätigkeit erheben. Richtete sich Ihr Widerspruch gegen eine Entscheidung des Arbeitsamtes, müssen Sie hier allerdings in der Regel eine Frist von sechs Monaten verstreichen lassen.

Kosten fallen bei der Klage für Sie meist nicht an. Trotzdem sollten Sie die „Untätigkeitsklage" nicht voreilig einreichen, denn hierdurch verzögert sich die Bearbeitung Ihres Widerspruchs oft noch länger.

Eine Petition einreichen

Wer sich über einen Missstand bei der Behörde beschweren will oder meint, ihm sei Unrecht widerfahren, kann sich mit seinem Anliegen auch an den Petitionsausschuss des Bundestages oder eines Landtages wenden. Der Petitionsausschuss ist allerdings nicht berechtigt, die Entscheidung der Behörde aufzuheben oder etwaige Missstände zu beseitigen. Er kann die Behörde lediglich auffordern, zu dem Fall Stellung zu nehmen, und am Ende eine Empfehlung aussprechen, was seiner Auffassung nach in der Sache passieren sollte.

Eine Petition kann grundsätzlich jeder Bürger einreichen. Die richtige Adresse ist entweder die Behörde selbst oder das entsprechende Parlament. Die Petition ist schriftlich abzufassen, namentlich zu kennzeichnen und zu unterschreiben. Am einfachsten ist es, das Beschwerdeformular des Bundestages zu verwenden, im Internet

II. Das richtige Verhalten im Streitfall

herunterzuladen unter www.bundestag.de, Rubrik „Gremien", Stichwort „Petitionsausschuss". Vorhandene Unterlagen sollten in vernünftigem Umfang beigefügt werden. Die Petition wird nach einigen Wochen von der zuständigen Stelle schriftlich beantwortet. Gegen den Petitionsbescheid kann der Bürger nicht rechtlich vorgehen.

Übrigens: Mit einer Petition kann der Bürger nicht nur das Verhalten einer Behörde beanstanden, sondern auch auf allgemeine Missstände hinweisen, die seiner Auffassung nach abgestellt werden müssten.

Die Anschriften der einzelnen Petitionsausschüsse erfährt der Verbraucher über die jeweiligen Landesregierungen oder zentral über den Petitionsausschuss des deutschen Bundestages, Platz der Republik, 11011 Berlin, Tel.: 030/22 73 52 57, Fax: 030/22 73 60 27, e-Mail: vorzimmer.peta@bundestag.de, Internet: www.bundestag.de.

III. Die Vertretung durch den Rechtsanwalt

Um es gleich vorwegzunehmen: „Den" richtigen oder besten Anwalt für alle Fälle gibt es nicht. Umso wichtiger ist es zu wissen, worauf man bei der Anwaltssuche und der Mandatsabwicklung achten sollte. Entscheidend sind also Fragen wie: Wann sollte ich zum Anwalt gehen? Wodurch zeichnet sich ein guter Anwalt aus? Wie finde ich den passenden Anwalt für mein Problem? Was muss ich bei der Kontaktaufnahme und beim Umgang mit dem Anwalt beachten? Wie teuer ist der Anwalt? Kann ich ihn jederzeit wechseln? Haftet mein Anwalt für Fehler? Kann ich mich auch telefonisch beraten lassen? Welche Pflichten habe ich als Mandant?

Viele Menschen haben nach wie vor Hemmungen, bei einem rechtlichen Problem überhaupt einen Anwalt aufzusuchen. Die Gründe hierfür sind vielfältig und zum Teil auch verständlich. Die meisten Bedenken beruhen allerdings auf falschen oder unzureichenden Vorstellungen über den Beruf und die Person des Anwalts. Die nachfolgenden Ausführungen können insoweit auch helfen, das verbreitete Bild vom Rechtsanwalt geradezurücken und den Weg zur Anwaltskanzlei zu ebnen.

1. Bei welchen Problemen der Anwalt hilft

Fachlich kann ein Rechtsanwalt den rechtssuchenden Bürger in allen Rechtsgebieten beraten und vertreten, das heißt allgemein gesprochen
- im Zivilrecht, also etwa bei Kauf-, Miet-, Reise-, Erb-, Familien- oder Arbeitsstreitigkeiten;
- im Strafrecht, also bei Straftaten und Ordnungswidrigkeiten;
- im öffentlichen Recht, wie bei Streitigkeiten mit Behörden, etwa in Steuer-, Renten- oder Umweltangelegenheiten.

Um mit einem weit verbreiteten Irrtum aufzuräumen: Die meisten Rechtsanwälte in Deutschland sind überwiegend nicht auf strafrechtlichem, sondern auf zivilrechtlichem Gebiet tätig. Der Strafverteidiger, wie man ihn aus Fernseh- und Presseberichterstattungen spektakulärer Prozesse kennt, ist also eher die Ausnahme als die Regel.

Inhaltlich erledigt der Rechtsanwalt für den Mandanten unter anderem folgende Tätigkeiten:
- Erteilung von Auskünften
- Rechtsberatung
- Vertretung im Prozess

- Anfertigen von Schriftsätzen
- Schriftwechsel mit dem Gegner
- Vertretung gegenüber Behörden
- Einziehung von Forderungen
- Erstellung von Gutachten
- Entwerfen und Überprüfen von Verträgen und Geschäftsbedingungen
- Verhandlungen mit dem Gegner, mit Behörden und Gerichten
- Hilfe bei Anträgen
- allgemeine Betreuungsaufgaben, wenn er zum gesetzlichen Betreuer bestellt wurde
- nicht: allgemeine Beglaubigungen oder Beurkundungen

Zeitlich kann der Rechtsanwalt seine Tätigkeit entfalten
- vor Beginn einer Streitigkeit,
etwa um Verträge zu formulieren, Auskünfte zu erteilen oder Forderungen einzuziehen,
- während einer Streitigkeit,
etwa um eine Klage zu erheben, ein Mahnverfahren einzuleiten oder einen Streit außergerichtlich beizulegen,
- nach Abschluss einer Streitigkeit,
etwa um ein Urteil durchzusetzen oder einen Vertrag abzuwickeln.

2. Wodurch sich ein passender Anwalt auszeichnet

Den passenden Anwalt zu finden gleicht oft der berühmt-berüchtigten Suche nach der Nadel im Heuhaufen. Derzeit sind in Deutschland insgesamt rund 120.000 Anwälte zugelassen, Tendenz steigend. Das entspricht statistisch einer Zahl von 710 Einwohnern je Anwalt. Am größten ist die Anwaltsdichte in größeren Städten oder Ballungszentren. In ländlichen Gebieten kann es dagegen vorkommen, dass sich im Ort nur ein oder zwei niedergelassene Rechtsanwälte finden.

Selbst wenn sich nur wenige Anwälte in der Nähe befinden, wird die Auswahl dadurch noch nicht leichter. So könnte es sein, dass die Anwälte in der Nachbarschaft nur zweit- oder drittklassig sind oder sich auf Rechtsgebiete spezialisiert haben, die mit dem eigenen Fall nichts zu tun haben.

Der rechtssuchende Verbraucher sollte sich vor seinem Gang zum Anwalt deshalb über folgende Punkte Gedanken machen:

a) Berufliche Qualifikation

Gemessen an ihrer beruflichen Ausbildung sind Rechtsanwälte eigentlich dazu berechtigt und befähigt, jeden beliebigen Rechtsfall zu bearbeiten. Das bedeutet aber nicht, dass in der Praxis jeder Anwalt die gleiche berufliche Qualifikation hat. Schließlich besteht die Möglichkeit, sich nach der Zulassung zur Anwaltschaft beruflich weiterzuqualifizieren oder seine Tätigkeiten auf bestimmte Bereiche zu konzentrieren. Und: Angesichts der Fülle von Rechtsvorschriften haben sich die meisten Anwälte mittlerweile für eine Spezialisierung auf bestimmte Rechtsgebiete entschieden. Den Alleskönner, der in sämtlichen Rechtsfragen ein erfahrener Experte ist, wird der Verbraucher also auf dem Markt vergeblich suchen. Hinzu kommt: Gerade derjenige, der im Branchenverzeichnis nach einem Anwalt sucht oder einfach auf die Kanzleischilder an den Haustüren blickt, wird überflutet mit einer Fülle von Begriffen: Der eine nennt sich Fachanwalt, der nächste zählt Tätigkeitsschwerpunkte auf und wieder andere benennen ihre Interessenschwerpunkte.

Der Zusatz „Fachanwalt"

Ein Anwalt darf sich nur dann Fachanwalt nennen, wenn er folgende Voraussetzungen erfüllt: Erstens muss er neben der allgemeinen Anwaltsausbildung noch eine spezielle Zusatzausbildung inklusive Abschlussprüfung auf einem bestimmten Rechtsgebiet absolviert haben. Außerdem muss er im Verlauf seiner Anwaltstätigkeit eine bestimmte Anzahl praktischer Fälle auf demselben Rechtsgebiet bearbeitet haben und dies auch nachweisen können. Wer einen Fachanwalt aufsucht, kann demnach zumindest sicher sein, dass er mit dem jeweiligen Rechtsgebiet vertraut und kein Neuling ist. Der Titel des Fachanwalts wird von der jeweiligen Rechtsanwaltskammer vergeben. Fachanwälte gibt es derzeit in folgenden Bereichen:

- **Arbeitsrecht.** Hierunter fallen zum Beispiel Arbeitsverträge, Kündigungen, Zeugnisse.
- **Familienrecht.** Dazu zählen etwa Eheverträge, Scheidungen, Unterhalt, Sorgerecht.
- **Insolvenzrecht.** Hierher gehören beispielsweise Probleme rund um die Firmenpleite wie Insolvenzgeld und Insolvenzverfahren.
- **Sozialrecht.** Beispiele: Arbeitslosengeld, Schwerbehinderung, Renten.
- **Steuerrecht.** Hier geht es in erster Linie um Abgaben- und Steuerbescheide.
- **Strafrecht.** Hierunter fallen unter anderem Anzeigen, Bußgeldbescheide, Strafverteidigung.
- **Verwaltungsrecht.** Beispiele: Anträge, Widersprüche und Klagen gegenüber Behörden.

Achtung: Die Beschränkung auf die aufgeführten Rechtsgebiete bedeutet natürlich nicht, dass es nicht auch auf anderen Gebieten besonders qualifizierte Anwälte gäbe. Nur ist für diese Anwälte keine besondere Berufsbezeichnung vorgesehen.

Der Zusatz „Tätigkeitsschwerpunkte"

Mit der Angabe von „Tätigkeitsschwerpunkten" dürfen solche Anwälte werben, die auf dem jeweiligen Fachgebiet mindestens zwei Jahre lang nachhaltig tätig waren. Sie müssen im Gegensatz zum Fachanwalt allerdings keine Zusatzausbildung oder eine bestimmte Zahl bearbeiteter Fälle nachweisen. Außerdem wird die zweijährige Berufserfahrung in der Regel von niemandem überprüft. Ob ein Rechtsgebiet als Tätigkeitsschwerpunkt benannt wird, entscheidet der Anwalt also letztlich in eigener Regie. Die Aussagekraft von Tätigkeitsschwerpunkten ist demnach begrenzt.

Andererseits kann es durchaus vorkommen, dass ein Anwalt etwa mit dem Tätigkeitsschwerpunkt Arbeitsrecht wesentlich mehr praktische Fälle auf diesem Gebiet bearbeitet hat als ein entsprechender Fachanwalt. Dann fehlt es ihm vielleicht nur noch an der theoretischen Zusatzausbildung.

WISO rät: Seien Sie vorsichtig, wenn ein Rechtsanwalt sich mit einem Sammelsurium an Tätigkeitsschwerpunkten schmückt und somit suggerieren möchte, er wäre für alles und jeden der richtige Experte. Nach der Berufsordnung ist nämlich die Zahl der angegebenen Tätigkeitsschwerpunkte auf drei begrenzt.

Differenziert zu sehen sind dagegen Anwälte, die überhaupt keine Tätigkeitsschwerpunkte angeben. Das muss nicht zwangsläufig bedeuten, dass der Anwalt auf keinem Gebiet über besondere Erfahrungen verfügt, sondern kann je nach Ausrichtung und Größe der Kanzlei rein werbestrategische Gründe haben. Selbstverständlich kann auch ein Fachanwalt noch zusätzliche Tätigkeitsschwerpunkte haben.

Der Zusatz „Interessenschwerpunkte"

Die Angabe von Interessenschwerpunkten ist für den rechtsuchenden Verbraucher relativ unbedeutend. Sie zeigt ihm lediglich, dass der Anwalt dem jeweiligen Rechtsgebiet eine besondere Vorliebe entgegenbringt. Unter Umständen hat der Anwalt auf diesem Gebiet aber bislang nicht einen praktischen Fall bearbeitet. Fairerweise sollte man aber darauf hinweisen, dass insbesondere anwaltliche Berufsanfänger außer der Angabe von Interessenschwerpunkten kaum eine andere Möglichkeit haben, auf ihre fachlichen Schwerpunkte hinzuweisen. Denn die Bezeichnung von „Tätigkeitsschwerpunkten" ist frühestens nach zwei Jahren Zulassung zur Anwaltschaft möglich. Außerdem ist die Angabe von Interessenschwerpunkten auch in Ergänzung zu dem Begriff der Tätigkeitsschwerpunkte zu sehen. Denn die Angabe von Tätigkeitsschwerpunkten ist auf drei, die von Interessenschwerpunkten dagegen nur auf fünf begrenzt, sodass der Anwalt etwa drei angegebene Tätigkeitsschwerpunkte zusätzlich durch zwei weitere Interessenschwerpunkte ergänzen kann.

WISO rät: Orientieren Sie sich bei der Anwaltssuche fachlich an den Begriffen „Fachanwalt", „Tätigkeitsschwerpunkte" und „Interessenschwerpunkte". Die Chance, einen Spezialisten für den eigenen Fall zu finden, wird dadurch größer. Die einzelnen Bezeichnungen müssen jeweils einem Anwalt in der Kanzlei konkret zugeordnet sein.

Beachten Sie, dass selbst eine große Anzahl praktischer Fälle nichts darüber aussagt, wie intensiv und mit welchem Erfolg die Fälle bearbeitet wurden. Auch der Fachanwalt bietet Ihnen daher keine wirkliche Qualitätsgarantie und natürlich schon gar keine Erfolgsgarantie.

Betrachten Sie die fachliche Qualifikation nicht isoliert, sondern stets im Zusammenhang mit anderen Auswahlkriterien.

Informationen und Übersichten über Fachanwälte und Anwälte mit bestimmten Tätigkeits- und Interessenschwerpunkten erhalten Sie bei den jeweiligen Rechtsanwaltskammern sowie über verschiedene Anwaltssuchdienste (siehe dazu den Abschnitt „Wie ein passender Anwalt zu finden ist" unter Punkt 3 in diesem Kapitel).

b) Kompetenz

Qualitätsunterschiede

Wie in anderen Berufen gibt es auch unter den zugelassenen Rechtsanwälten erhebliche Qualitätsunterschiede. Das leuchtet schnell ein, wenn man sich vor Augen führt, dass zwar jeder Anwalt die gleiche Berufsausbildung hat, die einen diese Ausbildung aber mit einer hervorragenden, die anderen hingegen mit einer gerade noch ausreichenden Bewertung bestanden haben. Für die Zulassung zur Anwaltschaft kommt es auf die erzielten Noten nicht an. Ebenso unbedeutend ist hierfür, wie lange der Einzelne für die Ausbildung gebraucht hat. Für den Anwaltsberuf gilt vielmehr das Motto: Hauptsache bestanden. Besonders gravierend ist, dass gerade der Anwaltsberuf kein Markenzeichen für einen besonders guten Abschluss der juristischen Ausbildung ist. Im Gegenteil: Wer seine Examina mit Mühe und Not bewältigt – und das sind immerhin rund zwei Drittel aller Absolventen –, landet oft in der Anwaltschaft, weil er mit seinen Noten bei Firmen und Unternehmen keine Anstellung findet.

Abgesehen von den unterschiedlichen Ausbildungsergebnissen haben darüber hinaus nicht alle Anwälte die gleichen praktischen Stärken. So ist der eine Anwalt vielleicht ein geborener Verhandlungskünstler, während der andere es meisterhaft versteht, Schriftsätze abzufassen. Je nachdem, welche Anforderungen der eigene Fall stellt, ist der Verbraucher also entweder bei dem einen oder bei dem anderen Anwalt besser aufgehoben. Auch die Berufserfahrung spielt hier eine wichtige Rolle.

Doktortitel

Nur eine begrenzte Aussagekraft für die Qualität der anwaltlichen Arbeit hat ein Doktortitel. Mit ihm hat der Anwalt lediglich unter Beweis gestellt, dass er in der Lage ist, ein bestimmtes juristisches Thema eigenständig wissenschaftlich zu bearbeiten. Für die Lösung des konkreten Falles kommt es aber nicht auf die wissenschaftliche, sondern auf die praktische Qualifikation des Anwalts an. Außerdem kann die Erlangung des Doktortitels, die so genannte Promotion, bereits Jahrzehnte zurückliegen oder auf einem für den Verbraucher völlig uninteressanten Rechtsgebiet erfolgt sein. Mitunter kommt es sogar vor, dass der Anwalt seinen Doktortitel überhaupt nicht auf einem rechtlichen, sondern auf ganz anderem Gebiet gemacht hat. Indiz hierfür ist etwa die Abkürzung Dr. anstelle von Dr. iur.

Dennoch: Die Erlangung des Doktortitels setzt einige Eigenschaften des Anwalts voraus, die dem Verbraucher auch bei der Bearbeitung seines Mandats zugute kommen, wie etwa Disziplin, Ausdauer und Fleiß. Im Vergleich zu Anwälten ohne Doktortitel hat der Verbraucher damit schon einmal einige wichtige Anhaltspunkte für seine Auswahl an der Hand.

III. Die Vertretung durch den Rechtsanwalt

Andere Titel und Bezeichnungen

Ähnliche Überlegungen wie für den Doktortitel gelten auch bei Anwälten, die andere akademische Titel führen, wie etwa den Professor (Prof.), den magister legum (LL.M.) oder den master of comparative law (M.C.L.). Wer auf einen Anwalt mit dem Zusatz LL.M. oder M.C.L. stößt, sollte allerdings dann aufhorchen, wenn er einen Fall mit Auslandsbezug hat. Der LL.M und der M.C.L. sind nämlich ausländische Titel, die der Anwalt im Verlauf eines mehrmonatigen Auslandsaufenthaltes an einer ausländischen Universität erworben hat. In welchem Land der Titel erworben wurde, lässt sich meist am Zusatz des Ortsnamens der Universität erkennen. Beispiel: Max Müller (LL.M. Oxford).

Neben den aufgeführten Titeln gibt es noch zahlreiche weitere berufsbezogene Zusatzbezeichnungen, mit denen sich Anwälte schmücken können und dürfen. Ob Bundesminister a.D., Stadtdirektor a.D. oder Richter a.D. – einen Namenszusatz zu tragen ist „in". Aber Vorsicht: Bisweilen werden auch Kürzel verwendet, die für den rechtsuchenden Verbraucher keinerlei Informationswert haben. Das ist zwar unzulässig, wird aber durchaus praktiziert. Wegen der starken Nachfrage gibt es mittlerweile sogar einen regelrechten „Titelmarkt", auf dem gegen das passende Entgelt nahezu jeder gewünschte Namenszusatz erworben werden kann. Vor allem von unbekannten oder fremd klingenden Zusätzen sollte sich der Verbraucher deshalb nicht sogleich beeindrucken lassen.

Auch wenn es nicht die Regel ist, trifft man mitunter doch auch auf promovierte Anwälte, die ihre Doktorarbeit gar nicht selbst geschrieben, sondern dies gegen einen bestimmten Betrag einem Dritten überlassen haben. Für ein solches Vorgehen müssen je nach Themengebiet derzeit rund 20.000,00 bis 50.000,00 Euro hingeblättert werden. Offiziell übernimmt der Dritte dabei natürlich nicht das Verfassen der Arbeit selbst, sondern als „Promotionsberater" nur begleitende Tätigkeiten wie Themenauswahl, Literatursuche oder Manuskriptdurchsicht.

WISO rät: Treten Sie gegenüber einem Anwalt mit Respekt, aber nicht mit Ehrfurcht auf. Für Sie ist der Anwalt in erster Linie ein Dienstleister und keine Autoritätsperson.

Suchen Sie nicht krampfhaft nach einem Anwalt mit Doktortitel, lassen Sie sich aber auch nicht von einem solchen abschrecken. Auf die Kosten der Anwaltstätigkeit hat der Doktortitel grundsätzlich keine Auswirkungen.

Ob Ihr Anwalt ein Spitzenmann oder nur ein dritt- oder viertklassiger Kollege ist, können Sie letztlich kaum selbst beurteilen. Hier hilft außer einer guten Reputation des Anwalts nur eine entsprechende Mundpropaganda im Freundes- und Bekanntenkreis.

c) Größe der Kanzlei

Ein wichtiges Kriterium bei der Suche nach dem richtigen Anwalt ist die Größe der Kanzlei, das heißt, wie viele Anwälte in der jeweiligen Kanzlei tätig sind. Hier gibt es zwischen den Kanzleien erhebliche Unterschiede.

Kanzleien mit mehr als 20 Anwälten gelten als größere Kanzleien. Hier sind zum Teil mehr als 200 Anwälte beschäftigt. In mittleren Kanzleien arbeiten in der Regel zwischen fünf und 20 Anwälten. Unter die kleineren Kanzleien fallen Sozietäten mit zwei, drei oder vier Anwälten. Sie sind gegenüber größeren oder mittleren Kanzleien in der Mehrzahl. Die kleinste, dafür aber am häufigsten vorkommende Art der Kanzlei bildet schließlich der Einzelanwalt.

Die Größe der Kanzlei ist in mehrfacher Hinsicht bedeutsam:
- Kundenausrichtung der Kanzlei
An der Größe der Kanzlei lässt sich oftmals ablesen, ob der rechtsuchende Verbraucher überhaupt zum möglichen Kundenkreis der Kanzlei zählt. Wer etwa eine Reklamation zum Kauf eines Hemdes hat, sollte sich deswegen sicher nicht an eine wirtschaftsrechtliche Großkanzlei wenden. Umgekehrt wird sich ein wirtschaftliches Großunternehmen nicht unbedingt von dem Feld-, Wald- und Wiesenanwalt um die Ecke beraten lassen. Der Verbraucher muss also mit seinem Fall in das Beratungsprofil der Kanzlei passen. Sonst kann es passieren, dass die Kanzlei seinen Fall überhaupt nicht übernimmt. Für den Verbraucher sind im Normalfall vor allem kleine bis mittlere Kanzleien bis zu einer Größenordnung von zehn Anwälten interessant. Im Zweifel sollte sich der Verbraucher vorab über die Zielsetzungen der Kanzlei informieren, etwa auf deren Homepage oder über die Kanzleibroschüre.

- Engagement des Anwalts
Spielt der Fall für die Kanzlei wirtschaftlich keine Rolle, kann der rechtsuchende Verbraucher keinen überdurchschnittlichen Einsatz des Anwalts erwarten. Zeit ist schließlich Geld, und wo sich selbst mit viel Aufwand nur wenig verdienen lässt, geben sich viele Anwälte nicht unbedingt die größte Mühe. Selbstverständlich hat jeder Mandant ein Recht auf eine ordnungsgemäße Betreuung. Nur: Kanzleien sind letztlich nichts anderes als Wirtschaftsbetriebe, die auf Gewinnerzielung ausgerichtet sind. Die beste Betreuung kann der rechtsuchende Verbraucher deshalb bei Kanzleien erwarten, die auf die Übernahme seines Falles wirtschaftlich angewiesen sind oder ihn als zukünftigen Stammkunden gewinnen möchten. Das werden in der Regel eher kleinere und mittlere als große Kanzleien sein. Aber: Ist der Anwalt in der kleinen Kanzlei bereits zeitlich voll ausgelastet, muss der Verbraucher manchmal auch hier Abstriche bei der Betreuung in Kauf nehmen.

- Kompetenz des Anwalts
Die Größe der Kanzlei sagt über die Kompetenz der dort tätigen Anwälte nichts aus. So kann ein Anwalt in einer renommierten Großkanzlei durchaus eine Niete sein, ebenso wie ein Einzelanwalt ein Spitzenmann sein kann. Sicher: Viele Top-Juristen sind bei Großkanzleien angestellt, weil die Verdienst- und Karrierechancen dort besser sind als in kleinen oder mittleren Kanzleien. Andererseits gibt es ebenso viele gute Anwälte, die einen anderen Weg gewählt haben, etwa weil ihnen der Preis für die Anstellung in einer Großkanzlei zu hoch war. Denn unter 50 bis 60 Stunden Arbeitszeit pro Woche einschließlich Samstag und/oder Sonntag läuft bei

III. Die Vertretung durch den Rechtsanwalt

einer Großkanzlei gar nichts. Und selbstständiger Partner der Kanzlei wird man in der Regel auch erst nach einigen Jahren.

- Auswahl des bearbeitenden Anwalts
Wer sich an eine Kanzlei mit mehreren Anwälten wendet, kann sich den Bearbeiter seines Falls oft nicht selbst aussuchen. So haben etwa die in der Kanzlei beschäftigten Anwälte unterschiedliche Aufgabengebiete. Unter Umständen ist ein Kollege vielleicht auch schon völlig ausgelastet oder nur für ein bestimmtes Klientel zuständig, wie etwa der Seniorpartner einer Kanzlei. Gänzlich undurchschaubar wird es für den rechtsuchenden Verbraucher, wenn sein Fall von einem Anwalt bearbeitet wird, dessen Name nicht einmal auf dem Kanzleischild oder in der Werbeanzeige auftaucht. Auch das ist durchaus möglich, etwa dann, wenn der Chef der Kanzlei den Anwalt als angestellten Mitarbeiter beschäftigt.
Wer also Wert darauf legt, von einem bestimmten Anwalt betreut zu werden, muss sich an einen Einzelanwalt wenden oder bereits bei seinem ersten Besuch darauf aufmerksam machen, dass er die Beratung durch einen bestimmten Anwalt wünscht. Aber: Der Verbraucher kann natürlich nicht verlangen, dass der von ihm ausgesuchte Anwalt seinen Fall auch tatsächlich übernimmt.

- Kosten
Im Unterschied zu kleineren oder mittleren Kanzleien wird in Großkanzleien wesentlich häufiger über Honorarvereinbarungen abgerechnet als über die gesetzliche Gebührenordnung der Anwälte. Im Regelfall wird die Angelegenheit dadurch für den Verbraucher teurer oder sogar unrentabel. Auch die Stundensätze der Honorarvereinbarungen liegen bei Großkanzleien in der Regel über denen kleinerer oder mittlerer Kanzleien. Muss der Verbraucher bei einem Einzelanwalt mit einem Stundensatz von rund 100,00 bis 200,00 Euro rechnen, fallen in der Großkanzlei oft 300,00 bis 400,00 Euro oder mehr pro Stunde an. Letztlich bleibt dem Verbraucher also nichts anderes übrig, als die Frage der Kosten von vornherein abzuklären. Wichtig: Selbst wenn der Verbraucher Beratungshilfe seitens des Staates erhält oder rechtsschutzversichert ist, muss er ein Auge darauf haben, wie die Kanzlei in seinem Fall abrechnen will. Übernommen werden nämlich in der Regel nur die Kosten bis zur Höhe der gesetzlichen Gebühren. Darüber hinausgehende Honorare muss der Verbraucher selbst zahlen (siehe dazu auch den Abschnitt „Was ein Anwalt kostet" unter Punkt 8 in diesem Kapitel).

- Erfolgsquote
Viele Menschen glauben, eine größere Kanzlei könne im Falle eines Rechtsstreits einen besseren Erfolg garantieren als etwa ein Einzelanwalt. Gemessen an den anwaltlichen Möglichkeiten entspricht eine solche Vorstellung allerdings nicht der Realität. So kann kein Anwalt seinem Mandanten von vornherein einen bestimmten Erfolg versprechen. Und auch das Argument einer größeren Kompetenz der Großkanzlei verliert bei näherem Hinsehen schnell an Gewicht. Erstens sagt die Größe der Kanzlei über die fachlichen Fähigkeiten der Anwälte bzw. des bearbeitenden Anwalts nichts aus. Außerdem ist der Fall des „kleinen" Mandanten wirt-

schaftlich oft so bedeutungslos, dass es am notwendigen Einsatz des Anwalts mangelt. Auch die größere wirtschaftliche bzw. finanzielle Macht einer Großkanzlei sorgt nicht automatisch für eine höhere Erfolgsquote. Schließlich muss der Gegner im Falle einer Niederlage nur die gesetzlich vorgesehenen Anwaltsgebühren erstatten. Darüber hinausgehende Honorarrechnungen, wie sie bei Großkanzleien üblich sind, trägt dagegen der Auftraggeber selbst, auch wenn er den Prozess gewinnt. Und: Verliert der Auftraggeber den Rechtsstreit, geht der Schuss mit der Großkanzlei gänzlich nach hinten los. Denn ausgehandelte Honorare muss der Auftraggeber dann alleine zahlen und das, ohne in der Sache einen Euro hereingeholt zu haben. Was die Erfolgsquote anbelangt, verdient noch ein letzter Punkt erwähnt zu werden: Das Gericht und der gegnerische Anwalt lassen sich von der Größe der beauftragten Kanzlei im Normalfall nicht beeindrucken. Wie viele Anwälte auf dem Briefbogen auftauchen, ist also für den Ausgang des Rechtsstreits letztlich unerheblich.

- Kooperationen und Arbeitsteilung
Wesentlich häufiger als bei kleineren Kanzleien besteht in größeren Sozietäten die Möglichkeit, eine Rundum-Beratung „unter einem Dach" zu bekommen. So decken die beteiligten Anwälte meist ein breites Spektrum rechtlicher Spezialgebiete ab. Außerdem arbeiten sie vor Ort mit anderen Personen, wie etwa Steuerberatern, zusammen. Der Vorteil: Wer ein komplexes Rechtsproblem hat, muss sich wegen der gleichen Sache nicht an verschiedene Büros wenden. Das spart in der Regel Zeit, Aufwand und Geld.

WISO rät: Bei der Kanzleigröße sollte nicht unbedingt das Motto gelten: je größer, desto besser. Bei Streitigkeiten mit geringen oder mittleren Streitwerten sind Sie im Normalfall bei einer kleineren oder mittleren Kanzlei ebenso gut – wenn nicht sogar besser – aufgehoben.

d) Standort und Ausstattung der Kanzlei

Ob „Wohnzimmerkanzlei" oder Großraumbüro, ob Wohnhaus oder repräsentatives Bürogebäude – wo die Kanzlei liegt und wie sie räumlich und personell ausgestattet ist, spielt für den rechtsuchenden Verbraucher nur eine untergeordnete Rolle. Anzahl und Einrichtung der Räumlichkeiten, technische Ausstattung, Anzahl der Sekretäre, Gebäudeoptik, Standort und so weiter – all das sind Punkte, über die sich der Verbraucher nicht allzu viele Gedanken machen sollte. Wichtig ist allein, dass eine optimale Betreuung des Mandanten durch die Kanzlei gewährleistet ist. Und das kann letztlich in jeder Kanzlei der Fall sein. Klar: Wirkt die Kanzlei schon von ihrem äußeren Erscheinungsbild her unseriös, ist eine gewisse Vorsicht angebracht. Wer sich angesichts der Äußerlichkeiten unwohl fühlt, sollte jedenfalls besser gleich einen anderen Anwalt aufsuchen.

e) Bekanntheitsgrad und Ruf der Kanzlei

Wem es auf eine gute Reputation oder einen hohen Bekanntheitsgrad seines Anwalts ankommt, der muss sich im Bekannten- oder in Fachkreisen umhören, welcher Anwalt im Umkreis den besten Ruf auf dem jeweiligen Gebiet genießt. Auch unter den Rechtsanwälten gibt es durchaus herausragende Persönlichkeiten. Eine Garantie für eine gute Betreuung oder gar für den Erfolg der Sache ist der Ruf des Anwalts aber natürlich nicht. Denn ein bestimmter Ruf kann auf unterschiedlichste Umstände zurückzuführen sein. Und diese Umstände lassen sich bei näherem Nachfragen oft gar nicht mehr ermitteln. Außerdem muss der Verbraucher aufpassen, dass nicht nur die Kanzlei als solche, sondern gerade der ihn betreuende Anwalt die entsprechende Reputation hat.

f) Kosten des Anwalts

Anwälte sind oft nicht so teuer, wie viele Menschen glauben. Was aber noch viel wichtiger ist: Es gibt zwischen den Anwälten vom Grundsatz her keine kostenmäßigen Unterschiede, da für alle Anwälte die Bundesrechtsanwaltsgebührenordnung (BRAGO) gilt. Die Kosten des Anwalts können bei der Auswahl des Anwalts deshalb nur dann ein Kriterium sein, wenn der Anwalt nicht nach der Gebührenordnung abrechnen, sondern eine besondere Honorarvereinbarung abschließen will. Dann sollte sich der Verbraucher zunächst vorrechnen lassen, was er durch den Abschluss der Honorarvereinbarung an Kosten spart bzw. was ihn die Honorarvereinbarung gegenüber den gesetzlichen Gebühren zusätzlich kostet. Eine Honorarvereinbarung ist im Übrigen nur zulässig, soweit es sich nicht um eine Streitigkeit vor Gericht handelt. Zu weiteren Einzelheiten bezüglich der Kosten des Rechtsanwalts siehe den Abschnitt „Was ein Anwalt kostet" unter Punkt 8 in diesem Kapitel.

g) Soziale Kompetenz

Den richtigen Anwalt hat der Verbraucher in der Regel erst dann gefunden, wenn dieser menschlich zu ihm passt. Denn nur wenn die Chemie zwischen Anwalt und Mandant stimmt, lässt sich erfolgreich zusammenarbeiten. Und nur wenn beide auf der gleichen Wellenlänge funken, kann und wird der Anwalt für den Mandanten sein Bestes geben. Mit der sozialen Kompetenz ist es bei Anwälten leider manchmal nicht weit her. Das liegt vor allem daran, dass sie in erster Linie auf rechtlichem und nicht auf menschlichem oder psychologischem Gebiet ausgebildet sind. Zum Teil haben Anwälte aber auch erhebliche Schwierigkeiten, rechtliche Sachverhalte in einer für den Laien verständlichen Sprache auszudrücken. Im schlimmsten Fall findet der Anwalt sogar Gefallen daran, dass sein Mandant ihm nicht gleichberechtigt gegenübersteht, sondern zu ihm aufschaut. Dem Verbraucher können die Gründe für etwaige soziale Defizite seines Anwalts gleichgültig sein. Ihm nutzt die fachliche Kompetenz des Anwalts jedenfalls nur dann etwas, wenn auch die Kommunikation stimmt. Schließlich ist der Anwalt für ihn nicht nur Rechtsberater, sondern auch Gesprächspartner.

Ob Verbraucher und Anwalt vom Typ her zusammenpassen, lässt sich im Vorhinein natürlich kaum beantworten. Oft entwickelt sich ein gutes Verhältnis auch erst im Laufe der Zeit. Wer aber partout nicht die Katze im Sack kaufen will, hat mehrere Möglichkeiten, sich vorab schlau zu machen. So kann er sich etwa den von ihm favorisierten Anwalt in einer mündlichen Verhandlung vor dem örtlichen Gericht anschauen. Auskünfte über Geschäftsverteilung und Sitzungstermine erteilen die Geschäftsstellen der Gerichte. Außerdem kann der Verbraucher zunächst nur eine Erstberatung beim Anwalt in Anspruch nehmen. Eine Erstberatung kostet nämlich in der Regel nur bis zu 180,00 Euro an Gebühren. Stellt sich im Verlauf der Erstberatung heraus, dass der Anwalt nicht der Richtige ist, kann der Verbraucher sich ohne weiteres an einen anderen Anwalt wenden. Eine andere Variante, sich vorab von der menschlichen Seite des Anwalts ein Bild zu machen, ist es, sich beim ersten Anruf in der Kanzlei direkt mit dem Anwalt verbinden zu lassen. Bei dieser Gelegenheit erfährt der Verbraucher außerdem frühzeitig, ob der Anwalt überhaupt an seinem Fall interessiert ist. Verläuft das Telefonat unbefriedigend oder hinterlässt der Anwalt am Telefon einen unsympathischen Eindruck, kann der Verbraucher immer noch von der Vereinbarung eines Besprechungstermins absehen. Aber Vorsicht: Wer denkt, er könne sich über ein kurzes Telefonat mit dem Anwalt um die Beratungsgebühren herummogeln, liegt falsch. Sobald der Anwalt am Telefon nämlich einen konkreten Rechtsrat erteilt, darf er hierfür die Erstberatungsgebühr in Rechnung stellen. Ob der Anwalt für seine Auskunft eine Gebühr haben will, sollte deshalb lieber vorher geklärt werden.

h) Erreichbarkeit

Viele Rechtssuchende legen Wert darauf, dass sie ihren Anwalt rund um die Uhr an jedem Tag der Woche erreichen können. Mit einer solchen Erwartungshaltung sollte allerdings niemand an die Anwaltssuche herangehen. Meist reicht es nämlich aus, mit dem Anwalt ein oder zwei Gesprächstermine zu vereinbaren und die Sache im Übrigen seiner Verantwortung zu überlassen. Hin und wieder mag sich zusätzlich die Notwendigkeit eines Telefonats oder einer Rückfrage ergeben. Dazu reichen aber in der Regel die gewöhnlichen Sprechzeiten aus. Und wenn es wirklich einmal dringend wird, können viele Anwälte von ihren Mandanten auch über ihre Mobil- oder Privatnummer erreicht werden.

Die Sprechzeiten von Anwälten sind von Kanzlei zu Kanzlei unterschiedlich. Gleiches gilt für die Bürozeiten der Kanzlei. In der Regel gibt es Besprechungstermine nur nach vorheriger Vereinbarung. Wer auf einen Termin am Wochenende oder am Abend angewiesen ist, sollte nach Kanzleien mit entsprechenden Öffnungszeiten Ausschau halten. Oft lassen sich aber auch bei anderen Kanzleien Termine außerhalb der gewöhnlichen Büro- und Sprechzeiten arrangieren.

Immer wichtiger wird im heutigen Geschäftsverkehr die Kommunikation über e-Mails, also elektronische Briefe, die über das Internet verschickt werden. Der Verbraucher sollte daher darauf achten, dass sein Anwalt eine eigene e-Mail-Adresse hat. Das beschleunigt und erleichtert den Informationsaustausch. Die eigene e-Mail-Adresse gehört auch bei Anwälten mittlerweile zum guten Ton. Dennoch gibt es immer noch

III. Die Vertretung durch den Rechtsanwalt

zahlreiche Anwälte, die nicht per e-Mail zu erreichen sind. Wer also darauf Wert legt, muss hier aufpassen. Allerdings ist es natürlich völlig ausreichend, wenn in der Werbeanzeige eine Homepage-Adresse der Kanzlei auftaucht. Denn über die Homepage gelangt der Verbraucher in der Regel auch zur jeweiligen e-Mail-Adresse.

Stehen aller Voraussicht nach mehrere persönliche Besuche in der Kanzlei an, sollte der Verbraucher auch verstärkt auf die örtliche Erreichbarkeit der Kanzlei achten. Parksituation, Entfernung und die Anbindung an öffentliche Verkehrsmittel spielen hier ebenso eine Rolle wie die eigene Mobilität oder die entstehenden Transportkosten.

i) Einsatzbereitschaft, Zuverlässigkeit, Flexibilität

Es gibt gewisse Eigenschaften, die ein Anwalt nicht nur von sich selbst erwarten sollte, sondern die auch andere von ihm erwarten können. Hierzu zählen etwa Einsatzbereitschaft, Zuverlässigkeit und Flexibilität. Ob der Anwalt den Ansprüchen des Verbrauchers in dieser Hinsicht genügt, lässt sich meist erst im Verlauf eines Mandates beurteilen. Auf folgende Punkte kann der Verbraucher aber schon vorab achten:

- Nimmt der Anwalt sich für das erste Telefonat genügend Zeit?
- Ruft er umgehend zurück, falls er nicht da ist?
- Hält er sich an Telefontermine?
- Ist er nie zu erreichen?
- Läuft ständig der Anrufbeantworter?
- Wird am Telefon gesagt, welche Unterlagen zum ersten Gespräch mitzubringen sind?
- Sind die Mitarbeiter am Telefon freundlich, gut informiert und professionell?
- Reagieren Anwalt beziehungsweise Mitarbeiter am Telefon flexibel?
- Wird der Anrufer bei Abwesenheit des Anwalts darauf verwiesen, noch einmal anzurufen, oder wird ein Rückruf angeboten?
- Fragt der Anwalt sofort nach dem Streitwert oder erkundigt er sich erst einmal nach der Sache?

Wer mit bestimmten Verhaltensweisen seines Anwalts unzufrieden ist, sollte ihn zunächst hierauf ansprechen und um Abhilfe bitten. Ändert sich daraufhin nichts, bleibt dem Verbraucher nur die Möglichkeit, das Mandat zu beenden und sich einen neuen Anwalt zu suchen. Die bis dahin entstandenen Kosten muss er allerdings bezahlen.

j) Alter und Erfahrung des Anwalts

Das Alter des Anwalts hat natürlich mit der Qualität seiner Arbeit nicht unmittelbar etwas zu tun. Dennoch kann es bei der Suche nach dem „richtigen" Anwalt ein maßgebliches Kriterium sein. Viele Menschen haben nämlich durchaus Schwierigkeiten, entweder mit jüngeren oder mit älteren Mitmenschen zu kommunizieren. Hierbei spielen Berührungsängste ebenso eine Rolle wie Vorurteile oder überkommene Hierarchievorstellungen. Wer einen Anwalt sucht, sollte sich deshalb ehrlich fragen, ob er im Zweifel auch mit einem Anwalt aus einer anderen Generation klarkäme. Die Antwort sollte allerdings nicht zu streng ausfallen. Denn wie der Umgang mit dem Anwalt am Ende funktioniert, hängt nicht in erster Linie von dessen Alter, sondern davon ab, wie man menschlich zueinander passt.

Eng mit dem Alter des Anwalts verknüpft ist dessen berufliche Erfahrung. Die Rechnung hier ist einfach: Wer länger im Geschäft ist, hat mehr Erfahrung als derjenige, der gerade erst eingestiegen ist. Und wer mehr Erfahrung hat, kann einen Fall besser meistern als ein unerfahrener Kollege. Trotzdem muss auch die Erfahrung stets im Zusammenhang mit der menschlichen Komponente gesehen werden. Und: Die Bandbreite der juristischen Sachverhalte ist so vielfältig, dass die eigene Erfahrung oft nur begrenzt weiterhilft. Jüngere Anwälte können deshalb gegenüber ihren älteren Kollegen manchmal sogar im Vorteil sein, etwa wenn es um jüngere rechtliche Entwicklungen oder neu aufkommende Rechtsmaterien, wie zum Beispiel das Online-Recht, geht. Außerdem sind Junganwälte häufig motivierter und kreativer. Der Mangel an Erfahrung wird dann durch ein Mehr an Einsatz und Flexibilität wettgemacht.

Im Verhältnis unwichtig ist für den rechtssuchenden Verbraucher das Alter der Kanzlei. Meist wird er ohnehin nicht erkennen können, ob es sich um eine alteingesessene oder eine erst vor kurzem eröffnete Kanzlei handelt. Außerdem besagt das Alter der Kanzlei nicht unbedingt etwas über das Alter und die Berufserfahrung des jeweils zuständigen Anwalts. Das Alter der Kanzlei ist allerdings häufig ein Grund für ein bestimmtes Renommee oder einen hohen Bekanntheitsgrad.

k) Geschlecht

Die Zahl der weiblichen Anwälte hat in den letzten Jahren stark zugenommen, Tendenz weiter steigend. Mittlerweile sind rund 20 Prozent aller zugelassenen Rechtsanwälte weiblichen Geschlechts. Für den Verbraucher hat das den Vorteil, dass er bei der Suche nach dem passenden Anwalt immer häufiger zwischen einem männlichen und einem weiblichen Kollegen wählen kann. Vor allem auf den Gebieten des Sozialrechts und des Familienrechts sind Frauen verstärkt vertreten.

Für die Qualität der anwaltlichen Arbeit hat das Geschlecht natürlich keine Bedeutung. Die Entscheidung für oder gegen einen männlichen oder weiblichen Anwalt wird deshalb eher von den subjektiven Empfindungen beziehungsweise Ansichten des Einzelnen abhängen. Trotzdem sollte nicht verkannt werden, dass Frauen und Männer bereits von Natur aus tendenziell unterschiedliche Eigenschaften mitbringen. Das kann vor allem im Umgang zwischen Anwalt und Mandant wichtig sein.

l) Persönlichkeit

Die Gesamtpersönlichkeit des Anwalts wird neben den bereits angesprochenen Punkten noch durch zahlreiche andere Faktoren geprägt, wie etwa Aussehen, Größe, Umgangsformen, Ausdrucksweise, Kleidung, Frisur, Namen usw. Bei der Anwaltssuche sollten solche Aspekte sicherlich nicht im Vordergrund stehen. Die meisten würden es deshalb wahrscheinlich auch weit von sich weisen, einen Anwalt nach diesen Kriterien

III. Die Vertretung durch den Rechtsanwalt

auszuwählen. Das ändert aber nichts daran, dass die Äußerlichkeiten das Verhältnis zum Anwalt letztlich oft entscheidend mitbestimmen. Wem schon das Outfit seines Anwalts zuwider ist, der wird sich in seiner Gegenwart kaum wohlfühlen. Wer sich an der Ausdrucksweise des Anwalts stört, wird im Zweifel nicht vernünftig mit ihm kommunizieren können. Begegnet der Mandant seinem Anwalt aber mit derartigen inneren Vorbehalten, lässt sich eine vertrauensvolle Zusammenarbeit nur schwer realisieren. Besser ist es daher, sich schon vorher ehrlich zu fragen, ob in Bezug auf Äußerlichkeiten eine bestimmte Erwartungshaltung gegenüber dem Anwalt besteht. Allerdings: Schon von Berufs wegen sind Anwälte etwa häufig dazu gezwungen, sich mit Anzug und Krawatte zu bewegen. Dahinter steckt also entgegen landläufiger Meinung nicht unbedingt eine Vorliebe für bestimmte Kleidung oder eine bewusste Geisteshaltung oder Lebenseinstellung.

m) Sprache

Vielen ausländischen Mitbürgern ist es wichtig, dass sie sich mit dem Anwalt nicht nur in Deutsch, sondern auch in ihrer Muttersprache verständigen können. Aber auch für eine optimale Bearbeitung der Sache ist es von Vorteil, wenn Anwalt und Mandant die gleiche Sprache sprechen. Fremdsprachige Anwälte sind in Deutschland stark vertreten. In den meisten Fällen handelt es sich allerdings nicht um Muttersprachler, sondern um Anwälte mit Fremdsprachenkenntnissen. Vor allem Englisch wird als Verhandlungssprache von zahlreichen Anwälten gesprochen. Ob und welche Fremdsprache ein Anwalt spricht, lässt sich oftmals schon an entsprechenden Hinweisen in Werbeanzeigen oder Branchenverzeichnissen erkennen. Zusätzlich kann der Verbraucher bei den Rechtsanwaltskammern, beim Anwaltsverein oder bei Anwaltssuchdiensten eine spezielle Übersicht über fremdsprachige Anwälte erhalten. Näheres dazu im Abschnitt „Wie ein passender Anwalt zu finden ist" unter Punkt 3 in diesem Kapitel.

n) Anwalt, Notar oder andere Berufe in einer Person

„Max Müller, Rechtsanwalt und Architekt". Solche oder ähnliche berufliche Zusatzangaben sind auf Kanzleischildern oder in Werbeanzeigen von Rechtsanwälten keine Seltenheit. Mit ihrer Hilfe kann der Verbraucher erkennen, welche weiteren Berufe der Rechtsanwalt nebenbei noch ausübt. Das ist vor allem dann von Vorteil, wenn der eigene Fall eine bestimmte Sachkunde voraussetzt, wie etwa bei Bau- oder Steuerstreitigkeiten.

Am häufigsten begegnet dem Rechtsuchenden sicherlich der Zusatz „Rechtsanwalt und Notar". Eine derartige Doppelstellung ist in den meisten Bundesländern zulässig. Aber Vorsicht: Im Streitfall steht dem Mandanten in der Regel nur eine Funktion von beiden zur Verfügung. Um Interessenkonflikte zu vermeiden, darf der Notar nämlich in einer Sache nicht gleichzeitig notariell und anwaltlich tätig sein. Das gilt jedenfalls dann, wenn er seine Notartätigkeit für beide Seiten ausübt, also beispielsweise einen Grundstückskaufvertrag oder einen Ehevertrag im Auftrag beider Parteien beurkundet. In solchen Fällen darf auch kein anderer Rechtsanwalt der

Kanzlei den Mandanten vertreten (siehe dazu auch den Abschnitt „Notare" im ersten Kapitel dieses Buches).

o) Zusammenarbeit der Kanzlei mit anderen Berufsgruppen

Zunehmend wichtiger wird für den Verbraucher die Zusammenarbeit seines Anwalts mit anderen Berufsgruppen. Gerade in der heutigen Zeit sind nämlich die Probleme des rechtssuchenden Bürgers oft so komplex und vielschichtig, dass die Beratung durch den Anwalt zur Lösung des Problems gar nicht ausreicht. Wer etwa am Arbeitsplatz gemobbt wird, braucht neben der rechtlichen Unterstützung oft auch psychologische Hilfe. Gleiches gilt in der Regel bei rechtlichen Schwierigkeiten im familiären Bereich. Wer wiederum mit dem Gedanken spielt, eine Firma zu gründen, benötigt neben der rechtlichen meist noch eine zusätzliche steuerliche Beratung. Und wer bei Online-Transaktionen über den Tisch gezogen wurde, wird froh sein, wenn sein Anwalt nicht nur die rechtliche, sondern auch die technische Seite der Materie beherrscht. In allen diesen Fällen ist es für den Verbraucher von Vorteil, wenn dem Anwalt ein Netzwerk zuverlässiger Partner und Experten zur Verfügung steht, auf das er im Bedarfsfall zurückgreifen kann. Natürlich wird kein Anwalt hier einen Rundum-Service anbieten können. Schließlich gibt es hunderte denkbarer Fallkonstellationen. Im Einzelfall hilft es aber schon weiter, wenn der Anwalt gezielt mit den Berufsgruppen kooperiert, die für das eigene Problem in Frage kommen. Solche Kooperationen zwischen Anwälten und anderen Berufsgruppen sind zulässig und dürfen auch nach außen angezeigt werden, wie etwa auf Briefbögen oder in der Werbung. Die Zusammenarbeit muss in diesen Fällen allerdings bereits über einen längeren Zeitraum andauern. Wer also Wert auf eine bestimmte Kooperation legt, braucht sich nur bei seinem Anwalt erkundigen oder auf entsprechende Hinweise in Anzeigen oder auf dem Kanzleischild achten. Ob die Kooperation allerdings tatsächlich so gut und verfestigt ist wie vom Anwalt vorgegeben, lässt sich für den Verbraucher kaum überprüfen.

WISO rät: Lassen Sie sich von Kooperationshinweisen nicht in die Irre führen. Sonst passiert es Ihnen am Ende, dass Sie mit einem Sachverständigen oder einem Psychologen verhandeln, in dem guten Glauben, einem Rechtsanwalt gegenüber zu sitzen. Oder Sie denken, der Kooperationspartner sei Mitglied in der Kanzlei, obwohl es sich in Wahrheit nur um eine lockere Zusammenarbeit handelt.

p) Kanzleiwerbung

Bedeutung und Zulässigkeit von Werbemaßnahmen

Die Entscheidung für oder gegen einen bestimmten Anwalt ist bei vielen Verbrauchern letztlich eine Gefühlssache. Zu oft herrscht nämlich Unklarheit darüber, welche Auswahlkriterien im eigenen Fall wirklich wichtig sind und welche nicht. Und selbst derjenige, der bei der Suche nach einem bestimmten Raster vorgeht, hat am Ende häufig die Auswahl zwischen mehreren gleichwertigen Alternativen. Die Entscheidung fällt deshalb in solchen Fällen meist nicht mit dem Verstand, sondern aus dem Bauch heraus. Der Anwalt, der sich am besten nach außen präsentiert, erhält den Zuschlag. Wer am überzeugendsten für sich wirbt, macht das Rennen. Gegen diese Logik bei der Anwaltssuche ist im Grunde nichts einzuwenden. Der Verbraucher muss nur darauf achten, dass er sich nicht durch Werbemaßnahmen über die eigentliche Qualität des Anwalts hinwegtäuschen lässt. Solange aber mehrere Anwälte die gleichen Qualitätsmerkmale aufweisen, darf der Verbraucher durchaus danach entscheiden, wer sich am besten nach außen „verkauft". Schließlich ist auch die Werbung einer Kanzlei ein eigenes Qualitätskriterium.

Wirbt ein Anwalt dagegen korrekt, aber eher unauffällig, kann das dafür sprechen, dass er seine Anwaltstätigkeit nur nebenberuflich oder nur sehr eingeschränkt ausübt. Denkbar ist in solchen Fällen aber auch, dass die Kanzlei die Außenwerbung überhaupt nicht „nötig" hat. So verzichten beispielsweise gute Strafverteidiger oft freiwillig auf den Zusatz „Fachanwalt für Strafrecht". Sie gewinnen ihre Mandanten ohnedies über ihren guten Ruf und die entsprechende Mundpropaganda. Das eigentliche Problem: Anwaltliche Werbung ist nur sehr eingeschränkt zulässig. Zahlreiche Standesregeln sorgen dafür, dass die Selbstdarstellung der Anwälte nicht zu einer Werbeschlacht ausartet. Leider gibt es in der Praxis aber immer mehr Anwälte, die sich nicht an diese Regeln halten. Sie verschaffen sich gegenüber ihren Kollegen einen Vorteil, indem sie auf unzulässige Werbemethoden zurückgreifen. Dahinter steckt nicht immer eine böse Absicht. Schuld ist vielmehr oft die Unkenntnis der eigenen Standesregeln. Dennoch: Der Verbraucher sollte stets ein Auge darauf haben, ob der Anwalt in angemessener und zulässiger Weise auf seine Tätigkeiten aufmerksam macht. Für die Fallbearbeitung verheißt es nämlich nicht unbedingt etwas Gutes, wenn der Anwalt nicht einmal die Regeln des eigenen Berufsstandes beachtet. Vorsicht ist vor allem angebracht, wenn der Anwalt seine Dienstleistungen in reißerischer, reklamehafter oder aufdringlicher Form anbietet oder unaufgefordert um ein konkretes Mandat bittet, also etwa ohne vorherige Ankündigung anruft oder vorbeikommt. Auch die Angabe von Umsatz- oder Erfolgszahlen sollte den Verbraucher stutzig werden lassen.

„Richtiges" Lesen einer Werbeanzeige

Die Zeiten, in denen Anwälte jahrelang per Zeitungsannonce offiziell eine Reinigungskraft suchten, um auf sich aufmerksam zu machen, sind heute vorbei. Seit 1994 ist es Anwälten ganz offiziell erlaubt, für ihre Dienstleistungen zu werben. Plakatwände, Fernsehspots, Litfasssäulen, Schriftzüge oder Zeitschriftenannoncen mit anwaltlicher Werbung sucht der Verbraucher aber in der Regel vergeblich. Der Schwerpunkt der Anwaltswerbung liegt vielmehr bei Anzeigen in den Gelben Seiten oder im normalen Telefonbuch. Hinzu kommen Zeitungsannoncen, Postwurfsendungen, Einträge in Anwaltssuchdienste oder Präsentationen auf einer eigenen Internet-Seite. Zwar beträgt der Anteil der gewonnenen Mandanten bei solchen Werbeaktionen nach älteren Untersuchungen im Verhältnis nur rund zehn Prozent. Aus Verbrauchersicht ist es trotzdem wichtig zu wissen, wie man eine Werbeanzeige „richtig" liest. Schließlich hat nicht jeder Rechtssuchende einen Anwalt im Freundeskreis. Und auf Empfehlungen von Bekannten kann auch nicht jeder zurückgreifen – ganz abgesehen davon, dass solche

Empfehlungen oft sehr subjektiv und für den eigenen Fall manchmal wenig hilfreich sind. Nachfolgend deshalb ein Beispiel für eine gängige Anwaltswerbung mit Interpretation:

> **Wir geben Ihnen Recht!**
>
> *Rechtsanwälte und Notare
> Dr. Müller, Meier, Schulze*
>
> *Fachanwalt für Arbeitsrecht
> Kauf-, Erb-, Miet-, Verkehrs-, Bau-, Familienrecht*
>
> *zugelassen bei allen Amts- und Landgerichten
> eingetragene Schlichter der Gütestelle*
>
> *Musterstr. 1, 55555 Musterstadt
> Tel.: 0171/55 55 55, Fax: 0555/55 55*

Bemerkungen:
- Bei der Überschrift handelt es sich um eine reklamehafte Anpreisung, die Werbung ist deshalb unzulässig.
- Ist nur einer der drei Anwälte kein Notar, ist die Werbung wegen Irreführung unzulässig.
- Es ist nicht klar ersichtlich, welcher der drei Anwälte der Fachanwalt für Arbeitsrecht ist. Unzulässig.
- Es bleibt für den Leser unklar, dass der Fachanwalt sich nur auf das Arbeitsrecht erstreckt. Unzulässig.
- Es fehlt die Angabe, ob es sich bei den aufgeführten Rechtsgebieten um Tätigkeits- oder Interessenschwerpunkte handelt. Unzulässig.
- Es sind mehr als die zugelassenen fünf Rechtsgebiete angegeben. Unzulässig.
- Die angegebenen Rechtsgebiete sind nicht den einzelnen Anwälten zugeordnet. Unzulässig.
- Dr. Müller ist nicht unbedingt ein Doktor des Rechts.
- Die Namen der Anwälte sind nicht mit Vor- und Zunamen aufgeführt.
- Dass die Anwälte bei allen Amts- und Landgerichten „zugelassen" sind, also im Prozess vor allen Amts- und Landgerichten auftreten dürfen, ist nichts Besonderes. Jeder Anwalt darf das. Anders liegt es bei Anwälten, die am Oberlandesgericht oder beim Bundesgerichtshof zugelassen sind. So muss der Anwalt etwa für eine Zulassung an einem Oberlandesgericht fünf Jahre Berufserfahrung mitbringen. Wer beim Bundesgerichtshof als Zivilanwalt auftreten will, benötigt hierfür eine besondere Bestellung des Gerichts.
- Die Eintragung als „Schlichter der Gütestelle" besagt nichts über besondere Befähigungen oder Qualifikationen der Anwälte. Jeder Anwalt kann sich in die Liste der Schlichter eintragen lassen.

III. Die Vertretung durch den Rechtsanwalt

- Für die telefonische Kontaktaufnahme ist nur eine teure Mobilrufnummer angegeben.

q) Serviceleistungen für Mandanten

Häufig beschränken sich die Dienstleistungen einer Kanzlei nicht allein auf die anwaltliche Betreuung und Beratung. Angeboten werden vielmehr zusätzliche Serviceleistungen wie regelmäßige Rundschreiben, Newsletter und Anwaltsbroschüren. Zahlreiche Kanzleien halten außerdem auf ihren Internet-Seiten rechtliche Informationen und Diskussionsmöglichkeiten bereit. Bei der Anwaltssuche spielen solche Angebote allerdings eher eine untergeordnete Rolle, denn maßgebliche Neuigkeiten und Informationen erfährt der Verbraucher ja ohnehin aus erster Hand von seinem Anwalt. Und eine gute Internet-Seite der Kanzlei besagt noch nichts über die rechtlichen Qualitäten des einzelnen Anwalts. Bei länger dauernden Mandatsverhältnissen kann es für den Mandanten aber durchaus angenehm sein, durch besondere Serviceleistungen über aktuelle Rechtsentwicklungen auf dem Laufenden gehalten zu werden.

r) Tätigkeiten des Anwalts als Autor, Kolumnist, Vortragsredner, Fernseh- und Radiojurist oder Experte bei Telefonaktionen

Einige Anwälte sind neben ihrer beruflichen Beschäftigung auch noch in anderen Funktionen tätig, etwa als Autor oder Vortragsredner. So stammen die meisten rechtlichen Bücher und Aufsätze aus der Feder von Rechtsanwälten. Auch die Referenten bei rechtlichen Vortragsveranstaltungen kommen in der Regel aus dem Kreis der Rechtsanwälte. Anhand der jeweiligen Aktivitäten kann der Mandant erkennen, auf welchen Rechtsgebieten der Anwalt über eine besondere Sachkunde verfügt. Außerdem sind Veröffentlichungen und Vorträge ein Zeichen dafür, dass die Kompetenz des Anwalts auch in Fachkreisen anerkannt ist. Zumindest wenn es sich um große und angesehene Herausgeber beziehungsweise Veranstalter handelt, kann der Verbraucher nämlich davon ausgehen, dass die Anwälte für die Aufgabe sorgfältig ausgewählt wurden.

WISO rät: Achten Sie bei Veröffentlichungen vor allem auf Beiträge, die der Anwalt für rechtliche Laien geschrieben hat. Solche Abhandlungen sprechen nämlich dafür, dass der Anwalt in der Lage ist, komplizierte Rechtsfragen verständlich darzustellen. Und: Wer ein kompliziertes Problem einfach erklären kann, hat es in der Regel auch selbst verstanden.

s) Gütesiegel, Ranking-Listen, Auszeichnungen, Referenzen, Mitgliedschaften

ISO-Zertifizierung

Welcher Verbraucher hat das noch nicht erlebt: Zu Hause ist irgendein Produkt ausgegangen und beim kurzen Einkauf um die Ecke steht man plötzlich vor einem Regal mit dutzenden Angeboten dieses Produktes von verschiedenen Anbietern. Wohl dem, der in dieser Situation auf einer Packung das kleine Gütesiegel der Zeitschrift „Test" mit der Aufschrift „sehr gut" entdeckt. Zumindest für diejenigen, die sich beim Kauf nicht schon von vornherein sicher sind, bietet das Testergebnis nämlich eine wertvolle Entscheidungshilfe. Hilfreich wäre es für den Rechtssuchenden natürlich, wenn es solche Gütesiegel auch bei Anwaltskanzleien gäbe. Doch lässt sich die Qualität einer Kanzlei in der Regel nicht pauschal über ein bestimmtes Testergebnis bestimmen. Als offizielle Gütesiegel gibt es deshalb bei Anwaltskanzleien in Deutschland nur so genannte Zertifizierungen. Ein Zertifikat erhält eine Kanzlei dann, wenn sie dem von ihr selbst festgelegten Qualitätsstandard gerecht wird. Bekannt ist hier vor allem die ISO-Zertifizierung nach DIN-Standard. Mit der Zertifizierung wird allerdings nicht die anwaltliche Arbeit an sich, sondern nur die Qualität des Büromanagements bewertet. Und auch das nicht einmal bei allen Kanzleien, sondern nur bei solchen, die sich die Bewertung finanziell leisten können und wollen. Für den rechtssuchenden Bürger hat eine Zertifizierung daher kaum eine Bedeutung.

Ranking-Listen

Wesentlich aussagekräftiger ist dagegen schon die gute Positionierung einer Kanzlei in einer so genannten Ranking-Liste. Solche Reihungen sind das Ergebnis von Anwaltsbewertungen durch private Dritte, wie etwa Zeitschriften, Magazine oder Verlage. Sie enthalten eine Auflistung der bewerteten Kanzleien einschließlich der erzielten Ergebnisse. Für Furore sorgten Mitte der Neunzigerjahre die Ranking-Listen des Magazins „Focus" im Rahmen der Serie „Die besten Anwälte in Deutschland". Die Serie ist allerdings mittlerweile eingestellt. Wer aktuell eine Wirtschaftskanzlei sucht, kann sich etwa im Juve-Handbuch informieren. Das Buch erscheint jährlich und kostet in der Version 2003 59,00 Euro. Zu beziehen ist es per e-Mail unter handbuch@juve.de oder über den Verlag für juristische Informationen, Postfach 250429, 50520 Köln, Tel.: 0221/913 88 00, Fax: 0221/913 88 18, Internet: www.juve.de. Wie bei anderen Empfehlungen sollte aber auch bei Ranking-Listen die Devise gelten: Vertrauen ist gut, Kontrolle ist besser. Eine Zeitschrift oder ein Verlag wird nämlich die Auswahl und Prüfung der Kanzleien unter Garantie nach anderen Maßstäben vornehmen, wie es der gewöhnliche Verbraucher um die Ecke tun sollte. Außerdem sind die Anwälte der topgesetzten Kanzlei für den Verbraucher in der Regel überhaupt nicht erreichbar.

Auszeichnungen und Referenzen

Weitere Aushängeschilder für Kanzleien sind besondere Auszeichnungen wie juristische Preise oder namhafte Referenzen, etwa in Form besonders großer oder bekannter

Mandanten. Wer nun allerdings meint, damit ein besonders bedeutsames Kriterium bei der Anwaltssuche gefunden zu haben, der irrt. Zum einen werden solche Angaben nur selten zu Werbezwecken verwendet, zum anderen sind allgemein anerkannte Auszeichnungen und „Big-ticket"-Mandanten innerhalb der Anwaltschaft eher Ausnahmefälle. Und ob dem Verbraucher die Auszeichnung der Kanzlei oder die guten Referenzen im Einzelfall tatsächlich einen Vorteil bringen, lässt sich auch nicht mit Gewissheit sagen – von den Schwierigkeiten bei der Bewertung von Auszeichnungen und Referenzen einmal ganz abgesehen. So hat der Verbraucher von Preisen, wie etwa dem Pan European Award, oder der Aufnahme in das Buch „Who is who" im Zweifel noch nie etwas gehört. Und selbst der amerikanische Großkunde der Kanzlei ist dem Mandanten unter Umständen kein Begriff. Aufgrund der Vielfalt von Auszeichnungen und Referenzen können auch wir Ihnen an dieser Stelle leider keine repräsentative Liste besonders anerkannter Preise oder Mandanten präsentieren.

Gänzlich uninteressant sind für den rechtsuchenden Verbraucher Mitgliedschaften des Anwalts in Vereinen, Arbeitsgemeinschaften oder sonstigen Organisationen, wie etwa Berufsverbänden, Kammern oder Fachinstituten. Solche Mitgliedschaften beruhen in der Regel auf der freiwilligen Entscheidung des Anwalts. Die Angabe von Mitgliedschaften hat damit so gut wie keinen Informationswert.

t) Fazit

Den Traumanwalt, der allen Erwartungen gleichermaßen gerecht wird, gibt es in der Realität nicht. Dazu sind die Geschmäcker und Bedürfnisse der rechtsuchenden Verbraucher zu verschieden. Selbst wenn der Verbraucher aber einen nach seinen Vorstellungen idealen Anwalt ausfindig machen kann, befindet sich dessen Kanzlei im Zweifel nicht in erreichbarer Nähe oder der Anwalt ist bereits völlig ausgelastet.

Besser ist es deshalb, sich vor der Suche zunächst darüber klar zu werden, welche Bedeutung die verschiedenen Eigenschaften und Umstände für einen persönlich haben. Daraus ergibt sich dann eine Art Rangliste, die einem bei der späteren Auswahl konkret weiterhelfen kann.

3. Wie ein passender Anwalt zu finden ist

a) Empfehlungen von Freunden oder Bekannten

„Ich kenne da einen guten Anwalt ..." – so oder ähnlich sind schon viele Mandanten bei ihrem Anwalt gelandet. Einer Umfrage zufolge fanden sogar über 50 Prozent der Befragten ihren Anwalt über Empfehlungen von Freunden oder Bekannten. Die Mundpropaganda hat den Vorteil, dass der Verbraucher von den persönlichen Erfahrungen anderer profitieren kann. Um bei der eigenen Entscheidung auf Nummer sicher zu gehen, sollte der rechtsuchende Verbraucher allerdings stets nachhaken, auf welchen Gründen die jeweiligen Empfehlungen beruhen. Erfolg in der Sache, Zufriedenheit mit der Person, Kenntnis bestimmter Materien, Eindruck nur vom Hörensagen – für eine Empfehlung können die unterschiedlichsten Anlässe Ausschlag gebend gewesen sein. Umgekehrt sollte der Verbraucher auch bei Negativempfehlungen vorsichtig sein: Nicht jede Warnung vor einem Anwalt oder einer Kanzlei lässt sich ohne weiteres verallgemeinern. Ein verlorener Prozess etwa ist oft auf die Sache selbst und nicht auf den jeweiligen Anwalt zurückzuführen.

WISO rät: Achten Sie bei Empfehlungen von Freunden und Bekannten vor allem darauf, in welchem Rechtsgebiet der Anwalt ihren Bekannten beraten hat. Vertrauen Sie etwaigen Empfehlungen nicht blind, sondern versuchen Sie, über den empfohlenen Anwalt weitere Informationen einzuholen, beispielsweise durch einen Blick in die Gelben Seiten oder auf dessen Homepage.

b) Gelbe Seiten und Telefonbücher

Wer nicht auf Empfehlungen aus dem Freundeskreis zurückgreifen kann, wirft in der Regel erst einmal einen Blick in die Gelben Seiten. Die Gelben Seiten sind die offiziellen regionalen Branchentelefonbücher der Deutschen Telekom AG. Sie erscheinen ein- oder zweimal im Jahr und beinhalten nach Branchen gegliedert die Rufnummern von Unternehmen und Selbstständigen. Über den Zeitpunkt der Ausgabe wird der Verbraucher schriftlich informiert. Er kann die Gelben Seiten seiner Region dann innerhalb eines bestimmten Ausgabezeitraums kostenlos bei den umliegenden Poststellen abholen oder darüber hinausgehend über den DeTeMedien Versand, Tel.: 0180/433 33 11 (24 Ct./Min.), www.gelbeseiten.de, bestellen.

In den Gelben Seiten findet der Rechtsuchende unter der Rubrik „Rechtsanwälte" eine Übersicht über alle in der jeweiligen Region und den dazugehörigen Städten eingetragenen Anwälte. Über den normalen Eintrag hinaus werben zahlreiche Anwälte zusätzlich mit Anzeigen, aus denen der Verbraucher wichtige Informationen herauslesen kann (siehe dazu auch den Abschnitt „Kanzleiwerbung" in diesem Kapitel).

Auch in den „normalen" und örtlichen Telefonbüchern der Deutschen Telekom AG sind unter dem Suchbegriff „Rechtsanwalt" die jeweils ortsansässigen Anwälte aufgeführt (Bezugsadresse wie bei den Gelben Seiten). Darüber hinaus gibt es noch zusätzliche Telefonbücher privater Anbieter, in denen ebenfalls Rechtsanwälte eingetragen sind.

WISO rät: Gelbe Seiten und Telefonbücher können Sie auch kostenlos im Internet einsehen, etwa unter www.gelbeseiten.de oder www.telefonbuch.de. Lediglich die Verbindung in das Internet (zwischen 1 und 3 Ct./Min.) muss gezahlt werden. Der Vorteil der Internet-Recherche: Die Einträge lassen sich überregional abrufen und enthalten oft weitergehende Informationen über die Kanzlei.

Gegen Entgelt können verschiedene Telefonverzeichnisse auch auf CD-ROM erworben werden. Die Einträge sind allerdings häufig schon beim Erscheinen beziehungsweise beim Kauf nicht mehr aktuell oder veralten spätestens in den nächsten Monaten.

110   III. Die Vertretung durch den Rechtsanwalt

Eine Anschaffung lohnt sich deshalb meist nur, wenn die CD zusätzliche Suchfunktionen beinhaltet oder zum Schnäppchenpreis angeboten wird.

Wer die Gelben Seiten oder das Telefonbuch aufschlägt, findet dort übrigens häufig noch zusätzliche Serviceangebote wie Stadtpläne, Straßenverzeichnisse, Postleitzahlen oder Stadtführer, die bei der Suche nach dem Anwalt insbesondere dann nützlich sein können, wenn man die örtlichen Gegebenheiten nicht gut kennt.

Übrigens: Die Telefon- und Faxnummern von Gerichten finden Sie im Telefonbuch normalerweise unter dem Stichwort „Justizbehörden".

c) Rechtsanwaltskammern

Rechtsanwaltskammern sind die offiziellen und unabhängigen Zusammenschlüsse von Anwälten einer bestimmten Region. Jeder der rund 120.000 in Deutschland zugelassenen Anwälte ist Mitglied einer solchen Kammer. Insgesamt gibt es 28 regionale Anwaltskammern, die wiederum in der Bundesrechtsanwaltskammer zusammengeschlossen sind.

Die Anwaltskammern geben auf Nachfrage Auskunft über spezialisierte Anwälte in ihrem Bezirk. Das Problem: Die Informationen beruhen auf eigenen Einschätzungen der jeweiligen Rechtsanwälte. Die Kammer prüft die Angaben der Anwälte nicht nach. Es kann also durchaus vorkommen, dass der Verbraucher an einen Berufsanfänger gerät, wenn er lediglich das betreffende Rechtsgebiet bezeichnet. Sinnvoller ist es deshalb, gezielt nach einem Fachanwalt für das Problem zu fragen.

Die Adresse der für Sie zuständigen Kammer erfahren Sie im Telefonbuch unter dem Stichwort „Rechtsanwaltskammer" oder über die Bundesrechtsanwaltskammer, Littenstr. 9, 10179 Berlin. Tel.: 030/28 49 39-0, Fax: 030/28 49 39-11, e-Mail: zentrale@brak.de. Im Internet findet sich eine Übersicht auf der Seite www.brak.de. Von dort kommen Sie auch per Link zu den Internet-Seiten der einzelnen Kammern, in denen sich meist gezielt Anwälte in der näheren Umgebung suchen lassen. Auch eine Suche nach Anwälten mit besonderen Tätigkeitsgebieten oder Fremdsprachenkenntnissen ist vielfach möglich.

d) Deutscher Anwaltsverein e.V.

Der Deutsche Anwaltsverein e.V. (DAV) ist der größte freiwillige Zusammenschluss von Anwälten und damit der größte Anwaltssuchdienst im Bundesgebiet. Er besteht aus 242 örtlichen Anwaltsvereinen mit insgesamt mehr als 58.000 Anwälten.

Beim Anwaltsverein können Sie sich gezielt Anwälte für ein bestimmtes Rechtsgebiet nennen lassen. Auch hier gibt es allerdings keine Qualitätsgarantie.

Die Adressen der örtlichen Anwaltsvereine erhalten Sie über das Telefonbuch oder über den Deutschen Anwaltsverein, Littenstr. 11, 10179 Berlin, Tel.: 030/726 15 20, Fax: 030/726 15 21 90, e-Mail: dav@anwaltverein.de, Internet: www.dav.de.

Wem das zu umständlich ist, der wendet sich zur Anwaltssuche direkt an die Deutsche Anwaltsauskunft des DAV unter der bundesweiten Rufnummer 0180/518 18 05

(12 Ct./Min., 24 Std. am Tag, 365 Tage im Jahr) oder er schaut im Internet unter www.anwaltauskunft.de.

Daneben gibt es vom DAV noch das regelmäßig erscheinende Deutsche Anwaltsverzeichnis mit Angaben zu den angeschlossenen Anwälten, in der Ausgabe 2002/2003 erhältlich zum Preis von 75,00 Euro als Buch und 35,00 Euro als CD-ROM. Online abrufbar ist die Version 2001 unter www.anwaltverein.de unter der Rubrik „Anwaltsverzeichnis.

e) Weitere Anwaltssuchdienste

Mittlerweile tummeln sich eine Reihe weiterer, durchaus seriöser Anwaltssuchdienste am Markt. Adressen von Anwälten lassen sich beispielsweise bei folgenden Stellen erfragen:

- Deutscher Anwaltssuchdienst, Angaben zu 12.500 Anwälten und Notaren bundesweit, Tel.: 0800–345 60 00 (kostenfrei, täglich von 08.00 bis 22.00 Uhr), Internet: www.anwaltssuchdienst.de.
- Fachanwaltssuchdienst, Tel.: 0800–343 63 88 (kostenlos, täglich von 09.00 bis 18.00 Uhr).
- Anwalt-Suchservice, Angaben zu 9.000 Anwälten, Tel.: 0180/525 45 55 (12 Ct./Min., täglich von 07.00 bis 23.00 Uhr), Internet: www.anwalt-suchservice.de.
- Advogarant, Anwälte mit mindestens drei Jahren Berufserfahrung, Tel.: 0800–909 80 98 (kostenfrei, täglich von 08.00 bis 22.00 Uhr), Internet: www.advogarant.de.
- Anwaltsnotdienst in Strafsachen, Angaben zu Anwälten für Strafsachen nach Dienstschluss, unterteilt nach Regionen, Internet: www.ag-strafrecht.de unter der Rubrik „Notdienst".

Ausschließlich im Internet:
www.mego.de
www.interlex.de
www.advoweb.de
www.jura-lotse.de
www.anwalt24.de

Die aufgeführten Suchdienste bieten neben einer allgemeinen Suche meist auch eine gezielte Suche nach Anwälten mit bestimmten Tätigkeitsgebieten oder Fremdsprachenkenntnissen.

Weitere Internet-Adressen zur Anwaltssuche finden sich unter www.google.de unter dem Suchbegriff „Anwaltssuche" oder über www.jura.uni-sb.de.

Achtung: Unter einigen der aufgeführten Adressen erfahren Sie nicht nur die Namen bestimmter Anwälte, sondern können sich auch gleich telefonisch oder online von einem Anwalt beraten lassen. Nähere Informationen zu solchen Beratungsangeboten finden Sie in den Abschnitten „Telefon- und Hotline-Beratung" sowie „Online-Beratung" in diesem Kapitel.

f) Gerichte

Bei Gericht werden in der Regel keine gezielten Auskünfte über Anwälte erteilt. Der Verbraucher hat allerdings bei einigen Amtsgerichten die Möglichkeit, sich vor Ort für 10,00 Euro kurz von einem Anwalt beraten zu lassen. Siehe hierzu auch den Abschnitt „Rechtsrat durch Verbände und andere Einrichtungen" im ersten Kapitel.

Manchmal kommt es vor, dass jemand trotz intensiver Suche keinen Anwalt findet, der seinen Fall übernehmen will. Geht es dabei um einen Prozess, für den die Vertretung durch einen Anwalt zwingend vorgeschrieben ist, wie etwa bei Streitigkeiten über mehr als 5.000,00 Euro oder bei Strafverfahren über ein Verbrechen, kann er bei Gericht beantragen, ihm einen Rechtsanwalt beizuordnen. Das Gericht sucht dann einen Anwalt aus, der ihn im Prozess vertritt. Die Kosten des Anwalts muss der Betroffene aber natürlich trotzdem selbst bezahlen.

In bestimmten Fällen kann das Gericht auch von sich aus veranlassen, dass dem Betroffenen ein Anwalt beigeordnet wird, so etwa in einem Scheidungsverfahren.

Besonderheiten gelten weiter, wenn der Betroffene einen Prozess mit Hilfe von Prozesskostenhilfe führt. Dann ordnet das Gericht ihm auf Antrag schon dann einen Rechtsanwalt bei, wenn dies nach den Umständen des Falles erforderlich erscheint. Auch bei Streitereien um weniger als 5.000,00 Euro kann der Betroffene hier also die Beiordnung eines Rechtsanwaltes beantragen.

Zu Einzelheiten beim gerichtlichen Prozess und zur Prozesskostenhilfe siehe das sechste und das achte Kapitel dieses Buches.

g) Interessenverbände

Adressen ausgewählter Anwälte kann der Verbraucher weiter über Interessenverbände wie den Mieterschutzbund, Automobilclubs, Gewerkschaften oder den Interessenverband der Haus-, Wohnungs- und Grundbesitzervereine beziehen. Das gilt jedenfalls für Mitglieder und für die Vertretung im Prozess. Bei außergerichtlichen Angelegenheiten beraten die Verbände ihre Mitglieder dagegen in der Regel selbst.

h) Rechtsschutzversicherungen

Ein anderer Weg, um an die Adressen von spezialisierten Anwälten zu gelangen, besteht darin, bei der eigenen Rechtsschutzversicherung nach entsprechenden Empfehlungen nachzufragen. Die Rechtsschutzversicherungen sind meist gerne bereit, Anwälte, mit denen sie gute Erfahrungen gemacht haben, an den Verbraucher weiterzuvermitteln, da sie an einem Erfolg der Sache interessiert sind. Schließlich spart ein gewonnener Rechtsstreit auch der Versicherung Geld.

i) Verbraucherzentralen

Nicht auf die Vermittlung von Anwälten spezialisiert sind in der Regel die Verbraucherzentralen. Sie bieten allerdings einen eigenen anwaltlichen Beratungsservice an (siehe hierzu den Abschnitt „Individuelle Rechtsberatung" im ersten Kapitel dieses Buches).

j) Anwalts-Ranglisten

Ranglisten mit ausgewählten Wirtschaftskanzleien finden sich etwa im Juve-Handbuch. Das Buch erscheint jährlich und kostet in der Version 2003 59,00 Euro. Zu beziehen ist es per e-Mail unter handbuch@juve.de oder über den Verlag für juristische Informationen, Postfach 250429, 50520 Köln, Tel.: 0221/913 88 00, Fax: 0221/913 88 18, Internet: www.juve.de.

4. Was bei der Kontaktaufnahme mit dem Anwalt zu beachten ist

Einen Anwalt zu suchen ist die eine Seite – ihn aufzusuchen die andere. Die Hemmschwelle, zu einem Anwalt zu gehen, ist bei vielen Menschen nach wie vor sehr groß. Wer weiß, wie er hierbei vorzugehen hat, kann das Problem aber ohne weiteres in den Griff kriegen.

a) Terminvereinbarung

Anwälte haben in der Regel einen vollen Terminkalender. Gerichtstermine, Mandantenbesprechungen, Telefonate, Schriftsätze – alles muss über den Tag verteilt koordiniert werden. Üblicherweise trifft sich der Anwalt mit seinen Mandanten deshalb nur nach vorheriger Vereinbarung. Gesprächstermine lassen sich am besten durch einen kurzen Anruf in der Kanzlei arrangieren. Wer Glück hat, bekommt dabei sogar den Anwalt selbst an die Strippe. Dann kann er sich gleich einen ersten persönlichen Eindruck von ihm verschaffen und abklären, ob der Anwalt derartige Fälle überhaupt bearbeitet. Außerdem erteilen viele Anwälte bereits bei dieser Gelegenheit kostenlos wertvolle Rechtsauskünfte. Zur Not sollte der Verbraucher deshalb vor der Terminvereinbarung um einen kurzen Rückruf des Anwalts bitten. Aber Vorsicht: Nimmt der Verbraucher per Telefon eine ausführliche Rechtsberatung in Anspruch, kann der Anwalt dies genauso abrechnen wie einen persönlichen Beratungstermin.

Achtung: Anwälte sind im Normalfall nicht verpflichtet, ein Mandat anzunehmen. Der Verbraucher kann also vom Anwalt nicht verlangen, dass er mit ihm einen Gesprächstermin vereinbart.

Um zu verhindern, dass einen der Anwalt bereits von vornherein abwimmelt, sollte der Verbraucher beim ersten Anruf nicht allzu viel zur Streitigkeit sagen. Das gilt vor allem, wenn der Streitwert der Sache nicht besonders hoch ist und der Anwalt daran nicht viel verdienen kann.

WISO rät: Scheuen Sie sich nicht, bei einem Anwalt anzurufen. Achten Sie bei der Terminvereinbarung darauf, dass Sie am betreffenden Tag „nach hinten" genügend

Luft haben. Rechnen Sie hier lieber großzügig als zu knapp. Anschlusstermine sollten Sie im Zweifel besser verschieben.

Legen Sie den Termin so rechtzeitig, dass Sie und Ihr Anwalt keine Folgetermine, Fristen oder Stichtage verpassen. Behalten Sie dabei auch Ihre Urlaubsplanung im Auge.

Klären Sie außerdem ab, wie viel Zeit Ihrem Anwalt für das Gespräch zur Verfügung steht. Spätestens bei Beginn des Beratungsgesprächs sollten Sie diesen Punkt kurz ansprechen.

b) Beratung in der Kanzlei

Die Beratung durch den Anwalt findet im Normalfall in der Kanzlei statt. Beim ersten Termin wird der Anwalt den Mandanten zunächst über einige organisatorische Dinge, wie etwa Vollmacht und Bezahlung, aufklären. Danach folgt die Erörterung des Sachverhalts und eine erste rechtliche Einschätzung durch den Anwalt. Am Ende sprechen Anwalt und Mandant schließlich noch die weitere Vorgehensweise ab.

Der Verbraucher sollte darauf achten, dass bereits das erste Gespräch mit dem Anwalt möglichst produktiv verläuft. Das erspart beiden Seiten unnötige weitere Termine, Rückfragen und Anrufe. Lässt sich das Problem gar mit der ersten Beratung erledigen, wirkt sich das zudem positiv auf die Kosten aus. Für eine Erstberatung darf der Anwalt nämlich im Regelfall maximal 180,00 Euro in Rechnung stellen. Umgekehrt bedeutet das allerdings nicht, dass mehrere Termine den Verbraucher besonders viel Geld kosten. Alles, was über eine Erstberatung hinausgeht, berechnet sich nämlich im Normalfall nach dem so genannten Streitwert (siehe dazu den Abschnitt „Gesetzliche Gebühren und Streitwert" in diesem Kapitel). Wie viele Schreiben der Anwalt verfasst, wie viele Telefonate er führt, wie viele Besprechungstermine er abhält, wie lange die Gespräche dauern usw., spielt also für die Kosten keine Rolle.

Das erste Gespräch beim Anwalt verläuft umso entspannter und effektiver, je besser der Verbraucher auf den Termin vorbereitet ist. Für eine optimale Vorbereitung sind folgende Maßnahmen zu treffen:

- Namen, Anschriften und Telefonnummern der beteiligten Parteien in Erfahrung bringen (Gegner, Zeugen, Versicherungen, Betreuer);
- sämtliche streitrelevanten Termine mit Datum und Uhrzeit notieren (Gespräche mit Gegner und Zeugen, Unfallereignisse, Posteingang von Unterlagen, Telefonate, Faxübermittlungen);
- bisherige e-Mail-Korrespondenz ausdrucken;
- Unterlagen der Rechtsschutzversicherung heraussuchen (Versicherungsschein);
- Bankverbindungen aufschreiben;
- Verträge heraussuchen (Mietvertrag, Arbeitsvertrag, Bauvertrag);
- Steuerbescheide, Einkommensnachweise, Mietunterlagen, Vermögensnachweise, Unterlagen zu Zahlungsverbindlichkeiten, Schulden, Unterhalt (für den Fall schwieriger finanzieller Verhältnisse, in denen Beratungs- oder Prozesskostenhilfe vom Staat beantragt werden kann);
- bisher geführte Korrespondenz sammeln und ordnen (Briefwechsel mit dem Gegner, Behörden, Versicherungen, Gerichten);

- Polizeiprotokolle, Anzeigen, schriftliche Erklärungen, Urteile, Mahnbescheide, Klageschriften, Zeitungsberichte, Internet-Ausdrucke, Quittungen, Rechnungen sammeln und ordnen;
- Beweismittel beschaffen (Fotos, Skizzen, Dokumente);
- gegebenenfalls beim Amtsgericht einen Berechtigungsschein für Beratungshilfe sowie Antragsformulare zur Prozesskostenhilfe einholen (siehe dazu den Abschnitt „Kostenhilfe durch den Staat" im achten Kapitel dieses Buches);
- Kopien aller wichtigen Dokumente anfertigen (der Anwalt kann für das Anfertigen von Kopien bis zu 0,50 Euro pro Seite verlangen);
- erforderliche Vollmachten einholen;
- sämtliche streitrelevanten Unterlagen zum Gespräch mitnehmen;
- eigene Gründe und Ziele der Beratung definieren (Einmal- oder Mehrfachberatung, Auskunftserteilung, Gutachtenerstellung, Verhandlungsführung mit dem Gegner oder Dritten, Abfassen von Schreiben, Prozessvertretung, Dauerbetreuung);
- konkrete Fragen zum Problem vorformulieren oder stichwortartig notieren.

WISO rät: Spielen Sie Ihren Fall vor dem Termin beim Anwalt noch einmal gedanklich durch. So verringert sich die Gefahr, bei der Vorbereitung oder während des Gesprächs etwas Wesentliches zu vergessen.

Legen Sie sich einen Ordner an, in dem Sie sämtliche Unterlagen zu der Streitigkeit aufbewahren.

Im ersten Gespräch beim Anwalt sollten Sie folgende Punkte klären:
- Welche Aufgaben soll der Anwalt übernehmen? (Beratung, Auskunft, Gutachten, Mahnschreiben, andere Schreiben, Vertragsverhandlungen, Prozess, Dauerbetreuung)
- Wie soll abgerechnet werden? (Honorarbasis oder gesetzliche Gebühren, Einzelheiten zur Höhe und Berechnung des Honorars, Streitwert der Angelegenheit, besondere Mandatsbedingungen)
- Wie hoch sind die voraussichtlichen Kosten des Anwalts? (Kosten für die Beratung und Vertretung)
- Wie hoch ist das Kostenrisiko insgesamt? (Kosten des gegnerischen Anwalts, Gerichtskosten, Zinsen, Gegenforderungen, Kostenübernahme durch eine Versicherung oder den Gegner)
- Welche Kosten trägt die Rechtsschutzversicherung? (versichertes Risiko, Einholen der Deckung, Eigenbeteiligung, Kostenpflicht bei Nichteintritt der Versicherung)
- Gibt es finanzielle Hilfe vom Staat? (bei schwierigen finanziellen Verhältnissen)
- Hat die Sache Aussicht auf Erfolg? (ungefähre Prognose ohne Prozentangaben)
- Gibt es Urteile oder Entscheidungen in ähnlich gelagerten Fällen?
- Wer betreut das Mandat innerhalb der Kanzlei (zuständige Sachbearbeiter, Ansprechpartner bei Rückfragen, Vertretung im Urlaubs- oder Krankheitsfall)
- Hat der Anwalt Verbindungen zum Gegner? (frühere Vertretung, persönliche Beziehungen)
- Welche Vollmacht ist dem Anwalt zu erteilen? (Inhalt, Umfang, Dauer)

116   III. Die Vertretung durch den Rechtsanwalt

WISO rät: Nur keine Hemmungen! Fragen Sie nach, wenn Sie irgendetwas nicht verstanden haben oder der Anwalt von sich aus nicht auf einige Punkte zu sprechen kommt. Machen Sie sich vorher einen Merkzettel, auf dem Sie die wichtigsten Punkte stichwortartig notieren. Teilen Sie dem Anwalt vor allem die Besonderheiten des Falles mit.

Beschränken Sie sich bei Ihren Ausführungen auf Angaben zur Sache und versuchen Sie nicht, dem Anwalt Ihre Lebensgeschichte zu erzählen. Bedenken Sie, dass Sie den Anwalt in erster Linie als Rechts- und nicht als Lebensberater aufgesucht haben. Außerdem hat der Anwalt außer Ihnen noch andere Mandanten zu betreuen, sodass seine Zeit meist sehr knapp bemessen ist.

Schildern Sie Ihren Fall möglichst präzise, hören Sie dem Anwalt gut zu und beantworten Sie seine Fragen so genau, wie Sie können. Machen Sie sich zu wichtigen Punkten Notizen.

Verhalten Sie sich höflich und bleiben Sie stets bei der Wahrheit, auch wenn Sie damit nicht zum gewünschten Ziel gelangen. Keine Angst: Ihr Anwalt unterliegt bei allen Ihren Angaben der Schweigepflicht.

Überlassen Sie dem Anwalt wenn möglich keine Originalunterlagen, sondern nur Kopien.

Sind Sie sich noch nicht sicher, wie es weitergehen soll, belassen Sie es zunächst beim kostengünstigen Erstgespräch und überlegen Sie das weitere Vorgehen in Ruhe zu Hause.

Zum Schluss noch etwas zur Beruhigung: Der Termin beim Anwalt braucht niemandem schlaflose Nächte bereiten. Auch der beste Anwalt ist schließlich nur ein Mensch. Wer trotzdem nervös ist, sollte sich vor Augen halten, dass der Anwalt letztlich nur ein Dienstleister ist wie andere Dienstleister auch. Nicht der Mandant, sondern der Anwalt muss das Gespräch führen und sagen, wo es langgeht und was zu tun ist. Abgesehen davon sind Nervosität und Unsicherheit generell keine gute Grundlage für ein erfolgreiches Beratungsgespräch. Denken Sie immer daran: Ihr Anwalt ist Ihr Partner und nicht Ihr Gegner!

c) Beratung zu Hause, im Geschäft oder an einem anderen Ort

Je nach Vereinbarung können Mandantengespräche auch zu Hause, im Geschäft oder an einem anderen Ort, etwa in einem Restaurant oder einem Café, stattfinden. Viele Anwälte sind hier sehr flexibel. Vor allem die Beratung in den eigenen vier Wänden hat für den Verbraucher Vorteile: Er spart sich die Anreise und braucht sich im Vorhinein nicht so viele Gedanken darüber machen, welche Unterlagen für den Anwalt von Bedeutung sein könnten. Die gewohnte Umgebung gibt dem Verbraucher außerdem ein Gefühl der Sicherheit. Das hilft, Hemmschwellen abzubauen und eine lockere und entspannte Gesprächsatmosphäre zu schaffen. Bei Interesse an einem Hausbesuch lohnt es sich deshalb nachzufragen, ob der Anwalt einen entsprechenden Service anbietet.

Aber: Auch einen Termin außerhalb der Kanzlei sollte der Mandant sorgfältig vorbereiten und durchführen (siehe dazu den vorhergehenden Abschnitt).

d) Telefon- und Hotline-Beratung

Wer auf einen Termin beim Anwalt partout keine Lust hat, kann sich auch für eine Beratung per Telefon entscheiden. Das empfiehlt sich aber nur in einfach gelagerten Fällen, bei entsprechenden Vorkenntnissen oder bei extremem Zeitdruck. Im Zweifel sollte der Verbraucher den Anwalt vorher befragen, ob eine solche Beratung Sinn macht.

Für ganz Eilige gibt es außerdem die Möglichkeit, sich mit einer Anwalts-Hotline verbinden zu lassen. Ankommende Anrufe werden hier je nach Verfügbarkeit von verschiedenen Anwälten entgegengenommen und sofort beantwortet. Die Anwälte der Hotlines stehen den Anrufern meist sieben Tage die Woche zwischen 08.00 und 22.00 Uhr oder sogar rund um die Uhr zur Verfügung. Der Hotline-Service beschränkt sich auf die telefonische Beratung, einen Kanzleibetrieb gibt es daneben nicht. Die Gebühren der Hotline-Beratung berechnen sich nach der jeweiligen Gesprächsdauer und liegen in der Regel über dem Preis für normale Telefongespräche. Die Abrechnung erfolgt automatisch mit der monatlichen Telefonrechnung. Das Problem bei der Sache: Viele Hotlines sind nicht gerade billig. So kostet etwa eine telefonische Auskunft über eine 0190-Nummer oft rund 1,86 Euro pro Minute. Im Vergleich zu den Tarifen einer „normalen" Beratung kann das zwar unter Umständen immer noch wenig sein. Im ungünstigsten Fall muss der Verbraucher sich aber nach dem Telefonat noch einmal zusätzlich persönlich beraten lassen, weil er mit den erteilten Auskünften nicht weiterkommt. Weiterer Knackpunkt der Telefon-Hotlines: die Qualität der Beratung. So hat eine Untersuchung der Stiftung Warentest aus dem Jahr 1999 ergeben, dass selbst bei bekannten Beratungsdiensten zum Teil falsche Auskünfte erteilt wurden. Außerdem kam es bei den Tests immer wieder zu Beratungsfehlern, weil die telefonischen Angaben des Anrufers ungenau oder unvollständig waren.

WISO rät: In einfachen Fällen ist der Anruf bei einer Anwalts-Hotline eine schnelle und preiswerte Alternative. Vorsichtig sollten Sie dagegen sein, wenn es sich um ein schwieriges Problem handelt oder der Anwalt für seine Auskunft schriftliche Unterlagen von Ihnen benötigt. Versuchen Sie vor allem nicht, sich über eine Telefon- oder Hotline-Beratung um einen Besuch beim Anwalt herumzudrücken.

Rufen Sie nicht die erstbeste Hotline-Nummer an, sondern suchen Sie zunächst weitere Anbieter und vergleichen Sie die Preise. Aufpassen heißt es hier vor allem bei teuren 0190er-Verbindungen.

Notieren Sie sich zu Anfang eines Hotline-Gesprächs unbedingt den Namen und die Adresse des Anwalts. Teilen Sie ihm außerdem Ihren eigenen Namen mit, um etwaige Interessenkonflikte zu vermeiden. Schildern Sie Ihr Problem erst, wenn der Anwalt Sie über die technischen und juristischen Details der Beratung sowie über die Kosten aufgeklärt hat.

Lassen Sie das Gespräch mit Zustimmung des Anwalts von einem Freund oder Bekannten mithören, um bei späteren Streitereien einen Zeugen zu haben.

Anbieter von Anwalts-Hotlines finden Sie im Internet über Suchmaschinen, wie etwa www.google.de.

e) Online-Beratung

Eine andere Variante, um sich den Termin beim Anwalt zu sparen, besteht darin, sich online beraten zu lassen. Der Informationsaustausch erfolgt dann per e-Mail. Voraussetzung hierfür ist ein Computer mit Internet-Zugang. Sparen kann der Verbraucher bei der Online-Beratung gleich doppelt. Zwar ist die Online-Beratung nicht kostenlos. Die Gebühren, die die Anwälte in Rechnung stellen, sind aber im Vergleich zur herkömmlichen Beratung in der Kanzlei meist niedriger. Über Kostenvoranschläge kann der Verbraucher den Preis zudem oft selbst mitbestimmen. Gegenüber den Hotlines hat die Online-Beratung den Vorteil, dass nicht nach Zeit, sondern nach der vereinbarten Leistung abgerechnet wird. Der Verbraucher hat also Gelegenheit, seine Fragen in aller Ruhe zu formulieren und darüber hinaus wichtige Informationen als Datei anzuhängen oder per Fax zu übermitteln. Die Antwort wiederum erhält er „schwarz auf weiß", sodass der Anwalt bei etwaigen späteren Unklarheiten nicht behaupten kann, er habe diese oder jene Auskunft gar nicht erteilt. Dennoch: Auch die Online-Beratung bleibt für den Verbraucher ein zweischneidiges Schwert. Zum Teil kommen die Antworten der Anwälte nämlich nur mit erheblicher Verzögerung oder überhaupt nicht. Und zur Erörterung schwieriger Rechtsprobleme ist die ausschließliche Kommunikation per e-Mail von vornherein ungeeignet. Hier sollte der Verbraucher eine persönliche Beratung vorziehen.

Achtung: Keine Online-Beratung liegt vor, wenn der Mandant lediglich mit seinem Anwalt per e-Mail korrespondiert, der Anwalt aber nach außen hin noch anderweitig tätig wird, etwa durch Mahnschreiben, Briefe oder Schriftsätze. Für derartige Leistungen fallen in der Regel die üblichen Gebühren an.

Angebote zur Online-Rechtsberatung finden sich nahezu bei allen Anwälten, die im Internet präsent sind. Sinnvoll ist es deshalb, erst den Anwalt auszuwählen und dann nach einer Online-Beratung zu schauen (zur Anwaltssuche siehe die vorhergehenden Abschnitte in diesem Kapitel).

f) Anwaltliche Beratung bei Verbänden und anderen Stellen

Auch über Verbraucherzentralen, Verbände oder andere Stellen kann der Verbraucher Zugang zu einem Rechtsanwalt finden.

5. Was bei der Zusammenarbeit mit dem Anwalt zu beachten ist

Hat der Verbraucher dem Anwalt das Mandat, also den Auftrag zur Bearbeitung der Angelegenheit, erteilt, ist die Sache damit für ihn noch nicht gelaufen. Vielmehr müssen im Anschluss häufig noch Telefonate geführt, Unterlagen übermittelt, Informationen weitergereicht, Unterschriften geleistet und Entscheidungen getroffen werden. Folgende Regeln gilt es bei der Zusammenarbeit mit dem Anwalt zu beachten:

- Teilen Sie dem Anwalt von vornherein mit, dass Sie bei Ihrem Fall ständig auf dem Laufenden gehalten werden wollen. Verfolgen Sie Ihren Fall selbst aktiv, indem Sie sich beim Anwalt regelmäßig nach dem Stand der Dinge erkundigen. Informieren Sie ihn auch, wenn es von Ihrer Seite aus etwas Neues gibt. Aber: Rufen Sie nicht jeden Tag oder wegen jeder Kleinigkeit in der Kanzlei an.
- Verlangen Sie von allen wichtigen oder auch unwichtigen Unterlagen zu Ihrer Angelegenheit Kopien. Legen Sie hierfür einen eigenen Ordner an.
- Unterstützen Sie Ihren Anwalt, indem Sie ihm seine Arbeit erleichtern, also etwa Unterlagen übermitteln, Zahlungen leisten, Absprachen einhalten, Stellungnahmen abgeben, Rückrufe erledigen usw. Beachten Sie hier vor allem Fristen oder Termine.
- Lesen Sie alle Briefe, die Sie von Ihrem Anwalt bekommen, aufmerksam durch. Achten Sie darauf, ob Sie die jeweiligen Schriftstücke nur zur Kenntnis nehmen oder etwa in Form eines Anrufs dazu Stellung nehmen sollen. Rufen Sie den Anwalt umgehend an, wenn Sie Mitteilungen oder Schriftstücke erhalten, die Sie nicht verstehen. Scheuen Sie sich nicht nachzufragen, wenn Ihnen Auskünfte oder Erläuterungen des Anwalts unklar geblieben sind. Lassen Sie sich von wichtigen Schriftsätzen oder Schreiben zunächst einen Entwurf geben und prüfen Sie ihn vor Freigabe sorgfältig auf etwaige Fehler oder Unstimmigkeiten. Bringen Sie etwaige Korrekturvorschläge am besten schriftlich vor. Erteilen Sie dem Anwalt aber keine Ratschläge für „bessere" Formulierungen.
- Erteilen Sie Ihrem Anwalt klare und eindeutige Anweisungen. Denken Sie daran: Letztlich entscheiden allein Sie, welche Maßnahmen in der Sache ergriffen werden und welche nicht. Ihr Anwalt darf nach außen hin nur so viel unternehmen, wie Sie ihm erlauben. Sicher: Normalerweise darf und soll der Mandant auf den Rat seines Anwalts vertrauen. Oft genug kommt es aber vor, dass der Mandant aus persönlichen oder finanziellen Motiven heraus eine abweichende Entscheidung trifft.
- Soweit der Mandant dem Anwalt keine konkreten Anweisungen erteilt, darf der Anwalt in der Angelegenheit so verfahren, wie er es für richtig hält. Das bedeutet natürlich nicht, dass er tun und lassen kann, was er will. Die Interessen des Mandanten stehen hier immer an erster Stelle.
- Sprechen Sie sich mit Ihrem Anwalt ab, bevor Sie in der Sache selbst irgendetwas unternehmen.
- Gehen Sie bei wichtigen Fristen auf Nummer sicher und erinnern Sie Ihren Anwalt an den anstehenden Termin. Rufen Sie den Anwalt aber frühestens einige Tage vor

dem Termin an, denn üblicherweise werden Fristsachen erst kurz vor Ablauf der Frist erledigt.
- Erteilen Sie dem Anwalt rechtzeitig alle erforderlichen Vollmachten. Lassen Sie sich zu Ihrer eigenen Sicherheit Kopien der jeweiligen Vollmachtsformulare anfertigen.
- Für die allgemeine Bevollmächtigung legt Ihnen Ihr Anwalt zu Beginn des Mandats normalerweise ein vorgefertigtes Vollmachtsformular vor. Hierbei handelt es sich in der Regel um eine Standardvollmacht, die Sie bedenkenlos unterschreiben können. Lesen Sie die Vollmacht trotzdem kurz durch und fragen Sie nach, wenn Ihnen etwas unklar ist. Achten Sie vor allem auf die Angaben in der Betreffzeile, also darauf, was der Anwalt auf dem Formular zum Inhalt der Vollmacht eingetragen hat. Überlegen Sie auch, ob Sie dem Anwalt automatisch eine Geldempfangsvollmacht erteilen wollen. Achtung: Unterschreiben Sie niemals unüberlegt Blanko-Vollmachten.
- Erwarten Sie von dem Anwalt keine schriftliche Bestätigung Ihres Auftrags. Üblicherweise wird der Vertrag mit dem Anwalt nämlich nicht schriftlich abgeschlossen. Er kommt vielmehr allein dadurch, dass der Mandant die rechtliche Beratung in Anspruch nimmt, zustande. Deshalb sollte auch niemand auf die Idee kommen, er müsse für die vom Anwalt erbrachten Leistungen nichts bezahlen, nur weil er zuvor nichts unterschrieben hat. Aber: Wer späteren Streitigkeiten mit dem Anwalt, etwa bei der Abrechnung, von vornherein aus dem Weg gehen will, besteht am besten auf einem schriftlichen Vertrag, beispielsweise in Form einer kurzen Auftragsbestätigung.
- Unterschreiben Sie keine Honorarvereinbarung oder Allgemeine Mandats-, Beratungs- oder Geschäftsbedingungen, ohne die Formulare vorher genau durchgelesen und verstanden zu haben.
- Lassen Sie sich vor einem anstehenden Prozess noch einmal Ihr Kostenrisiko ausrechnen. Überlegen Sie sorgfältig, ob Sie wirtschaftlich in der Lage sind, den Prozess zu führen. Im Falle einer Niederlage haben Sie nämlich in der Regel sämtliche Kosten selbst zu tragen. Bringen Sie für den Fall eines möglichen Sieges in Erfahrung, ob Ihr Gegner überhaupt genügend Vermögen hat, um Ihre Forderungen zu begleichen.
- Beobachten Sie die Aktivitäten Ihres Anwalts aufmerksam und kritisch. Stellen Sie den Anwalt zur Rede, wenn er Ihre Anweisungen nicht beachtet oder die Sache nicht zu Ihrer Zufriedenheit bearbeitet. Unstimmigkeiten lassen sich meist durch ein klärendes Gespräch ausräumen. Oftmals beruht der Ärger auch allein auf Missverständnissen oder unabsichtlichen Versehen.
- Verlangen Sie von Ihrem Anwalt keine unseriösen, unerlaubten oder gar strafbaren Handlungen oder Äußerungen.
- Klären Sie mit dem Anwalt, ob Sie bei gerichtlichen Terminen oder anderen Verhandlungen persönlich anwesend sein sollen oder müssen. Grundsätzlich darf jeder Mandant, der ein Interesse daran hat, zu Verhandlungsterminen erscheinen.
- Bestehen Sie darauf, dass Ihr Anwalt Sie vor Gericht persönlich vertritt. Ansonsten kann es Ihnen passieren, dass zum Gerichtstermin ein Vertreter erscheint, der von Ihrem Fall überhaupt keine Ahnung hat. Das darf zwar eigentlich nicht vorkom-

5. Was bei der Zusammenarbeit mit dem Anwalt zu beachten ist

men, ist aber gerade in größeren Kanzleien oder bei unbedeutenden Mandaten durchaus die Regel.
- Gestatten Sie dem Anwalt, einen so genannten Korrespondenzanwalt einzuschalten, wenn der Prozess nicht in seiner Nähe stattfindet. Der Korrespondenzanwalt wohnt vor Ort und nimmt dann gegen eine geringe Gebühr die Gerichtstermine wahr.

6. Was tun, wenn der Anwalt Fehler macht?

Anwaltliche Pflichten

Wer einen Anwalt einschaltet, will sich mit einer rechtlichen Streitigkeit in der Regel nicht länger selbst herumschlagen. Der Anwalt soll die Verantwortung für die Sache übernehmen und das Problem nach Möglichkeit vom eigenen Alltag fernhalten. Umso schlimmer ist es, wenn der Anwalt bei der Bearbeitung des Mandats einen Fehler macht, etwa weil er eine Frist versäumt oder den Sachverhalt nicht richtig aufklärt. Denn dann hat der Mandant plötzlich mehr Ärger mit der Sache am Hals als vorher.

Trotzdem oder gerade deshalb sollte sich der Verbraucher nicht schon im Vorfeld zu viele Gedanken über die einzelnen Pflichten des Anwalts machen. Das schafft nur zusätzlichen Stress, zumal der Verbraucher den Pflichtenkreis des Anwalts ohnehin nicht überschauen kann. Außerdem besteht im Regelfall kein Grund zur Beunruhigung: In der Mehrzahl der Fälle erledigen die Anwälte ihre Arbeit pflichtbewusst und unter Beachtung der beruflichen Standesregeln. Der Verbraucher darf deshalb zunächst einmal darauf vertrauen, dass der Anwalt seine Sache ordentlich macht. Ansonsten bräuchte er sich nicht von ihm vertreten lassen, sondern könnte die Sache gleich selbst in die Hand nehmen.

Die Pflichten des Anwalts werden für den Verbraucher allerdings dann interessant, wenn bei der Bearbeitung des Mandats tatsächlich mal etwas schiefläuft. Der betroffene Mandant bekommt das meist nur per Zufall oder am Rande mit. In solchen Fällen stellt sich schnell die Frage, ob der Anwalt den Fehler zu verantworten hat und inwieweit der Verbraucher ihn hierfür zur Rechenschaft ziehen kann. Leider lässt sich diese Frage nicht pauschal beantworten. Zu vielfältig sind die einzelnen Verpflichtungen, zu unterschiedlich die denkbaren Fälle. Die nachfolgende Übersicht kann allerdings helfen, die eigene Situation besser einzuschätzen. Sie gilt sowohl für die persönliche als auch für eine Telefon- oder Hotline-Beratung. Folgende Pflichtverletzungen des Anwalts sind etwa denkbar:

- Schweigepflicht
  Beispiel: Der Anwalt plaudert Informationen, die den Mandanten betreffen, gegenüber anderen aus.
- Aufklärungs- und Informationspflichten

Beispiele:
- Der Anwalt ermittelt den Sachverhalt nicht genau,
- der Anwalt berät nicht über die Folgen versäumter Fristen,
- der Anwalt gibt keine Hinweise, wenn für das Mandat besondere Bedingungen gelten sollen,
- der Anwalt übersendet wichtige Schriftstücke, erläutert sie aber nicht,
- der Anwalt gibt keine Auskunft über Prozessrisiken,
- der Anwalt erteilt keine Auskünfte über mögliche Kosten und Kostenrisiken,
- der Anwalt äußert sich nicht zu Erfolgsaussichten des Falles,
- der Anwalt teilt dem Mandanten eine gerichtliche Entscheidung einschließlich dem Zeitpunkt der Zustellung dieser Entscheidung nicht mit,
- der Anwalt weist nicht auf die Möglichkeit von Rechtsmitteln, wie etwa die Berufung, hin oder erwähnt laufende Fristen nicht.
- Achtung: Die Verpflichtungen des Anwalts werden nicht dadurch eingeschränkt, dass der Mandant bereits entsprechende Vorkenntnisse hatte.
- Nachforschungspflichten
Beispiele: Der Anwalt versäumt es, Akten bei Behörden einzusehen oder Auskünfte, etwa beim Handelsregister, einzuholen.
- Pflicht zur Wahl des sichersten Weges
Beispiel: Der Anwalt übermittelt ein wichtiges Schreiben an den Gegner, ohne sich den Zugang bestätigen zu lassen.
- Pflicht zur ordentlichen Kanzleiführung
Beispiele:
- Der Anwalt versäumt Fristen oder Termine, weil der Terminkalender schlampig geführt wird,
- Informationen werden nicht an den Mandanten weitergeleitet,
- der Anwalt übermittelt Faxe und Briefe nicht richtig,
- der Anwalt bearbeitet eine Angelegenheit grundlos nur schleppend oder unzureichend,
- Akten werden nicht richtig angelegt oder aufbewahrt,
- es erfolgt keine Herausgabe von Akten oder Aktenkopien nach Mandatsbeendigung, obwohl der Mandant dies wünscht.
- Handlungspflichten
Beispiele:
- Der Anwalt prüft die Sache rechtlich unzureichend,
- der Anwalt schließt unüberlegte nachteilige Vergleiche oder Verträge für seinen Mandanten ab,
- der Anwalt erstellt eine fehlerhafte Gebührenabrechnung,
- der Anwalt sorgt während seines Urlaubs oder seiner Erkrankung nicht hinreichend für eine ordentliche Vertretung,
- der Anwalt beachtet Anweisungen seines Mandanten nicht,
- der Anwalt veruntreut das Geld seiner Mandanten,
- der Anwalt schickt dem Mandanten am Ende des Mandats kein Abschlussschreiben,

- der Anwalt führt einen Prozess fehlerhaft, etwa durch verspäteten oder ungenauen Vortrag.
- Achtung: Der Anwalt schuldet seinem Mandanten natürlich nicht den Erfolg, sondern nur die ordentliche Durchführung seiner Sache. Wer also einen Prozess verliert, weil er im Unrecht ist, kann das nicht seinem Anwalt in die Schuhe schieben.
- Schadensminderungspflichten
Beispiel: Der Anwalt, der einen eigenen Fehler erkennt, tut nicht alles, um den Schaden beim Mandanten so gering als möglich zu halten, also etwa beim Versäumen einer Frist eine Wiedereinsetzung zu versuchen.
- Sachlichkeitsgebot
Beispiel: Der Anwalt verbreitet Unwahrheiten, äußert sich im Prozess herabsetzend oder betreibt unlautere Werbung.
- Umgehungsverbot für gegnerischen Anwalt
Beispiel: Der gegnerische Anwalt wendet sich nicht an Ihren Anwalt, sondern direkt an Sie.

Bedenken Sie: Die Gerichte legen die Messlatte bei den anwaltlichen Pflichten sehr hoch. Verlangt wird neben einer perfekten Organisation der Kanzlei und der Beachtung aller einschlägigen Verhaltensregeln auch die Kenntnis sämtlicher Gesetze sowie höchstrichterlicher Entscheidungen. Kurzum: Der Anwalt muss juristisch unfehlbar, allwissend und allgegenwärtig sein.

WISO rät: Verhalten Sie sich gegenüber Ihrem Anwalt selbstbewusst und aufgeschlossen. Scheuen Sie sich nicht, nachzuhaken, wenn Sie etwas stört oder wenn Sie Fehler des Anwalts bemerken. Denken Sie daran: Es gibt keine dummen Fragen, sondern nur dumme Antworten. Geben Sie sich deshalb auch nicht mit leeren Versprechungen, Verzögerungsversuchen oder Ausweichmanövern zufrieden.

Teilen Sie dem Anwalt Ihre Anliegen am besten schriftlich mit oder machen Sie sich zumindest hierüber Notizen. Bei wichtigen Schriftstücken setzen Sie zur Übermittlung am besten einen Boten ein oder verschicken Sie sie per Einschreiben/Rückschein.

Bevor Sie weitergehende Maßnahmen ergreifen, suchen Sie mit Ihrem Anwalt zunächst ein klärendes Gespräch. In den meisten Fällen lassen sich die Probleme auf diesem Weg bereinigen. Bleiben Sie dabei sachlich und objektiv. Werden Sie vor allem nicht ausfallend oder gar handgreiflich. Der Ton macht auch beim Gespräch mit dem Anwalt die Musik.

Erleiden Sie durch das Fehlverhalten des Anwalts konkrete Nachteile, sollten Sie daran denken, ihn dafür in die Haftung zu nehmen. Keine Angst: Mit einem Regress werden Sie Ihren Anwalt schon nicht in den finanziellen Ruin treiben. Jeder Anwalt ist nämlich gegen die Risiken seines Berufs bis zu einer Summe von mindestens 250.000,00 Euro haftpflichtversichert.

Vorzeitige Mandatsbeendigung und Mandatswechsel

Ist der Anwalt erst einmal beauftragt, wird er normalerweise so lange für den Mandanten tätig, bis der Fall erledigt ist. Mitunter kommt es aber auch vor, dass der Mandant

III. Die Vertretung durch den Rechtsanwalt

das Auftragsverhältnis vorzeitig beendet. Das muss nicht unbedingt etwas mit Fehlern oder Pflichtverletzungen des Anwalts zu tun haben. Gründe können vielmehr auch sein:
- persönliche Konflikte mit dem Anwalt,
- Unzufriedenheit mit der Mandatsbearbeitung,
- Antipathien zwischen Anwalt und Mandant,
- vorübergehende finanzielle Engpässe,
- Interessenkollisionen, etwa durch Geschäftsbeziehungen zwischen Anwalt und Gegner,
- Umzug,
- geänderte Lebensumstände,
- Abbruch von Vertragsverhandlungen.

Soll das Mandat vorzeitig abgebrochen werden, muss der Mandant dem Anwalt kündigen oder sich im beiderseitigen Einvernehmen von ihm trennen. Bei der Kündigung braucht der Mandant keine Frist einhalten. Die Kündigung muss aber schriftlich erfolgen. Eine schriftliche Vereinbarung empfiehlt sich auch bei der einverständlichen Aufhebung.

Die bis zur Mandatsbeendigung entstandenen Gebühren kann der Anwalt dem Mandanten grundsätzlich in Rechnung stellen. Es lohnt sich aber, mit dem Anwalt über einen ganzen oder teilweisen Verzicht der Gebühren zu verhandeln. Nicht zu bezahlen braucht der Mandant den Anwalt, wenn er für seine Kündigung einen wichtigen Grund hatte und der Anwalt für diesen Grund verantwortlich war. Beispiel: Der Anwalt hat sich gegenüber dem Mandanten grob treuwidrig verhalten.

Selbstverständlich steht es dem Mandanten auch offen, das Mandat zwischendurch zu wechseln, das heißt, das Vertragsverhältnis mit dem alten Anwalt zu beenden und einen anderen Anwalt mit der Sache zu beauftragen. Dann kommen zu den Gebühren für den alten Anwalt noch die Gebühren für den neuen Anwalt hinzu. Im Ergebnis wird die Angelegenheit damit für den Mandanten meist teurer, als wenn er nur einen Anwalt eingeschaltet hätte. Achtung: Die Abrechnung seines alten Anwalts sollte der Mandant besonders genau unter die Lupe nehmen. Die in Rechnung gestellten Gebühren dürfen nämlich nur solche Leistungen erfassen, die der Anwalt bis zur Auftragsbeendigung tatsächlich erbracht hat. Über den Mandatswechsel und seine Beweggründe sollte der Mandant den neuen Anwalt übrigens umfassend informieren. Der neue Anwalt kann dann leichter entscheiden, ob und gegebenenfalls welche Maßnahmen gegen den alten Anwalt zu ergreifen sind.

WISO rät: Lassen Sie ein unbefriedigendes Mandat nicht einfach weiterlaufen, sondern handeln Sie entschlossen und schaffen Sie klare Verhältnisse: Besser ein Ende mit Schrecken als ein Schrecken ohne Ende.

Machen Sie sich über die finanziellen Folgen eines Anwaltswechsels nicht zu viele Gedanken: Meist stellt sich später heraus, dass es besser war, die Kosten für einen neuen Anwalt zu investieren, als beim alten Anwalt gutes Geld schlechtem hinterherzuwerfen.

6. Was tun, wenn der Anwalt Fehler macht?

Ein Mandat kann außerdem auch dadurch enden, dass der Anwalt dem Mandanten kündigt. Das Mandat wird dann vom Anwalt niedergelegt. Hat der Anwalt für seine Kündigung einen wichtigen Grund, etwa weil der Mandant ihm Informationen vorenthält oder ihn beleidigt, darf er die bis dahin erbrachten Leistungen normalerweise voll abrechnen. Ansonsten geht er leer aus.

Ist der Anwalt nicht mehr in der Lage, die vereinbarte Beratungsleistung zu erbringen, etwa weil er schwer krank wird oder stirbt, erlischt das Mandatsverhältnis ebenfalls.

7. Haftung des Anwalts

Schadensersatz bei Fehlern

So menschlich Fehler des Anwalts auch sind, der Dumme ist am Ende meistens der Mandant. Ihn kosten die Versäumnisse seines Anwalts Zeit, Geld und Nerven. Sicher: Der betroffene Mandant kann von seinem Anwalt verlangen, ihm einen entstandenen Schaden zu ersetzen. Dazu muss er aber erst einmal nachweisen, dass er durch das Fehlverhalten des Anwalts tatsächlich einen konkret messbaren Schaden erlitten hat. Unnötiger Ärger und zusätzlicher Zeitaufwand reichen hierfür nicht aus. Die Einbußen müssen sich schon in einer Vermögenseinbuße des Mandanten widerspiegeln, wie etwa in einem Verdienstausfall, den Kosten eines Anwaltswechsels oder einer verlorenen Forderung oder Rechtsposition. Was aber noch viel schwieriger ist: Der Mandant muss dem Anwalt seinen Fehler nachweisen. Nur wer vor Gericht belegen kann, dass der Anwalt sich tatsächlich falsch verhalten hat, hat eine Chance, einen Prozess gegen seinen Anwalt zu gewinnen. Ein solcher Nachweis ist für den Betroffenen meist ein Ding der Unmöglichkeit, von offensichtlichen Verfehlungen einmal abgesehen. Schließlich finden Gespräche zwischen Anwalt und Mandant in der Regel nicht unter Zeugen, sondern unter vier Augen statt, und einen weitergehenden Einblick in die Organisationsabläufe der Kanzlei hat der Mandant auch nicht. Im Prozess steht daher schnell Aussage gegen Aussage mit dem Ergebnis, dass der klagende Mandant am Ende leer ausgeht.

WISO rät: Halten Sie sich mögliche Regressansprüche gegenüber Ihrem Anwalt von vornherein offen, indem Sie alle Vorgänge in Ihrem Fall schriftlich festhalten und sich in Kopie übergeben lassen.

Scheuen Sie sich nicht, von Ihrem Anwalt Schadensersatz zu verlangen, wenn Sie durch ein Fehlverhalten seinerseits einen finanziellen Schaden erlitten haben. Die Anforderungen, die die Gerichte an eine ordentliche Erfüllung der anwaltlichen Pflichten stellen, sind enorm hoch. Achten müssen Sie allerdings darauf, Ihren Schaden und das Fehlverhalten des Anwalts tatsächlich nachweisen zu können.

Schadensersatz vom Anwalt können Sie unter Umständen auch als unbeteiligter Dritter fordern, nämlich dann, wenn der Anwalt damit beauftragt war, eine Regelung zu Ihren Gunsten zu treffen, und hierbei etwas schiefgelaufen ist. Beispiel: Schenkungsvertrag.

Fürchten Sie sich nicht davor, den Anwalt mit Ihren Schadensersatzforderungen in den Ruin zu treiben. Anwälte sind gegen derartige Risiken bis zu einem Betrag von 250.000,00 Euro haftpflichtversichert.

Übrigens: Der Anwalt haftet nicht nur für eigene Fehler, sondern auch für Versäumnisse seiner Büroangestellten oder anderer Hilfskräfte. Ist der Anwalt mit anderen Anwälten in einer Sozietät verbunden, haften neben dem Anwalt grundsätzlich auch seine Kollegen, selbst wenn sie in der Sache gar nicht tätig geworden sind. Eine Sozietät erkennt man unter anderem daran, dass im Briefkopf der Kanzlei mehrere Anwälte aufgeführt sind.

Haftung mit Hindernissen

Auf dem Weg zur Haftung seines Anwalts muss der Verbraucher oft noch weitere Hindernisse überwinden:

- Eigenes Verschulden des Mandanten
  Der Anwalt haftet dem Mandanten gegenüber nur eingeschränkt, wenn der für den eingetretenen Schaden mitverantwortlich ist, beispielsweise weil er dem Anwalt erforderliche Informationen nicht oder zu spät übermittelt hat.
- Vorteilsausgleich
  Der Mandant erhält nur einen Teil seines Schadens ersetzt, wenn er wegen der Pflichtwidrigkeit des Anwalts gleichzeitig einen Vermögensvorteil erlangt. Beispiel: Er „erspart" sich einen weiteren Prozess.
- Ausschluss oder Beschränkung der Haftung
  Der Anwalt darf seine Haftung für Fehler gegenüber dem Mandanten nicht ausschließen. Durch eine besondere Vereinbarung mit seinem Mandanten kann der Anwalt aber seine Haftung für Fahrlässigkeit, also für unabsichtliche Fehler, auf einen bestimmten Betrag beschränken. Untergrenze sind hier 250.000,00 Euro bei ausgehandelten Verträgen sowie 1.000.000,00 Euro bei vorformulierten Vereinbarungen. Letztere Beschränkung gilt allerdings nur, wenn der Mandant die Bedingungen zuvor gelesen und sich in vollem Umfang mit ihnen einverstanden erklärt hat. Außerdem muss der Anwalt bis zur Höhe der Haftungssumme versichert sein und die Haftungsbeschränkung auf schwer wiegende Fehler begrenzen. Hat der Anwalt sich also zum Beispiel nur für 750.000,00 Euro versichert, ist die Begrenzung der Haftung in einer vorformulierten Vereinbarung unzulässig.
- Gegenansprüche des Anwalts
  Die Schadensersatzforderungen des Mandanten können ganz oder teilweise wegfallen, wenn der Anwalt ihm gegenüber selbst noch Geld fordern kann, wie etwa bei offenen Gebührenabrechnungen. Die Möglichkeit der Verrechnung besteht allerdings nur, soweit der Anwalt den Mandanten nicht absichtlich geschädigt hat.
- Verjährung der Forderungen
  Wer zu spät kommt, den bestraft das Leben: Maximal drei Jahre hat der Mandant Zeit, um seine Schadensersatzforderungen gegenüber dem Anwalt durchzusetzen. Der Mandant kann die Frist aber etwa dadurch unterbrechen, dass er das Geld bei Gericht einklagt. Dann kommt es nur noch darauf an, wie das Gericht am Ende

entscheidet. Die Dreijahresfrist fängt an zu laufen, wenn der Schaden eingetreten ist, spätestens aber mit dem Ende des Mandates.

Die Gerichte halten den Mandanten hier allerdings noch eine Hintertür offen: Wer die Dreijahresfrist versäumt, kann sich zur Not noch darauf berufen, der Anwalt habe ihn über die vorliegende Pflichtverletzung und die möglichen Haftungsansprüche nicht hinreichend aufgeklärt. Dann verlängert sich die Frist noch einmal um maximal weitere drei Jahre. Drei Jahre nach Beendigung des Mandats geht aber auch hier nichts mehr.

WISO rät: Um nicht die Verjährung Ihrer Ansprüche zu riskieren, sollten Sie Ihre Schadensersatz- oder Erstattungsforderungen frühzeitig bei Ihrem Anwalt anmelden und ihm eine angemessene Zahlungsfrist, etwa von zwei Wochen, setzen. Verwenden Sie hierzu die Schriftform und übermitteln Sie das Schreiben ausschließlich per Bote oder wenigstens mit Einschreiben/Rückschein. Ist alles gut vorbereitet, können Sie Ihren Anwalt später ohne langwierige Vorbereitungen verklagen und damit die Verjährung verhindern.

Wer bei seinem vorgerichtlichen Mahnschreiben keine Fehler machen möchte, kann sich hierfür auch an einen Anwalt wenden. Dann fallen allerdings für diese Tätigkeit die üblichen Gebühren an (siehe dazu den Abschnitt „Was ein Anwalt kostet" in diesem Kapitel). Außerdem ist es häufig nicht leicht, einen Anwalt zu finden, der gegen einen Kollegen vorgeht. Zur Not muss der Betroffene sich hier im Bezirk nach einer auswärtigen Rechtsanwaltskammer umschauen.

Ausnahmefall: Schadensersatzklage gegen den Anwalt

Schadensersatzklagen gegen den eigenen Anwalt sind eher die Ausnahme: Rund 98 Prozent aller Haftungsfälle werden anstandslos über die jeweilige Berufshaftpflichtversicherung des Anwalts abgewickelt. Sollte es dennoch einmal zu einem Prozess kommen, gelten hierfür die gleichen Regeln wie bei anderen Gerichtsprozessen auch. Am einfachsten ist es natürlich, sich in solch einem Verfahren von einem anderen Anwalt vertreten zu lassen. Zwingend ist das aber nur, wenn der wirtschaftliche Wert der Streitigkeit 5.000,00 Euro übersteigt. Zu weiteren Einzelheiten über das gerichtliche Verfahren und die Einschaltung eines Anwaltes siehe das sechste Kapitel dieses Buches.

Aufgepasst: Mandate, die sich gegen Kollegen richten, sind bei Anwälten nicht sehr beliebt. Unter Umständen muss der Betroffene sich deshalb auf eine längere Anwaltssuche einstellen.

Weitere Maßnahmen gegen den Anwalt

Viele Mandanten, die von ihrem Anwalt geschädigt wurden, wollen nicht nur, dass der Anwalt ihnen Schadensersatz zahlt, sondern dass er für seine Fehler noch zusätzlich bestraft wird, etwa indem er ein Bußgeld zahlt oder ins Gefängnis wandert. Je nachdem, wie schwer wiegend der Fehler des Anwalts war, kann der Betroffene zu diesem Zweck folgende Maßnahmen ergreifen:

- Er beschwert sich beim Vorstand der örtlich zuständigen Rechtsanwaltskammer. Der Vorstand entscheidet dann, wie die Kammer gegen den Anwalt vorgeht. Meist belässt sie es bei einer Rüge oder Belehrung. Geht es um eine Beschwerde wegen zu hoher Anwaltsgebühren, ist die Schlichtungsstelle der Kammer zuständig. Um die Beschwerde einzulegen, genügt ein formloses Schreiben an die jeweilige Rechtsanwaltskammer, in dem mitgeteilt wird, welche Fehler der Anwalt gemacht hat. Die Adresse der zuständigen Kammer erfahren Sie über die Bundesrechtsanwaltskammer, Littenstr. 9, 10179 Berlin, Tel.: 030/28 49 39-0, Fax: 030/28 49 39-11, e-Mail: zentrale@brak.de. Im Internet findet sich eine Übersicht auf der Seite www.brak.de. Von dort kommen Sie auch per Link zu den Internet-Seiten der einzelnen Kammern. Das Beschwerdeverfahren ist für den Verbraucher kostenfrei.

- Er leitet ein Verfahren vor dem Anwaltsgericht ein, indem er sich bei der Rechtsanwaltskammer beschwert und zusätzlich eine Anzeige bei der Staatsanwaltschaft des zuständigen Landgerichts erstattet.
  Im anwaltsgerichtlichen Verfahren können gegenüber dem Anwalt schwerere Sanktionen verhängt werden als im reinen Beschwerdeverfahren, also etwa eine Geldbuße oder ein Ausschluss aus der Anwaltschaft. Kosten fallen für den Verbraucher nicht an. Die Adresse des zuständigen Landgerichts ermittelt der Verbraucher am besten durch einen Anruf bei der jeweiligen Anwaltskammer oder beim nächsten Amtsgericht (siehe dazu auch das sechste Kapitel dieses Buches).

- Er leitet ein strafrechtliches Verfahren ein, indem er eine Anzeige oder einen Strafantrag bei der Staatsanwaltschaft, bei den Amtsgerichten oder bei den Behörden und Beamten des Polizeidienstes stellt.
  Ein Strafverfahren macht nur dann Sinn, wenn dem Anwalt nicht nur ein Fehler, sondern eine strafbare Handlung vorgeworfen werden kann. Beispiele:
- Falschaussage,
- ehrverletzende Äußerungen,
- Nötigung,
- Untreue,
- Gebührenüberhebung,
- Parteiverrat.

Wird der Anwalt im Strafverfahren verurteilt, landet er im Gefängnis oder zahlt eine Geldstrafe.

Wichtig: Ob der Anwalt wegen seiner Fehler verwarnt oder bestraft wird, entscheidet allein die Rechtsanwaltskammer beziehungsweise das Anwalts- oder Strafgericht. Der Betroffene selbst kann eine Bestrafung nicht erzwingen. Der betroffene Anwalt braucht im Übrigen nicht zu befürchten, für seine Fehler ewig geradestehen zu müssen. So kann etwa das Anwaltsgericht eine Pflichtverletzung des Anwalts maximal fünf Jahre lang verfolgen.

WISO rät: Wollen Sie gegen Ihren Anwalt gerichtlich vorgehen, um Schadensersatz zu fordern, müssen Sie hierfür vor ein „normales" Amts- oder Landgericht ziehen. Mit einem Verfahren vor der Anwaltskammer, dem Anwaltsgericht oder dem Strafgericht erreichen Sie dagegen lediglich, dass der Anwalt von offizieller Seite aus bestraft wird.

Denken Sie zuerst an Ihren Schadensersatz und dann an weitere Maßnahmen. Nur wenn Sie rechtzeitig eine Schadensersatzklage einreichen, können Sie verhindern, dass Ihre Ersatzansprüche gegenüber dem Anwalt verjähren. Die Frist bis zur Verjährung Ihrer Forderungen beträgt drei Jahre.

Die einschlägigen rechtlichen Vorschriften zur Haftung des Anwalts finden Sie in der Berufsordnung der Rechtsanwälte (BRAO), dem Bürgerlichen Gesetzbuch (BGB) sowie dem Strafgesetzbuch (StGB). Die Gesetze sind unter anderem im Internet, etwa unter www.staat-modern.de, nachzulesen.

8. Was ein Anwalt kostet

a) Beratung nur gegen Bezahlung

Anwälte kosten Geld. Das klingt banal, ist es aber nicht. So glauben viele Menschen immer noch, für eine kleine „Gefälligkeit", etwa eine kurze telefonische Auskunft, dürfe ihnen der Anwalt keine Gebühren berechnen. Sicher: Je nach den Umständen stellen Anwälte tatsächlich nicht gleich jedes Telefonat in Rechnung. Das beruht aber einzig und allein auf ihrem Entgegenkommen. Von einer kostenlosen Gefälligkeit darf der Verbraucher also nur dann ausgehen, wenn er dies mit dem Anwalt so abgesprochen hat. Ansonsten fallen für die Beratung Gebühren an, und zwar selbst dann, wenn der Mandant „nichts unterschrieben hat". Ein schriftlicher Auftrag oder Anwaltsvertrag ist für das Entstehen der Gebühren nämlich nicht erforderlich. Allein der Umstand, dass der Anwalt den Mandanten beraten hat, reicht aus, um die entsprechenden Kosten in Rechnung zu stellen. Im Grunde ist das auch nur recht und billig: Schließlich kann niemand davon ausgehen, die Leistungen eines Anwalts in Anspruch zu nehmen, ohne dafür bezahlen zu müssen.

Achtung: Die Kosten des beauftragten Anwalts sind nicht identisch mit den so genannten Prozesskosten. Zu den Prozesskosten kommen vielmehr noch die Gebühren des Gerichts sowie die Anwaltskosten des Gegners hinzu. Wer also wissen will, was ihn ein möglicher Prozess alles in allem kosten kann, der muss die einzelnen Positionen ausrechnen und zusammenaddieren oder sich vom Anwalt das gesamte Risiko berechnen lassen (siehe dazu auch den Abschnitt „Die Anwaltsrechnung" in diesem Kapitel).

b) Höhe der Gebühren

Spannender als die Erkenntnis, dass Anwälte Geld kosten, ist die Frage, wie hoch diese Kosten im Einzelfall sind und wer sie am Ende zu bezahlen hat. Um es gleich vorweg zu sagen: Anwälte sind nicht so teuer, wie viele Menschen glauben. Die verbreitete Vor-

130   III. Die Vertretung durch den Rechtsanwalt

stellung, der Anwalt zähle wegen seiner hohen Gebühren von vornherein zu den Großverdienern in unserer Gesellschaft, trifft deshalb für viele Anwälte nicht zu. So verdiente etwa ein Einzelanwalt nach Abzug seiner Kosten und der Einkommenssteuer im Jahr 2000 durchschnittlich gerade einmal 1.511,51 Euro pro Monat, und das ohne Abzüge für Kranken- und Rentenversicherung. Rechnet man dazu noch die lange Zeit für Studium und Ausbildung, in der ein angehender Anwalt in der Regel noch nichts verdient, so sind die Gebühren des Anwalts im Verhältnis zu seinen Aufgaben sogar eher zu niedrig als zu hoch bemessen.

Welche Gebühren der Anwalt am Ende abrechnen kann, hängt zunächst davon ab, was Verbraucher und Anwalt zu Beginn des Mandats vereinbaren. Maßgeblich sind entweder die gesetzlichen Gebühren nach der Bundesgebührenordnung für Rechtsanwälte (BRAGO) oder eine im Einzelfall ausgehandelte Honorarvereinbarung. Zum Abschluss einer Honorarvereinbarung kann der Verbraucher den Anwalt allerdings nicht zwingen. Sie ist reine Verhandlungssache. Im Normalfall gelten für die Abrechnung die gesetzlichen Gebühren. Sie kommen auch dann zur Anwendung, wenn – was häufig der Fall ist – zwischen Anwalt und Mandant überhaupt nicht über die Frage der Gebühren gesprochen wurde.

Hat der Verbraucher die Wahl zwischen der gesetzlichen Regelung und dem Abschluss einer Honorarvereinbarung, muss er abwägen, welche Variante für ihn günstiger ist. Diese Frage lässt sich leider nicht pauschal beantworten, sondern muss von Fall zu Fall entschieden werden. Meist wird sie sich für den Verbraucher aber gar nicht stellen, weil die Bezahlung auf Honorarbasis bereits von vornherein nicht zur Debatte steht. Eine Honorarvereinbarung lohnt sich für den Anwalt nämlich häufig nur bei hohen oder schwer zu bestimmenden Streitwerten oder längerfristigen Beratungsverträgen. Liegt beim Verbraucher ausnahmsweise einmal ein solcher Fall vor, sollte er sich vom Anwalt zunächst ausführlich über die möglichen Vor- und Nachteile einer Honorarvereinbarung beraten lassen. Gleiches gilt natürlich auch, wenn der Anwalt ausnahmsweise aus anderen Erwägungen heraus auf dem Abschluss einer Honorarvereinbarung bestehen sollte.

c) Gesetzliche Gebühren und Streitwert

Entscheiden sich Anwalt und Mandant für eine Abrechnung nach den gesetzlichen Gebühren, setzen sich die Kosten des Rechtsanwaltes zusammen aus
- den eigentlichen Gebühren für die rechtliche Beratung, die Vertretung vor Gericht und das Anfertigen von Schriftsätzen;
- den Auslagen für Porto, Telefon, Kopien und anderen Ausgaben. Hier wird in der Regel eine Pauschale von 20,00 Euro abgerechnet;
- der Umsatzsteuer auf Gebühren und Auslagen in Höhe von 16 Prozent.

Die Höhe der eigentlichen Gebühren ist abhängig von dem Wert der Streitigkeit, dem so genannten Streit- oder Gegenstandswert. Je höher der Streitwert ist, desto höher sind auch die Gebühren. Aber: Die Gebühren steigen nicht in gleichem Maße an wie der Streitwert, sondern prozentual gesehen niedriger. Beispiel: Streiten sich die Beteiligten um 3.000,00 Euro, beträgt eine Gebühr des Anwalts 189,00 Euro. Streiten sie um 6.000,00 Euro, beträgt eine Gebühr nur 338,00 und nicht etwa (2 x 189 =) 378,00 Euro.

Wie hoch der Wert des Streites im Einzelfall ist, lässt sich oft gar nicht so leicht herausfinden. Vor allem wenn es nicht um konkrete Geldbeträge geht, wie etwa bei einer Klage auf Zahlung eines Kaufpreises, ist die richtige Höhe oft schwer festzustellen. Wichtige Streitwerte sind beispielsweise:

- Kündigung des Arbeitsplatzes: Vierteljahresverdienst (brutto);
- Streit um ein Arbeitszeugnis: 500,00 Euro bis ein Bruttomonatsgehalt;
- Abfindungszahlungen: Sie werden bei der Berechnung des Streitwerts nicht mitberücksichtigt;
- Streit um unerwünschte Faxwerbung: 1.000,00 bis 5.000,00 Euro;
- Kündigung einer Mietwohnung: eine Jahresmiete;
- Vaterschaftsanfechtung: 2.000,00 Euro;
- Unterhaltszahlungen: ein Jahresbetrag;
- Scheidung: dreimonatiges Nettoeinkommen beider Eheleute;
- der unterste Streitwert, nach dem Anwaltsgebühren berechnet werden, beträgt 300,00 Euro.

Wichtig: Die Höhe der Gebühren hängt nicht davon ab, ob der Verbraucher einen besonders spezialisierten oder einen gewöhnlichen Anwalt einschaltet. Die Gebührenordnung ist für alle Anwälte gleich. Bei der Berechnung kommt es außerdem nicht darauf an, wie viele Besprechungen der Mandant zuvor mit dem Anwalt hatte oder wie viele Schriftsätze der Anwalt angefertigt hat.

WISO rät: Fragen Sie Ihren Anwalt bereits zu Beginn, mit welchen Kosten Sie in Ihrem Fall ungefähr rechnen müssen. Bedenken Sie dabei, dass sich die Kosten im Verlauf des Mandates noch erhöhen können, etwa weil Sie den Anwalt mit zusätzlichen Tätigkeiten beauftragen oder der Streit über mehrere Instanzen geht. Bitten Sie daher den Anwalt, Ihnen auch diese Kosten auszurechnen.

Lassen Sie sich im Zweifel einen konkreten Kostenplan erstellen.

Überlegen Sie, ob Sie die finanziellen Belastungen der anwaltlichen Vertretung tragen können. Denken Sie daran, dass Sie unter Umständen auch noch die Kosten des Gerichts und des Gegenanwalts tragen müssen (siehe dazu den Abschnitt „Wer die Kosten des Anwalts trägt" in diesem Kapitel).

Nehmen Sie nie vorschnell einen Kredit auf, um die Kosten des Anwalts oder eines Prozesses zu finanzieren.

Wägen Sie ab, ob die zu erwartenden Kosten in einem angemessenen Verhältnis zum möglichen Ertrag stehen. Vor allem bei niedrigen Streitwerten lohnen sich die Ausgaben oft kaum.

Lassen Sie sich von Ihrem Anwalt über die Möglichkeit einer Beratungs- oder Prozesskostenhilfe seitens des Staates aufklären (siehe dazu auch den Abschnitt „Kostenhilfe durch den Staat" im achten Kapitel dieses Buches).

III. Die Vertretung durch den Rechtsanwalt

d) Honorarvereinbarung

Honorarvereinbarungen können grundsätzlich bei allen Arten von Rechtsstreitigkeiten abgeschlossen werden. Es spielt also weder eine Rolle, auf welchem Rechtsgebiet der Anwalt tätig wird, noch ob er seinen Mandanten in einem Prozess oder bei außergerichtlichen Verhandlungen vertritt. Auch der Inhalt von Honorarvereinbarungen ist frei verhandelbar. Denkbar sind unter anderem folgende Gestaltungsmöglichkeiten:

- Pauschalhonorar
  Hier wird für die Tätigkeit des Anwalts von vornherein ein Festbetrag vereinbart.
  Beispiel: Der Anwalt soll für seine Tätigkeit 500,00 Euro erhalten.
  Vorteil: Beide Seiten wissen schon zu Beginn des Mandats, woran sie bei den Kosten sind. Das Problem dabei: Der Anwalt wird sich auf ein Pauschalhonorar nur dann einlassen, wenn er den Umfang seiner Tätigkeit und sein Haftungsrisiko überschauen kann. Der Mandant muss deshalb damit rechnen, dass der Anwalt den Gegenstand der Tätigkeit sehr eng umschreibt. Verbreitet sind Pauschalhonorare vor allem im Rahmen dauerhafter Beratungsverträge, wie etwa bei der Beratung von Kleinunternehmern.

- Gebührenhonorar
  Die Parteien orientieren sich grundsätzlich an den gesetzlichen Gebühren, vereinbaren aber die Zahlung eines Zuschlags, etwa dergestalt, dass der doppelte Betrag dieser Gebühren zu zahlen ist oder ein prozentualer Aufschlag vorgenommen wird. Eine andere Möglichkeit besteht darin, den Streitwert anders festzulegen. Dann erhöhen beziehungsweise erniedrigen sich die Gebühren entsprechend.
  Beispiel: Die Parteien streiten sich um einen Betrag von 500,00 Euro. Es wird vereinbart, dass der Anwalt auf der Basis eines Streitwerts von 1.000,00 Euro abrechnen darf. Wie hoch das Honorar am Ende genau ist, steht nicht von vornherein fest.

- Zeithonorar
  Das Honorar bemisst sich normalerweise nach den vom Anwalt aufgewendeten Arbeitsstunden. Problem: Die Höhe der Gebühren lässt sich im Vorhinein kaum abschätzen. Auch die Kontrolle der abgerechneten Arbeitsstunden gestaltet sich für den Verbraucher oft schwierig. Wer sich für ein Stundenhonorar entscheidet, sollte deshalb zumindest darauf achten, die Abrechnungseinheiten festzulegen und eine Rechnungsstellung per Stundenblatt zu verlangen. Vereinbart werden kann beispielsweise eine Abrechnung nach 1/6-Stunden-Einheiten.
  Mit dem Anwalt abklären muss der Verbraucher weiter die Höhe des jeweiligen Stundensatzes. Die Spanne bewegt sich hier von Stundensätzen zwischen 125,00 und 200,00 Euro bei kleineren und mittleren Kanzleien bis zu 400,00 Euro oder mehr bei Großkanzleien. Der Stundensatz lässt sich aber nicht allein an der Größe der Kanzlei festmachen. Je nach Erfahrung und Qualifikation verlangen auch Einzelanwälte unter Umständen 300,00 Euro pro Stunde oder mehr.

- Erfolgshonorar
  Erfolgshonorare sind Vereinbarungen, bei denen die Höhe der Gebühren vom Er-

folg der anwaltlichen Tätigkeit abhängig gemacht wird. Sie dürfen mit dem Anwalt grundsätzlich nicht abgeschlossen werden. Geschieht das trotzdem, schuldet der Mandant dem Anwalt lediglich die gesetzlichen Gebühren. Davon abgesehen steht es aber natürlich jedem Mandanten frei, seinem Anwalt freiwillig eine Erfolgsprämie zu zahlen.

- **Kombinationsmodelle**
Um die Nachteile etwa des Pauschal- oder Zeithonorars zu vermeiden, entscheiden sich viele Parteien dafür, verschiedene Abrechnungsmodelle miteinander zu kombinieren.

Dann fällt zum Beispiel für die allgemeine Beratungstätigkeit ein monatliches Pauschalhonorar an, während darüber hinausgehende Tätigkeiten nach Zeit oder nach den gesetzlichen Gebühren abgerechnet werden. Alternativ kann bei der Vereinbarung des Pauschalhonorars auch eine fiktive Zahl von Arbeitsstunden zugrunde gelegt werden, bei deren Überschreiten dann zusätzliche Gebühren anfallen.

Eine andere Variante: Die Parteien vereinbaren eine Abrechnung auf Stundenhonorarbasis, begrenzen aber gleichzeitig das Kostenrisiko durch die Festlegung eines Maximalbetrages, eine so genannte Deckung. Beispiel: Der Anwalt bekommt pro Stunde 150,00 Euro, maximal aber 1.500,00 Euro.

In den meisten Fällen einigen sich Anwalt und Mandant auf ein Honorar, das über den gesetzlichen Gebühren liegt. Je nach Angelegenheit können unter Umständen aber auch einmal niedrigere als die gesetzlichen Gebühren ausgehandelt werfen. Doch Vorsicht: Geht es um eine gerichtliche Auseinandersetzung, steht die Untergrenze der Gebühren fest und darf durch eine Absprache zwischen Mandant und Rechtsanwalt nicht unterschritten werden. Der Verbraucher sollte also nicht versuchen, seinen Anwalt in solchen Fällen zu einem besonders „günstigen" Angebot zu bewegen. Umgekehrt sollte er vorsichtig sein, wenn ihm sein Anwalt hier von sich aus einen besonders günstigen Tarif anbietet.

Parallel zu der Honorarvereinbarung schließen viele Anwälte mit ihren Mandanten eine Haftungsbeschränkung ab. Der Grund: Die Risiken einer Honorarvereinbarung werden von der Berufshaftpflichtversicherung der Anwälte unter Umständen nicht vollständig abgedeckt. Üblich und zulässig ist es deshalb, die Haftung bei Honorarvereinbarungen auf einen bestimmten Höchstbetrag, etwa 250.000,00 Euro zu begrenzen (siehe dazu den Abschnitt „Haftung des Anwalts" in diesem Kapitel).

Achtung: Im Fall einer Honorarvereinbarung erstatten die Rechtsschutzversicherungen dem Mandanten in der Regel nur die gesetzlichen Gebühren. Liegt das vereinbarte Honorar darüber, bleibt der Mandant auf den Mehrkosten sitzen. Beispiel: Der Mandant verliert den Prozess und wird dazu verurteilt, die Kosten zu tragen. Hat er mit seinem Anwalt eine großzügige Honorarvereinbarung getroffen, zahlt die Versicherung seine Anwaltskosten nur bis zur Höhe der gesetzlichen Gebühren.

Auf seinen Mehrkosten bleibt der Mandant auch sitzen, wenn ihm nicht die Rechtsschutzversicherung, sondern sein Gegner die Kosten erstatten muss. Beispiel: Der Mandant gewinnt den Prozess und der Gegner wird dazu verurteilt, seine Kosten zu

III. Die Vertretung durch den Rechtsanwalt

tragen. Alles, was über die gesetzlichen Gebühren hinausgeht, muss der Mandant auch hier selbst zahlen. Es kann also nur dringend davon abgeraten werden, einen besonders teuren Anwalt einzuschalten, etwa um damit seinen Gegner unter Druck zu setzen.

Beim Abschluss einer Honorarvereinbarung sollte der Verbraucher auf Folgendes achten:

WISO rät: Schließen Sie eine Honorarvereinbarung grundsätzlich nur schriftlich und auf einem separaten Formular ab. Unterschreiben Sie die Vereinbarung erst, wenn Sie sie genau durchgelesen und sich über alle Punkte Klarheit verschafft haben. Lassen Sie sich vor der Unterzeichnung von Ihrem Anwalt über die möglichen Vor- und Nachteile der Honorarabrechnung aufklären. Wägen Sie diese Umstände sorgfältig gegeneinander ab. Achten Sie auf klare und eindeutige Formulierungen, vor allem bei der Umschreibung der anwaltlichen Tätigkeit. Klären Sie auch, ob von dem Honorar Auslagen für Reisen, Kopien usw. erfasst sind.

Lassen Sie sich für Ihre Überlegungen hinreichend Zeit. Nehmen Sie die Vereinbarung am besten mit nach Hause und denken Sie dort in Ruhe über die einzelnen Punkte nach.

Kommen Ihnen im Nachhinein Zweifel an der Berechtigung der Honorarforderungen, zahlen Sie den abgerechneten Honorarbetrag zunächst nur unter Vorbehalt. Lassen Sie den Inhalt der Vereinbarung notfalls von der Rechtsanwaltskammer oder dem Gericht überprüfen. Das ist im Regelfall zulässig.

9. Die Anwaltsrechnung

Vorschuss und Schlussrechnung

Rechnungen, Rechnungen, Rechnungen: Bereits zu Beginn des Mandats muss der Verbraucher damit rechnen, von seinem Anwalt eine Rechnung zu bekommen. Mit der so genannten Vorschussrechnung fordert der Anwalt den Mandanten auf, ihm für seine Tätigkeiten einen bestimmten Kostenvorschuss zu überweisen. Das ist üblich und zulässig. Ohne die Zahlung eines Vorschusses läuft bei den meisten Anwälten gar nichts. Wie hoch der Vorschussbetrag im Einzelfall ist, bestimmt der Anwalt selbst. Einzige Vorgabe: Der Vorschuss muss angemessen sein. Unter angemessen verstehen die Gerichte, aber nicht nur die üblichen Vorschüsse in Höhe von 20 bis 30 Prozent der Gesamtgebühren. Auch 100 Prozent der voraussichtlichen Vergütung darf der Anwalt als Vorschuss verlangen.

Ist die Angelegenheit erledigt, erhält der Mandant (oder der Gegner) vom Anwalt die Schlussabrechnung. Sie ist schriftlich zu erteilen und vom Anwalt selbst oder einem dafür bestellten Vertreter zu unterzeichnen.

In der Abrechnung muss der Anwalt im Einzelnen aufschlüsseln, aus welchen Kostenpositionen sich der Gesamtbetrag der Rechnung zusammensetzt. Anzugeben sind auch eventuell gezahlte Vorschüsse oder andere Zahlungseingänge. Aber: Für die meisten Mandanten ist die Abrechnung ihres Anwalts letztlich nur ein unübersichtliches

Gewirr aus Zahlen und Paragrafen. Die aufgeführten Positionen können sie weder nachvollziehen noch überprüfen. Fällt der Rechnungsbetrag dann auch noch höher aus als erwartet, sind die Enttäuschung und der Ärger oft groß.

Nachfolgende Erläuterungen und Beispiele sollen dem Verbraucher helfen, die Rechnung seines Anwalts besser zu verstehen. Außerdem dienen sie der Kontrolle der einzelnen Rechnungspositionen. Denn schließlich kommt es nicht gerade selten vor, dass sich Anwälte zu Lasten ihrer Mandanten verrechnen. Dahinter steckt allerdings meist keine böse Absicht. Schuld ist vielmehr die ungenaue Kenntnis vieler Anwälte von den gesetzlichen Gebührenvorschriften.

WISO rät: Sprechen Sie Ihren Anwalt bereits zu Beginn des Mandats auf die zu erwartenden Gebührensätze an. So ersparen Sie sich am Ende böse Überraschungen. Weiterer Vorteil: Sie können über die Höhe der Gebühren noch verhandeln, falls Ihnen der Ansatz Ihres Anwalts nicht passt. Hat er nämlich erstmal im stillen Kämmerlein seine Vorschuss- oder Schlussrechnung geschrieben, wird es schwierig, sich im Nachhinein über die Gebührensätze zu beschweren. Doch aufgepasst: Zu verhandeln sind die Gebühren nur dann, wenn es nicht um eine gerichtliche Streitigkeit, sondern nur um eine allgemeine Beratung geht.

Abrechnungsbeispiel bei einer außergerichtlichen Beratung
Streitwert: Euro 3.000,00

7,5/10 Geschäftsgebühr, § 118 I Nr. 1 BRAGO	Euro	141,75
7,5/10 Besprechungsgebühr, § 118 I Nr. 2 BRAGO	Euro	141,75
Auslagenpauschale, § 26 BRAGO	Euro	20,00
Zwischensumme	Euro	303,50
Mehrwertsteuer, § 25 II BRAGO	Euro	48,56
abzüglich Kostenvorschuss	– Euro	100,00
Rechnungsbetrag	Euro	252,06

III. Die Vertretung durch den Rechtsanwalt

Abrechnungsbeispiel bei einer gerichtlichen Vertretung im Prozess
Streitwert: 3.000,00 Euro

10/10 Prozessgebühr, § 31 I Nr. 1 BRAGO	Euro	189,00
10/10 Verhandlungsgebühr, § 31 I Nr. 2 BRAGO	Euro	189,00
10/10 Vergleichsgebühr, § 23 I 3 BRAGO	Euro	189,00
Auslagenpauschale, § 26 BRAGO	Euro	20,00
Fotokopien für acht Seiten, § 27 I BRAGO	Euro	4,00
Reisekosten für 100 km Fahrt und vier Stunden Abwesenheit, § 28 BRAGO	Euro	42,00
Zwischensumme	Euro	633,00
Mehrwertsteuer, § 25 II BRAGO	Euro	101,28
abzüglich Erstattung Rechtsschutzversicherung	– Euro	584,28
abzüglich Zwischenrechnung vom 05. Mai 2003	– Euro	50,00
Rechnungsbetrag	Euro	100,00

Abrechnungsbeispiel bei einer Honorarvereinbarung für außergerichtliche Tätigkeit
Streitwert: 3.000,00 Euro

Stundenhonorar für drei Stunden zu je 125,00 Euro	Euro	375,00
Auslagenpauschale	Euro	20,00
Zwischensumme	Euro	395,00
Mehrwertsteuer, § 25 II BRAGO	Euro	63,20
Rechnungsbetrag	Euro	458,20

Erläuterungen:
- Die gesetzlichen Gebühren sind überwiegend nach Zehnteln gestaffelt und liegen je nach Tätigkeit des Anwalts zwischen 1/10 und 15/10. Den genauen Gebührensatz legt der Anwalt in seiner Abrechnung fest. Folgende Sätze sind üblich:

  - einfache Beratung/Vertretung   je 1/10 bis 3/10
  - durchschnittliche Beratung/Vertretung   je 5,5/10
  - mittelschwere oder umfangreiche Beratung/Vertretung   je 4/10 bis 9/10
  - sehr umfangreiche oder sehr schwierige Beratung/Vertretung   je 10/10
  - einmaliges Beratungsgespräch   Gebühren wie vorstehend, aber maximal Euro 180,00
  - einfaches Mahn- oder Kündigungsschreiben   02/10
  - Vertretung vor Gericht, erste Instanz   je 10/10
  - Vertretung vor Gericht, zweite Instanz   je 13/10
  - Vergleichsabschluss vor Gericht   10/10
  - Vergleichsabschluss außergerichtlich   15/10

- In einer Sache können durchaus mehrere Gebühren zugleich anfallen, so etwa bei einem gerichtlichen Verfahren oder bei Verhandlungen mit dem Gegner oder einer Behörde.
- Die Prozess- und Geschäftsgebühren erhöhen sich jeweils um 03/10, wenn mehrere Personen den Anwalt in der gleichen Sache beauftragen.
- Soll der Anwalt ein rechtliches Gutachten erstellen, kann er hierfür eine „angemessene" Gebühr verlangen.
- Verwaltet der Anwalt Gelder des Mandanten, erhält er dafür in der Regel eine gesonderte Hebegebühr.
- Für ein „einmaliges Beratungsgespräch", eine so genannte Erstberatung, darf der Anwalt maximal 180,00 Euro fordern. Eine Erstberatung liegt aber nur vor, wenn der Anwalt tatsächlich nicht mehr als einmal tätig wurde. Ein weiteres Telefonat, ein zusätzliches Schreiben, ein zweiter Termin – schon wird die normale Gebühr fällig.
- Seine Auslagen kann der Anwalt konkret beziffern oder pauschal abrechnen. Die Pauschale darf allerdings 15 Prozent der Gebühren nicht übersteigen.
- Kommt es im Anschluss an eine Beratung zu einem Gerichtsverfahren, werden die außergerichtlichen Gebühren des Anwalts auf die dann entstehenden Gebühren angerechnet.
- Wurde der Anwalt bereits vor dem 01. Januar 2002 beauftragt, gilt für die Anwaltsgebühren die alte DM-Tabelle. Die Beträge werden erst am Ende der Gebührennote in Euro umgerechnet.
- Die einzelnen Gebührenvorschriften der Bundesrechtsanwaltsgebührenordnung (BRAGO) sind unter anderem kostenlos im Internet nachzulesen, so zum Beispiel unter www.staat-modern.de.
- Auch Anwälten in den neuen Bundesländern stehen nach Ansicht des Bundesverfassungsgerichtes die vollen Gebühren nach der BRAGO zu.
- Die genaue Höhe seiner anwaltlichen Gebühren kann der Verbraucher mit Hilfe einer Kostentabelle bestimmen, zu finden im Anhang.
- Zur Berechnung stehen auch spezielle kostenlose Kostenrechnerprogramme im Internet zur Verfügung, so etwa unter
- www.focus.de unter dem Suchwort „Prozessrechner"
- www.anwaltssuche.de
- www.foris.de unter dem Stichwort „Prozessfinanzierung"
- www.annonet.de unter der Rubrik „Programme & Tools"
- Die Gebührensätze werden sich bald verändern, da demnächst eine neue Vergütungsordnung für Rechtsanwälte in Kraft tritt.

WISO rät: Überprüfen Sie die Abrechnung Ihres Anwalts auf etwaige Unstimmigkeiten. Sind Sie der Meinung, die Abrechnung Ihres Anwalts sei überhöht, sprechen Sie ihn zunächst hierauf an und bitten Sie um Berichtigung. Möglicherweise handelte es sich ja nur um ein Versehen. Dann wird der Anwalt Ihrem Einwand sicher ohne weiteres nachkommen.

Weigert sich Ihr Anwalt, die Rechnung zu korrigieren, und können Sie seine Argumente nicht nachvollziehen, sollten Sie ihm noch einmal schriftlich darlegen, warum Sie die Rechnung für zu hoch halten. Fordern Sie ihn außerdem nochmals zur Berichtigung auf. Und vor allem: Überweisen Sie ihm schon einmal den Betrag, den Sie Ihrer Meinung nach für angemessen halten. Den gesamten Betrag sollten Sie ihm dagegen allenfalls unter Vorbehalt überweisen.

Kommen Sie mit Ihrem Anwalt nicht zu einer Einigung, können Sie sich auch an die Gebührenschiedsstelle der örtlich zuständigen Rechtsanwaltskammer wenden (siehe dazu den Abschnitt „Haftung des Anwalts" in diesem Kapitel). Als letztes Mittel bliebe schließlich die Anrufung des Anwaltsgerichts. Besser ist es an diesem Punkt allerdings, abzuwarten und zu schauen, ob der Anwalt seine noch offenen Gebührenforderungen überhaupt weiter verfolgt. Hierfür hat er maximal drei Jahre Zeit, gerechnet ab dem Ende des Jahres, in dem die Gebühr entstanden ist.

Und noch etwas: Haben Sie gegen Ihren Anwalt Schadensersatzansprüche, etwa weil er Sie falsch beraten hat, können Sie diese Forderungen mit den Anwaltsgebühren verrechnen.

Achtung: Gebühren kann der Rechtsanwalt für jede Angelegenheit gesondert in Rechnung stellen. Wer mit seinem Anwalt mehrere Streitigkeiten erörtert oder aber eine Sache, die verschiedene Streitpunkte umfasst, muss also damit rechnen, dass ihm am Ende zwei Abrechnungen ins Haus flattern.

Fehler bei der Abrechnung

Natürlich kann es bei der Gebührenaufstellung auch einmal passieren, dass der Anwalt sich nicht zu seinen Gunsten, sondern zu seinen Ungunsten verrechnet, etwa weil er eine Gebühr übersieht oder die Gebühren falsch zusammenrechnet. Fällt ihm sein Fehler nicht auf, hat der Mandant Glück gehabt. Bemerkt er seinen Irrtum aber, darf er die fehlerhafte Abrechnung noch im Nachhinein korrigieren und den rückständigen Betrag von seinem Mandanten einfordern. Das funktioniert allerdings nicht, wenn der Anwalt sich bei der eigenen Festlegung einer Rechnungsposition „vertan" hat, also sich beispielsweise nachträglich überlegt, statt einer 03/10- eine 08/10-Gebühr in Rechnung zu stellen.

10. Wer die Kosten des Anwalts trägt

Erstattung durch den Gegner

Keine Probleme mit den Anwaltskosten hat der Verbraucher dann, wenn sein Gegner diese Kosten zu tragen hat. So ist es etwa, wenn beide Seiten einen Prozess vor dem Gericht führen und der Gegner verliert.

Der Haken an der Sache: Der Verbraucher kann sich nie ganz sicher sein, ob er nicht am Ende doch noch die Zeche zahlen muss. Folgendes kann zum Beispiel passieren:

- Eine Klage vor Gericht wird gewonnen, dem eigenen Anwalt stehen aber aufgrund einer Honorarvereinbarung erheblich höhere als die gesetzlichen Gebühren zu.

- *Folge:* Der Gegner muss die Kosten des eigenen Anwalts nur bis zur Höhe der gesetzlichen Gebühren erstatten, den Rest trägt der Verbraucher selbst.
- Eine Klage vor Gericht wird gewonnen, der Gegner muss aber die Kosten nicht tragen, weil die Klage zur Durchsetzung der Forderungen gar nicht notwendig war. Beispiel: Der Kläger hat vergessen, seinem Gegner vor der Klage eine Mahnung zu schicken.
Folge: Der Verbraucher muss die Kosten für seinen Anwalt, den Anwalt des Gegners und das Gericht zahlen.
- Eine Klage vor Gericht wird zwar in der ersten Instanz gewonnen. Der Gegner legt jedoch gegen das Urteil Berufung ein. In der zweiten Instanz wird die Klage schließlich endgültig verloren.
Folge: Auch hier trägt der Verbraucher sämtliche Kosten, mit dem Unterschied, dass diese wesentlich höher ausfallen, als wenn das Verfahren schon nach der ersten Instanz beendet gewesen wäre. So liegen die Gesamtkosten bei einem Streit um 3.000,00 Euro in der ersten Instanz noch bei rund 1.200,00 Euro, bei zwei Instanzen fällt bereits ein Betrag von 1.600,00 Euro an.
- Wie vorher, aber die Klage wird nach einer Revision des Gegners erst in der dritten Instanz verloren.
Folge: Die Kosten sind hier noch höher.
- Eine Klage vor Gericht wird nur zum Teil gewonnen und im Übrigen verloren.
Folge: Der Verbraucher zahlt die Kosten in dem Umfang, in dem er die Klage verloren hat, also beispielsweise zu 70 Prozent, wenn ihm das Gericht statt eingeklagter 1.000,00 Euro nur 300,00 Euro zugesprochen hat.
- Die Klage wird gewonnen, das Verfahren fand aber vor dem Arbeitsgericht statt. Hier gilt die Besonderheit, dass der Verbraucher die Kosten seines Anwalts immer selbst zahlen muss.
- Die Klage wird gewonnen, der Gegner ist aber pleite oder untergetaucht.
Folge: Der Verbraucher muss zunächst als so genannter Zweitschuldner für die Kosten einstehen. Weil beim Gegner nichts mehr zu holen ist, bleibt er am Ende auf den Kosten sitzen.

Wie die Beispielsfälle zeigen, muss der Verbraucher selbst in vermeintlich günstigen Konstellationen noch damit rechnen, am Ende die Kosten zu tragen. Erst recht besteht diese Gefahr natürlich, wenn er seinem Gegner unterlegen ist. Wer etwa die Klage vor dem Gericht verliert, hat dem Gegner und dem Gericht sämtliche Kosten zu erstatten und dazu noch seinen eigenen Anwalt zu bezahlen.

Kostenrisiko ausrechnen

Wichtig ist es deshalb, sich von vornherein Klarheit über das bestehende Kostenrisiko zu verschaffen. Die Frage der Kosten darf kein Tabuthema sein. Im Gegenteil: Oft entscheidet gerade das Kostenrisiko darüber, ob es sinnvoll ist, einen Rechtsstreit zu führen oder nicht. Immerhin können bei einer Auseinandersetzung schnell vier- bis fünfstellige Euro-Beträge zusammenkommen. Bei den Überlegungen zu den Kosten sind nicht nur die Gebühren für den eigenen Anwalt miteinzukalkulieren, sondern auch die weiteren Kosten für das Gericht und den Gegner (zu den Kosten des Gerichts siehe den Abschnitt „Kosten des Prozesses" im sechsten Kapitel dieses Buches).

Beispiel:

Gerichtsgebühren Amtsgericht	Euro	267,00
Gebühren und Auslagen eigener Anwalt	Euro	461,68
Gebühren und Auslagen Anwalt Gegenseite	Euro	461,68
Gesamt	Euro	1.190,36

Läuft ein Prozess ungünstig, könnte die Rechnung aber auch wie folgt aussehen:

Gerichtsgebühren Amts- und Berufungsgericht	Euro	400,50
Gebühren und Auslagen eigener Anwalt	Euro	592,96
Gebühren und Auslagen Anwalt Gegenseite	Euro	592,96
Kosten Sachverständiger	Euro	500,00
Kosten Zeugen	Euro	50,00
Kosten Dolmetscher	Euro	100,00
Gesamt	Euro	2.236,42

Achtung: Unter Umständen muss der Gegner die Kosten des anderen auch dann erstatten, wenn es gar nicht zu einem Gerichtsprozess gekommen ist. Beispiel: Der beauftragte Anwalt setzt beim Gegner eine Geldforderung durch, die trotz mehrfacher Mahnungen bislang nicht beglichen wurde. Die Anwaltskosten trägt der Gegner.

Oder: Um einem Betrug des Gegners auf die Schliche zu kommen, setzt die andere Seite einen Detektiv ein. Die Detektivkosten sind dann Teil der Schadensersatzforderungen und vom Gegner zu bezahlen.

WISO rät: Unterschätzen Sie niemals Ihr Kostenrisiko. Lassen Sie es sich zu Beginn des Mandats vom Anwalt ausrechnen. Wägen Sie gut ab, ob der mögliche Ertrag in einem angemessenen Verhältnis zu den Risiken steht.

Überdenken Sie Ihr Kostenrisiko jeweils neu, wenn der Rechtsstreit in ein anderes Stadium eintritt. Beispiel: Sie streiten zunächst außergerichtlich und nun soll der Streit vor Gericht weitergeführt werden. Oder: Ein Gerichtsurteil ist ergangen und es stellt sich die Frage der Berufung.

Wer dazu verpflichtet ist, dem Gegner die Anwaltskosten zu erstatten, wird in der Regel eine Rechnung des gegnerischen Anwalts erhalten, in der er aufgefordert wird, den fälligen Betrag bis zu einem bestimmten Zeitpunkt zu bezahlen. Kommt der Verbraucher dieser Aufforderung nicht nach, muss er damit rechnen, dass der Gegner die Kosten zwangsweise, also etwa mit Hilfe eines gerichtlichen Verfahrens, beitreibt. Dann kommen die Kosten des Prozesses zu der ursprünglichen Forderung noch dazu.

Ist bereits ein gerichtliches Urteil ergangen, erhält der Kostenpflichtige vom Gericht einen so genannten Kostenfestsetzungsbeschluss. Darin ist aufgeführt, welchen Betrag der Betroffene an die Staatskasse und an den Gegner zu erstatten hat. Den Kostenfestsetzungsbeschluss sollte der Betroffene genau prüfen. Bei Fehlern kann er gegen die Festsetzung des Gerichts Einspruch einlegen. Ist aber alles in Ordnung, muss er die festgesetzten Beträge von sich aus innerhalb von zwei Wochen an die Gegenseite zahlen. Ansonsten droht die Zwangsvollstreckung, das heißt, die Kosten können etwa durch einen Gerichtsvollzieher zwangsweise eingetrieben werden. Durch die Zwangsvollstreckung entstehen dann weitere Kosten, die der Betroffene ebenfalls zu erstatten hat (siehe dazu auch das siebte Kapitel dieses Buches).

Wichtig: Vor der Zwangsvollstreckung fordern viele Anwälte den Kostenpflichtigen noch einmal ausdrücklich zur Zahlung auf, etwa durch ein Mahnschreiben. Das passiert vor allem dann, wenn der eigene Anwalt eine Kostenfestsetzung beantragt hatte. Zwingend erforderlich ist die Mahnung aber nicht. Bereits der Kostenfestsetzungsbeschluss verpflichtet den Betroffenen zur Zahlung.

Anwaltskosten und Steuer

Die Kosten des Anwalts können unter Umständen von der Steuer abgesetzt werden.

So zählen etwa die Kosten eines Scheidungsverfahrens oder eines Rechtsstreits über einen Arztfehler steuerlich zu den „außergewöhnlichen Belastungen". Einen zumutbaren Eigenanteil muss der Betroffene hier aber selbst bezahlen. Die Höhe richtet sich nach seinen Einkünften und seinem Familienstand und beträgt zwischen 1 und 7 Prozent.

Hat der Arbeitnehmer mit seinem Chef vor dem Arbeitsgericht gestritten, sind die entstandenen Kosten als Werbungskosten aus nichtselbstständiger Arbeit abzugsfähig. Bei einem Prozess um Renteneinkünfte handelt es sich bei den Anwaltskosten um Werbungskosten bei den sonstigen Einkünften.

Anwaltskosten für Unfallschäden mit dem Pkw fallen steuerlich unter die Rubrik „außergewöhnliche Fahrzeugkosten".

WISO rät: Haben Sie einen Anwalt eingeschaltet, geben Sie Ihre Kosten vorsorglich immer bei der Steuer an. Das Finanzamt muss dann entscheiden, ob es die Kosten steuerlich berücksichtigt oder nicht.

Finanzierungsalternativen prüfen

Wer die Kosten für einen Rechtsstreit nicht aufbringen kann, braucht die Flinte nicht gleich ins Korn zu werfen. Vielleicht lässt sich das Geld ja auf anderem Wege besorgen, etwa über
- staatliche Beratungs- und Prozesskostenhilfe,
- eine kostengünstige Beratung durch die Verbraucherzentralen,
- eine Rechtsschutzversicherung,
- eine Mitgliedschaft in einem Verband, etwa einem Automobilclub bei Verkehrsstreitigkeiten oder einer Gewerkschaft bei Auseinandersetzungen mit dem Chef,
- einen Prozessfinanzierer, also ein Unternehmen, das die Kosten eines Prozesses übernimmt,
- einen Vorschuss vom Ehegatten,
- durch eine Abtretung der Forderung an eine mittellose Person, die dann staatliche

Beratungs- oder Prozesskostenhilfe beantragen kann und im Verlustfall kein finanzielles Risiko hat.

Einzelheiten zu den jeweiligen Finanzierungsmöglichkeiten finden sich im achten Kapitel dieses Buches.

IV. Die Beilegung von Streitigkeiten ohne Gericht

1. Die Vor- und Nachteile einer Schlichtung

„Schlichten ist besser als richten", „Erst zum Schlichter, dann zum Richter" oder „Sich vertragen ist besser als klagen" – wer kennt sie nicht, die guten Ratschläge, mit denen der Volksmund auf die Vorzüge einer Beilegung von Streitigkeiten ohne Gericht hinweist. Doch ganz so einfach ist die Sache offenbar nicht. Jedenfalls wird nach wie vor ein Großteil der rechtlichen Auseinandersetzungen vor Gericht ausgetragen. Die Gründe hierfür sind vielfältig. Manche Parteien versuchen erst gar nicht, ihren Streit einvernehmlich beizulegen. Ihnen geht es ums Prinzip. Sie wollen nicht nur Recht haben, sondern es auch um jeden Preis bekommen. Andere wiederum sind kooperativer, können sich aber mit ihrem Gegner nicht einigen. Auch dann landet der Streit häufig vor Gericht. Aber es gibt auch noch andere Fälle: So wissen viele Betroffene überhaupt nicht, dass es für ihre Sache Schlichtungsstellen gibt, die ihnen bei der Einigung mit dem Gegner helfen, ohne dass ein Gericht eingeschaltet werden müsste. Oder der Weg über die Schlichtungsstelle ist ihnen zu umständlich und zu wenig Erfolg versprechend.

Was viele Streithähne nicht bedenken: Endet der gerichtliche Prozess mit einem Urteil, bekommt im Normalfall immer nur eine Seite Recht. Die andere geht dagegen leer aus. Wer gewinnt und wer verliert, steht nicht von vornherein fest. Jeder muss also damit rechnen, dass er unterliegt und am Ende alle Kosten trägt. Dann ist der Ärger bei den Betroffenen oft groß. Aber auch die Sieger eines Prozesses haben nicht immer Grund zum Lachen: Viele Verfahren ziehen sich über mehrere Monate oder gar Jahre hin, bis es endlich zu einer Entscheidung kommt. Läuft es ganz übel, ist bei der anderen Seite dann nichts mehr zu holen oder sie ist auf Nimmerwiedersehen verschwunden. Und noch etwas sollten die Beteiligten sich vor Augen führen: Auch vor Gericht enden viele Prozesse letztlich nicht mit einem Urteil, sondern mit einer einvernehmlichen Beilegung des Streits, einem so genannten gerichtlichen Vergleich. Hat der Richter den Parteien nämlich erst einmal klar gemacht, wie ihre Chancen stehen und welche Risiken der Prozess mit sich bringt, wird der Druck auf die Beteiligten häufig so groß, dass sie sich entschließen, die Sache friedlich zu beenden, anstatt weiter zu prozessieren. Das Gerichtsverfahren hat dann aber schon Zeit, Geld und Nerven gekostet, die bei einer außergerichtlichen Einigung hätten vermieden werden können.

Jeder, der in einen Rechtsstreit hineingerät, sollte deshalb gut überlegen, ob es nicht sinnvoller ist, zunächst ein Schlichtungsverfahren durchzuführen, bevor der Streit bei Gericht endet. Ganz gleich, ob der Streit mit dem Nachbarn, der Ärger mit dem Chef oder die Auseinandersetzung mit dem Vermieter – die Schlichtung bietet den Beteilig-

144   IV. Die Beilegung von Streitigkeiten ohne Gericht

ten stets die Möglichkeit, den Konflikt mit Hilfe eines Vermittlers aus der Welt zu schaffen. Und in manchen Fällen ist eine Schlichtung sogar per Gesetz vorgeschrieben. Die Vorteile einer Schlichtung liegen auf der Hand.

- Das Verfahren ist billiger als ein Prozess;
- das Verfahren geht schneller als ein Prozess;
- das Verfahren läuft weitgehend unbürokratisch;
- das Verfahren läuft nicht in der Öffentlichkeit;
- das Verfahren kann ohne Anwälte ablaufen;
- ein neutraler Schlichter hilft den Beteiligten, sich zu einigen;
- der Schlichter oder das Schlichtergremium kennen sich mit der Materie in der Regel sehr gut aus;
- während das Verfahren läuft, braucht niemand Angst zu haben, dass seine Forderungen verjähren;
- während das Verfahren läuft, müssen Geldforderungen erst einmal nicht bezahlt werden;
- die Beteiligten lösen ihre Zusagen aus einer Einigung in der Regel schnell ein;
- die Beteiligten können sich nach dem Verfahren noch in die Augen sehen;
- ein späterer Prozess ist nicht ausgeschlossen, wenn es nicht zu einer Einigung kommt. Ausnahme: Verfahren vor einem Schiedsgericht. Hier entscheiden die Schiedsrichter endgültig.

Nicht zu empfehlen ist ein Schlichtungsverfahren allerdings, wenn
- die Beteiligten oder einer von ihnen eine Einigung prinzipiell ablehnt. Dann erhöht das Schlichtungsverfahren nur die Kosten und die Dauer des Rechtsstreits;
- die Beteiligten anwaltlich vertreten sind und die Anwälte sich zuvor vergeblich um eine Einigung bemüht haben;
- die Beteiligten einen Musterprozess führen wollen, also ein Problem endgültig geklärt haben möchten, das so oder in ähnlicher Form immer wieder neu auftaucht;
- keine Gewähr dafür besteht, dass die Schlichtungsstelle sich neutral verhält, etwa weil sie einseitig zu Lasten des Verbrauchers besetzt ist oder andere mit ihr schlechte Erfahrungen gemacht haben;
- sich die Schlichtung vor der Schlichtungsstelle bekanntermaßen lange hinzieht.

WISO rät: Suchen Sie bei einem Streit zunächst das Gespräch mit Ihrem Gegner. Versuchen Sie, gemeinsam einen Lösungsvorschlag zu entwickeln, der für beide Seiten akzeptabel ist.

Überprüfen Sie dabei Ihre eigenen Standpunkte und überlegen Sie, bei welchen Positionen Sie nachgeben können. Bemühen Sie sich um eine objektive Sichtweise. Versuchen Sie nicht, als alleiniger Gewinner dazustehen. Werten Sie ein eigenes Nachgeben nicht als Schuldeingeständnis.

Sperren Sie sich nicht aus Prinzip, wenn Ihnen die andere Seite einen vernünftigen Einigungsvorschlag unterbreitet.

Führen die Verhandlungen mit der Gegenseite nicht zum Erfolg, prüfen Sie, ob in Ihrem Fall nicht die Möglichkeit besteht, ein außergerichtliches Schlichtungsverfahren durchzuführen.

1. Die Vor- und Nachteile einer Schlichtung

Überlegen Sie dann, ob es in Ihrem Fall sinnvoll ist, ein solches Verfahren durchzuführen. Wägen Sie dazu sämtliche Vor- und Nachteile sorgfältig gegeneinander ab. Denken Sie auch darüber nach, warum die eigenen Verhandlungen mit dem Gegner gescheitert sind und ob sie überhaupt bereit sind, sich auf einen möglichen Einigungsvorschlag der Schlichtungsstelle einzulassen.

2. Die unterschiedlichen Schlichtungsverfahren im Überblick

Schlichtung ist nicht gleich Schlichtung. So gibt es Verfahren, bei denen mehr oder minder frei diskutiert wird, während andere nach festen Regeln ablaufen. Bei bestimmten Schlichtungsverfahren wiederum hat der Schlichter sogar die Befugnis, den Streit notfalls alleine zu entscheiden, wenn die Beteiligten sich nicht einigen.

Wichtig: Bei sämtlichen aufgeführten Schlichtungsverfahren können sich die Beteiligten von einem Anwalt ihrer Wahl unterstützen lassen. Zu empfehlen ist das etwa bei schwierigen Fällen oder wenn es um viel Geld geht. Bei einfach gelagerten Fällen sollte sich der Verbraucher dagegen die Kosten für den Anwalt sparen.

Insgesamt lassen sich die einzelnen Schlichtungsverfahren nach folgenden Schlagworten unterteilen:

a) Reine Vermittlung oder Mediation

Hier unterstützt ein neutraler und unparteiischer Schlichter die Streithähne dabei, eine einvernehmliche Lösung des Konflikts zu finden. Der Schlichter übt allerdings keinen Druck auf die Parteien aus, trifft keine eigenen Entscheidungen und versucht auch nicht, die Beteiligten von eigenen Einigungsvorschlägen zu überzeugen. Er wird lediglich vermittelnd tätig, das heißt, er leitet die Verhandlungen, ordnet die gegenseitigen Argumente, informiert über die Rechtslage, gibt Ratschläge und zeigt Lösungsmöglichkeiten auf. Die Hauptverantwortung bleibt aber bei den Parteien. Sie müssen die Lösung für den Konflikt weitgehend selbst erarbeiten.

Für das vermittelnde Verfahren gibt es keine strikten Regeln. Die Beteiligten setzen sich vielmehr mit dem Schlichter zusammen und versuchen, im gemeinsamen Gespräch zu einer Lösung zu gelangen. Häufig findet nur ein Besprechungstermin statt, manchmal wird die Erörterung aber auch auf mehrere Sitzungen verteilt. Den Schlichter wählen die Parteien in der Regel frei aus. Meist handelt es sich um Rechtsanwälte oder Richter, mitunter werden aber auch Psychologen, Sozialberater oder Theologen eingeschaltet. Die Kosten für den Schlichter sind unterschiedlich. Üblicherweise werden zwischen 50,00 und 200,00 Euro pro Stunde verlangt. Die Kosten teilen die Beteiligten in der Regel je zur Hälfte unter sich auf.

Das Einschalten eines Vermittlers erfolgt freiwillig. Die Beteiligten können die Gespräche jederzeit abbrechen und die Sache vor Gericht austragen.

Hauptbeispiel für eine reine Vermittlung ist die so genannte Mediation. Hierbei handelt es sich genau genommen lediglich um die englische Übersetzung des Begriffs Vermittlung. Der Mode entsprechend hat es sich allerdings im rechtlichen Bereich eingebürgert, von Mediation und nicht von Vermittlung zu sprechen. Der Schlichter heißt hier deshalb auch nicht „Vermittler", sondern „Mediator".

Doch Vorsicht: Der Begriff des Mediators ist nicht geschützt. Jeder, der will, darf sich so bezeichnen. Wer einen Mediator sucht, sollte deshalb darauf achten, welche Ausbildung und praktischen Erfahrungen der Mediator vorweisen kann und welchem Hauptberuf er nachgeht.

Eine gute Hilfe hierbei bietet der Mediatorensuchservice der Centrale für Mediation. Unter der bundesweiten Rufnummer 0180/500 89 89 (12 Ct./Min.) bekommt der Verbraucher bis zu drei Mediatoren in seiner Nähe mit Qualifikation und Tätigkeitsschwerpunkt genannt. Anschriften anwaltlicher Mediatoren erhält der Verbraucher auch über die örtlichen Rechtsanwaltskammern, den Anwaltsverein oder andere Mediatorenvereinigungen, wie etwa die Bundesarbeitsgemeinschaft für Familienmediation, die eine besondere Ausbildung für Mediatoren im Familienbereich anbietet.

Die Adresse der jeweiligen Anwaltskammer lässt sich am besten herausfinden über die Bundesrechtsanwaltskammer, Littenstraße 9, 10179 Berlin, Tel.: 030/28 49 39-0, Fax: 030/28 49 39-11, e-Mail: zentrale@brak.de, Internet: www.brak.de.

Die anderen Anschriften lauten:
- Centrale für Mediation KG, Unter den Ulmen 96–98, 50968 Köln, Tel.: 0221/93 73 88 01, Fax: 0221/93 73 89 26, e-Mail: cfm@mediate.de, Internet: www.centrale-fuer-mediation.de
- Deutscher Anwaltverein, Littenstraße 11, 10179 Berlin, Tel.: 030/72 61 52-0, Fax: 030/72 61 52-190, e-Mail: dav@anwaltverein.de, Internet: www.anwaltverein.de
- Bundesarbeitsgemeinschaft für Familienmediation (BAFM), Eisenacher Str. 1, 10777 Berlin, Tel.: 030/23 62 82 66, Fax: 030/214 17 57, e-Mail: bafm-mediation@t-online.de, Internet: www.bafm-mediation.de

Wichtig: Handelt es sich bei dem Mediator um einen Rechtsanwalt, muss er die anwaltlichen Standesregeln beachten. Er darf also etwa keine unerlaubte Werbung betreiben und haftet den Beteiligten für Fehler, die auf seine Kappe gehen (siehe dazu auch das dritte Kapitel dieses Buches). Außerdem ist es ihm untersagt, für die Beteiligten gleichzeitig als Anwalt und Mediator tätig zu sein.

Hauptfall Familienmediation

Verbreitet ist die Mediation vor allem in Familiensachen, also etwa bei Trennungen und Scheidungen. Oft sind die Parteien hier so zerstritten oder uneinig, dass sie erst mit Hilfe eines Dritten zu einer Lösung ihres Konfliktes kommen. Um keine unnötigen Spannungen aufkommen zu lassen, läuft das Verfahren hier zum Teil in Form einer so genannten Co-Mediation ab, bei der je ein Mann und eine Frau als Mediatoren zusammenarbeiten.

Aufgepasst: Schalten die Beteiligten einen Rechtsanwalt ein, darf dieser wie gesagt nicht zugleich als Anwalt und als Mediator tätig werden. Denn wer die Interessen eines Mandanten einseitig wahrnimmt, kann nicht gleichzeitig unparteiisch sein. Entschließen sich also die Ehegatten oder einer von ihnen dazu, sich anwaltlich beraten zu lassen, müssen sie zusätzlich einen oder zwei Anwälte einschalten, für die wiederum gesonderte Kosten anfallen. Auch für die Scheidung vor Gericht benötigen die Parteien einen anderen Anwalt als den Mediator.

WISO rät: Die Kosten für eine Familienmediation sind bei Familienberatungsstellen, wie etwa Diakonie, Arbeiterwohlfahrt, Caritas, Deutschem Roten Kreuz, Paritätischem Wohlfahrtsverband usw., meist erheblich billiger als bei einem Anwalt. Zum Teil erfolgt sie sogar kostenlos. Wer finanzielle Probleme hat, sollte sich an eine der aufgeführten Stellen wenden. Denn für die Mediation gibt es keine staatliche Beratungs- oder Prozesskostenhilfe. Auch die Rechtsschutzversicherungen springen nur ausnahmsweise ein. Hier sollte der Verbraucher aber auf jeden Fall nachhaken, vor allem wenn die Mediation von einem Anwalt durchgeführt wurde.

b) Echte Schlichtung

Der Schlichter hat hier die Aufgabe, für die Parteien einen Einigungsvorschlag zu erarbeiten und sie davon zu überzeugen. Falls die Einigung scheitert, darf er den Streit allerdings nicht entscheiden.

Klassische Schlichtungsverfahren laufen meist nach festen Regeln ab, die in privaten Schlichtungsordnungen oder anderen Verfahrensordnungen nachzulesen sind. Zum Teil sind die Verfahren rein schriftlich. Die Parteien sitzen dann nicht gemeinsam an einem Tisch, um die Sache zu erörtern, sondern tauschen untereinander nur Briefe und andere Schriftstücke aus. Als Schlichter fungieren fast ausschließlich Juristen, denen aber in der Regel Vertreter von Verbänden, Verbraucherorganisationen und Unternehmen zur Seite stehen. Die Kosten für das Verfahren sind häufig sehr gering, da es hierfür meist speziell eingerichtete Schlichtungs- oder Schiedsstellen gibt. Rechtsschutzversicherungen übernehmen die Kosten in der Regel bis zum 1,5-fachen Betrag eines üblichen Gerichtsverfahrens.

Echte Schlichtungen sind teilweise gesetzlich vorgeschrieben. In solchen Fällen dürfen die Beteiligten erst vor Gericht ziehen, wenn sie nachweisen können, dass sie sich vergeblich um eine Schlichtung bemüht haben (siehe dazu auch den Abschnitt „Wann eine Verpflichtung zur Schlichtung besteht" in diesem Kapitel).

Zu den echten Schlichtungen zählen aber auch die freiwilligen Schlichtungsverfahren vor Handwerkskammern, Ombudsmännern, Schiedsstellen und anderen Gütestellen (siehe dazu die beiden letzten Abschnitte in diesem Kapitel).

c) Entscheidung durch ein privates Schiedsgericht

Bei einem Verfahren vor einem privaten Schiedsgericht hat der Schlichter nicht nur die Aufgabe, die Parteien zu einer Einigung zu veranlassen. Er kann den Rechtsstreit vielmehr auch durch einen Schiedsspruch endgültig entscheiden, wenn es nicht zu einer Einigung kommt. Den Schiedsspruch können die Beteiligten grundsätzlich nicht mehr von einem staatlichen Gericht überprüfen lassen.

Für das Schiedsgerichtsverfahren hat der Gesetzgeber in der Zivilprozessordnung (ZPO) einen rechtlichen Rahmen geschaffen. Die Einzelheiten des Verfahrens können die Parteien aber selbst regeln. Die Beteiligten verhandeln unter der Leitung des Schiedsrichters mündlich über die Sache. Die Kosten für den Schiedsrichter richten sich im Normalfall nach dem wirtschaftlichen Wert der Sache und werden entweder pauschal oder nach bestimmten Gebührensätzen berechnet.

Zu einem Schiedsgerichtsverfahren kommt es immer dann, wenn die Beteiligten zuvor übereinstimmend festgelegt haben, dass sie Streitigkeiten vor einem privaten Gericht austragen wollen und das Einschalten staatlicher Gerichte unzulässig sein soll. Schiedsgerichtsklauseln finden sich aber häufig auch in Satzungen von Vereinen oder Verbänden. Sie gelten dann automatisch bei Streitigkeiten zwischen dem Verein und seinen Mitgliedern. Ausgeschlossen sind Schiedsgerichtsverfahren allerdings zum Beispiel bei Ehescheidungen oder wenn es um das Bestehen eines Mietvertrages geht.

Von dem Begriff „Schiedsgericht" sollte sich der Verbraucher nicht verwirren lassen. Gemeint ist damit nur, dass das Verfahren sehr förmlich abläuft und der Schiedsrichter die Sache am Ende entscheiden darf. Zu einem gerichtlichen Prozess im eigentlichen Sinne kommt es aber nicht.

Vorsicht: Gerade bei kleineren Auseinandersetzungen sind die Kosten für ein privates Schiedsgericht meist erheblich höher als die normalen Gerichtsgebühren. Beispiel: Die Parteien streiten um einen Betrag von 5.001,00 Euro. Nach den Mustervereinbarungen des Deutschen Anwaltsvereins sowie des Deutschen Richtervereins erhält der vorsitzende Schiedsrichter hieraus pro Verfahrensakt eine 15/10-Gebühr in Höhe von 507,00 Euro, die anderen Schiedsrichter eine 13/10-Gebühr in Höhe von 439,40 Euro. Bei drei Verfahrensakten und regelmäßig drei Schiedsrichtern belaufen sich die Kosten für das Schiedsgericht dann insgesamt auf 2.839,20 Euro. Hinzu kommen zum Teil noch einmalige „Bearbeitungsgebühren" in Höhe von einigen hundert Euro.

Zum Vergleich: Im normalen Gerichtsverfahren vor einem staatlichen Gericht fallen bei einer Entscheidung drei Gebühren in Höhe von insgesamt 408,00 Euro an.

Etwas geringer fällt der Unterschied bei den Gerichtskosten allenfalls dann aus, wenn sich der Prozess vor dem staatlichen Gericht durch mehrere Instanzen zieht, für die immer wieder neue Gebühren anfallen. Insgesamt könnten die Beteiligten ihre Kostenlast auch dadurch verringern, dass sie sich vor dem Schiedsgericht nicht anwaltlich vertreten lassen und sich so die im staatlichen Prozess ab einem Streitwert von 5.000,00 Euro zwingend anfallenden Anwaltskosten sparen.

Dennoch: Wer in erster Linie auf die Kosten schaut, sollte einen Rechtsstreit in der Regel nicht ohne Not von einem Schiedsgericht, sondern lieber von einem staatlichen Gericht entscheiden lassen.

Hier hat er bei schlechten finanziellen Verhältnissen außerdem die Möglichkeit, staatliche Prozesskostenhilfe zu beantragen. Und auch bei der Deckung durch die Rechtsschutzversicherung gibt es im normalen Gerichtsverfahren keine Probleme. Im Schiedsverfahren übernimmt die Versicherung die Kosten dagegen nur eingeschränkt.

3. Wann eine Verpflichtung zur Schlichtung besteht

a) Die einzelnen Fälle

Ob er ein Schlichtungsverfahren durchführen will, kann der Verbraucher sich nicht immer aussuchen. In manchen Fällen ist er nämlich zur Schlichtung verpflichtet. Das bedeutet natürlich nicht, dass er dazu gezwungen wäre, sich mit seinem Gegner zu einigen. Er muss es aber zumindest versucht haben. Ansonsten ist ihm der Weg zu Gericht versperrt.

Eine Pflicht zur Schlichtung besteht vor allem in folgenden Fällen:
- Geldwerte Streitigkeiten bis zu einem Wert von 600,00 beziehungsweise 750,00 Euro. Beispiel: Die Parteien streiten sich um die Rückzahlung einer Mietkaution oder um Schadensersatz.
Achtung: Die Schlichtungspflicht gilt hier nur in bestimmten Bundesländern. Nähere Einzelheiten im nachfolgenden Abschnitt.
- Streitigkeiten mit dem Nachbarn, etwa wegen Lärmbelästigung oder überhängender Äste.
Achtung: Die Schlichtungspflicht gilt hier nur in bestimmten Bundesländern. Nähere Einzelheiten im nachfolgenden Abschnitt.
- Verletzungen der persönlichen Ehre, etwa durch Beleidigungen oder Verleumdungen.
Achtung: Die Schlichtungspflicht gilt hier nur in bestimmten Bundesländern. Nähere Einzelheiten im nachfolgenden Abschnitt.
- Straftaten, die der Betroffene vor dem Strafgericht mit einer so genannten Privatklage verfolgen will. Dazu zählen zum Beispiel Hausfriedensbruch, Beleidigung, leichte und fahrlässige Körperverletzung, Bedrohung oder Sachbeschädigung. Für die Schlichtung zuständig sind hauptsächlich die Schiedsämter, die mit ehrenamtlichen Schiedspersonen besetzt sind (siehe dazu den Abschnitt „Schlichtung durch Schiedsämter" in diesem Kapitel).
- Streitigkeiten zwischen Auszubildenden und Ausbildern, wenn ein entsprechender Schlichtungsausschuss besteht.
- Streitigkeiten zwischen Arbeitnehmer und Arbeitgeber bei Erfindungen. Die Schlichtung obliegt hier den Schiedsstellen des Patentamtes in München oder Berlin.
- Streitigkeiten kirchlicher Arbeitnehmer.
- Streitigkeiten im Rahmen des Gesetzes zur so genannten „Sachenrechtsbereinigung" an Grundstücken in den neuen Bundesländern. Zuständig für die Schlichtung sind ausschließlich Notare.
- Durchführung eines Verbraucherinsolvenzverfahrens, also wenn der Verbraucher beabsichtigt, ein gerichtliches Verfahren einzuleiten, um schuldenfrei zu werden. Der Betroffene benötigt hierzu eine Bescheinigung, mit der nachgewiesen wird, dass er sich zuvor vergeblich darum bemüht hat, sich mit seinen Gläubigern zu ei-

150 IV. Die Beilegung von Streitigkeiten ohne Gericht

nigen. Die Bescheinigungen dürfen nur hierfür geeignete Stellen ausstellen. Welche Stellen als geeignet anerkannt sind, erfährt der Verbraucher bei den Schuldnerberatungsstellen der Gemeinden, Verbraucherzentralen und Wohlfahrtsverbände oder zentral im Internet unter www.forum-schuldnerberatung.de.
- Bei Vereinbarung einer Schiedsgerichtsklausel. Hier ist der Weg zu den staatlichen Gerichten von vornherein versperrt.
- Streitigkeiten mit Behörden. Hier muss der Betroffene vor einer Klage zunächst ein Widerspruchsverfahren durchlaufen. Dabei handelt es sich zwar nicht um eine Schlichtung, bei der ein neutraler Schlichter eingeschaltet wird. Wichtig ist aber, dass der Betroffene nicht gleich vor Gericht ziehen kann, wenn er mit einer Entscheidung der Behörde nicht einverstanden ist, sondern hiergegen erst einmal Widerspruch einlegen muss.

b) Besonders wichtig: Schlichtungspflicht bei Bagatellstreitigkeiten

Pflicht nur in bestimmten Bundesländern

Besonders bedeutsam ist für den Verbraucher die Schlichtungspflicht bei Bagatellstreitigkeiten, also dann, wenn
- es bei geldwerten Streitigkeiten um weniger als 600,00 oder 750,00 Euro geht,
- mit dem Nachbarn gestritten wird oder
- sich jemand in seiner persönlichen Ehre verletzt fühlt, soweit die Verletzung nicht in Presse, Radio, Fernsehen oder mittels Internet, CD oder Ähnlichem begangen wurde.

Eine solche Schlichtungspflicht besteht derzeit in folgenden Bundesländern:

Land	Grenzen
Baden-Württemberg	750,00 Euro, auch bei Nachbar- und Ehrstreitigkeiten
Bayern	750,00 Euro, auch bei Nachbar- und Ehrstreitigkeiten
Brandenburg	750,00 Euro, auch bei Nachbar- und Ehrstreitigkeiten
Hessen	750,00 Euro, nur bei geldwerten Streitigkeiten
Nordrhein-Westfalen	600,00 Euro, nur bei geldwerten Streitigkeiten
Saarland	600,00 Euro, nur bei geldwerten Streitigkeiten
Sachsen-Anhalt	750,00 Euro, nur bei geldwerten Streitigkeiten
Schleswig-Holstein	750,00 Euro, nur bei geldwerten Streitigkeiten

Auf Ausnahmen achten

Von der Schlichtungspflicht gibt es eine ganze Reihe von Ausnahmen. Bevor der Verbraucher einen Schlichter aufsucht, sollte er deshalb überlegen, ob er nicht ausnahmsweise auf ein Schlichtungsverfahren verzichten kann. Ausnahmen gelten etwa,
- wenn der Verbraucher bei Gericht ein Eil- oder Beschlussverfahren durchführen will;
- wenn die Parteien nicht im gleichen Bundesland wohnen (Sachsen-Anhalt, Saarland), nicht im gleichen Landgerichtsbezirk (Nordrhein-Westfalen, Bayern, Bran-

denburg, Hessen, Schleswig-Holstein) oder nicht mindestens in benachbarten Landgerichtsbezirken (Baden-Württemberg);
- wenn der Verbraucher gezwungen ist, innerhalb einer gesetzlichen oder vom Gericht festgesetzten Frist Klage zu erheben. Beispiel: Klage des Vermieters auf Zustimmung zu einer Mieterhöhung;
- wenn der Verbraucher sich gegen eine Klage mit einer eigenen Klage wehren will;
- wenn der Verbraucher ein bereits ergangenes Urteil abändern lassen will. Beispiel: Anpassung laufender Rentenzahlungen;
- wenn der Verbraucher ein bereits beendetes Verfahren wieder aufnehmen will, etwa weil er meint, es seien krasse Fehler begangen worden;
- bei allen Familienstreitigkeiten, also zum Beispiel Scheidungen, Unterhalt, Versorgungsausgleich;
- bei Forderungen, die in einem so genannten Urkundsprozess geltend gemacht werden, wenn der Kläger also sämtliche Ansprüche allein durch Schriftstücke nachweisen kann;
- wenn der Kläger zuvor ein gerichtliches Mahnverfahren durchgeführt hat (siehe dazu auch das fünfte Kapitel dieses Buches);
- wenn der Betroffene sich mit seiner Klage gegen Maßnahmen des Gerichtsvollziehers oder des Vollstreckungsgerichts wehren will;
- wenn Behörden oder andere öffentliche Institutionen an dem Streit beteiligt sind (gilt nur in Sachsen-Anhalt und im Saarland);
- bei allen Klagen, die der Betroffene nicht beim Amts- oder Landgericht, sondern bei einem besonderen Gericht einreichen müsste. Beispiel: Streitigkeiten vor dem Arbeitsgericht, Finanzgericht, Verwaltungsgericht, Sozialgericht.

WISO rät: Haben Sie generell kein Interesse daran, bei Bagatellfällen ein Schlichtungsverfahren durchzuführen, beantragen Sie bei Gericht am besten einen Mahnbescheid. Widerspricht der Gegner, können Sie gleich klagen. Das funktioniert allerdings nur, wenn Sie sich um Geld streiten (zu den Einzelheiten siehe das fünfte Kapitel dieses Buches).

Haben Sie versehentlich sofort eine Klage eingereicht, obwohl Sie verpflichtet waren, zuvor ein Schlichtungsverfahren durchzuführen, beantragen Sie bei Gericht, das Schlichtungsverfahren nachholen zu dürfen.

Wie die Bagatellschlichtung abläuft

Wie die Schlichtung in Bagatellsachen abläuft, an welche Stellen sich der Verbraucher hierfür wenden muss und was ein solches Schlichtungsverfahren kostet, ist in allen Bundesländern unterschiedlich geregelt. Einzelheiten erfährt der Verbraucher über das nächste Amtsgericht, bei seiner Gemeinde, bei der örtlichen Rechtsanwaltskammer, bei der nächsten Polizeidienststelle oder beim jeweiligen Landesjustizministerium. Die Adressen finden sich in den gedruckten und elektronischen Versionen der Telefonbücher sowie im Internet, etwa über

- www.justiz.nrw.de, Rubrik „Adressen & Links", Stichwort „Adressdatenbank" für Anschriften von Gerichten,

- www.justiz.baden-württemberg.de, www.justiz.bayern.de usw. für Anschriften der Justizministerien,
- www.brak.de für Anschriften der Rechtsanwaltskammern.

Zur Orientierung kann der Verbraucher sich Folgendes merken:

Anerkannte Gütestellen

In jedem Bundesland gibt es offiziell anerkannte Gütestellen, die Bagatellschlichtungen durchführen. In Baden-Württemberg sind das in erster Linie die Gütestellen beim Amtsgericht, bei denen vor allem Rechtsanwälte als Schlichter tätig werden. In Bayern obliegt die Schlichtung vor allem Notaren und freiwillig hierzu bestellten Rechtsanwälten. In allen anderen Bundesländern wird die Bagatellschlichtung hauptsächlich von den Schiedsämtern oder Schiedsstellen der Gemeinden vorgenommen, die mit privaten, ehrenamtlichen Schiedsmännern und -frauen besetzt sind. Achtung: Neben den aufgeführten Stellen gibt es in jedem Bundesland noch eine Reihe weiterer anerkannter Gütestellen, die hier nicht einzeln aufgezählt werden können. Zu erkennen sind sie an dem Siegel „anerkannte Gütestelle". Adressen und Informationen erhält der Verbraucher über die zuvor aufgeführten Stellen. Zu den Schiedsämtern siehe auch den Abschnitt in diesem Kapitel.

Um eine Schlichtung einzuleiten, muss der Betroffene an die Gütestelle am eigenen Wohnsitz (Baden-Württemberg) beziehungsweise am Wohnsitz des Gegners (alle anderen Bundesländer) einen Schlichtungsantrag richten. Darin sind die genauen Namen und Anschriften der Beteiligten, der Grund für den Streit und die eigenen Forderungen anzugeben. Empfehlenswert ist es, den Fall ausführlich zu schildern und alle wichtigen Unterlagen in Kopie beizufügen. Für den Antrag ist keine bestimmte Form vorgeschrieben. Der Betroffene kann ihn schriftlich oder mündlich bei der Gütestelle stellen. Nicht vergessen sollte er, den Antrag zu unterschreiben und eine Ausfertigung für die Gegenseite beizulegen.

Ist der Antrag ordnungsgemäß eingereicht, läuft das weitere Verfahren in der Regel wie folgt: Der Schlichter fordert von dem Antragsteller erst einmal einen Vorschuss auf die Kosten an, meist zwischen 20,00 und 130,00 Euro. Dann bestimmt er einen Termin, in dem er mit den Parteien über die Sache verhandelt. Zu dem Termin haben die Parteien grundsätzlich persönlich zu erscheinen. Wer nicht kommt, gibt der anderen Seite damit unter Umständen das Recht, vor Gericht zu ziehen. Zeugen werden in der Verhandlung regelmäßig nicht vernommen.

Das Verfahren endet damit, dass die Parteien sich in einem Vergleich einigen oder die Schlichtung für erfolglos erklärt wird. Im letzteren Fall erhält der Antragsteller eine so genannte „Erfolglosigkeitsbescheinigung". Unter Vorlage dieser Bescheinigung kann er seinen Gegner dann verklagen. Werden sich die Parteien einig, können sie ihren Vergleich nur noch ganz ausnahmsweise rückgängig machen, etwa wenn die Vereinbarung sittenwidrig ist oder gegen Strafbestimmungen verstößt.

Die Kosten für den Schlichter und das Verfahren selbst betragen je nach Bundesland und erzieltem Ergebnis im Regelfall zwischen 80,00 und 130,00 Euro (Baden-Württemberg), 50,00 und 170,00 Euro (Bayern), 10,00 und 75,00 Euro plus Auslagen (andere Bundesländer), jeweils netto. Sind Anwälte beteiligt, kommt jeweils noch eine volle Anwaltsgebühr sowie unter Umständen eine eineinhalbfache Vergleichsgebühr hinzu (zur Höhe und Berechnung siehe den Abschnitt „Was ein Anwalt kostet" im dritten Kapitel dieses Buches). Die Kosten der Schlichtung trägt grundsätzlich der Antragsteller, die Kosten für den Anwalt und die angefallenen Auslagen trägt jede Partei selbst. Verläuft das Verfahren erfolglos und wird die Sache später vor Gericht ausgetragen, werden die Kosten für die Schlichtung mit den Prozesskosten verrechnet.

Sonstige Gütestellen

Neben den offiziell anerkannten Gütestellen bestehen in den einzelnen Bundesländern noch zahlreiche weitere Schlichtungsstellen, die für eine Bagatellschlichtung in Frage kommen. Der Haken: Nur wenn beide Seiten zustimmen, zählen solche Verfahren als Schlichtung. Zwar gilt die Zustimmung der anderen Seite bei bestimmten Stellen automatisch als erteilt, sobald der Verbraucher die Schlichtung beantragt. Um keine Zeit und kein Geld zu verschwenden und nicht zu riskieren, dass seine Forderungen in der Zwischenzeit verjähren, sollte der Betroffene sich aber stets nur dann an eine „sonstige" Schlichtungsstelle wenden, wenn er zuvor das Einverständnis der Gegenseite eingeholt hat.

Doch die Schlichtung vor sonstigen Gütestellen birgt noch andere Gefahren: Hält sich etwa eine Seite nicht an ihre Zusagen aus einem Vergleich, kann der andere seine Rechte nicht zwangsweise durchsetzen. Will er zu seinem Recht kommen, muss er den Gegner verklagen. Für die Kosten der Schlichtung gibt es bei sonstigen Gütestellen keine einheitliche Regelung. Sie können unter Umständen also höher, aber natürlich auch niedriger liegen als bei anerkannten Gütestellen. Für den Ablauf des Verfahrens wiederum gelten jeweils eigene Regeln, die jede Gütestelle selbst festlegt. Hier muss sich der Verbraucher vorher sorgfältig informieren. Zu achten ist vor allem darauf, inwieweit bei der Gütestelle die Neutralität der Schlichtungsperson gewährleistet ist. Adressen sonstiger Gütestellen erfährt der Verbraucher unter anderem über die Landesjustizministerien. Hier sind auch kostenlose Broschüren erhältlich (zu sonstigen Gütestellen siehe auch den Abschnitt „Schlichtung bei ausgewählten branchenspezifischen Gütestellen" in diesem Kapitel. Einige der dort aufgeführten Einrichtungen sind allerdings nicht „sonstige", sondern offiziell anerkannte Gütestellen).

WISO rät: Sind Sie gezwungen, in Ihrem Fall eine Bagatellschlichtung durchzuführen, besorgen Sie sich zunächst die notwendigen Informationen über das Verfahren.

Wenden Sie sich zu Ihrer eigenen Sicherheit nur an eine anerkannte Gütestelle oder rufen Sie die Gütestelle zumindest nur gemeinsam mit Ihrem Gegner an.

Besteht die Gefahr, dass Ihre Forderungen in naher Zukunft verjähren, stellen Sie Ihren Antrag unbedingt rechtzeitig und vollständig und zahlen Sie den angeforderten Kostenvorschuss pünktlich ein. Verzichten Sie in solchen Fällen auch darauf, den Antrag per Fax oder einfachem Brief zu stellen, sondern setzen Sie einen Boten ein oder erscheinen Sie selbst bei der Gütestelle. Fragen Sie nach, ob Sie bei der richtigen Stelle sind. Machen Sie von Ihrem Antrag eine Kopie.

Sind Sie Sozialhilfeempfänger, ist das Verfahren vor anerkannten Gütestellen für Sie in Baden-Württemberg kostenfrei. In den anderen Bundesländern werden Bürgern mit geringem Einkommen die Kosten ermäßigt oder erlassen. Die Kosten für einen Anwalt können bei entsprechenden finanziellen Verhältnissen über die Beratungshilfe abgedeckt werden (siehe dazu auch den Abschnitt „Beratungshilfe" im achten Kapitel dieses Buches). Wer rechtsschutzversichert ist, braucht sich über die Kosten des Schlichtungsverfahrens in der Regel ebenfalls keine Gedanken machen.

Beachten Sie, dass ein Rechtsanwalt für Sie nicht gleichzeitig als Schlichter und als Anwalt tätig sein darf. Ihren „Privatanwalt" sollten Sie deshalb nicht unbedingt als Schlichter einschalten oder vorschlagen.

Macht der Schlichter einen Fehler und entsteht Ihnen hieraus ein Schaden, können Sie ihn dafür haftbar machen. Alle Schlichter anerkannter Gütestellen sind haftpflichtversichert. Beispiele für Pflichtverletzungen: Der Schlichter verzögert das Verfahren oder plaudert Internas aus.

Die gesetzlichen Regelungen zur Bagatellschlichtung finden sich in den einzelnen Landesschlichtungsgesetzen, im Internet nachzulesen etwa auf den Seiten der Landesregierungen beziehungsweise Landesjustizministerien.

4. Schlichtung bei Schiedsämtern und anderen allgemeinen Stellen

Wer sich freiwillig dafür entscheidet, mit seinem Kontrahenten eine Schlichtung zu versuchen, hat häufig die Qual der Wahl. Hunderte von Gütestellen bieten bei der Streitschlichtung ihre Hilfe an. Viele von ihnen sind Einrichtungen von Verbänden, die sich auf die Schlichtung branchenspezifischer Streitigkeiten konzentrieren, wie etwa im Handwerk oder im Bankenbereich (siehe dazu auch den gesonderten Abschnitt in diesem Kapitel). Umfassend und ohne die Gefahr, einseitige Interessen zu verfolgen, schlichten dagegen die Schiedsämter, öffentlichen Vergleichsstellen, Anwälte, Notare und Rechtsanwaltskammern.

WISO rät: Ob es im Einzelfall sinnvoller ist, eine branchengebundene oder eine allgemeine Schlichtungsstelle anzurufen, lässt sich nicht pauschal sagen:

Allgemeine Gütestellen bieten mehr Gewähr dafür, dass sie unabhängig und unparteilich sind. Außerdem können Vereinbarungen, die vor diesen Stellen abgeschlossen wurden, auch zwangsweise, etwa mit Hilfe eines Gerichtsvollziehers, durchgesetzt werden.

Branchengebundene Gütestellen wiederum bieten eine höhere fachliche Kompetenz, da die Schlichter aus der jeweiligen Branche stammen und auf entsprechende Fragestellungen spezialisiert sind. Die Beteiligten erhalten dadurch auch gute Anhaltspunkte dafür, wie ein späteres Gerichtsverfahren ausgehen könnte. Werden Gutachten erstellt, können sie für nachfolgende Prozesse sogar zum Teil verbindlich sein.

Die Preise für eine Schlichtung sind von Gütestelle zu Gütestelle verschieden. Hier muss der Verbraucher vergleichen.

a) Schiedsämter

Schiedsämter gibt es mit Ausnahme von Baden-Württemberg, Bayern, Bremen und Hamburg in den Gemeinden aller Bundesländer. Besetzt sind sie mit ehrenamtlichen Schiedsleuten (in Sachsen: Friedensrichter), die aufgrund besonderer Schiedsmannsordnungen tätig werden. Die Schiedsleute schlichten sowohl in Strafsachen als auch in zivilrechtlichen Streitigkeiten, beispielsweise wenn der Nachbar mal wieder nachts die Musik aufgedreht hat. Seinen Antrag muss der Bürger immer an die Schiedsperson richten, in deren Bezirk der Gegner wohnt. Die Parteien können sich aber auch auf eine bestimmte Schiedsperson einigen. Die Kosten einer Schlichtung sind von Bundesland zu Bundesland verschieden und betragen zwischen 10,00 und 75,00 Euro zuzüglich Auslagen. Bei schlechten wirtschaftlichen Verhältnissen können die Kosten ermäßigt oder erlassen werden.

Achtung: Schiedsleute sind keine Schiedsrichter. Sie dürfen also einen Streit nicht entscheiden, sondern nur Einigungsvorschläge unterbreiten.

Auch handelt es sich bei Schiedsleuten nicht um Schiedsgutachter. Einen Schiedsgutachter schalten die Parteien vielmehr dann ein, wenn sie über einen streitigen Punkt ein verbindliches Gutachten erstellen lassen wollen.

Informationen und Anschriften von Schiedsämtern erhält der Verbraucher bei seiner Gemeinde oder dem nächsten Amtsgericht. Zentral kann er auch nachfragen beim Bund Deutscher Schiedsmänner und Schiedsfrauen e.V., Prümerstraße 2, 44787 Bochum, Tel.: 0234/588 97-0, Fax: 0234/588 97-19, e-Mail: info@bdsev.de, Internet: www.schiedsamt.de.

b) Öffentliche Vergleichsstellen

In Hamburg übernimmt die Aufgabe der Schiedsämter die Öffentliche Rechtsauskunfts- und Vergleichsstelle. Eine solche Stelle gibt es außerdem noch in Lübeck. In Berlin laufen Schlichtungen bei Bedarf auch bei den Bezirksämtern. In Bremen ist die Arbeitnehmerkammer zuständig. Die Kosten für eine Schlichtung betragen hier maximal 11,00 Euro.

Anschriften:
Hamburg: Öffentliche Rechtsauskunfts- und Vergleichsstelle, Holstenwall 6, 20355 Hamburg, Tel.: 040/428 43 30 71, Fax: 040/428 43 36 58, e-Mail: renate.frier@bsf.hamburg, Internet: www.hamburg.de unter der Rubrik „BSF".
Bremen: Arbeitnehmerkammer Bremen, Bürgerstr. 1, 28195 Bremen, Tel.: 0421/363 01-0, Fax: 0421/363 01-931, e-Mail: info@arbeitnehmerkammer.de, Internet: www.arbeitnehmerkammer.de.
Berlin: Zuständig sind die Bürgerämter beim jeweiligen Bezirksamt. Adressen finden Sie im Telefonbuch.
Lübeck: Öffentliche Rechtsauskunfts- und Vergleichsstelle der Hansestadt Lübeck, Kronsforder Allee 2–6, 23552 Lübeck, Tel.: 0451/122 44 09.

c) Anwälte, Notare und Rechtsanwaltskammern

Auch Anwälte, Notare und Rechtsanwaltskammern können offiziell als Schlichter tätig werden. Dazu müssen sie allerdings als „Gütestelle" anerkannt sein. Die Kosten für eine Schlichtung liegen hier etwa zwischen 50,00 und 200,00 Euro.

5. Schlichtung bei ausgewählten branchenspezifischen Gütestellen

Um Streitigkeiten zwischen Geschäftsleuten und Kunden zu schlichten, haben zahlreiche Berufszweige eigene Gütestellen eingerichtet. Sie sind meist mit Fachleuten aus der jeweiligen Branche besetzt. Zum Teil sind aber auch die Verbraucher vertreten. Wie das Verfahren abläuft und welche Kosten entstehen, richtet sich nach den Schlichtungsordnungen der einzelnen Verbände.

WISO rät: Bevor Sie sich für eine branchenspezifische Schlichtung entscheiden, informieren Sie sich zunächst bei der jeweiligen Schlichtungsstelle über die Voraussetzungen, die Kosten und den Ablauf des Schlichtungsverfahrens.

Achten Sie darauf, dass Sie bei der Auswahl etwaiger Gutachter mitentscheiden können und die Schlichtungsstelle möglichst paritätisch besetzt ist, das heißt neben den Vertretern des Verbandes auch Verbrauchervertreter mitwirken. Prüfen Sie auch, inwieweit Sie sich bei dem Verfahren selbst einbringen können, etwa durch mündliche Verhandlungen.

Fragen Sie bei der nächsten Verbraucherzentrale, welche Erfahrungen Kunden mit der jeweiligen Gütestelle gemacht haben. Erkundigen Sie sich auch nach der Erfolgsquote der Gütestelle.

Wägen Sie ab, ob es in Ihrem Fall nicht sinnvoller ist, eine allgemeine Gütestelle mit der Schlichtung zu betrauen (siehe dazu den vorherigen Abschnitt in diesem Kapitel).

a) Abschleppen

Träger der Schlichtungsstelle: Verband der Bergungs- und Abschleppunternehmen
Bezeichnung: Schiedsstelle
Besetzung: ein Mitarbeiter des Verbandes
Sachgebiet: Streitigkeiten zwischen Kunden und Abschleppunternehmen
Kosten: keine

Weitere Informationen:
Verband der Bergungs- und Abschleppunternehmen e.V., Wittener Straße 237, 42279 Wuppertal, Tel.: 0202/266 56-0, Fax: 0202/266 56-4, e-Mail: info@vba-service.de, Internet: www.vba-service.de

b) Autoreparaturen

Träger der Schlichtungsstelle:	Kraftfahrzeuginnung
Bezeichnung:	Schiedsstellen
Sachgebiet:	Streitigkeiten zwischen innungsangehörigen Kfz-Betrieben und Kunden wegen Werkstattleistungen, Reparaturkosten, Reparaturen
Besetzung:	in der Regel ein Jurist und vier Beisitzer, jeweils einer von einem Automobilclub und dem Kfz-Gewerbe sowie zwei Kfz-Sachverständige
Kosten:	keine
Besonderheiten:	• Das Verfahren dauert in der Regel nicht mehr als drei Monate. • Bei der Anrufung sind jeweils bestimmte, zum Teil sehr kurze Fristen einzuhalten. • Die Gerichte sind in einem späteren Prozess weitgehend an die von der Schiedsstelle getroffenen Feststellungen gebunden.

Weitere Informationen:
Zentralverband Deutsches Kraftfahrzeuggewerbe e. V., Franz-Lohe-Str. 21, 53129 Bonn, Tel.: 0228/91 27-0, Fax: 02 28/91 27-150, e-Mail: zdk@kfzgewerbe.de, Internet: www.kfzgewerbe.de

c) Bauen

Träger der Schlichtungsstelle:	Gemeinsame Trägerschaft verschiedener Institutionen, wie etwa Baugewerbeverbänden, Handwerksinnungen, Architekten- und Ingenieurkammern, Industrie- und Handelskammern, Haus- und Grundbesitzerverband
Bezeichnung:	Allgemeine Bauschlichtungsstellen
Sachgebiet:	Streitigkeiten aus dem Baubereich
Besetzung:	ein Jurist und mehrere Sachverständige als Fachbeisitzer
Kosten:	abhängig vom Aufwand, in der Regel aber mehrere hundert Euro. Bei mündlichen Verhandlungen rechnen die Mitglieder der Gütestelle oft nach Stunden ab. Die Stundensätze betragen meist ab 50,00 Euro aufwärts. Zum Teil richten sich die Gebühren auch nach dem Streitwert. Manchmal fällt zusätzlich eine allgemeine Verfahrensgebühr von über hundert Euro an. Weitere Kosten entstehen häufig auch durch zusätzliche Sachverständigengutachten.
Besonderheiten:	• Das Angebot beschränkt sich auf einige Bundesländer

IV. Die Beilegung von Streitigkeiten ohne Gericht

beziehungsweise Gebiete wie Nordrhein-Westfalen, Mecklenburg-Vorpommern, Niedersachsen, Bremen, Rheinland, Saarland.
- Für die Anrufung ist die Zustimmung des Gegners erforderlich.
- Das Verfahren dauert relativ lang.

Weitere Informationen:
Zentralverband des Deutschen Handwerks e.V., Mohrenstraße 20/21, 10117 Berlin, Tel.: 030/206 19-0, Fax: 030/206 19-460, e-Mail: info@zdh.de, Internet: www.zdh.de
Zentralverband des Deutschen Baugewerbes e.V., Kronenstraße 55–58, 10117 Berlin-Mitte, Tel.: 030/203 14-0, Fax: 030/203 14-419, e-Mail: bau@zdb.de, Internet: www.zdb.de
Deutscher Industrie- und Handelskammertag (DIHK) e.V., Breite Straße 29, 10178 Berlin, Tel.: 030/203 08-0, Fax: 030/203 08-1000, e-Mail: dihk@berlin.dihk.de, Internet: www.dihk.de

Träger der Schlichtungsstelle:	Landesarchitekten- und Ingenieurkammern
Bezeichnung:	Schlichtungsstelle
Sachgebiet:	Streitigkeiten mit Architekten und Ingenieuren
Besetzung:	ein Vorsitzender, zwei Beisitzer, in der Regel jeweils Mitglieder der Kammer
Kosten:	je nach Bundesland verschieden, zum Teil streitwertabhängig bis zu 2.500,00 Euro

Weitere Informationen:
Bundesarchitektenkammer e.V., Askanischer Platz 4, 10963 Berlin, Tel.: 030/26 39 44-0, Fax: 030/26 39 44-90, e-Mail: info@bak.de, Internet: www.bundesarchitektenkammer.de
Bundesingenieurkammer, Kochstr. 22, 10969 Berlin, Tel.: 030/253 42 90-0, Fax: 030/253 42 90-3, e-Mail: website@bingk.de, www.bundesingenieurkammer.de.

Träger der Schlichtungsstelle:	Bundesverband Deutscher Fertigbau
Bezeichnung:	Ombudsstelle
Sachgebiet:	Konflikte beim Kauf von Fertighäusern
Besetzung:	Ombudsmann
Kosten:	keine
Besonderheiten:	Die Schlichtung ist auf die Mitgliedsfirmen des Bundesverbandes beschränkt.

Weitere Informationen:
Bundesverband Deutscher Fertigbau e.V. (BDF), Flutgraben 2, 53604 Bad Honnef, Tel.: 02224/93 77-0, Fax: 02224/93 77-77, e-Mail: info@bdf-ev.de, Internet: www.bdf-ev.de.

d) Computer, EDV

Träger der Schlichtungsstelle:	Deutsche Gesellschaft für Recht und Informatik e.V.
Bezeichnung:	Schlichtungsstelle
Sachgebiet:	Streitigkeiten zwischen Kunden und Anbietern aus dem EDV- und Computerbereich
Besetzung:	ein Jurist und ein EDV-Sachverständiger, benannt vom Träger
Kosten:	320,00 Euro Verfahrensgebühr zuzüglich Stundenhonorare für die Schlichter in Höhe von 160,00 Euro/Std. zuzüglich Nebenkosten und Auslagen
Besonderheiten:	Für die Anrufung ist das Einvernehmen beider Parteien erforderlich.

Weitere Informationen:
Deutsche Gesellschaft für Recht und Informatik e.v., Institut für Informationsrecht, Universität Karlsruhe, Am Fasanengarten 5, 76131 Karlsruhe, Tel.: 0721/608 75 70, Fax: 0721/608 65 06, e-Mail: dgri@ira.uka.de, Internet: www.dgri.de

e) Gebrauchtwagenkauf

Träger der Schlichtungsstelle:	Landesverbände des Kfz-Gewerbes
Bezeichnung:	Schiedsstellen
Sachgebiet:	Streitigkeiten zwischen Gebrauchtwagenkunden und Händlern
Besetzung:	in der Regel ein Jurist und vier Beisitzer, jeweils einer von einem Automobilclub und dem Kfz-Gewerbe sowie zwei Kfz-Sachverständige
Kosten:	keine

Weitere Informationen:
Zentralverband Deutsches Kraftfahrzeuggewerbe e. V., Franz-Lohe-Str. 21, 53129 Bonn, Tel.: 0228/91 27-0, Fax: 0228/91 27-150, e-Mail: zdk@kfzgewerbe.de, Internet: www.kfzgewerbe.de

f) Geld und Finanzen

Träger der Schlichtungsstelle:	Deutsche Bundesbank
Bezeichnung:	Schlichtungsstelle
Sachgebiet:	sämtliche In- und Auslandsüberweisungen, missbräuchliche Verwendung von Zahlungskarten
Besetzung:	mehrere auf drei Jahre bestellte Schlichter
Kosten:	keine
Besonderheiten:	Regelung des Verfahrens in der Schlichtungsstellenverfahrensordnung.

Weitere Informationen:
Deutsche Bundesbank Schlichtungsstelle, Postfach 11 12 32, 60047 Frankfurt am Main, Tel.: 069/23 88 19-07, Fax: 069/23 88 19-19, www.bundesbank.de

Träger der Schlichtungsstelle:	Regionalverbände der Sparkassen
Bezeichnung:	Schiedsstelle
Sachgebiet:	Streitigkeiten mit Sparkassen
Besetzung:	in der Regel ein Jurist
Kosten:	keine
Besonderheiten:	Der Kunde muss vorher versucht haben, die Streitfrage mit seiner Sparkasse zu klären.

Weitere Informationen:
Deutscher Sparkassen- und Giroverband, Charlottenstraße 47, 10117 Berlin, Tel.: 030/202 25-0, Fax: 030/202 25-250, e-Mail: info@dsfv.de, Internet: www.dsgv.de

Träger der Schlichtungsstelle:	Private Bausparkassen
Bezeichnung:	Ombudsfrau
Sachgebiet:	Streitigkeiten mit privaten Bausparkassen
Besetzung:	eine Ombudsfrau
Kosten:	keine
Besonderheiten:	Der Einigungsvorschlag der Ombudsfrau ist für die Sparkasse bis zu einem Streitwert von 5.000,00 Euro bindend.

Weitere Informationen:
Ombudsfrau der privaten Bausparkassen, Postfach 30 30 79, 10730 Berlin, Tel.: 030/590 09 15-00, Fax: 030/590 09 15-01, e-Mail: bausparkassen@vdpb.de, Internet: www.bausparkassen.de.

Träger der Schlichtungsstelle:	Volks- und Raiffeisenbanken
Bezeichnung:	Ombudsmannstelle
Sachgebiet:	Streitigkeiten mit Volks- und Raiffeisenbanken
Besetzung:	ein Ombudsmann
Kosten:	keine

Weitere Informationen:
Kundenbeschwerdestelle beim Bundesverband der deutschen Volksbanken und Raiffeisenbanken, Schellingstraße 4, 10785 Berlin, Tel.: 030/20 21-0, Fax: 030/20 21-1900, e-Mail: info@bvr.de, Internet: www.bvr.de

Träger der Schlichtungsstelle:	Bundesverband Deutscher Banken
Bezeichnung:	Ombudsmann
Sachgebiet:	Streitigkeiten mit privaten Banken wie Deutsche Bank, Dresdner Bank, Commerzbank, Hypobank, Citibank, Direktbanken, Hypothekenbanken sowie Privatbankiers
Besetzung:	ein Jurist als Ombudsmann
Kosten:	keine
Besonderheiten:	Der Einigungsvorschlag des Ombudsmannes ist für die Bank bis zu einem Streitwert von 5.000,00 Euro bindend.

Weitere Informationen:
Kundenbeschwerdestelle beim Bundesverband deutscher Banken, Postfach 04 03 07, 10062 Berlin, Tel.: 030/16 63-0, Fax: 030/16 63-1399, e-Mail: Bankenverband@bdb.de, Internet: www.bdb.de/ombudsmann
Kundenbeschwerdestelle beim Verband deutscher Hypothekenbanken, Postfach 640136, 10047 Berlin, Tel.: 030/209 15 10-0, Fax: 030/209 15 10-1, e-Mail: vdh@hypverband.de, Internet: www.hypverband.de.

g) Gesundheit

Träger der Schlichtungsstelle:	Landesärzte- und Zahnärztekammern
Bezeichnung:	Gutachterkommissionen und Schlichtungsstellen
Sachgebiet:	ärztliche Behandlungsfehler
Besetzung:	in der Regel jeweils ein Jurist und mehrere Mediziner der Kammer
Kosten:	im Regelfall keine, für Gutachten fallen aber unter Umständen Auslagen in Höhe von mehreren hundert Euro an
Besonderheiten:	• Die Gutachterkommission erstellt lediglich ein Gutachten, unterbreitet den Parteien aber keinen Einigungsvorschlag. Das Gutachten kann auch in einem späteren Prozess verwendet werden. • Die Verfahren dauern zum Teil ein Jahr und mehr. • Kostenlose Beratung gibt es auch über die Patientenberatungsstellen der Kammern. • Bei Tierbehandlungen gibt es zum Teil spezielle Schlichtungsstellen der Tierarztverbände und Landestierärztekammern. Die Kosten solcher Schlichtungen umfassen je nach Kammer auch Gebühren im drei- bis vierstelligen Euro-Bereich. • Bei Streitigkeiten mit Apothekern läuft die Schlichtung über die Landes-Apothekerkammern.

Weitere Informationen:
Bundesärztekammer Arbeitsgemeinschaft der deutschen Ärztekammern, Herbert-Lewin-Str. 1, 50931 Köln, Tel.: 0221/400 40, e-Mail: info@baek.de, Internet: www.bundesaerztekammer.de
Bundeszahnärztekammer Arbeitsgemeinschaft der Deutschen Zahnärztekammern e.V., Chausseestraße 13, 10115 Berlin, Tel.: 030/400 05-0, Fax 030/400 05-200, e-Mail: presse@bzaek.de, Internet: www.bzaek.de

h) Handel und Gewerbe

Träger der Schlichtungsstelle:	Industrie- und Handelskammern
Bezeichnung:	Schlichtungsstelle für Verbraucherbeschwerden, Einigungsstelle
Sachgebiet:	allgemeine Streitigkeiten zwischen Händlern und Kunden (Schlichtungsstelle), Wettbewerbsstreitigkeiten, wie etwa bei irreführender Werbung (Einigungsstelle)
Besetzung:	in der Regel ein unabhängiger Jurist sowie ein Händler- und ein Verbrauchervertreter
Kosten:	keine
Besonderheiten:	• Gegen Gebühr erstellen die Kammern auch Schiedsgutachten, die für einen <u>späteren Prozess verbindlich sind.</u> • Gegen Gebühr sind auch „Bagatellschlichtungen" vor einer Gütestelle möglich.

Weitere Informationen:
Deutscher Industrie- und Handelskammertag (DIHK) e.V., Breite Straße 29, 10178 Berlin, Tel.: 030/203 08-0, Fax: 030/203 08-1000, e-Mail: dihk@berlin.dihk.de, Internet: www.dihk.de

i) Handwerk

Träger der Schlichtungsstelle:	Örtliche Handwerkskammern
Bezeichnung:	Schlichtungs- oder Vermittlungsstelle
Sachgebiet:	Streitigkeiten zwischen Handwerkern und Kunden
Besetzung:	Mitarbeiter oder Mitglieder der Rechtsabteilung der Kammern
Kosten:	keine, außer bei Einholung von Sachverständigengutachten
Besonderheiten:	Gegen Gebühr sind auch „Bagatellschlichtungen" vor einer Gütestelle möglich.

Weitere Informationen:
Zentralverband des Deutschen Handwerks, Mohrenstraße 20/21, 10117 Berlin, Tel.: 030/206 19-0, Fax: 030/206 19-460, e-Mail: info@zdh.de, Internet: www.zdh.de

Träger der Schlichtungsstelle:	Einzelne Handwerksinnungen wie Elektro-, Friseur-, Heizungsbauer-, Karosseriebauer-, Dachdecker-, Bestatter-, Fleischer-, Maler- oder Schornsteinfegerinnung
Bezeichnung:	Schlichtungs- oder Schiedsstelle
Sachgebiet:	Streitigkeiten zwischen Innungsangehörigen und Kunden
Besetzung:	in der Regel Innungsangehörige
Kosten:	unterschiedlich, oft aber keine oder nur geringe Gebühren
Besonderheiten:	Gegen Gebühr sind auch „Bagatellschlichtungen" vor einer Gütestelle möglich.

Weitere Informationen:
Zentralverband des Deutschen Handwerks, Mohrenstraße 20/21, 10117 Berlin, Tel.: 030/206 19-0, Fax: 030/206 19-460, e-Mail: info@zdh.de, Internet: www.zdh.de

j) Mieten und Wohnen

Träger der Schlichtungsstelle:	Örtliche Mietervereine und der Verband der Haus-, Wohnungs- und Grundeigentümer
Bezeichnung:	Mietschlichtungsstelle
Sachgebiet:	Streitigkeiten zwischen Mietern und Vermietern
Besetzung:	Vertreter der Mieter- und der Vermieterseite
Kosten:	bis etwa 150,00 Euro
Besonderheiten:	• Um die Schlichtungsstelle anzurufen, muss der Mieter kein Mitglied im Mieterverein sein. • Das Angebot beschränkt sich auf wenige Städte wie Kiel, Düsseldorf, Frankfurt, Hamburg, Dachau, Berlin, Wuppertal und das Saarland.

Weitere Informationen:
Deutscher Mieterbund e.V., Littenstraße 10, 10179 Berlin, Tel.: 030/223 23-0, Fax: 030/223 23-100, e-Mail: info@mieterbund.de, Internet: www.mieterbund.de
Haus & Grund Deutschland, Mohrenstraße 33, 10117 Berlin, Tel: 030/202 16-0, Fax: 030/202 16-555, e-Mail: zv@haus-und-grund.net, Internet: www.haus-und-grund.net

k) Radio und Fernsehen

Träger der Schlichtungsstelle: Handwerkskammern
Bezeichnung: Schiedsstelle
Sachgebiet: Streitigkeiten zwischen Händlern und Kunden bei der Reparatur von Radio- oder Fernsehgeräten
Besetzung: mehrere Vertreter von Verbraucher- und Händlerseite
Kosten: keine

Weitere Informationen:
Zentralverband des Deutschen Handwerks, Mohrenstraße 20/21, 10117 Berlin, Tel.: 030/206 19-0, Fax: 030/206 19-460, e-Mail: info@zdh.de, Internet: www.zdh.de

l) Rechtsanwälte

Träger der Schlichtungsstelle: Örtliche Rechtsanwaltskammern
Bezeichnung: Schlichtungsausschuss, Vermittlungsstelle
Sachgebiet: Gebührenstreitigkeiten zwischen Rechtsanwälten und Mandanten
Besetzung: in der Regel ein Mitglied der Kammer
Kosten: je nach Kammer unterschiedlich, zum Teil keine, zum Teil 200,00 Euro pro Schlichter zuzüglich Auslagen, mitunter auch abhängig vom Streitwert; bei einigen Kammern Ermäßigungen für finanziell schwache Antragsteller

Weitere Informationen:
Bundesrechtsanwaltskammer, Littenstraße 9, 10179 Berlin, Tel.: 030/28 49 39-0, Fax: 030/28 49 39-11, e-Mail: zentrale@brak.de, Internet: www.brak.de

m) Steuerberater

Träger der Schlichtungsstelle: Örtliche Steuerberaterkammern
Bezeichnung: Schlichtungsausschuss, Vermittlungsstelle
Sachgebiet: Streitigkeiten zwischen Steuerberatern und Mandanten
Besetzung: Mitglieder der Kammer
Kosten: Gebühren abhängig vom Streitwert

Weitere Informationen:
Bundessteuerberaterkammer, Neue Promenade 4, 10178 Berlin-Mitte, Tel.: 030/24 00 87-0, Fax: 030/24 00 87-99, e-Mail: zentrale@bstbk.de, Internet: www.bstbk.de

n) Telekommunikation

Träger der Schlichtungsstelle:	Regulierungsbehörde für Telekommunikation und Post
Bezeichnung:	Schlichtungsstelle
Sachgebiet:	Streitigkeiten zwischen Telekommunikationsunternehmen und Kunden
Besetzung:	drei Bedienstete der Behörde
Kosten:	keine
Besonderheiten:	Bevor die Schlichtungsstelle angerufen wird, muss der Kunde versucht haben, sich mit dem Anbieter zu einigen.

Weitere Informationen:
Regulierungsbehörde für Telekommunikation und Post (Reg TP), Tulpenfeld 4, 53113 Bonn, Tel.: 0228/140, Fax: 0228/14 88 72, e-Mail: poststelle@regtp.de, Internet: www.regtp.de

o) Textilreinigung

Träger der Schlichtungsstelle:	Textilreinigungsgewerbe und Verbraucherzentralen
Bezeichnung:	Schiedsstelle
Sachgebiet:	Streitigkeiten zwischen Textilreinigungsunternehmen und Kunden
Besetzung:	ein unabhängiger Sachverständiger sowie je ein Vertreter des Reinigungsgewerbes und der Verbraucher
Kosten:	je nach Textilie zwischen 5,00 und 25,00 Euro zuzüglich Auslagen
Besonderheiten:	Die beschädigten Textilien sind mit einzureichen.

Weitere Informationen:
Deutscher Textilreinigungs-Verband e.V., In der Raste 12, 53129 Bonn, Tel.: 0228/917 31-0, Fax: 0228/917 31-20, e-Mail: info@dtv-bonn.de, Internet: www.dtv-bonn.de

p) Verbraucherangelegenheiten allgemein

Träger der Schlichtungsstelle:	Verbraucherzentralen
Bezeichnung:	Schlichtungsstelle
Sachgebiet:	Streitigkeiten aus dem Verbraucherrecht, in Nordrhein-Westfalen unter anderem auch mit Bus- und Bahnbetrieben, in Zusammenarbeit mit den Industrie- und Handelskammern zum Teil auch bei Schuhreklamationen
Besetzung:	Schlichter der Verbraucherzentrale
Kosten:	30,00 Euro
Besonderheiten:	Einverständnis des Gegners erforderlich.

Weitere Informationen:
Verbraucherzentrale Bundesverband e.V., Markgrafenstraße 66, 10969 Berlin, Tel.: 030/258 00-0, Fax: 030/258 00-518, e-Mail: info@vzbv.de, Internet: www.vzbv.de

q) Versicherungen

Träger der Schlichtungsstelle:	Einige Versicherungsunternehmen
Bezeichnung:	Ombudsmann
Sachgebiet:	Streitigkeiten zwischen den angeschlossenen Versicherungen und Kunden, außer Sozial- und Kreditversicherungen
Besetzung:	ein von einem Beirat gewählter Ombudsmann, im Beirat sind auch die Verbraucher vertreten
Kosten:	keine
Besonderheiten:	Der Einigungsvorschlag des Ombudsmannes ist für die Versicherung bis zu einem Streitwert von 5.000,00 Euro bindend.

Weitere Informationen:
Versicherungsombudsmann e.V., Postfach 080 632, 10006 Berlin, Tel.: 01804/22 44 24 (24 Ct. pro Anruf), Fax: 01804/22 44 25, e-Mail: beschwerde@versicherungsombudsmann.de, Internet: www.versicherungsombudsmann.de

Träger der Schlichtungsstelle:	Private Krankenversicherungen
Bezeichnung:	Ombudsmann-Stelle
Sachgebiet:	Streitigkeiten zwischen privaten Krankenversicherungen und Kunden
Besetzung:	ein Ombudsmann
Kosten:	keine

Weitere Informationen:
Ombudsmann Private Kranken- und Pflegeversicherung, Leipziger Straße 104, 10117 Berlin, Tel.: 0180/255 04 44 (6 Ct. pro Anruf), Fax: 030/20 45 27 85, Internet: www.pkv-ombudsmann.de

Träger der Schlichtungsstelle: Bundesanstalt für Finanzdienstleistungsaufsicht
Bezeichnung: keine
Sachgebiet: Streitigkeiten zwischen Versicherern und Kunden
Besetzung: Mitglieder der Bundesanstalt
Kosten: keine
Besonderheiten: Es handelt sich um ein Beschwerde- und nicht um ein Schlichtungsverfahren. Die Beschwerden sind in rund einem Drittel der Fälle erfolgreich. Wer sich beschwert hat, kann sich danach nicht mehr an den Ombudsmann der Versicherungen wenden.

Weitere Informationen:
Bundesanstalt für Finanzdienstleistungsaufsicht, Graurheindorfer Str. 108, 53117 Bonn, Tel.: 0228/410 87-777, Fax: 0228/410 87-658, e-Mail: poststelle@bafin.de, Internet: www.bafin.de

V. Die Durchführung eines gerichtlichen Mahnverfahrens

1. Mahnverfahren nur ausnahmsweise

Jeder, der es schon einmal mit einem zahlungsunwilligen Schuldner zu tun hatte, weiß, wie schwierig es sein kann, an sein Geld zu kommen. Erste Mahnung, zweite Mahnung, dritte Mahnung – spielt der Schuldner nicht mit, wird das Geldeintreiben oft zur unendlichen Geschichte. Je länger sich die Sache hinzieht, desto mehr gerät der Gläubiger hierbei unter Druck. Zahlt der Schuldner nicht freiwillig, muss der Gläubiger sich irgendwann entscheiden, ob er die Forderung auf sich beruhen lässt oder ob er sie mit Hilfe des Gerichts weiterverfolgt. Der Gang zum Gericht stellt aber für viele immer noch eine enorme Hemmschwelle dar. Kein Wunder: Ein Prozess kostet schließlich Geld. Selbst wenn der Kläger am Ende gewinnt, muss er für die entstehenden Kosten zunächst einmal in Vorlage treten. Außerdem zieht sich ein Prozess im ungünstigsten Fall über mehrere Jahre hin. Und ohne Anwalt kommt man bei einem Prozess meist auch nicht aus.

Einen Ausweg aus diesem Dilemma bietet in bestimmten Fällen das gerichtliche Mahnverfahren. Damit kann der Gläubiger seine Geldforderungen gerichtlich geltend machen, ohne den Schuldner gleich verklagen zu müssen.

Der Vorteil: Das Verfahren geht einfach, schnell und kostet wenig.

Das Problem: Bleibt der Gegner stur, muss der Gläubiger am Ende meist doch einen normalen Prozess führen. Durch den Umweg über das Mahnverfahren hat er dann nur Zeit verloren, im Schnitt rund zwei bis drei Monate. Die Erfahrung zeigt, dass ein Mahnverfahren den Gläubiger nur ausnahmsweise einmal zum Ziel führt. Die meisten verlaufen erfolglos. Dennoch: Mahnverfahren sind nach wie vor bei den Gläubigern beliebt. Im Jahr 2000 hatten allein die Gerichte in Baden-Württemberg über eine halbe Million Anträge zu bearbeiten. Zum Vergleich: Die Zahl der normalen Zivilklagen betrug im gleichen Zeitraum lediglich 220.000.

WISO rät: Zu einem gerichtlichen Mahnverfahren sind Sie normalerweise nicht gezwungen. Wählen Sie das gerichtliche Mahnverfahren deshalb nur dann, wenn Sie ernsthaft damit rechnen, dass Ihr Schuldner daraufhin auch zahlt.
Nutzen Sie das Mahnverfahren auch, wenn Sie ansonsten gezwungen wären, vor einem Prozess ein Schlichtungsverfahren zu durchlaufen (siehe dazu das vierte Kapitel dieses Buches). Der Grund: Verläuft das Mahnverfahren erfolglos, können Sie Ihre Forderungen sofort einklagen. Ein umständliches und in den meisten Fällen ohnehin aussichtsloses Schlichtungsverfahren ist überflüssig.

Wollen Sie einen Prozess mit Hilfe von Prozesskostenhilfe führen, sollten Sie es ebenfalls zunächst mit einem Mahnverfahren probieren.
Für das Mahnverfahren können Sie staatliche Prozesskostenhilfe beantragen. Auch Rechtsschutzversicherungen springen ein (siehe dazu das achte Kapitel dieses Buches).

2. Mahnverfahren gut vorbereiten

Wer ein gerichtliches Mahnverfahren ins Auge fasst, muss sich darüber im Klaren sein, dass er dadurch Kosten verursacht, auf denen er im ungünstigsten Fall sitzen bleiben kann. Die Kosten sind zwar in den meisten Fällen nicht besonders hoch. So beträgt etwa die Gerichtsgebühr bei einer Forderung von 2.000,00 Euro gerade mal 36,50 Euro. Schließt sich an das Mahnverfahren aber ein normaler Prozess an, sieht die Sache schon anders aus. Hier entstehen die ganz gewöhnlichen Prozessgebühren. Das Gericht könnte dann im Beispielsfall etwa 219,00 Euro verlangen. Schaltet der Gläubiger einen Anwalt ein, kämen noch einmal zwischen 300,00 und 450,00 Euro dazu. Die Wahrscheinlichkeit, dass es nach einem Mahnverfahren zu einem Prozess kommt, ist relativ hoch. Der Schuldner muss der Forderung des Gläubigers dazu nur widersprechen. Das passiert in der Praxis recht häufig, zumal das Einlegen des Widerspruchs für den Schuldner ebenso einfach ist wie das Einleiten des Mahnverfahrens für den Gläubiger. Bevor der Gläubiger sich für das Mahnverfahren entscheidet, sollte er sich deshalb nicht nur darüber Gedanken machen, wie das Mahnverfahren läuft, sondern auch, welche Risiken ein möglicher Prozess mit sich bringt. Zu berücksichtigen sind hier neben den Kosten vor allem die Prozessdauer, die Beweissituation und die Zahlungsfähigkeit des Schuldners (siehe dazu auch den Abschnitt „Vorüberlegungen zum Prozess" im sechsten Kapitel dieses Buches). Außerdem sollte der Gläubiger das Mahnverfahren gut vorbereiten. Nur wer keine Möglichkeit mehr sieht, sein Geld auf anderem Wege einzutreiben, liegt mit einem Mahnverfahren richtig. Folgende Schritte sind vorab zu erwägen, zwingend notwendig sind sie allerdings nicht:

1. schriftliche Zahlungserinnerung (erste Mahnung)
2. Mahnschreiben (zweite Mahnung)
3. gegebenenfalls telefonische Nachfrage
4. gegebenenfalls nochmaliges Mahnschreiben (dritte Mahnung)
4. gegebenenfalls Einschalten eines Inkassobüros oder eines Rechtsanwalts
5. gerichtliches Mahnverfahren, ansonsten
6. gerichtliches Klageverfahren, danach
7. gegebenenfalls Zwangsvollstreckung, danach
8. gegebenenfalls eidesstattliche Versicherung

Achtung: Nicht zu verwechseln ist das Mahnverfahren mit einer so genannten Abmahnung. Mit einer Abmahnung fordert der Betroffene seinen Gegner in der Regel dazu auf, bestimmte Handlungen zu setzen, etwa Mängel in der Mietwohnung zu beseitigen, oder Handlungen zu unterlassen, etwa unaufgefordert Faxe zu verschicken

170　　V. Die Durchführung eines gerichtlichen Mahnverfahrens

oder zu spät zur Arbeit zu kommen. Bei der Abmahnung geht es also nicht um eine konkrete Geldforderung (zu Mahnung und Abmahnung siehe den Abschnitt „Richtig mahnen" im zweiten Kapitel dieses Buches).

3. Mahnverfahren nur für Geldforderungen

Das Mahnverfahren gibt es nur für Geldforderungen. Wer von seinem Gegner etwas anderes fordert, etwa die Herausgabe eines Gegenstandes, muss dagegen einen normalen Prozess führen.

Auf die Höhe der Forderung kommt es für den Mahnbescheid nicht an. Mahnbescheide ergehen für 500,00 Euro ebenso wie für 500.000,00 Euro. Der Anspruch muss nur fällig sein, das heißt, der Gläubiger muss das Geld auch wirklich vom Schuldner fordern dürfen. Haben die Parteien etwa vereinbart, dass der Schuldner das Darlehen erst im Dezember 2003 zurückzuzahlen hat, kann der Gläubiger das Geld nicht schon im November 2003 verlangen. Zuständig für den Mahnbescheid ist immer das Mahngericht.

Neben seiner Hauptforderung kann der Gläubiger vom Schuldner noch weitere Kosten verlangen, wie etwa Portokosten, Zinsen, Kosten für einen Rechtsanwalt beziehungsweise Inkassokosten bis zur Höhe der Kosten eines Anwalts, Kosten für außergerichtliche Mahnschreiben nach Eintritt des Zahlungsrückstands, Kosten für Bankrücklasten, Kosten für Auskünfte, wie etwa zur Ermittlung des Wohnortes des Schuldners.

4. Der Weg zum Mahnbescheid

a) Antrag auf amtlichem Vordruck

Um ein Mahnverfahren einzuleiten, benötigt der Gläubiger in der Regel einen vorgedruckten Mahnbescheid, den er ausfüllt und an das zuständige Mahngericht weiterleitet. Den Vordruck erhält er allerdings nicht beim Amtsgericht, sondern für ein bis zwei Euro im nächsten Fach- oder Schreibwarengeschäft. Wichtig: Ohne den Vordruck läuft nichts. Formlose Anträge werden von den Gerichten nicht bearbeitet. Je nach Bundesland ist es außerdem erforderlich, dem Antrag einen Vorschuss über die Gerichtskosten beizufügen, etwa in Form eines Schecks oder mittels Kostenmarken, die bei jeder Gerichtskasse erhältlich sind. Ansonsten muss das Gericht den Vorschuss gesondert anfordern, was die ganze Sache unnötig in die Länge zieht. Wie hoch der Vorschuss ist, richtet sich nach der Höhe der Forderung. Grundlage ist jeweils eine halbe Gerichtsgebühr. Bei einem Streit um 2.000,00 Euro beträgt der Vorschuss zum Beispiel 36,50 Euro (zu den Gerichtsgebühren siehe auch die Tabelle im Anhang).

An welches Gericht der Gläubiger seinen Antrag zu schicken hat, hängt im Normalfall von dem Bundesland ab, in dem er wohnt:

Baden-Württemberg:	Amtsgericht Stuttgart
Bayern:	Amtsgericht Coburg
Berlin:	Amtsgericht Wedding
Bremen:	Amtsgericht Bremen
Hamburg:	Amtsgericht Hamburg-Altona
Hessen:	Amtsgericht Hünfeld
Niedersachsen:	Amtsgericht Hannover
Nordrhein-Westfalen:	Amtsgericht Hagen für Antragsteller mit Wohnsitz in den OLG-Bezirken Hamm und Düsseldorf
	Amtsgericht Euskirchen für Antragsteller aus dem OLG-Bezirk Köln
Rheinland-Pfalz:	Amtsgericht Mayen
Sachsen-Anhalt:	Amtsgericht Aschersleben
	(nur für Gläubiger mit entsprechender Zulassung)
Schleswig-Holstein:	Amtsgericht Schleswig
	(nur für Gläubiger mit entsprechender Zulassung)
Alle übrigen Bundesländer:	das Amtsgericht am Sitz/Wohnsitz des Gläubigers
	Achtung: In diesen Bundesländern muss der Antragsteller auch einen Vorschuss zahlen.

Die Adressen und Telefonnummern der jeweiligen Gerichte finden sich unter den Stichworten „Justizbehörden" oder „Amtsgericht" im Telefonbuch oder im Internet, etwa unter www.telefonbuch.de oder www.justiz.nrw.de, Rubrik „Adressen und Links", Stichwort „Adressdatenbank".

Achtung: Macht der Gläubiger eine Forderung aus einem Arbeitsverhältnis geltend, etwa auf rückständigen Lohn oder Lohnfortzahlung im Krankheitsfall, hat er seinen Antrag an das Gericht am Sitz/Wohnsitz des Schuldners zu richten. Das gilt für alle Bundesländer. Beispiel: Ein Arbeitnehmer aus Mainz beantragt einen Mahnbescheid gegen seinen Arbeitgeber in Frankfurt. Zuständig ist das Arbeitsgericht Frankfurt. Ein Vorschuss wird generell nicht fällig.

WISO rät: Füllen Sie den Antrag für den Mahnbescheid gewissenhaft aus. Lesen Sie hierzu auch die Hinweise im Antragsformular. Verwenden Sie nur aktuelle Originalvordrucke.

Bezeichnen Sie Ihre Forderung so genau wie möglich. Das gilt nicht nur für Art und Höhe der einzelnen Forderungen, sondern auch für Zeitangaben, wie etwa den Zeitpunkt, ab dem Sie Zinsen verlangen. Belegen Sie Ihre Forderung durch kopierte Nachweise. Versuchen Sie nicht mit Hilfe des Mahnverfahrens Geld zu bekommen, das Ihnen nicht zusteht.

Achten Sie auf die richtige Anschrift Ihres Schuldners (siehe dazu auch den Abschnitt „Anschrift und Aufenthaltsort des Schuldners" im zweiten Kapitel dieses Buches). Geben Sie nur Straßennamen, kein Postfach an.

Haben Sie Schwierigkeiten, den Antrag alleine auszufüllen, wenden Sie sich an die Rechtsantragsstelle des nächsten Amtsgerichts. Die dort beschäftigten Rechtspfleger sind Ihnen beim Ausfüllen behilflich. Kommen Sie gar nicht klar, können Sie den Antrag auch beim Urkundsbeamten mündlich zu Protokoll geben. Das geht bei jedem Amtsgericht.

Ändern Sie im Nachhinein Ihre Meinung, können Sie Ihren Mahnbescheidantrag jederzeit zurücknehmen. Die entstandenen Kosten müssen Sie allerdings tragen.

b) Antrag auf Formularen im Internet

Einige Bundesländer bieten neben den amtlichen Vordrucken die Möglichkeit, Mahnanträge im Internet auszufüllen. Die Daten werden dabei mit Hilfe eines ausführlichen Anleitungsprogramms in ein Antragsformular eingetragen. Das Formular druckt der Antragsteller anschließend aus und sendet es unterschrieben an das jeweils zuständige Mahngericht. In folgenden Bundesländern sind die Internet-Formulare derzeit zugelassen:
Baden-Württemberg
Bayern
Berlin
Bremen
Hamburg
Hessen
Niedersachsen (nur im OLG-Bezirk Braunschweig)
Nordrhein-Westfalen

Die Antragsformulare können aufgerufen werden über die zentrale Seite www.optimahn.de, über die Seiten der jeweiligen Landesjustizministerien, etwa www.justiz.bayern.de, oder über die Seiten der jeweiligen Mahngerichte.

Achtung: Die Formulare lassen sich derzeit mit Ausnahme von Bremen noch nicht über das Internet an die Mahngerichte verschicken. Die Vorbereitungen hierfür laufen allerdings in allen Bundesländern auf Hochtouren. Für den Online-Versand wird dann eine Chipkarte mit einer digitalen Signatur benötigt werden.

Großgläubiger, die häufig Mahnbescheide beantragen und hierfür eine spezielle Software einsetzen, können unter bestimmten Voraussetzungen beantragen, für Anträge im elektronischen Datenaustausch, etwa per Diskette, oder bereits jetzt im Online-Verfahren zugelassen zu werden. Auskünfte erteilen die jeweiligen Justizministerien und Mahngerichte.

c) Erlass des Mahnbescheids

Sobald das Gericht den Antrag des Gläubigers erhalten hat, erlässt es einen Mahnbescheid. Darin wird der Schuldner aufgefordert, die Forderung einschließlich der entstandenen Nebenkosten zu bezahlen.

Wichtig: Das Gericht prüft nicht, ob die Zahlungsansprüche tatsächlich bestehen. Es findet auch keine mündliche Verhandlung statt, in der der Schuldner sich zu den Forderungen äußern könnte. Der Mahnbescheid ergeht vielmehr so, wie ihn der Gläubiger beantragt. Ausnahme: Die Forderung ist schon auf den allerersten Blick völlig ausgeschlossen oder ungerechtfertigt.

Der Mahnbescheid wird dem Schuldner als Antragsgegner von Gerichts wegen zugestellt. Der Gläubiger erhält hierüber eine Mitteilung.

d) Möglichkeit zum Widerspruch

Ist der Schuldner mit dem Mahnbescheid nicht einverstanden, kann er dagegen Widerspruch einlegen. Hierfür sollte er sich nicht mehr als zwei Wochen Zeit lassen. Für den Widerspruch ist auf der Rückseite des Mahnbescheides ein Vordruck vorgesehen, in dem der Schuldner die notwendigen Angaben ergänzen kann. Das ausgefüllte Formular schickt er dann an das Mahngericht zurück, das das Verfahren je nach Antrag des Gläubigers entweder an das zuständige Prozessgericht abgibt oder auf sich beruhen lässt. Wichtig: Für den Widerspruch muss der Schuldner nicht unbedingt den Vordruck benutzen. Es reicht auch ein formloser Brief. Außerdem braucht der Schuldner seinen Widerspruch nicht zu begründen.

Hält der Schuldner die Forderungen im Mahnbescheid nicht vollständig, sondern nur zum Teil für ungerechtfertigt, kann er dem Mahnbescheid auch teilweise widersprechen. Beispiel: Der Gläubiger verlangt zu Recht 1.000,00 Euro aus einem Kaufvertrag, setzt aber überhöhte Zinsen von über 10 Prozent an.

e) Vollstreckungsbescheid und Einspruch

Lässt der Schuldner die Widerspruchsfrist tatenlos verstreichen, kann der Gläubiger bei Gericht einen Vollstreckungsbescheid beantragen. Auch hierfür gibt es Vordrucke. Mit dem Antrag sollte sich der Gläubiger nicht zu viel Zeit lassen. Am besten ist es, den Antrag direkt nach Ablauf der zweiwöchigen Widerspruchsfrist zu stellen. Anderenfalls riskiert der Gläubiger, dass der Schuldner den Widerspruch noch nachträglich einreicht.

Flattert dem Schuldner ein Vollstreckungsbescheid ins Haus, hat er noch eine letzte Möglichkeit, sich gegen die Forderung zu wehren. Dazu muss er innerhalb von zwei Wochen gegen den Vollstreckungsbescheid Einspruch einlegen. Legt er Einspruch ein, wird das Verfahren im Normalfall wiederum an das zuständige Prozessgericht abgegeben.

Versäumt der Schuldner auch die Einspruchsfrist, wird der Vollstreckungsbescheid wirksam. Der Gläubiger hat dann einen Titel in der Hand, mit dem er den Gerichtsvollzieher losschicken kann, um seine Forderungen zwangsweise einzutreiben. Der Vollstreckungsbescheid ist also im Prinzip das Gleiche wie ein Urteil, nur dass hierüber nicht der Richter, sondern ein Rechtspfleger entschieden hat. Übrigens: Den Gerichtsvollzieher kann der Gläubiger sogar schon vor Ablauf der Einspruchsfrist losschicken. Stellt sich allerdings später heraus, dass der Einspruch berechtigt war, muss er dem Schuldner den durch die Vollstreckung entstandenen Schaden ersetzen.

V. Die Durchführung eines gerichtlichen Mahnverfahrens

Übrigens: Tritt der Schuldner dem Mahn- beziehungsweise Vollstreckungsbescheid entgegen, ist der Gläubiger nicht gezwungen, ihn zu verklagen.

Wer aber für diesen Fall eine Klage einreichen will, sollte dies bereits auf seinem Mahnantrag vermerken. Das Mahnverfahren wird dann automatisch in das Klageverfahren übergeleitet, ohne dass der Gläubiger hierfür noch gesondert tätig werden müsste. Das zuständige Prozessgericht fordert ihn dann umgehend dazu auf, seine Klage zu begründen. Der Gläubiger sollte sich also nicht wundern, wenn er seine Post plötzlich nicht mehr vom Mahngericht, sondern von einem anderen Gericht bekommt.

5. Kein Anwaltszwang

Um einen Mahnbescheid zu beantragen, benötigt der Gläubiger nicht unbedingt einen Rechtsanwalt. Er kann die Sache auch selbst in die Hand nehmen. Das ist nicht besonders schwierig und spart unter Umständen unnötige Kosten. Empfehlenswert ist ein eigenes Vorgehen vor allem dann, wenn der Gläubiger den Schuldner zuvor konsequent durch Forderungs- und Mahnschreiben an seine Zahlungsverpflichtungen erinnert hatte.

Natürlich steht es dem Gläubiger frei, für das Mahnverfahren einen Anwalt einzuschalten. Der erhält hierfür maximal die Hälfte der sonst üblichen Prozessgebühren Ist der Gläubiger im Recht, muss der Schuldner ihm diese Kosten erstatten. Aber: Schließt sich an das Mahnverfahren ein Prozess an, werden die Kosten für den Mahnbescheid auf die Prozesskosten angerechnet, das heißt, der Schuldner muss den Anwalt insoweit nicht doppelt bezahlen. Für die Kosten eines Vollstreckungsbescheides gilt das allerdings nicht.

Nicht vergessen: Geht es um Beträge von mehr als 5.000,00 Euro, ist für einen nachfolgenden Prozess in jedem Fall ein Anwalt erforderlich.

Achtung: Die Kosten für den Anwalt sind beim Mahnverfahren nicht über die Prozesskostenhilfe abgedeckt. Kommt es später zu einem Prozess, in dem der Gläubiger Prozesskostenhilfe erhält, oder zahlt der Schuldner auf den Mahnbescheid hin auch die Anwaltskosten, ist das kein Problem. Die Kosten des Anwalts fallen dem Gläubiger nicht zur Last. Schwierig wird es allerdings, wenn der Schuldner gegen den Mahn- oder Vollstreckungsbescheid Widerspruch beziehungsweise Einspruch einlegt und der Gläubiger von einem Prozess absieht. Dann muss er die Anwaltskosten für das Mahnverfahren selbst zahlen.

WISO rät: Sind Sie knapp bei Kasse und meinen Sie, ohne einen Rechtsanwalt nicht auszukommen, beantragen Sie zunächst staatliche Beratungshilfe und lassen Sie sich kostenfrei oder kostengünstig von einem Rechtsanwalt beraten. Den Antrag für den Mahnbescheid können Sie dann alleine ausfüllen (zur Beratungshilfe siehe den Abschnitt „Beratungshilfe" im achten Kapitel dieses Buches).

6. Wie der Schuldner sich wehrt

Wer einen Mahnbescheid für unberechtigt hält, kann und sollte dagegen beim Mahngericht fristgerecht Widerspruch einlegen. Wird der Widerspruch versäumt, ist aber noch nicht alles aus. Bevor der Gerichtsvollzieher kommt, muss das Gericht nämlich zunächst einen Vollstreckungsbescheid erlassen. Und gegen diesen Bescheid kann der Antragsgegner Einspruch einlegen. Doch Vorsicht: Widerspruch und Einspruch machen nur dann Sinn, wenn der Antragsgegner dem Gläubiger tatsächlich nichts schuldet. Anderenfalls treibt er seine Kosten durch den Widerspruch nur weiter in die Höhe. Selbst wenn der Antragsgegner gerade nicht flüssig ist, sollte er das Mahnverfahren nicht unnötig verlängern. Besser ist es hier, den Gläubiger zu einer Stundungs- oder Ratenzahlungsvereinbarung zu bewegen.

Achtung: Seine Kostenpflicht kann der Antragsgegner nicht dadurch umgehen, dass er den Mahn- oder Vollstreckungsbescheid einfach ungelesen in den Papierkorb wirft. Ebenso wenig hilft es ihm, die Annahme der Schriftstücke zu verweigern, einen bei der Post hinterlegten Brief nicht abzuholen, den Briefkasten abzuschrauben, dem Zusteller die Tür nicht zu öffnen oder den Brief durch eine andere Person in Empfang nehmen zu lassen. Sobald das Gericht nämlich versucht hat, die Schriftstücke zu übermitteln, wird der Antragsgegner so behandelt, als hätte er sie erhalten und gelesen. Der Antragsgegner kann sich also später nicht damit herausreden, er habe die Bescheide nicht bekommen.

Der Mahnbescheid sorgt im Übrigen auch dafür, dass die Forderungen des Gläubigers nicht verjähren. Wer also darauf hofft, mit einem Widerspruch die Sache so lange hinauszuzögern, bis die Forderung des Gläubigers wegen Zeitablauf untergeht, liegt falsch.

WISO rät: Legen Sie keine Briefe oder Schriftstücke des Gerichts ungelesen beiseite. Erhalten Sie einen Mahn- oder Vollstreckungsbescheid, lesen Sie ihn aufmerksam durch. Das gilt auch und vor allem für die Hinweise zum Widerspruch beziehungsweise Einspruch.

Prüfen Sie sorgfältig, ob die gegen Sie erhobenen Forderungen berechtigt sind. Kontrollieren Sie vor allem auch die Rubriken „Zinsen" und „Mahnkosten". Richtet sich der Bescheid gegen Sie und Ihren Ehepartner, überprüfen Sie, ob Sie tatsächlich beide die Schulden gemacht haben.

Entschließen Sie sich, die Forderung zu begleichen, dann zahlen Sie pünktlich.

Entscheiden Sie sich für einen – ganzen oder teilweisen – Wider- beziehungsweise Einspruch, halten Sie unbedingt die angegebenen Fristen ein. Senden Sie den Wider- oder Einspruch so rechtzeitig ab, dass er innerhalb der Frist im Original bei Gericht ankommt. Es reicht nicht aus, wenn Sie ihn am letzten Tag der Frist zur Post bringen oder an das Gericht rüberzufaxen. Zur Bestimmung des ersten und letzten Tages einer Frist siehe den Abschnitt „Fristen und Termine" im zweiten Kapitel dieses Buches.

Verwenden Sie für den Postweg zumindest ein Einschreiben.

Haben Sie eine Frist ohne Ihr Verschulden versäumt, etwa weil Sie im Urlaub oder im

Krankenhaus waren, beantragen Sie bei Gericht eine „Wiedereinsetzung in den vorigen Stand" und schreiben Sie, warum Sie nicht rechtzeitig handeln konnten.bei finanziellen Engpässen können Sie für den Widerspruch unter Umständen Prozesskostenhilfe beantragen und sich von einem Anwalt vertreten lassen (siehe dazu den Abschnitt „Prozesskostenhilfe" im achten Kapitel dieses Buches).

Die gesetzlichen Vorschriften über das Mahnverfahren finden Sie in der Zivilprozessordnung (ZPO), nachzulesen etwa im Internet unter der Adresse www.staat-modern.de.

Wie die einzelnen Vordrucke aussehen, können Sie im Anhang nachschlagen.

VI. Die Durchführung eines gerichtlichen Prozesses

1. Der letzte Ausweg

Ein Blick in die Statistik beweist es: Immer mehr Bürger sehen sich bei einem Streit vor Gericht wieder. Ob der Zank mit dem Vermieter oder der Streit ums Erbe – am Ende muss es in vielen Fällen der Staat richten. So traurig diese Entwicklung ist: Wer auf anderem Weg nicht zu seinem Recht kommt, muss seinen Kontrahenten eben verklagen. Ein schlechtes Gewissen braucht deswegen niemand zu haben. Im Gegenteil: Mit einer Klage zeigt der Betroffene, dass er bereit ist, mit rechtsstaatlichen Mitteln um seine Rechte zu kämpfen. Der Weg zu den Gerichten ist allen Bürgern von Verfassung wegen garantiert. Die freie Entscheidung, einen Prozess zu führen, gehört zu den persönlichen Rechten jedes Bürgers dazu. Und: Bei rund zwei Millionen Prozessen pro Jahr befindet sich der Verbraucher mit seiner Klage in bester Gesellschaft.

Achtung: Einige Gerichtsverfahren setzen voraus, dass der Kläger zuvor versucht hat, sich mit seinem Kontrahenten außergerichtlich zu einigen. Eine Klage ist in diesen Fällen erst dann zulässig, wenn die Einigungsbemühungen gescheitert sind. Vorherige Schlichtungsversuche sind etwa vorgeschrieben bei Privatklagen in Strafsachen oder wenn der Verbraucher eine Privatinsolvenz (früher: Konkurs) anmelden will. Eine Pflicht zu Schlichtungsgesprächen besteht in manchen Bundesländern außerdem für Auseinandersetzungen unter Nachbarn, Streitereien um Ehrverletzungen und Konflikte, bei denen es um nicht mehr als 600,00 oder 750,00 Euro geht (siehe dazu das vierte Kapitel dieses Buches).

Abgesehen von diesen Fällen ist der Kläger aber nicht generell dazu verpflichtet, vor einem Prozess eine Einigung mit seinem Gegner zu versuchen. Wer etwa als Arbeitnehmer gekündigt wird, kann sofort gegen seinen Arbeitgeber klagen. Weitere Gespräche sind hier nicht nur überflüssig, sondern meistens sogar unangebracht.

WISO rät: Schöpfen Sie vor einem Prozess zunächst alle Möglichkeiten aus, um den Konflikt mit Ihrem Gegner außergerichtlich zu lösen (siehe dazu das vierte Kapitel dieses Buches). Das gilt selbst dann, wenn Sie nicht von Gesetzes wegen dazu verpflichtet sind. Zeigen Sie bei den Verhandlungen die nötige Kompromissbereitschaft. Lassen Sie sich aber nicht hinhalten oder vertrösten.

Verzichten Sie auf eine außergerichtliche Beilegung des Konfliktes aber dann, wenn ein Schlichtungsversuch nicht zwingend vorgeschrieben ist und Gütemaßnahmen von vornherein keinen Erfolg versprechen.

2. Vorüberlegungen zum Prozess

Wer berechtigt ist, seinen Gegner zu verklagen, muss das natürlich nicht zwangsläufig auch tun. Oftmals ist eine Klage sogar überhaupt nicht sinnvoll. Ob der Kläger einen Prozess führen will, sollte er sich also gut überlegen. Wichtigstes Kriterium hierbei: die eigenen Erfolgsaussichten. Nur wenn eine hinreichende Aussicht darauf besteht, die Klage zu gewinnen, sollte der Betroffene sich überhaupt auf einen Prozess einlassen. Die Entscheidung für oder gegen eine Klage hängt aber nicht allein von deren Erfolgsaussichten ab. Auch andere Faktoren wie Kostenrisiko, Beweislage, Prozessdauer und Zahlungsfähigkeit des Gegners muss der Kläger bei seinem Entschluss berücksichtigen. So nutzt es etwa wenig, seinen Kontrahenten wegen 1.000,00 Euro vor Gericht zu bringen, wenn von vornherein feststeht, dass bei ihm finanziell nichts mehr zu holen ist. Einem nackten Mann kann bekanntlich niemand in die Tasche greifen. Am häufigsten unterschätzt wird allerdings die Bedeutung der Beweislage. So manch ein Kläger hat hier schon sein blaues Wunder erlebt. Wer mit dem Gedanken spielt, seinen Gegner zu verklagen, sollte deshalb sorgfältig prüfen, ob und wie er seine Behauptungen beweisen kann. Ansonsten zieht er selbst in vermeintlich eindeutigen Fällen am Ende den Kürzeren. Ein beliebtes Beweismittel sind Zeugen. Sie werden vom Gericht allerdings nur dann angehört, wenn sie bei dem fraglichen Ereignis tatsächlich selbst dabei waren. Weitere effektive Beweismittel sind im Einzelfall auch Schriftstücke wie Verträge und Urkunden, die der Kläger dem Gericht vorlegen kann. Geht es um fachliche Beurteilungen, bei denen der Richter selbst Laie ist, wie etwa bei der Feststellung von Schäden an einem Auto oder am Bau, bietet sich als Beweis ein Sachverständigengutachten an (siehe dazu den Abschnitt „Sachverständigengutachten" im zweiten Kapitel dieses Buches).

WISO rät: Haben Sie keine Angst davor, Ihre Rechte notfalls mit Hilfe des Gerichtes durchzusetzen. Führen Sie einen Prozess aber nur dann, wenn Sie realistische Chancen haben, ihn auch zu gewinnen. Überlegen Sie dabei nicht nur, ob Sie im Recht sind, sondern auch, ob Sie Ihr Vorbringen beweisen können, etwa durch Zeugen oder Schriftstücke.

Klagen Sie nicht aus purer Streitlust oder Rechthaberei oder allein deshalb, weil Ihre Rechtsschutzversicherung oder der Staat die Kosten für den Streit übernimmt. Benutzen Sie einen Prozess auch nicht dazu, um sich und Ihren Fall medienwirksam zu inszenieren.

Lassen Sie sich nicht von anderen zu einem Prozess drängen, sondern wägen Sie sämtliche Vor- und Nachteile eines gerichtlichen Verfahrens sorgfältig gegeneinander ab. Auch wenn Ihnen Ihr Anwalt zu einer Klage rät, sollten Sie dem erst zustimmen, wenn Sie eingehend über die Sache nachgedacht haben. Denken Sie daran: Das Risiko der Prozesskosten tragen allein Sie. Ihr Anwalt muss am Ende nicht für die Kosten einstehen. Im Gegenteil: Mit einer Klage verdient er in Ihrem Fall mehr Gebühren als mit einer bloßen außergerichtlichen Beratung.

3. Anwalt ja oder nein?

Nur ausnahmsweise ist ein Anwalt vorgeschrieben

Wer vor Gericht ziehen will, nimmt sich dafür in der Regel einen Anwalt. Zwingend notwendig ist das aber nicht, zumindest nicht immer. Im Gegenteil: Im Normalfall ist es einem volljährigen Kläger gestattet, sich im Prozess selbst zu vertreten. Er kann dann den Prozess von Anfang bis zum Ende alleine führen, also etwa Schriftsätze einreichen, Verhandlungstermine wahrnehmen oder Anträge stellen. Anwaltszwang, das heißt die Verpflichtung, sich im Prozess von einem Anwalt vertreten zu lassen, besteht nur ausnahmsweise, und zwar insbesondere in folgenden Fällen:

- bei bestimmten Ehe- und Familiensachen, wie zum Beispiel einem Antrag auf Ehescheidung;
- bei Prozessen vor dem Landgericht;
- bei Prozessen vor dem Oberlandes- oder Oberverwaltungsgericht;
- bei Prozessen vor dem Bundesgerichtshof sowie allen anderen Bundesgerichten.

Wichtig: Benötigt der Kläger für einen Prozess keinen Anwalt, braucht er sich auch nicht von einem anderen Rechtsbeistand, wie etwa einem ausgebildeten Juristen oder einer anderen kompetenten Person, vertreten lassen. Selbst wenn der Gegner den Prozess mit Hilfe eines Anwalts führt, ist der Kläger nicht dazu gezwungen, ebenfalls anwaltliche Hilfe in Anspruch zu nehmen.

Die meisten Prozesse laufen mit Anwälten

Ob Anwaltszwang oder nicht – für den Laien empfiehlt es sich in der Regel nicht, ein gerichtliches Verfahren auf eigene Faust durchzuziehen. Die meisten Prozesse in Deutschland werden deshalb auch mit Hilfe von Anwälten geführt. Klagen ohne anwaltliche Beteiligung sind im gerichtlichen Alltag eher die Ausnahme.

Die Gründe hierfür liegen auf der Hand: Wer selbst klagt, muss sich um sämtliche gerichtlichen Angelegenheiten alleine kümmern. Das ist nicht nur zeitaufwändig, sondern belastet auf Dauer auch die Psyche. Schließlich ist der Fall dem Betroffenen durch das laufende Verfahren nahezu ständig präsent.

Wegen der persönlichen Betroffenheit fehlt es einem prozessführenden Laien außerdem oft an dem nötigen Abstand zu der Sache. Die Auseinandersetzung wird dadurch schnell unsachlich, eine einvernehmliche Lösung des Konflikts erschwert.

Der wichtigste Punkt sind aber sicher die geringeren Erfolgsaussichten. So ist die Gefahr, einen Prozess zu verlieren, ohne Anwalt wesentlich größer. Zwar steht der Richter einer anwaltlich nicht vertretenen Partei im Prozess mit Rat und Tat zur Seite. Ohne rechtliche Vorkenntnisse lassen sich die Hinweise des Gerichts aber kaum vernünftig verwerten. Und: Schon der kleinste Fehler kann im gerichtlichen Verfahren erhebliche Konsequenzen haben, die sich im Nachhinein nicht mehr korrigieren lassen. Im schlimmsten Fall verliert der Kläger durch ein Fehlverhalten sogar den gesamten Prozess, wie etwa beim Versäumen einer Frist. Dass er sich durch die eigene Prozessführung wenigstens die Kosten für den Anwalt erspart hat, ist dabei nur ein schwacher Trost.

Das Problem der Anwaltskosten sollte der Kläger bei seinen Überlegungen ohnehin nicht überbewerten. Zwar muss er die Kosten des Anwalts bezahlen, wenn er den Prozess verliert. Dafür kann ihm der Anwalt aber helfen, einen solchen Prozess schon im Vorfeld zu vermeiden.

Achtung: Wer glaubt, er könne einen Prozess schon deshalb alleine bewältigen, weil er vorher einige juristische Bücher oder Aufsätze durchgelesen hat, der irrt. Nicht umsonst benötigen Anwälte viele Jahre Zeit, um sich mit der Bearbeitung von Rechtsfällen und den Feinheiten gerichtlicher Verfahren vertraut zu machen. Gefährlich sind vor allem mündliche Verhandlungen. Hier müssen oftmals innerhalb kürzester Zeit Entscheidungen getroffen werden, deren Tragweite der Laie auf die Schnelle kaum überblicken kann. Zum Nachlesen oder Nachfragen bleibt im Normalfall keine Zeit. Und selbst wenn die Verhandlung für eine Weile unterbrochen wird, hilft das dem Betroffenen in der Regel nur dann weiter, wenn er sich in der Zwischenzeit mit einem Anwalt beratschlagen kann.

WISO rät: Führen Sie einen Prozess grundsätzlich nicht ohne einen Anwalt oder einen anderen rechtlichen Beistand.

Schalten Sie den Anwalt möglichst schon zu Beginn Ihrer Streitigkeit ein, und nicht erst dann, wenn der Prozess unmittelbar bevorsteht. Je früher Sie den Anwalt mit der Sache betrauen, desto mehr kann er für Sie erreichen.

Reichen Sie die Klage oder die Klageerwiderung selbst ein, wenn die Gefahr droht, durch die Beauftragung eines Anwalts eine Frist zu versäumen. Sie können sich dann im Nachhinein immer noch an einen Anwalt wenden. Solange der Prozess läuft, sind Sie jederzeit berechtigt, einen Anwalt hinzuzuziehen.

Verzichten Sie bei einem Prozess nicht auf einen Anwalt, um Geld zu sparen. Der Anwalt bringt Ihnen in der Regel eher Geld ein, als dass er Sie welches kostet. Können Sie sich einen Anwalt nicht leisten, besteht außerdem die Möglichkeit der Prozesskostenhilfe. Den Anwalt zahlt Ihnen dann der Staat (siehe dazu im achten Kapitel).

Wie Sie einen passenden Anwalt finden, erfahren Sie im dritten Kapitel dieses Buches.

Wie die Vertretung durch einen Anwalt aussieht

Mit dem Auftrag, für ihn den Prozess zu führen, erteilt der Mandant dem Anwalt die Berechtigung, ihn im gerichtlichen Verfahren zu vertreten. Der Anwalt darf also im Namen des Mandanten Schriftsätze einreichen, Termine wahrnehmen und Verhandlungen führen. Auf den Prozess selbst wirkt sich der Entschluss des Mandanten aber nicht aus. Das heißt:

- der Mandant bleibt Kläger oder Beklagter und damit Hauptbeteiligter des Prozesses;
- der Anwalt übernimmt die Rolle des Prozessbevollmächtigten, ohne aber selbst Kläger oder Beklagter zu werden; er wird zum „verlängerten Arm" des Mandanten;
- der Anwalt darf im Prozess nur solche Handlungen vornehmen, die vom Willen seines Mandanten gedeckt sind. Ist der Wille für ihn nicht klar erkennbar, muss er sich zuvor bei seinem Mandanten rückversichern;

- der Mandant kann normalerweise jederzeit selbst in den Prozess eingreifen, also etwa die Klage zurücknehmen oder einen Vergleich abschließen;
- der Mandant ist nicht an die Ratschläge und Maßnahmen seines Anwalts gebunden;
- der Mandant ist berechtigt, dem Anwalt jederzeit die Befugnis zur Prozessführung wieder zu entziehen;
- der Mandant trägt die Verantwortung für sämtliche Entscheidungen, die er oder sein Anwalt im Prozess treffen;
- der Mandant behält das Recht, neben seinem Anwalt an mündlichen Verhandlungen vor Gericht teilzunehmen. Ob der Mandant von diesem Recht tatsächlich Gebrauch machen sollte, ist wieder eine andere Frage. Hier kommt es auf die Umstände des einzelnen Falles an. So macht es beispielsweise wenig Sinn, den Anwalt zu einem Termin zu begleiten, in dem der Gegner aller Voraussicht nach gar nicht erscheinen wird. Umgekehrt ist eine persönliche Teilnahme etwa dann ratsam, wenn sich abzeichnet, dass es in dem Termin zu einer Einigung mit dem Gegner kommt. Die Anwesenheit des Mandanten erleichtert es dem Anwalt in solchen Fällen, einen Vergleich abzuschließen.

Persönliches Erscheinen der Beteiligten

Mitunter ordnet das Gericht an, dass der Kläger oder der Beklagte zu einem Termin persönlich zu erscheinen habe Dann reicht es im Normalfall nicht aus, wenn der Mandant nur seinen Anwalt zu dem Termin schickt. Der Geladene muss den Termin vielmehr persönlich wahrnehmen. Kommt er der Aufforderung des Gerichts nicht nach, muss er damit rechnen, dass gegen ihn ein Ordnungsgeld bis zu einer Höhe von 500,00 Euro verhängt wird. Im Ernstfall wird der Richter zwar nur ausnahmsweise mal zu einer solchen Maßnahme greifen. Trotzdem sollte der Geladene die Anordnung des Gerichtes nicht einfach ignorieren. Schließlich liegt die persönliche Anwesenheit nicht nur im Interesse des Gerichts und des Gegners, die ihn zur Sache befragen wollen, sondern auch im eigenen Interesse: Wer vor Ort ist, hat die Chance, das Verfahren zu seinen Gunsten zu beeinflussen oder sogar vorzeitig zu beenden. Außerdem erleichtert er seinem Anwalt die Arbeit und erspart ihm unnötigen Ärger.

WISO rät: Lesen Sie sich jede Ladung des Gerichts zu einem Verhandlungstermin aufmerksam durch. Achten Sie darauf, ob in der Ladung Ihr persönliches Erscheinen angeordnet ist.

Nehmen Sie die Anordnung des Gerichtes ernst und versäumen Sie den Termin nur, wenn Sie hierfür einen wichtigen Grund haben. Sprechen Sie notfalls mit Ihrem Anwalt ab, wie Sie sich am besten verhalten sollten.

Wichtig: Selbst wenn das Gericht das persönliche Erscheinen angeordnet hat, kann es ausnahmsweise ausreichen, nur seinen Anwalt zum Termin zu schicken. Dann muss der Mandant den Anwalt mit allen Vollmachten ausstatten. Außerdem muss der Anwalt über sämtliche Details des Falles Bescheid wissen. Das Problem: Im Normalfall kennt der Anwalt die Einzelheiten des Sachverhaltes nur vom Hörensagen, ohne aber selbst dabei gewesen zu sein. In solchen Fällen genügt es nicht, wenn sich der Mandant, der persönlich geladen war, im Termin von seinem Anwalt vertreten lässt.

4. Das richtige Gericht

Wer einen Prozess selbst in die Hand nehmen möchte, muss zunächst einmal bei Gericht eine Klage einreichen. Das klingt einfach, ist es aber nicht. Das erste Problem: Der Kläger kann sich mit seinem Anliegen nicht an irgendein Gericht wenden, sondern nur an ein ganz bestimmtes. Und das lässt sich bei mehr als 700 deutschen Gerichten manchmal gar nicht so leicht ausfindig machen. Zu klären ist nämlich nicht nur der richtige Ort des Gerichts, also ob der Betroffene etwa in Köln oder Berlin klagen muss. Herauszufinden ist vielmehr zusätzlich, welches Gericht sich der Sache nach mit der Klage auseinanderzusetzen hat. Jedes der deutschen Gerichte ist nämlich nur für einen bestimmten rechtlichen Bereich zuständig. So bearbeitet etwa der Arbeitsrichter nur Fälle aus dem Arbeitsrecht, während sich der Familienrichter ausschließlich mit Streitigkeiten aus dem Bereich Ehe und Familie beschäftigt. Damit aber noch nicht genug. Auch der Wert der Klage spielt bei der Auswahl des Gerichts eine Rolle. Je nachdem, wie hoch er liegt, befasst sich mit der Angelegenheit entweder ein unteres Gericht wie das Amtsgericht oder ein höherrangiges Gericht wie das Landgericht.

Bei der Auswahl des Gerichts sollte der Kläger deshalb zunächst von folgenden drei Grundsätzen ausgehen:
- Die Klage ist an dem Ort zu erheben, an dem der Gegner wohnt. Bei Firmen ist der Sitz des Unternehmens maßgebend.
- Die Klage ist bei einem gewöhnlichen Amts- oder Landgericht zu erheben.
- Die Klage ist beim Amtsgericht zu erheben, wenn der Streitwert weniger als 5001,00 Euro beträgt.
- Die Klage ist beim Landgericht zu erheben, wenn der Streitwert mehr als 5.000,00 Euro beträgt.

Doch aufgepasst: In vielen Fällen muss der Kläger sich mit seinem Anliegen an ein besonderes Gericht wenden. Das gilt sowohl für den Ort als auch für die Art des Gerichts. Wichtige Sonderfälle sind etwa:

Örtlich und sachlich:
- **Familienstreitigkeiten:** Zuständig für die Klage ist immer das Amtsgericht, in dessen Bezirk die Parteien wohnen. Beispiele: Probleme bei Ehe und Familie, wie etwa Scheidung, Trennung, Unterhalt, Sorgerecht. Innerhalb des Amtsgerichts werden die Fälle vom Familiengericht bearbeitet. Das Familiengericht ist eine besondere Abteilung des Amtsgerichts.
- **Mietstreitigkeiten:** Hier ist die Klage immer bei dem Amtsgericht zu erheben, in dessen Bezirk sich die Räumlichkeiten befinden. Beispiele: Räumungsklagen, Mietzinsklagen. Die Regelung erfasst nur die Miete von Wohnräumen und nicht Gewerbemieten.

Örtlich:
- **Erbschaftsstreitigkeiten:** Hier darf der Kläger auch am Wohnsitz des Erblassers klagen.
- **Grundstücksstreitigkeiten:** Der Prozess findet bei dem Gericht statt, in dessen Bezirk das Grundstück liegt.

- **Insolvenzstreitigkeiten:** Zuständig ist das Gericht, bei dem der Schuldner Insolvenz (früher: Konkurs) angemeldet hat. Es heißt deshalb auch Insolvenzgericht.
- **Schadensersatz:** Dort, wo der Schaden passiert ist, darf auch geklagt werden.
- **Vertragsstreitigkeiten:** Wer mit seinem Gegner über eine Leistung aus einem Vertrag streitet, kann ihn auch an seinem eigenen Wohnsitz verklagen, wenn die Leistung dort erbracht wurde. Beispiel: Der Handwerker hat in der Wohnung gepfuscht. Oder: Ein Vertrag wurde an der Haustür geschlossen.
- **Wichtig:** Ein Gericht wird nicht einfach dadurch zuständig, dass sich der Kläger und sein Gegner auf seine Zuständigkeit einigen. Entsprechende Vereinbarungen sind ungültig. Stellt der Kläger also etwa nach einem Blick in seinen Mietvertrag fest, dass er seinen Vermieter in Timbuktu verklagen muss, braucht ihn das nicht weiter zu interessieren. Ausnahme: Beide Parteien sind (Voll-) Kaufleute oder einer der Beteiligten wohnt nicht im Inland.

Sachlich:
- **Arbeitsgericht:** Hier werden Konflikte zwischen Arbeitgebern und Arbeitnehmern geklärt, wie etwa bei Kündigungen, Lohnforderungen, Arbeitszeugnissen oder Krankheit und Urlaub. Das Arbeitsgericht behandelt sämtliche arbeitsrechtlichen Fälle.
- **Anwaltsgericht:** Hier werden berufsrechtliche Verfehlungen von Anwälten verhandelt. Der Verbraucher ist nicht unmittelbar beteiligt (siehe dazu auch den Abschnitt „Haftung des Anwalts" im dritten Kapitel dieses Buches).
- **Finanzgericht:** Die Richter am Finanzgericht entscheiden über Klagen gegen Finanzämter, Zollbehörden, Oberfinanzdirektionen und Finanzministerien. Beispiele: Steuerbescheide, Kindergeld, öffentliche Subventionen, Zölle.
- **Freiwillige Gerichtsbarkeit beim Amtsgericht:** Angelegenheiten der freiwilligen Gerichtsbarkeit betreffen Regelungen von Vormundschafts-, Nachlass-, Register- und Grundbuchfragen, wie etwa die Erteilung eines Erbscheins, Wohnungseigentumsangelegenheiten, Eintragungen als Eigentümer oder von Grundschulden. In der Regel wird hier nicht geklagt, sondern nur etwas beantragt.
- **Mahngericht:** Das Mahngericht spielt nur im Rahmen des Mahnverfahrens eine Rolle (siehe dazu auch das fünfte Kapitel dieses Buches).
- **Patentgericht:** Geregelt werden hier Streitigkeiten um Patente, Gebrauchsmuster und Warenzeichen. Für den Verbraucher spielen diese Gerichte kaum eine Rolle.
- **Schiedsgericht:** Von Bedeutung sind sie nur außerhalb eines normalen Prozesses (siehe dazu auch das vierte Kapitel dieses Buches).
- **Sozialgericht:** Hier werden vor allem Streitfälle aus dem Bereich der gesetzlichen Kranken-, Pflege-, Renten- und Berufsunfallversicherung verhandelt. Auch Streitereien rund um die Arbeitslosigkeit gehören hierher.
- **Strafgericht:** Mit Straftaten und Ordnungswidrigkeiten befassen sich die Strafrichter am Amts- oder Landgericht. In der Regel ist der Bürger hier aber nicht Kläger, sondern Angeklagter. Die Zuständigkeit ist daher nicht weiter von Bedeutung. Übrigens: Strafrechtliche Vorschriften finden sich nicht nur im Strafgesetzbuch, sondern etwa auch im Straßenverkehrs- und Betäubungsmittelgesetz.

- **Verwaltungsgericht:** Das ist die richtige Adresse, wenn der Kläger sich mit dem Staat, also etwa mit der Gemeinde oder dem Landkreis, herumstreitet. Beispiele: Baugenehmigungen, städtische Gebühren, Demonstrationsverbote, Umweltschutzauflagen, Gaststättenlizenzen, BAföG, Ausländer- und Asylrecht.
- **Verfassungsgericht:** Das Verfassungsgericht ist zuständig für Auseinandersetzungen rund um das Grundgesetz, also etwa Grundrechtsverletzungen durch den Staat. Bevor der Kläger das Verfassungsgericht einschalten kann, muss er versucht haben, seine Rechte vor einem anderen Gericht, wie etwa einem Verwaltungsgericht, geltend zu machen.

Wichtig: Jedes Gericht hat seine eigenen Spielregeln, was die Kosten und den Ablauf des Verfahrens angeht. Einzelheiten dazu finden Sie im Abschnitt „Besonderheiten einzelner Verfahren" am Ende dieses Kapitels.

Auch die übergeordneten Instanzen, also die Gerichte, die der Kläger anrufen muss, wenn er mit einer Entscheidung des ersten Gerichts nicht einverstanden ist, sind unterschiedlich aufgebaut (siehe dazu den Abschnitt „Was man gegen ein Urteil tun kann" in diesem Kapitel).

WISO rät: Überlegen Sie sich zunächst, welches Gericht für Ihre Klage in Betracht kommt. Vergewissern Sie sich über dessen Zuständigkeit, indem Sie dort anrufen oder vorbeigehen.

Haben Sie überhaupt keinen Anhaltspunkt, wenden Sie sich an das nächstgelegene Amtsgericht. Erkundigen Sie sich notfalls auch bei Nachbarn, Freunden oder bei Ihrer Gemeinde beziehungsweise Stadtverwaltung.

Selbst für Juristen ist es oft schwierig, im Zuständigkeitsdschungel deutscher Gerichte den nötigen Durchblick zu behalten. Nicht selten passiert es deshalb, dass eine Klage zunächst bei einem falschen Gericht landet. Für den Kläger ist das aber in der Regel kein Beinbruch. Seine Klage wird deswegen nicht einfach abgewiesen. Vielmehr erhält er vom Gericht zunächst eine Mitteilung, in der er auf seinen Fehler hingewiesen wird. Er hat dann entweder die Möglichkeit, die Klage automatisch an das richtige Gericht weiterverweisen zu lassen oder sie zurückzunehmen und beim richtigen Gericht neu einzureichen. Das Problem: Er verliert dadurch wertvolle Zeit und muss unter Umständen mit zusätzlichen Kosten für den Anwalt der anderen Partei rechnen. Gefährlich ist das vor allem dann, wenn Fristen laufen.

WISO rät: Gehen Sie bei der Auswahl des Gerichts sorgfältig vor. Zerbrechen Sie sich über die Zuständigkeit des Gerichts aber nicht zu lange den Kopf.

Lassen Sie sich wegen Zuständigkeitsproblemen vor allem nicht davon abhalten, Ihre Klage überhaupt zu erheben.

Anschriften und Telefonnummern von Gerichten finden sich im Telefonbuch unter dem Stichwort „Justizbehörden" oder „Amtsgericht", im Internet nachzuschlagen unter www.telefonbuch.de. Am schnellsten lässt sich das zuständige Gericht im Internet finden über www.justiz.nrw.de, Rubrik „Adressen und Links", Stichwort „Adressdatenbank", oder www.jusline.de, Rubrik „Rechtsprechung", Stichwort „Ihr Gericht". Er-

4. Das richtige Gericht

kundigen können Sie sich notfalls auch bei Ihren Nachbarn, Freunden oder Ihrer Gemeinde beziehungsweise Stadtverwaltung.

Die gesetzlichen Regelungen über Zuständigkeit, Verfahren und Kosten der Gerichte sind nachzulesen in den einschlägigen Prozessordnungen und Gerichtsverfassungen, wie etwa der Zivil- und Strafprozessordnung (ZPO, StPO) oder dem Gerichtsverfassungsgesetz (GVG), im Internet zu finden unter der Adresse www.staat-modern.de.

5. Wie eine Klage erhoben wird

Verfassen einer Klageschrift

Ein Prozess beginnt damit, dass der Kläger bei Gericht eine Klage einreicht. Das kann sowohl mündlich als auch schriftlich geschehen. Der Normalfall ist die Schriftform. Dazu muss der Kläger ein Schreiben verfassen, in dem er angibt, wen er verklagen möchte und welches Ziel er mit seiner Klage verfolgt. Das hört sich auf den ersten Blick ein wenig kompliziert an. Doch keine Panik: Meist ist es schwieriger, sich zum Schreiben der Klage zu überwinden, als sie später zu formulieren. Schließlich kommt eine Klageerhebung in Eigenregie ohnehin nur dann in Betracht, wenn die Sache einfach gelagert ist. Komplizierte Fälle gehören in die Hände eines Anwalts.

Der Inhalt der Klageschrift gliedert sich im Wesentlichen in zwei Teile, einen formalen und einen sachlichen. Beide Teile sind für den Erfolg der Klage wichtig. So nutzt es dem Kläger etwa nichts, wenn er seine Klageforderung zwar wunderbar begründet, aber leider den falschen Gegner verklagt hat. Der Prozess geht verloren. Umgekehrt reicht es nicht aus, den richtigen Gegner zu verklagen, wenn die nötigen Beweise fehlen. Auch dann hat die Klage keinen Erfolg. Der Kläger sollte deshalb bei sämtlichen Angaben in der Klageschrift mit äußerster Sorgfalt vorgehen. Fehler lassen sich im Nachhinein oft kaum noch erkennen oder korrigieren. Zu beachten ist außerdem, dass die Klage oftmals das einzige Schriftstück ist, das der Kläger in den Prozess einbringt. Hier sollte also nach Möglichkeit alles drinstehen, was für die Entscheidung des Gerichts von Bedeutung sein könnte. Nicht vergessen: Liegt der Wert Ihrer Streitigkeit über 5.000,00 Euro, brauchen Sie sich mit dem Abfassen der Klage von vornherein nicht herumzuschlagen. In solchen Verfahren herrscht nämlich regelmäßig Anwaltszwang, das heißt, allein Ihr Anwalt ist berechtigt, die Klage bei Gericht einzureichen (siehe dazu den Abschnitt „Anwalt ja oder nein?" in diesem Kapitel).

Für die Klageschrift selbst ist keine feste Form vorgeschrieben, das heißt, der Kläger kann frei wählen, ob er die Klage etwa am PC oder mit der Hand verfasst, welches Papier er benutzt und in welcher Reihenfolge er seine Angaben macht. Bestimmte Vordrucke muss er nicht verwenden. Zum Teil stehen aber bei Gericht Vordrucke zur Verfügung, die dem Kläger die Formulierung seiner Klage erleichtern.

Üblicherweise hat eine Klage folgenden Inhalt:

Formalien:
- eigener Name und eigene Anschrift des Klägers sowie Telefon-/Faxnummer;

- Bezeichnung und Anschrift des Gerichts (siehe dazu auch den Abschnitt „Das richtige Gericht" in diesem Kapitel);
- richtiger Name und richtige Anschrift des Klagegegners. Die Anschrift muss ladungsfähig sein, das heißt, es ist in der Regel die Straßenadresse und kein Postfach anzugeben. Kennt der Kläger die Anschrift nicht, hilft unter Umständen eine Anfrage beim örtlichen Melderegister oder anderen Stellen (siehe dazu den Abschnitt „Anschrift und Aufenthaltsort des Schuldners" im zweiten Kapitel dieses Buches);
- bei Unternehmen wie GmbH, OHG, KG, AG zusätzlich: Namen und Anschriften der Geschäftsführer, gesetzlich haftenden Gesellschafter, Komplementäre oder Vorstandsvorsitzenden. Hier hilft ein Blick auf den Briefbogen der Firma oder ins Internet. Notfalls lassen sich die Informationen auch beim zuständigen Handelsregister erfragen. Das Handelsregister erreicht der Kläger über die Telefonnummer des Amtsgerichts. Zu weiteren Auskunftsstellen siehe den Abschnitt „Anschrift und Aufenthaltsort des Schuldners" im zweiten Kapitel dieses Buches);
- Überschrift „Klage";
- am Ende: Ort, Datum und Unterschrift im Original;
- Originalvollmacht, wenn die Klage nicht vom Kläger unterschrieben wird;
- Hinweis auf die Einzahlung des Vorschusses.

Angaben zur Sache:
- Klageantrag. Hier muss der Kläger angeben, was genau er vom Beklagten verlangt. Beispiel: Zahlung eines bestimmten Geldbetrages, Räumung einer bestimmten Wohnung.
- Klagebegründung. Hier muss der Kläger darlegen, warum er etwas vom Beklagten verlangt. Empfehlenswert ist es, zunächst chronologisch zu schildern, was bislang in der Sache passiert ist. Anzugeben sind sämtliche Fakten des Falles einschließlich der vorhandenen Beweismittel wie Zeugen und Schriftstücke. Zum Abschluss kann der Kläger dann noch ergänzen, welche Schlussfolgerungen er aus dem Sachverhalt zieht.
- Anlagen. Der Kläger sollte Kopien aller Unterlagen beifügen, die seinen Standpunkt untermauern können, wie zum Beispiel Verträge oder Briefe. Am besten ist es, die Schriftstücke durchzunummerieren und bereits in der Klage selbst hierauf Bezug zu nehmen.

Formulierungsbeispiele für eine Klage und eine Klageerwiderung finden Sie im Anhang dieses Buches. Musterklagen enthalten auch die WISO-Ratgeber zum Arbeits- und Immobilienrecht (siehe Anhang). Weitere Muster gibt es in speziellen Formularbüchern, wie zum Beispiel den Beck'schen Prozessformularbüchern, auf CD-ROM sowie auf zahlreichen Seiten im Internet.

Wichtig: Die Klage wird in der Regel erst dann bearbeitet, wenn der Kläger einen Vorschuss auf die Gerichtskosten eingezahlt hat. Um Verzögerungen zu vermeiden, sollte sich der Kläger daher vorab über die Höhe des Vorschusses erkundigen und seiner Klage einen entsprechenden Scheck beifügen. Auskünfte erhält er bei dem für seine Klage zuständigen Gericht.

WISO rät: Nehmen Sie sich für die Formulierung Ihrer Klage hinreichend Zeit. Fertigen Sie zunächst einen Entwurf an, den Sie Ihrem Partner oder einem Freund zur Kontrolle geben. Fragen Sie die Person nach Fehlern und Verständnisschwierigkeiten. Scheuen Sie sich nicht, den Entwurf notfalls noch einmal komplett zu überarbeiten.

Achten Sie in der Klage auf klare und eindeutige Formulierungen, auf korrekte Angaben und auf Vollständigkeit. Bleiben Sie stets sachlich. Vermeiden Sie Widersprüche und Auslassungen. Schreiben Sie in deutscher Sprache. Denken Sie daran: Fehler in der Klage gehen zu Ihren Lasten.

Erstellen Sie die Klage am PC, zumindest wenn Ihre Schrift schlecht lesbar ist, und benutzen Sie für den Ausdruck sauberes, weißes Papier. Machen Sie auch einen Ausdruck oder eine Kopie für Ihre Unterlagen.

Geben Sie die Klage persönlich bei Gericht ab oder verschicken Sie sie per Einschreiben/Rückschein. Zusätzlich oder alternativ können Sie die Klage auch faxen. Entscheiden Sie sich für den normalen Postweg, sollten Sie sich durch einen kurzen Anruf vergewissern, dass Ihre Klage auch tatsächlich angekommen ist.

Eine Klageerhebung per e-Mail ist derzeit nur beim Finanzgericht in Hamburg möglich. Die Vorbereitungen bei anderen Gerichten laufen aber auf Hochtouren.

Hilfe bei der Formulierung

Kommt der Kläger mit der Formulierung der Klage nicht klar, kann er sich bei der Rechtsantragsstelle des Gerichts kostenlos helfen lassen. Die Mitarbeiter dürfen ihm allerdings keine Rechtsberatung erteilen. Für häufiger vorkommende Klagen stehen zum Teil auch Klagevordrucke zur Verfügung, die der Kläger nur noch ausfüllen und unterschreiben muss. Die Vordrucke sind in der Regel in mehreren Sprachen erläutert.

Zur Not reicht auch eine mündliche Klage

Wer nicht schreiben kann oder sich die Formulierung der Klage nicht zutraut, hat die Möglichkeit, die Klage mündlich bei Gericht vorzubringen. Dazu muss er persönlich bei der Rechtsantragsstelle erscheinen und die Klage vor dem dort beschäftigten Urkundsbeamten zu Protokoll geben. Ein Anruf bei Gericht genügt nicht.

WISO rät: Lassen Sie sich vom Gericht auch dann helfen, wenn Sie in einem Prozess nicht Kläger, sondern Beklagter sind. Als Beklagter müssen Sie nämlich innerhalb einer vom Gericht festgelegten Frist auf die Klage antworten. Für die Formulierung Ihrer Klageerwiderung gelten im Übrigen sinngemäß die gleichen Regeln wie für das Abfassen der Klage.

6. Der Ablauf eines Prozesses

Schriftliche Vorbereitung

Ist die Klage bei Gericht eingegangen, wird sie automatisch an den Gegner weitergeleitet. Der Kläger braucht sich hier also um nichts mehr zu kümmern. Insbesondere muss er die Klage nicht selbst an seinen Kontrahenten schicken. Zusammen mit der Klage erhält der Gegner die Aufforderung, innerhalb einer vom Gericht festgelegten Frist hierzu Stellung zu nehmen. In der Regel sind das zwei Wochen. Die Frist läuft natürlich erst ab dem Tag, an dem der Beklagte die Klage tatsächlich erhalten hat. Oft bestimmt das Gericht in diesem Zusammenhang auch schon einen Termin zur Verhandlung, zu dem der Beklagte dann geladen wird.

Wichtig: Die Frist zur Klageerwiderung sollte der Beklagte sehr ernst nehmen. Alle Einwände gegen die Klage müssen während dieser Zeit bei Gericht vorgebracht werden. Wer zu spät antwortet, hat Pech gehabt. Er kann nur noch auf die Nachsicht des Gerichts hoffen.

Die Frist fängt immer an dem Tag zu laufen an, an dem der Briefträger oder der Gerichtsbeamte mit dem Schreiben vorbeikommt. Ob der Beklagte zu Hause ist oder nicht, spielt keine Rolle. Der Beklagte sollte deshalb jeden Brief des Gerichts so schnell wie möglich öffnen und aufmerksam durchlesen.

Manchmal hat der Beklagte für die Klageerwiderung nicht nur zwei, sondern vier Wochen Zeit. Dann muss er dem Gericht aber innerhalb der ersten zwei Wochen zumindest mitteilen, ob er sich überhaupt gegen die Klage verteidigen will, das so genannte schriftliche Vorverfahren. Wer eine Klage zugestellt bekommt, sollte also genau darauf achten, was das Gericht in seinem Fall angeordnet hat.

Aber auch der Kläger muss aufpassen, keine Fristen zu versäumen. Antwortet der Gegner nämlich zeitgerecht auf seine Klage, setzt das Gericht ihm oftmals wiederum eine Frist, um die Antwort zu erwidern.

WISO rät: Geben Sie bei jedem Schriftwechsel mit dem Gericht das Aktenzeichen sowie die Namen der Beteiligten an.

Sind Sie nicht sicher, welche Fristen in Ihrem Fall laufen, werfen Sie einen Blick in das Anschreiben des Gerichts. Dort finden Sie eine Belehrung über die Fristen sowie darüber, was passiert, wenn Sie die Frist versäumen. Heben Sie deshalb alle Mitteilungen des Gerichts sorgfältig auf.

Wie Beginn und Ende einer Frist berechnet werden, finden Sie im Abschnitt „Fristen und Termine" im zweiten Kapitel dieses Buches.

Können Sie eine Ihnen gesetzte Frist nicht einhalten, etwa weil Sie noch Informationen benötigen oder erst kurz vor Ablauf der Frist aus dem Urlaub zurückgekommen sind, beantragen Sie bei Gericht, die Frist zu verlängern.

Haben Sie eine Frist ohne Ihr Verschulden versäumt, etwa weil Sie erst nach Ablauf der Frist von der Urlaubsreise heimgekehrt sind oder im Krankenhaus lagen, bitten Sie bei Gericht in einem formlosen Schreiben um eine so genannte „Wiedereinsetzung in den vorigen Stand". Schildern Sie dabei die Umstände, die Sie daran hinderten, rechtzeitig zu antworten.

Güteverhandlung

Ist alles schriftlich vorbereitet, kommt es zum nächsten Teil des Prozesses, der so genannten Güteverhandlung. Hier setzt sich der Richter mit den Beteiligten zusammen und versucht, eine friedliche Beilegung des Konfliktes zu erreichen. Häufig führt das dazu, dass die prozessführenden Parteien massiv zu einer Einigung gedrängt werden. Kein Wunder: Endet die Sache mit einem Vergleich, hat der Richter weniger Arbeit, weil er später kein Urteil schreiben muss. Außerdem stehen Richter, denen es gelingt, möglichst viele Klageverfahren durch gütliche Einigungen zu beenden, vor ihren Kollegen gut da. Auf einen Vergleich sollten sich die Beteiligten aber nur dann einlassen, wenn sie hundertprozentig davon überzeugt sind oder abzusehen ist, dass der Prozess ansonsten verloren wird.

Ausnahmsweise kann die Güteverhandlung auch einmal entfallen. Das ist der Fall, wenn

- die Beteiligten zuvor bereits einen Einigungsversuch vor einer außergerichtlichen Einigungsstelle unternommen haben, etwa im Rahmen einer Schlichtung (siehe dazu das vierte Kapitel dieses Buches).
- abzusehen ist, dass die Güteverhandlung erfolglos verläuft. Das ist eine Frage des Einzelfalls. Oft reicht den Richtern bereits eine übereinstimmende Erklärung der Beteiligten, dass sie eine einvernehmliche Lösung ablehnen.

WISO rät: Hat ein außergerichtlicher Einigungsversuch, etwa vor einer Schlichtungsstelle, stattgefunden oder halten Sie eine Einigung für aussichtslos, teilen Sie dies dem Gericht frühzeitig mit. Sie sparen sich damit einen überflüssigen Termin. Aber: Um den Prozess zu beschleunigen, legen viele Richter den Termin zur Güteverhandlung schon von vornherein auf den gleichen Tag wie den eigentlichen Verhandlungstermin. Der Zeitgewinn ist deshalb oft nicht sehr groß.

Versäumen Sie eine Güteverhandlung nur dann, wenn Sie hierfür einen guten Grund haben oder Ihren Anwalt mit sämtlichen Vollmachten ausstatten. Notfalls beantragen Sie, den Termin zu verlegen.

Mündliche Verhandlung

Ein riesiger, alter Gerichtssaal, darin betagte Richter mit schwarzen Roben und Anwälte, die minutenlange Plädoyers halten – so stellen sich viele immer noch eine typische Gerichtsverhandlung vor. Manchmal läuft ein Prozess auch tatsächlich so ab. Doch die Zeiten haben sich geändert. Viele Termine finden in schmucklosen Zimmern statt, das Gericht besteht nur aus einem Richter und die Atmosphäre erinnert eher an einen Basar als einen Gerichtsprozess. Dennoch: Die mündliche Verhandlung bildet den Abschluss und den Höhepunkt eines Prozesses. Mit ihr wird der Rechtsstreit in der Regel erledigt, das heißt, der Richter kommt zu einem Urteil, das er den Parteien am Ende der Verhandlung oder in einem zusätzlich anberaumten Termin verkündet. Die Verhandlung selbst läuft so ab, dass die Beteiligten zunächst ihre Anträge stellen. Dann schildert das Gericht aus seiner Sicht den Sach- und Streitstand und hört sich an, was die Parteien dazu zu sagen haben. Gegebenenfalls werden anschließend noch Zeugen oder Sachverständige gehört. Die gesamte Prozedur dauert in der Regel zwischen 15 und 60 Minuten, wobei wegen der nachfolgenden Termine aber oftmals ein erheblicher Zeitdruck besteht.

Im Einzelfall kann das Verfahren natürlich auch einmal ein wenig anders laufen: So haben die Beteiligten etwa die Möglichkeit, den Prozess jederzeit durch eine gütliche Einigung zu beenden. Auch kann der Kläger seine Klage in der Verhandlung noch zurücknehmen. Dann wird das Verfahren durch Beschluss eingestellt. Unter Umständen kommt es auch dazu, dass das Gericht noch weitere Verhandlungstermine anberaumt, weil sich der Streit nicht im Haupttermin erledigen lässt.

Außer dem Urteil trifft das Gericht im Laufe des Verfahrens häufig noch weitere Entscheidungen. Sie betreffen in erster Linie den Ablauf des Prozesses. Beispiel: Das Gericht verfügt auf Antrag des Klägers, dass der Verhandlungstermin um zwei Wochen verschoben wird. Oder: Das Gericht beschließt, einen Zeugen anzuhören. Oder: Der Kläger wird aufgefordert, einen Vorschuss auf die Gerichtskosten oder die Auslagen für die Zeugen einzuzahlen.

Achtung: Im Zusammenhang mit der mündlichen Verhandlung wird oft von einem so genannten „frühen ersten Termin" gesprochen. Die Beteiligten sollten sich hierdurch aber nicht täuschen lassen: Die meisten Prozesse enden bereits in diesem Termin, ohne dass es noch zu einer weiteren Verhandlung kommt. Sowohl für den Kläger als auch für den Beklagten hat der frühe erste Termin also eine erhebliche Bedeutung.

WISO rät: Bereiten Sie sich auf die mündliche Verhandlung gut vor, ohne sich aber deswegen verrückt zu machen. Lesen Sie sich vor dem Termin noch mal die ausgetauschten Schriftsätze durch. Markieren Sie wichtige Stellen mit Leuchtstift oder Etiketten. Machen Sie sich zusätzliche Notizen auf einem gesonderten Merkblatt. Denken Sie noch einmal sorgfältig über gütliche Einigungsmöglichkeiten nach.

Erscheinen Sie zum Termin ausgeschlafen und pünktlich. Bringen Sie genügend Zeit sowie sämtliche Unterlagen mit. Werden Sie unterwegs aufgehalten, teilen Sie dem Gericht mit, dass Sie sich verspäten, und fragen Sie den Richter, was Sie tun sollen. Vergessen Sie nicht, zu diesem Zweck Ihr Handy mitzunehmen.

Hören Sie den Ausführungen des Richters im Termin aufmerksam zu. Achten Sie vor allem auf Anregungen und Hinweise. Fragen Sie nach, wenn Sie etwas nicht verstehen. Erwarten Sie aber keine rechtliche Beratung. Werden Sie zur Sache befragt, antworten Sie klar und präzise. Beschränken Sie Ihre Ausführungen auf Fakten und bleiben Sie sachlich. Sprechen Sie so, wie Sie es im Alltag gewohnt sind.

Ganz wichtig: Bleiben Sie locker! Nur dann bekommen Sie mit, worauf es dem Richter ankommt, und können entsprechend reagieren. Beten Sie also keine auswendig gelernten Floskeln herunter und versuchen Sie vor allem nicht, den Staranwalt zu spielen.

Die Verhandlung vor dem Richter findet in der Regel nicht hinter verschlossenen Türen statt, sondern ist für jedermann zugänglich. Die Beteiligten müssen also damit rechnen, dass sich im Gerichtssaal Zuschauer befinden, die ihren Prozess mitverfolgen. Hiervon braucht sich allerdings niemand verunsichern zu lassen. Meist warten die Anwesenden ohnehin nur auf ihren eigenen Termin. Außerdem hat die freie Zugänglichkeit für die Beteiligten einen Riesenvorteil: Sie können sich nämlich vor ihrem eigenen Termin einmal einen Prozess bei Gericht anschauen und sich so mit dem Ablauf einer mündlichen Verhandlung vertraut machen. Und: Zur Verhandlung darf jeder Freunde und Bekannte als Zuschauer mitnehmen, um sich moralisch unterstützen zu lassen.

7. Wie lange ein Prozess dauert

Zwischen dem Einreichen der Klage bei Gericht und der Zustellung an den Gegner vergehen in der Regel zwei bis drei, manchmal aber auch fünf bis sechs Wochen. Bis zum Termin für die Güte- und die mündliche Verhandlung dauert es dann noch einmal rund zwei bis vier Monate. Schließen sich weitere Verhandlungstermine an, müssen die Beteiligten mit einer zusätzlichen Prozessdauer von drei bis sechs Monaten rechnen. Für die Zusendung des Urteils an die Beteiligten benötigt das Gericht schließlich rund zwei bis acht Wochen. Und: Mit dem Urteil des Gerichts ist das Verfahren noch nicht unbedingt vorbei. Werden nämlich hiergegen Rechtsmittel eingelegt, geht der Prozess in die Berufung oder Revision. Zeitlich bedeutet das für die Beteiligten einen zusätzlichen Aufwand von mindestens sechs Monaten, oft aber sogar von ein bis drei Jahren (siehe dazu auch den Abschnitt „Was man gegen ein Urteil tun kann" in diesem Kapitel).

WISO rät: Beziehen Sie die Dauer des Prozesses in Ihre Vorüberlegungen zur Klage mit ein. Rechnen Sie von vornherein damit, dass der Prozess mehrere Monate dauern wird. Denken Sie daran, dass der Prozess unter Umständen durch mehrere Instanzen laufen kann.

Vergessen Sie nicht, dass Sie das Urteil des Gerichts möglicherweise noch gegen Ihren Gegner vollstrecken müssen. Stellt der Gegner sich quer, kostet Sie das noch einmal einige Monate Zeit.

8. Worauf der Kläger achten muss

Ob ein Prozess Erfolg hat, hängt entscheidend davon ab, wie gründlich sich der Kläger auf die Klage vorbereitet hat und wie er sich während des Prozesses verhält. In taktischer Hinsicht ist etwa Folgendes zu beachten:

Vor dem Prozess:

- Achten Sie darauf, dass Sie Ihre Forderungen einklagen, bevor sie verjährt oder verfristet sind (siehe dazu den Abschnitt „Fristen und Termine" im zweiten Kapitel dieses Buches). Beispiel: Eine Forderung aus einem Kaufvertrag verjährt nach drei Jahren.
- Verpassen Sie keine speziellen Fristen für die Klageerhebung. Beispiel: Für eine Klage gegen eine Kündigung haben Sie nur drei Wochen Zeit.

VI. Die Durchführung eines gerichtlichen Prozesses

- Verklagen Sie Ihren Gegner nur dann, wenn Sie ihn zuvor außergerichtlich aufgefordert haben, Ihrer Forderung nachzukommen. Ansonsten riskieren Sie, dass er Ihre Forderung im Prozess sofort anerkennt und Sie auf den gesamten Kosten des Prozesses sitzen bleiben. Wichtig: Sorgen Sie dafür, dass Sie Ihre Aufforderung im Prozess auch nachweisen können, etwa durch Zeugen oder Schriftstücke.
- Verklagen Sie Ihren Gegner nur, wenn Sie Ihre Forderung im Prozess auch beweisen können. Achtung: Sie müssen grundsätzlich alle Tatsachen beweisen, auf die Sie Ihre Forderung stützen. Das ist oft gar nicht so einfach, wie es aussieht. Schwierig wird es vor allem, wenn auch die Gegenseite Beweismittel hat, wie etwa Gegenzeugen oder Gutachten.
- Kümmern Sie sich frühzeitig um handfeste Nachweise, wie etwa schriftliche Dokumente. Sorgen Sie zusätzlich für Zeugen.
- Sichern Sie Ihre Beweise ab, wenn die Gefahr besteht, dass sie verloren gehen oder verändert werden. Beispiel: Das Haus, an dem die Mängel sind, soll abgerissen werden. Hierzu können Sie im Rahmen eines so genannten selbstständigen Beweisverfahrens auch das Gericht einschalten (siehe dazu den Abschnitt „Gutachten im selbstständigen Beweisverfahren" im zweiten Kapitel). Ist zum Beweis ein Sachverständigengutachten erforderlich, überlassen Sie die Beauftragung des Sachverständigen am besten dem Gericht (siehe dazu den Abschnitt „Sachverständigengutachten" im zweiten Kapitel).
- Können Sie von Ihrem Gegner nur etwas verlangen, wenn Sie ihm gleichzeitig etwas anderes herausgeben müssen, sollten Sie ihm dies vor Erhebung Ihrer Klage anbieten. Beispiel: Sie verlangen einen Geldbetrag zurück, müssen aber gleichzeitig den gekauften Gegenstand herausgeben.

Im Prozess:
- Klagen Sie gegebenenfalls nur einen Teil Ihrer Forderung ein, wenn die Gefahr besteht, dass Ihr Gegner ohnehin nicht zahlen kann oder sich zwischenzeitlich aus dem Staub gemacht hat. Ansonsten müssen Sie für die Kosten des Gerichts und Ihres Anwalts am Ende selbst aufkommen.
- Vergessen Sie bei Geldforderungen nicht, Zinsen einzuklagen. Spätestens ab Prozessbeginn stehen Ihnen Zinsen in Höhe von fünf Prozent über dem jeweiligen Basiszinssatz der Bundesbank zu. Wie hoch der aktuelle Basiszinssatz ist, erfahren Sie bei der Bank oder im Internet, etwa unter www.basiszinssatz.de (zu den Zinsen siehe auch den Abschnitt „Bezifferung der Forderung" im zweiten Kapitel dieses Buches). Fordern Sie im Übrigen so viel wie möglich, um den Druck auf Ihren Gegner zu erhöhen und sich eine gute Ausgangsposition für Vergleichsgespräche zu schaffen. Beispiel: Für einen normalen Armbruch können Sie in der Regel zwischen 500,00 und 1.500,00 Euro an Schmerzensgeld verlangen. Greifen Sie hier lieber zu hoch als zu niedrig.
- Verklagen Sie mehrere Personen gleichzeitig, wenn Ihnen alle die gleiche Forderung schulden. Beispiel: der Unfallgegner und seine Haftpflichtversicherung. Oder: die Eheleute als Vermieter.
- Können Sie von Ihrem Gegner nur etwas verlangen, wenn Sie ihm gleichzeitig et-

was anderes herausgeben müssen, sollten Sie ihm dies im Rahmen Ihrer Klage anbieten. Beispiel: Sie verlangen einen Geldbetrag zurück, müssen aber gleichzeitig den gekauften Gegenstand herausgeben.
- Wählen Sie anstelle der Klage ein einstweiliges Verfügungsverfahren, wenn die Sache eilig ist. Das Gericht kann dann auf die mündliche Verhandlung verzichten und innerhalb weniger Tage eine Entscheidung treffen. Doch Vorsicht: Ob die Sache eilig ist, entscheidet sich nicht nach Ihrem Gefühl, sondern nach den objektiven Gegebenheiten. Die Gerichte sind hier sehr streng. So reicht es etwa für ein Eilverfahren bei Geldforderungen nicht aus, dass Sie den bloßen Verdacht haben, Ihr Gegner werde sich in näherer Zukunft ins Ausland absetzen oder Pleite machen.
- Achten Sie darauf, dass Ihr Vorbringen zur Klage vollständig und widerspruchsfrei ist. Denken Sie daran: Der Richter kennt von dem Fall nur das, was Sie ihm erzählen. Und auch nur das beurteilt er. Das Gericht ist nicht verpflichtet, von sich aus in der Sache zu ermitteln.
- Benennen Sie so viele Zeugen wie möglich, um den Druck auf Ihren Gegner zu erhöhen.
- Benennen Sie Zeugen nur für konkrete Tatsachen. Achten Sie auf deren Zuverlässigkeit. Das Gericht hört die Zeugen nur dann an, wenn der Gegner Ihren Ausführungen widerspricht.
- Bringen Sie wichtige Zeugen auch dann mit zur Verhandlung, wenn das Gericht die Zeugen nicht zu dem Termin geladen hat.
- Stellen Sie im Verlaufe des Verfahrens fest, dass Ihre Klage aussichtslos ist, sollten Sie Ihre Klage schriftlich oder während der Verhandlung zurücknehmen. Damit ersparen Sie sich unnötige Kosten. Achten Sie in diesem Zusammenhang vor allem auf die Andeutungen und Einschätzungen des Richters.
- Stellen Sie im Verlaufe des Verfahrens fest, dass sich Ihre Klage erledigt hat, etwa weil der Gegner den geforderten Geldbetrag bezahlt hat, sollten Sie die Klage ausdrücklich für erledigt erklären. Im günstigsten Fall müssen Sie dann nicht einmal die Kosten des Prozesses zahlen.
- Beantragen Sie eine Unterbrechung der mündlichen Verhandlung, wenn der Richter oder Ihr Gegner Ihnen einen Vergleichsvorschlag unterbreiten. Sie können den Vorschlag dann in Ruhe überdenken.
- Prüfen Sie jeden Vergleichsvorschlag des Gerichts äußerst sorgfältig. Überlegen Sie dabei, ob Sie mit Ihrem Gegner in Zukunft noch etwas zu tun haben, wie etwa als Nachbar, Mitarbeiter oder Vermieter. Denken Sie auch daran, dass eine Fortsetzung des Prozesses Sie Zeit, Nerven und unter Umständen viel Geld kostet. Bei einem Vergleich werden die Kosten des Prozesses dagegen in der Regel zwischen Ihnen und Ihrem Gegner geteilt. Doch Vorsicht: Je nach Höhe der Forderung bleibt nach Abzug der Gerichts- und Anwaltskosten nicht mehr viel von dem Vergleichsbetrag übrig.
- Achten Sie bei einem Vergleich auf klare und eindeutige Regelungen, vor allem wenn Sie von Ihrem Gegner etwas bekommen sollen.
- Lehnen Sie einen Richter ab, wenn Sie ihn für befangen halten. Für den Befangenheitsantrag brauchen Sie allerdings konkrete Gründe, die nur ausnahmsweise ein-

mal vorliegen werden. Beispiel: Der Richter ist Großaktionär oder Vorstandsmitglied der verklagten Aktiengesellschaft. Oder: Der Richter ist mit der Geschäftsführerin der beklagten GmbH verheiratet.
- Beantragen Sie bei Gericht eine so genannte „Wiedereinsetzung in den vorigen Stand", wenn Sie unverschuldet eine Frist versäumt haben. Beispiele: Urlaub, Autounfall, verzögerte Zustellung Ihrer Antwort durch die Post, Verzögerungen durch notwendige Übersetzungen.

9. Worauf der Beklagte achten muss

Was für den Kläger gilt, gilt umgekehrt natürlich auch für den Beklagten. Folgende Besonderheiten sind hervorzuheben:

- Erkennen Sie eine Klageforderung sofort an, wenn der Gegner Sie ohne jede Vorwarnung verklagt hat und seine Forderung berechtigt ist. Die Kosten des Prozesses muss dann der Kläger zahlen.
- Bestreiten Sie alles, was der Gegner vorbringt und nicht beweisen kann. Doch Vorsicht: Für manche Dinge sind Sie selbst beweispflichtig. Dann reicht ein Bestreiten natürlich nicht aus. Beispiel: Ihr Gegner verlangt von Ihnen die Bezahlung eines Kaufpreises. Den Kaufvertrag kann er vorlegen. Wollen Sie nun geltend machen, dass Sie den Kaufpreis schon bezahlt haben, müssen Sie hierfür eine Quittung oder einen Zeugen präsentieren.
- Rechnen Sie mit etwaigen Gegenforderungen auf, wenn der Kläger von Ihnen Geld verlangt. Beispiel: Ihr Gegner will von Ihnen Geld aus einem Kaufvertrag, Sie haben aber noch eigene Zahlungsansprüche aus einem anderen Vertrag.
- Wenden Sie die Verjährung der Klageansprüche ein, wenn die Forderungen mehr als zwei Jahre zurückliegen. Beispiel: Ihr Gegner klagt das Geld aus dem Kaufvertrag erst drei Jahre nach dem Kaufvertrag ein. Berufen Sie sich hier auf Verjährung, geht er leer aus (siehe dazu auch den Abschnitt „Fristen und Termine" im zweiten Kapitel dieses Buches).
- Wenden Sie die Erfüllung der Ansprüche ein, wenn Sie die Forderungen schon beglichen haben.

10. Das Urteil des Gerichts

Beharren beide Streitparteien bis zum Schluss des Prozesses auf Ihren Standpunkten, entscheidet der Richter den Rechtsstreit durch ein Urteil. Von dem Urteil bekommen die Beteiligten aber oft erst einmal gar nichts mit. Der Grund: Das Urteil wird in der Regel nicht am Ende der Verhandlung, sondern erst am Ende des gesamten Sitzungstages verkündet. Und zu diesem Zeitpunkt sitzt normalerweise niemand mehr im Gerichtssaal. Das Urteil ist natürlich trotzdem wirksam. Der Richter schickt es den Beteiligten nach der Verkündung per Post zu, die Begründung folgt meist ein wenig später.

Die Zusendung dauert im Idealfall ein bis zwei Wochen; wenn es schlecht läuft, aber auch schon mal mehrere Monate. Wer nicht so lange warten will, kann schon am gleichen Tag bei Gericht anrufen und sich erkundigen, wie der Prozess ausgegangen ist. Der Frust darüber, nach der Verhandlung zunächst mit leeren Händen dazustehen, sollte also nicht allzu groß sein.

Achtung: Manchmal beraumt der Richter für die Verkündung seines Urteils noch einen eigenen Termin an. Das verzögert die Sache dann noch einmal. Zu dem Termin brauchen die Parteien und ihre Anwälte allerdings nicht mehr zu erscheinen.

Je nachdem, wie der Richter den Fall bewertet, kann er in seinem Urteil zu drei denkbaren Ergebnissen kommen:
- Der Kläger gewinnt und der Beklagte verliert.
- Der Kläger verliert und der Beklagte gewinnt.
- Beide Seiten verlieren und gewinnen je zu einem Teil.

Gewinnt der Kläger, wird der Beklagte dazu verurteilt, der Forderung des Klägers nachzukommen, also etwa den eingeklagten Geldbetrag samt Zinsen an ihn auszuzahlen. Obsiegt dagegen der Beklagte, wird die Klage abgewiesen. Ist der Kläger nur teilweise im Recht, wird einem Teil seiner Klage stattgegeben und die Klage im Übrigen abgewiesen. Beispiel: Das Gericht spricht dem Kläger nur 60 Prozent der eingeklagten Forderung zu.

Wichtig: Wer im normalen Zivilprozess verurteilt wird, ist dadurch nicht vorbestraft. Das gibt es nur im Strafprozess (siehe dazu den Abschnitt „Strafgericht" in diesem Kapitel).

In seinem Urteil trifft der Richter zusätzlich noch Entscheidungen darüber,
- wer die Kosten des Prozesses trägt. Das ist im Normalfall derjenige, der den Prozess verliert. Verlieren beide Seiten je zum Teil, werden die Kosten aufgeteilt;
- ob das Urteil vorläufig vollstreckbar ist. Das wird im Normalfall bejaht und bedeutet, dass der Gewinner des Prozesses seine Forderungen notfalls zwangsweise gegen seinen Kontrahenten durchsetzen kann, und zwar selbst dann, wenn der sich gegen das Urteil zur Wehr setzt. Der Haken: Das Gericht will hierfür in der Regel eine Sicherheit, etwa in Form einer Bankbürgschaft oder durch Hinterlegung von Geld.

Übrigens: Ein Urteil fällt der Richter auch dann, wenn einer der Beteiligten zu der mündlichen Verhandlung nicht erscheint und auch keinen Anwalt schickt. Es handelt sich dabei um ein so genanntes Versäumnisurteil. Gegen ein Versäumnisurteil kann der Betroffene innerhalb von zwei Wochen Einspruch einlegen. Der Prozess wird dann in den alten Stand zurückversetzt, die säumige Partei erhält quasi eine „zweite Chance".

Fehlen bei einer Verhandlung beide Seiten, hat der Richter drei Möglichkeiten: Entweder er entscheidet anhand seiner Akten oder er vertagt die Verhandlung oder er ordnet an, dass das Verfahren vorerst nicht weitergeführt wird.

11. Was man gegen ein Urteil tun kann

Rechtsmittel einlegen

Ganz gleich, ob für den Kläger oder den Beklagten: Fehler des Richters haben oft fatale Konsequenzen. Im schlimmsten Fall verlieren Sie hierdurch sogar den gesamten Prozess. Gegen ein ihn belastendes Urteil kann der Betroffene sich deshalb zur Wehr setzen. Das Urteil wird dann von einem höheren Gericht überprüft. Bei Verfahren vor dem Amtsgericht geht das allerdings nur, wenn die Beteiligten um mehr als 600,00 Euro gestritten haben oder der Richter ein Rechtsmittel ausdrücklich zugelassen hat, etwa weil es sich um ein Rechtsproblem von besonderer Bedeutung handelt. Im Einzelnen stehen dem Betroffenen im Zivilprozess folgende Rechtsmittel zur Verfügung:

- Streitigkeiten vor dem Amtsgericht: Berufung zum Landgericht
- Streitigkeiten vor dem Familiengericht: Berufung zum Oberlandesgericht
- Streitigkeiten vor dem Landgericht: Berufung zum Oberlandesgericht
- Streitigkeiten in der Berufung vor dem Oberlandesgericht: Revision zum Bundesgerichtshof

Übrigens: Der Rechtsweg ist in allen Gerichtszweigen ähnlich aufgebaut. Wer also etwa in erster Instanz vor dem Arbeitsgericht gestritten hat, zieht für die Berufung in zweiter Instanz zum Landesarbeitsgericht und für die Revision in dritter Instanz zum Bundesarbeitsgericht.

Wie das Urteil überprüft wird

Wird gegen ein Urteil Berufung eingelegt, prüft das Berufungsgericht in erster Linie, ob der Richter die Gesetze korrekt angewandt und keine Verfahrensvorschriften verletzt hat. Beispiel: Der Richter übersieht eine gesetzliche Vorschrift und verweigert dem Kläger deshalb zu Unrecht Schadensersatz.

Den Sachverhalt überprüft das Berufungsgericht dagegen nur dann, wenn neue Beweismittel vorliegen oder berechtigte Zweifel bestehen, dass die zugrunde liegenden Tatsachen richtig ermittelt wurden. Beispiel: Der Richter geht davon aus, dass die Parteien einen Kaufvertrag abgeschlossen haben, obwohl sämtliche Zeugen das Gegenteil ausgesagt haben.

Die Revision, also eine erneute Kontrolle des Urteils, findet nur ausnahmsweise statt. Das Revisionsgericht beschränkt sich allein darauf, zu untersuchen, ob die Gesetze korrekt angewandt und die Verfahrensvorschriften eingehalten wurden.

Um sicherzugehen, dass bei der Überprüfung eines Urteils keine Fehler passieren, sind die Berufungs- und Revisionsgerichte im Normalfall mit mehr Richtern besetzt als das Ausgangsgericht. So entscheidet etwa in der ersten Instanz am Amtsgericht ein Einzelrichter, während in der zweiten Instanz beim Landgericht drei Berufsrichter tätig werden. Am Oberlandesgericht sind es ebenfalls drei Berufsrichter, beim Bundesgerichtshof dann fünf.

Wer in die Berufung gehen will, hat hierfür einen Monat Zeit. Maßgebend für den Beginn der Frist ist der Tag, an dem der Betroffene das erstinstanzliche Urteil erhalten hat. Für die Begründung der Berufung hat er dann einen weiteren Monat Zeit. Einzelheiten darüber, wie und wo die Berufung einzulegen ist, erhält der Betroffene im normalen Zivilprozess nicht. Trotzdem braucht er sich über die Berufung nicht allzu viele Gedanken zu machen. Im Berufungs- wie auch im Revisionsverfahren herrschen nämlich Anwaltszwang. Die Beteiligten müssen sich hier also von einem Anwalt ihrer Wahl vertreten lassen. Am besten ist es deshalb, die Sache von vornherein in die Hände eines Anwalts zu legen.

Wichtig: Für die Berufung und die Revision gilt das so genannte Verschlechterungsverbot. Das Rechtsmittelgericht darf das Urteil also nicht zu Lasten, sondern nur zu Gunsten des Betroffenen abändern. Das bedeutet: Derjenige, der in die nächste Instanz geht, braucht nicht zu fürchten, dass er nach dem zweiten Urteil schlechter da steht als zuvor. Ausnahme: Beide Seiten greifen das Urteil gleichzeitig an.

WISO rät: Prüfen Sie sorgfältig, ob Sie gegen ein Urteil tatsächlich Berufung einlegen wollen. Berücksichtigen Sie hierbei nicht nur die Erfolgsaussichten, sondern auch die Verfahrensdauer und die Frage der Kosten. Lassen Sie sich von Ihrem Anwalt sämtliche Risiken genau aufzeigen. Bedenken Sie, dass bereits die Prüfung des Rechtsmittels durch den Anwalt Geld kostet.

Müssen Sie Ihr Rechtsmittel vor dem Oberlandesgericht oder dem Bundesgerichtshof einlegen, fragen Sie Ihren Anwalt, ob er an diesen Gerichten auftreten darf. Lassen Sie sich gegebenenfalls einen dort zugelassenen Anwalt empfehlen oder suchen Sie sich selbst einen.

Andere Rechtsbehelfe als Berufung und Revision

Neben der Berufung und der Revision gibt es übrigens noch weitere Rechtsbehelfe, mit denen die Beteiligten Entscheidungen des Gerichts angreifen können. So ist etwa gegen ein Versäumnisurteil, bei dem eine Partei nicht zur Verhandlung erscheint, binnen zwei Wochen der Einspruch zulässig. Beschlüsse und Verfügungen des Gerichts können die Betroffenen unter Umständen mit der Beschwerde, der sofortigen Beschwerde, der Erinnerung oder einer weiteren Beschwerde anfechten. Ob und wenn ja, welcher Rechtsbehelf im Einzelfall gegeben ist, können die Parteien jeweils der beigefügten Rechtsmittelbelehrung entnehmen. In der Regel empfiehlt sich die Einschaltung eines Anwalts.

Notmaßnahmen

Legen die Parteien gegen ein Urteil kein Rechtsmittel ein oder ist ein Rechtsmittel von vornherein nicht zulässig, wird das Urteil des erstinstanzlichen Gerichts rechtskräftig. Ein rechtskräftiges Urteil kann im Normalfall nicht mehr aufgehoben werden, und zwar selbst dann nicht, wenn es falsch ist. Ausnahmen bestehen auf Antrag des Betroffenen etwa in folgenden Fällen:
- Das Urteil wird abgeändert, weil sich die tatsächlichen Verhältnisse geändert haben. Beispiel: Der Vater muss für sein Kind einen bestimmten Betrag an Unterhalt zahlen, verdient aber zwischenzeitlich doppelt so viel wie im Zeitpunkt der Entscheidung.

- Das Verfahren wird neu aufgerollt, weil sich später herausstellt, dass der auftretende Anwalt gar nicht bevollmächtigt war oder sich das Urteil auf eine Falschaussage oder ein gefälschtes Schriftstück stützt.
- Ein Urteil des Amtsgerichts wird abgeändert, weil eine der Parteien nicht ausreichend angehört wurde.
- Das Urteil wird im Wege einer Verfassungsbeschwerde beseitigt, wenn der Betroffene hierdurch in seinen Grundrechten verletzt wurde.

12. Kosten des Prozesses

Gerichtsgebühren

Auch Gerichte arbeiten nicht umsonst. Für einen normalen Prozess fallen deshalb Gerichtsgebühren an. Bezahlen muss sie in der Regel derjenige, der den Prozess verliert. Wie hoch die Gebühren sind, richtet sich danach, wie das Verfahren abläuft, wie hoch der Streitwert ist und welches Gericht die Sache bearbeitet. Die Gebühren sind aber im Verhältnis wesentlich niedriger als etwa die Gebühren eines Anwalts. Ausnahmsweise brauchen die Beteiligten sogar überhaupt keine Gebühren bezahlen, wie zum Beispiel bei den meisten Prozessen vor dem Sozialgericht.

Zur Höhe der Gerichtsgebühren folgendes Beispiel: Die Parteien streiten sich vor dem Amtsgericht um einen Betrag von 3.000,00 Euro. Der Kläger gewinnt den Prozess durch ein Urteil. Der Beklagte muss sämtliche Kosten des Verfahrens zahlen. Für das Gericht fallen drei Gebühren in Höhe von je 89,00 Euro, also insgesamt 267,00 Euro an.

Für den gleichen Fall wären vor dem Arbeitsgericht übrigens nur Gerichtsgebühren in Höhe von 120,00 Euro entstanden. Noch günstiger wäre es dort geworden, wenn die Parteien den Streit durch einen Vergleich beigelegt hätten, also gar kein Urteil erforderlich geworden wäre. Das Gericht hätte dann überhaupt keine Gebühren in Rechnung stellen können.

Achtung: Wer eine Klage erhebt, muss die Gerichtsgebühren im Normalfall als Vorschuss bei der Gerichtskasse einzahlen. Erst wenn die Gebühren entrichtet sind, wird die Klage an den Gegner weitergeleitet. Bleibt am Ende etwas übrig, erhält der Kläger den entsprechenden Betrag zurückerstattet. Muss der Gegner die Kosten des Prozesses tragen, wird alles erstattet. Kein Vorschuss wird fällig bei Klagen vor dem Arbeits-, Sozial-, Finanz- und Verwaltungsgericht.

Weitere Kosten

Die Gerichtsgebühren dürfen natürlich nicht verwechselt werden mit den Kosten, die der Prozess insgesamt verursacht. Zu den Prozesskosten kommen vielmehr noch weitere Positionen hinzu, wie etwa
- die Gebühren des höheren Gerichts für den Fall einer Berufung oder Revision. Wichtig: Wer in der ersten Instanz gewinnt und in der zweiten oder dritten Instanz verliert, muss trotzdem alle Gerichtskosten zahlen;

- die Gebühren und Auslagen der Anwälte (siehe dazu die Abschnitte „Was ein Anwalt kostet" und „Die Anwaltsrechnung" im dritten Kapitel dieses Buches);
- die Kosten für Sachverständige. Sie variieren je nach Einzelfall sehr stark. Unterste Grenze sind bei einem Stundensatz zwischen 25,00 und 78,00 Euro ungefähr 250,00 Euro. Nach oben gibt es keine Beschränkungen. 10.000 Euro und mehr sind vor allem bei Bauprozessen keine Seltenheit. Für die Erstellung eines Sachverständigengutachtens fordert das Gericht in der Regel einen Vorschuss an. Üblich ist ein Betrag im vierstelligen Bereich. Den Vorschuss muss die Partei zahlen, die das Gutachten beantragt (siehe dazu auch den Abschnitt „Sachverständigengutachten" im zweiten Kapitel dieses Buches);
- die Kosten für geladene Zeugen. Die Höhe hängt vom einzelnen Fall ab. Für den Verdienstausfall werden beispielsweise zwischen 2,00 und 13,00 Euro gezahlt. Hinzu kommen Fahrtkosten und sonstige Aufwendungen wie Abwesenheitsgeld. Werden mehrere Zeugen gehört, können hier erhebliche Beträge zusammenkommen. Für die Ladung eines Zeugen fordert das Gericht einen Vorschuss an. Üblich ist ein Betrag in Höhe von 70,00 Euro bis 80,00 Euro pro Zeuge. Den Vorschuss muss die Partei zahlen, die sich auf den Zeugen beruft (siehe dazu auch den Abschnitt „Zeuge" im zweiten Kapitel dieses Buches). Der Vorschuss wird zurückerstattet, wenn der Zeuge auf eine Entschädigung seines Aufwandes verzichtet. Das passiert häufig. Viele Zeugen wollen für ihren Aufwand kein Geld haben;
- die Kosten für einen geladenen Dolmetscher. Dolmetscher sind dafür zuständig, mündliche Äußerungen der Beteiligten in die jeweils andere Sprache zu übertragen. Die Höhe der Kosten hängt vom Einzelfall ab. Pro Stunde bekommt ein Dolmetscher zwischen 25,00 und 78,00 Euro.
Den Dolmetscher für den Prozess wählt das Gericht aus. Wer bei anderer Gelegenheit einmal einen Dolmetscher benötigt, sucht in den Gelben Seiten unter der Rubrik „Dolmetscher" oder im Internet, etwa unter www.gelbe-seiten.de. Namen und Anschriften von Dolmetschern gibt es auch beim Bundesverband der Dolmetscher und Übersetzer, Kurfürstendamm 170, 10707 Berlin, Tel.: 030/88 71 28 30, Fax: 030/88 71 28 40, im Internet zu finden unter www.bdue.de;
- die Kosten für einen Übersetzer. Der Übersetzer überträgt schriftliche Texte in eine andere Sprache. Pro übersetzte Zeile werden zwischen 1,00 und 4,30 Euro gezahlt. Übersetzer findet der Verbraucher im privaten Bereich in den Gelben Seiten oder über den Bundesverband der Dolmetscher und Übersetzer;
- die Kosten für einen Detektiv, soweit dessen Beauftragung erforderlich war und sich die Kosten im normalen Rahmen halten (siehe dazu auch den Abschnitt „Bezifferung der Forderung" im zweiten Kapitel dieses Buches);
- die gesetzliche Mehrwertsteuer;
- sonstige Kosten, etwa für Kopien, Fotos, Porto, Telefon, Reisen.

Um das Kostenrisiko eines Prozesses richtig einzuschätzen, müssen stets sämtliche Positionen berücksichtigt werden. Im Beispielsfall kommen auf die unterlegene Partei im günstigsten Fall folgende Prozesskosten zu:

Gerichtsgebühren Amtsgericht	Euro	267,00
Gebühren und Auslagen eigener Anwalt	Euro	461,68
Gebühren und Auslagen Anwalt Gegenseite	Euro	461,68
Gesamt	Euro	1.190,36

Läuft es ungünstig, könnte die Rechnung aber auch wie folgt aussehen:

Gerichtsgebühren Amts- und Berufungsgericht	Euro	400,50
Gebühren und Auslagen eigener Anwalt	Euro	592,96
Gebühren und Auslagen Anwalt Gegenseite	Euro	592,96
Kosten Sachverständiger	Euro	500,00
Kosten Zeugen	Euro	50,00
Kosten Dolmetscher	Euro	100,00
Gesamt	Euro	2.236,42

WISO rät: Rechnen Sie vor einem Prozess sorgfältig aus, welche Kosten im ungünstigsten Fall auf Sie zukommen können. Lassen Sie sich notfalls vom Anwalt einen Kostenplan aufstellen.

Entscheiden Sie sich nur dann für einen Prozess, wenn sich das Kostenrisiko im Rahmen hält und Sie finanziell abgesichert sind. Seien Sie vor allem vorsichtig bei Klagen, bei denen die Kosten am Ende höher liegen als die eigentliche Forderung. So kann es klüger sein, bei einem Streit um 100,00 Euro die Sache auf sich beruhen zu lassen, als nachher mehrere hundert Euro Prozesskosten zahlen zu müssen.

Prüfen Sie, ob Sie den Prozess nicht auf anderem Weg finanzieren können, etwa durch staatliche Prozesskostenhilfe, professionelle Prozessfinanzierer oder eine Rechtsschutzversicherung (siehe dazu das achte Kapitel dieses Buches).

Behalten Sie die Kosten auch während des Prozesses im Auge. Einigen Sie sich in einem Vergleich oder ziehen Sie Ihre Klage zurück, wenn Sie erkennen, dass Ihre Klage aussichtslos ist. Die Gerichts- und Anwaltsgebühren werden dadurch niedriger.

Ihr persönliches Kostenrisiko können Sie sich mit Hilfe spezieller Programme auch selbst ausrechnen, so etwa kostenlos im Internet unter
www.focus.de unter dem Suchwort „Prozessrechner"
www.anwaltssuche.de
www.foris.de unter dem Stichwort „Prozessfinanzierung"
www.annonet.de unter der Rubrik „Programme & Tools"

Eine Tabelle über die Gerichtsgebühren finden Sie im Anhang. Weitere Einzelheiten sind nachzulesen in den einzelnen Kostengesetzen, wie etwa dem Gerichtskostengesetz (GKG) oder dem Zeugen- und Sachverständigen-Entschädigungsgesetz (ZuSEG), im Internet zu finden etwa unter der Adresse www.staat-modern.de

Prozesskosten und Steuer

Die Kosten eines Prozesses können unter Umständen von der Steuer abgesetzt werden. So zählen etwa die Kosten eines Scheidungsverfahrens, eines Sorgerechtsstreits oder eines Prozesses über einen Arztfehler steuerlich zu den „außergewöhnlichen Belastungen". Einen zumutbaren Eigenanteil muss der Betroffene hier aber selbst bezahlen. Die Höhe richtet sich nach seinen Einkünften und seinem Familienstand und beträgt zwischen einem und sieben Prozent.

Hat der Arbeitnehmer mit seinem Chef vor dem Arbeitsgericht gestritten, sind die entstandenen Kosten als Werbungskosten aus nichtselbstständiger Arbeit abzugsfähig. Bei einem Prozess um Renteneinkünfte handelt es sich bei den Prozesskosten um Werbungskosten bei den sonstigen Einkünften.

Prozesskosten für Unfallschäden mit dem Pkw fallen steuerlich unter die Rubrik „außergewöhnliche Fahrzeugkosten".

WISO rät: Haben Sie einen Prozess geführt, geben Sie Ihre Kosten vorsorglich immer bei der Steuer an. Das Finanzamt muss dann entscheiden, ob es die Kosten steuerlich berücksichtigt oder nicht.

13. Besonderheiten einzelner Verfahren

Für einige gerichtliche Verfahren gelten Regeln, die vom „normalen" Zivilprozess abweichen. Achten sollten die Beteiligten vor allem auf folgende Besonderheiten:

a) Arbeitsgericht

- Einzureichen ist die Klage immer beim Arbeitsgericht, nie beim Landesarbeitsgericht.
- Vor dem Arbeits- und Landesarbeitsgericht kann sich jeder selbst vertreten, es besteht kein Anwaltszwang.
- Arbeitnehmer können sich von einem Vertreter der Gewerkschaft, Unternehmer von einem Arbeitgeberverband vertreten lassen,
- Die Gerichtsgebühren sind niedriger als im normalen Verfahren, ein Kostenvorschuss wird nicht verlangt. Für einen Vergleich fallen keine Gerichtsgebühren an. Die Kosten für einen Dolmetscher trägt je nach Herkunftsland des Arbeitnehmers der Staat.
- Die Anwaltskosten trägt bei erstinstanzlichen Streitigkeiten grundsätzlich jede Partei selbst – auch im Fall eines Sieges.
- Bei den Arbeitsgerichten liegen häufig besondere Klagevordrucke aus, etwa für Lohn- oder Kündigungsschutzklagen.
- Besondere Bedeutung der gerichtlichen Güteverhandlung Der größte Teil der Prozesse vor dem Arbeitsgericht wird bereits in der Güteverhandlung durch einen Vergleich erledigt. Zum Gütetermin müssen die Parteien deshalb auch meist persönlich erscheinen. Der beklagte Arbeitgeber braucht vor der Güteverhandlung

202   VI. Die Durchführung eines gerichtlichen Prozesses

nicht auf die Klage reagieren. Verläuft die Güteverhandlung erfolglos, beraumt der Richter im Abstand von etwa drei bis sechs Monaten einen gesonderten Verhandlungstermin an. Dort entscheidet er den Streit zusammen mit zwei Beisitzern, in der Regel einem Vertreter der Gewerkschaft und einem Vertreter eines Arbeitgeberverbandes.

b) Familiengericht

- Einzureichen ist die Klage immer beim Familiengericht. Das ist eine spezielle Abteilung beim zuständigen Amtsgericht.
- Bei den meisten Verfahren, wie etwa einer Scheidung, beginnt der Prozess nicht mit einer „Klage", sondern mit einem „Antrag".
- In der Regel müssen sich die Parteien von Anwälten vertreten lassen. Aber: Für ein Scheidungsverfahren benötigt nicht jeder Ehepartner zwingend einen Anwalt. Sind die Parteien sich einig, kann der Antragsgegner der Scheidung auch ohne Anwalt zustimmen.
- Wollen die Ehepartner noch mehr Geld sparen, sollten Sie möglichst viele Punkte bereits außergerichtlich regeln.
- Die Kosten eines Verfahrens trägt im Normalfall nicht eine Partei allein, sondern jede Partei zur Hälfte.

c) Finanzgericht

- Einzureichen ist die Klage immer beim Finanzgericht, nie beim Bundesfinanzhof.
- Zuständig ist im Normalfall das Finanzgericht, das dem Wohnsitz des Bürgers am nächsten liegt.
- Vor dem Finanzgericht kann sich jeder selbst vertreten, es besteht kein Anwaltszwang.
- Der Bürger kann sich von einem Steuerberater, Wirtschaftsprüfer oder einem Vertreter der Gewerkschaft oder eines Lohnsteuerhilfevereins vertreten lassen (siehe dazu auch den Abschnitt „Individuelle Rechtsberatung" im ersten Kapitel dieses Buches).
- Die Kosten der Gegenseite, also der Behörde, muss der Bürger nicht bezahlen, die eigenen Kosten bekommt er dagegen im Falle eines Sieges erstattet.
- Einen Gütetermin gibt es nicht.
- Das Finanzgericht überprüft nicht nur die Angaben der Beteiligten, sondern ermittelt den Sachverhalt von sich aus. Erklärungen und Beweise sind deshalb für die Klage nicht erforderlich, aber empfehlenswert.
- Ganz wichtig: Vor der Klage muss der Bürger in der Regel ein Widerspruchsverfahren vor der jeweiligen Behörde durchführen. Bekommt der Bürger von einer Behörde einen Bescheid, sollte er deshalb genau darauf achten, wie er gegen den Bescheid vorgehen kann. Jedem Bescheid ist eine Belehrung über mögliche Rechtsbehelfe beigefügt (siehe zum Widerspruch auch den Abschnitt „Umgang mit Behörden" im zweiten Kapitel dieses Buches).

13. Besonderheiten einzelner Verfahren

- Achtung: Trotz einer Klage muss der Bürger den Betrag, den das Finanzamt von ihm fordert, zunächst bezahlen. Gewinnt er den Prozess, wird ihm das Geld zurückerstattet. Notfalls kann der Bürger aber beim Finanzamt beantragen, die Zahlung vorübergehend aufzuschieben.

d) Sozialgericht

- Einzureichen ist die Klage immer beim Sozialgericht, nie beim Landesarbeitsgericht.
- Zuständig ist das Sozialgericht, das dem Wohnsitz des Bürgers am nächsten liegt.
- Vor dem Sozial- und Landessozialgericht kann sich jeder selbst vertreten, es besteht kein Anwaltszwang.
- Der Bürger kann sich von einem Vertreter der Gewerkschaft oder von einem Sozial- oder Behindertenverband vertreten lassen (siehe dazu auch den Abschnitt „Individuelle Rechtsberatung" im ersten Kapitel dieses Buches).
- Klagen können in der Regel auch in einer anderen als der deutschen Sprache eingereicht werden.
- Für den Prozess fallen im Normalfall keine Gerichtskosten an. Es gibt aber Ausnahmen.
- Die Kosten der Gegenseite, also der Behörde, muss der Bürger nicht bezahlen, die eigenen Kosten bekommt er dagegen im Falle eines Sieges erstattet. Für den Anwalt fallen Rahmengebühren zwischen 50,00 und 660,00 Euro an.
- Eine besondere Güteverhandlung gibt es nicht.
- Das Sozialgericht überprüft nicht nur die Angaben der Beteiligten, sondern ermittelt den Sachverhalt von sich aus. Erklärungen und Beweise sind deshalb für die Klage nicht erforderlich, wenn auch empfehlenswert.
- Ganz wichtig: Vor der Klage muss der Bürger in der Regel ein Widerspruchsverfahren vor der jeweiligen Behörde durchführen. Bekommt der Bürger von einer Behörde einen Bescheid, sollte er deshalb genau darauf achten, wie er gegen den Bescheid vorgehen kann. Jedem Bescheid ist eine Belehrung über mögliche Rechtsbehelfe beigefügt (siehe zum Widerspruch auch den Abschnitt „Umgang mit Behörden" im zweiten Kapitel dieses Buches).

e) Strafgericht

- Für normale Straf- und Bußgeldsachen ist das Amtsgericht zuständig, bei Schwerkriminalität das Land- und bei Delikten wie Landesverrat das Oberlandesgericht.
- Es entscheidet entweder der Strafrichter allein oder das Schöffengericht, das mit bis zu drei Berufsrichtern und zwei ehrenamtlichen Richtern, den so genannten Schöffen, besetzt ist. Zum Schöffe kann jeder gewählt werden, der Deutscher ist und von seiner Gemeinde für das Schöffenamt vorgeschlagen wurde. Die Wahl erfolgt durch das Gericht.
- Der Prozess beginnt nicht mit einer „Klage", sondern mit einer Anklage. Zuständig hierfür ist der Staatsanwalt. Der „Beklagte" heißt im Strafprozess „Angeklagter".

VI. Die Durchführung eines gerichtlichen Prozesses

- Eine Anklage wird nur erhoben, wenn ein ausreichender Tatverdacht vorliegt und ein genügendes öffentliches Interesse an der Strafverfolgung besteht. Ansonsten stellt der Staatsanwalt das Verfahren ein. Das passiert in der Mehrzahl der Fälle.
- Opfer von Straftaten können sich unter bestimmten Voraussetzungen am Verfahren beteiligen, entweder im Wege der Privatklage, wenn der Staatsanwalt das Verfahren einstellen will, oder durch eine Nebenklage, die parallel zur öffentlichen Klage läuft. Stellt der Staatsanwalt das Verfahren ein, obwohl der Betroffene Strafanzeige erstattet hat, kann dieser dagegen Beschwerde einlegen.
- Bei Strafsachen von geringerer Bedeutung kann der Staatsanwalt den Erlass eines Strafbefehls beantragen. Das Gericht entscheidet dann ohne Hauptverhandlung, das heißt, das Verfahren wird schriftlich, also quasi im Büroweg, erledigt. Doch Vorsicht: Auch beim Strafbefehl wird der Angeklagte strafrechtlich verurteilt.
- Der Rechtsanwalt wird im Verfahren als Verteidiger tätig.
- Ein Verteidiger ist zwingend nötig bei Verbrechen wie Mord sowie generell bei Strafverfahren, die in erster Instanz vor dem Landgericht oder Oberlandesgericht verhandelt werden.
- Die Gerichtskosten hängen von der Höhe der Strafe ab. Beispiel: Bei einer Freiheitsstrafe von mehr als zwei Jahren fallen 245,00 Euro an Gerichtskosten an. Wird der Angeklagte freigesprochen, trägt die Gerichtskosten der Staat.
- Für die Anwaltskosten gibt es Rahmengebühren. Die Tagessätze belaufen sich hier auf 50,00 bis 660,00 Euro, vor dem Oberlandesgericht bis 1.300,00 Euro. Das Honorar kann im Einzelfall ausgehandelt werden.
- Wer zum Strafprozess geladen wird, muss vor Gericht erscheinen.
- Wer rechtskräftig verurteilt wird, gilt je nach Straftat und Strafmaß als vorbestraft und wird in das Bundeszentralregister für Vorstrafen in Berlin eingetragen. Im Normalfall passiert das nur bei Freiheitsstrafen von mehr als drei Monaten oder Geldstrafen von mehr als neunzig Tagessätzen. Ein Eintrag im Bundeszentralregister hat für den Verurteilten Folgen. Benötigt er etwa bei der Suche nach einem Arbeitsplatz ein polizeiliches Führungszeugnis, taucht seine Verurteilung hierin auf. Frühestens nach einer Frist von fünf Jahren wird der Eintrag gelöscht. Nachteile ergeben sich auch, wenn der Verurteilte weitere Straftaten begeht. Dann kann das Gericht sich mit Hilfe des Registers über etwaige Vorstrafen informieren und im laufenden Prozess ein höheres Strafmaß verhängen.
- Ganz wichtig im Strafprozess: Es gilt der Grundsatz „in dubio pro reo", im Zweifel für den Angeklagten. Ist die Schuld des Angeklagten nicht einwandfrei nachgewiesen, darf das Gericht ihn nicht verurteilen.
- Achtung: Mit Maßnahmen des Gerichts beziehungsweise des strafrechtlichen Ermittlungsrichters kann der Angeklagte auch schon vor dem eigentlichen Prozess konfrontiert werden. Beispiel: Der Betroffene soll in Untersuchungshaft genommen werden. Oder: Es soll eine Hausdurchsuchung vorgenommen oder eine Blutprobe entnommen werden. Die Gesetze sind hier zu Gunsten des Beschuldigten sehr streng. Im Zweifel sollte immer ein Anwalt eingeschaltet werden.
- Besonderheiten gelten, wenn der Betroffene keine Straftat, sondern nur eine Ordnungswidrigkeit begangen hat. Am häufigsten passiert das bei Verstößen im Stra-

ßenverkehr. Beispiel: Der Betroffene ist zu schnell gefahren oder hat falsch geparkt. Dann gibt es in der Regel erst einmal eine Verwarnung vom Ordnungsamt. Will der Betroffene den Vorwurf nicht akzeptieren, kann er eine Überprüfung durch die Bußgeldstelle, meist das Regierungspräsidium, veranlassen. Stellt die Bußgeldstelle das Verfahren nicht ein, erlässt sie einen Bußgeldbescheid. Die Kosten hierfür sind höher als das ursprüngliche Verwarnungsgeld. Legt der Betroffene gegen den Bußgeldbescheid Einspruch ein, entscheidet schließlich der Richter. Gegen das Urteil kann der Betroffene notfalls noch Rechtsbeschwerde einlegen. Wichtig: Bei Ordnungswidrigkeiten darf der Betroffene ausnahmsweise auch die Ermittlungsakten der Behörde einsehen. Das hilft im Zweifel, um sich gegen die Vorwürfe zu wehren. Weitere Besonderheit: Wer wegen einer Ordnungswidrigkeit verurteilt wird, ist nicht vorbestraft. Es erfolgt allenfalls ein Eintrag in die Verkehrssünderkartei in Flensburg.

f) Verfahren der freiwilligen Gerichtsbarkeit

- Im Normalfall sind hier keine verfeindeten Prozessparteien beteiligt, sondern nur ein Antragsteller und das entscheidende Gericht.
- Der Beteiligte kann sich selbst vertreten, es besteht kein Anwaltszwang.
- Das Gericht überprüft nicht nur die Angaben des Beteiligten, sondern ermittelt den Sachverhalt von sich aus.
- Die Entscheidung trifft entweder ein Richter oder ein Rechtspfleger, also ein Gerichtsbeamter.
- Entschieden wird nicht durch Urteil, sondern Verfügung oder Beschluss.

g) Verwaltungsgericht

- Einzureichen ist die Klage immer beim Verwaltungsgericht, nie beim Oberverwaltungsgericht oder dem Verwaltungsgerichtshof.
- Zuständig ist im Normalfall das Verwaltungsgericht, das dem Wohnsitz des Bürgers am nächsten liegt.
- Vor dem Verwaltungsgericht kann sich jeder selbst vertreten, es besteht kein Anwaltszwang.
- Eine Klage ist nur zulässig, wenn der Bürger von der Maßnahme einer Behörde selbst unmittelbar betroffen ist. Wer also etwa pauschal gegen eine Baugenehmigung im Nachbarort vorgehen will, hat Pech gehabt.
- Bei Verfahren über Sozialhilfe, Ausbildungsförderung oder Jugendhilfe fallen keine Gerichtskosten an.
- Die Kosten der Gegenseite, also der Behörde, muss der Bürger nicht bezahlen, die eigenen Kosten bekommt er dagegen im Falle eines Sieges erstattet.
- Einen Gütetermin gibt es nicht.
- Das Verwaltungsgericht überprüft nicht nur die Angaben der Beteiligten, sondern ermittelt den richtigen Sachverhalt von sich aus. Erklärungen und Beweise sind deshalb für die Klage nicht erforderlich, aber empfehlenswert.

- Das Verwaltungsgericht prüft im Normalfall nur, ob die Entscheidung der Verwaltung rechtmäßig, nicht dagegen ob sie zweckmäßig war.
- Ganz wichtig: Vor der Klage muss der Bürger in der Regel ein Widerspruchsverfahren vor der jeweiligen Behörde durchführen. Bekommt der Bürger von einer Behörde einen Bescheid, sollte er deshalb genau darauf achten, wie er gegen den Bescheid vorgehen kann. Jedem Bescheid ist eine Belehrung über mögliche Rechtsbehelfe beigefügt (siehe zum Widerspruch auch den Abschnitt „Umgang mit Behörden" im zweiten Kapitel dieses Buches).

h) Verfassungsgericht

- Verfassungsbeschwerden von Bürgern sind nur zulässig, wenn vorher der Rechtsweg zu anderen Gerichten ausgeschöpft wurde. Wer also denkt, er könne mit jedem kleinen Problem gleich zum Bundesverfassungsgericht rennen, der irrt.
- Der Bürger muss durch ein Gesetz, ein Gerichtsurteil oder die Maßnahme einer Behörde in seinen Grundrechten verletzt sein.
- Der Beschwerdeführer kann sich selbst vertreten, es besteht kein Anwaltszwang.
- Das Verfahren ist kostenlos.
- Gegen die Entscheidung des Bundesverfassungsgerichtes gibt es keine weiteren Rechtsmittel.
- Besonders wichtig: Das Bundesverfassungsgericht nimmt die Beschwerde nur an, wenn sie eine grundsätzliche verfassungsrechtliche Bedeutung hat, die Grundrechtsverletzung besonderes Gewicht hat oder den Bürger bei Nichtannahme ein besonders schwerer Nachteil trifft.
- Übrigens: Nur rund 2,5 Prozent aller Verfassungsbeschwerden hatten bisher Erfolg.

Achtung: Welches Gericht für welche Rechtsgebiete zuständig ist, erfahren Sie im Abschnitt „Das richtige Gericht" in diesem Kapitel.

VII. Die Durchsetzung von Rechten nach einem Prozess

1. Häufig geht es nur mit Zwang

Ist der Prozess erst einmal gewonnen, braucht der Kläger nichts mehr zu tun, außer zu warten, bis sein Gegner den Verpflichtungen aus dem Urteil nachkommt, also etwa das Geld überweist oder das Auto herausgibt. So könnte man jedenfalls meinen. Doch die Realität sieht oft anders aus. Kein Wunder: Wer eine Forderung nicht von vornherein freiwillig begleicht, der schert sich im Zweifel auch nicht um einen Urteilsspruch. Selbst bei vermeintlich seriösen Beklagten lässt die Zahlungsmoral nach einem negativen Urteil oft zu wünschen übrig. So zäh vorher um die eigenen Standpunkte gerungen wurde, so schnell ist nach einem negativen Urteil eben die Luft raus. Für den siegreichen Kläger ist das besonders misslich. Will er zu seinem Geld kommen, muss er nun nämlich abermals ein offizielles Verfahren einleiten, die so genannte Zwangsvollstreckung. Bleibt er tatenlos, passiert dagegen nichts. Das Gericht kümmert sich nicht automatisch darum, dass der Gegner seine Verpflichtungen aus dem Urteil erfüllt.

WISO rät: Richten Sie sich schon vor dem Prozess darauf ein, dass Sie mit einem positiven Urteil noch nicht am Ziel sind. Beschäftigen Sie sich schon während des Prozesses damit, wie Sie den Urteilsspruch zwangsweise durchsetzen können. Planen Sie hierfür genügend Zeit und Nerven ein.

Verfallen Sie nicht in Euphorie, wenn das Urteil zu Ihren Gunsten ausgeht. Stellen Sie sich lieber auf ein weiteres Verfahren ein, um den Richterspruch zu vollstrecken.

Begleicht Ihr Gegner die Forderungen aus dem Urteil nicht, machen Sie hierfür nicht Ihren Anwalt verantwortlich. Suchen Sie vielmehr seine Hilfe, um eine erfolgreiche Zwangsvollstreckung durchzuführen.

Übrigens: Vollstrecken kann der Gläubiger nicht nur Gerichtsurteile, sondern auch andere Titel wie Vollstreckungsbescheide (siehe dazu den Abschnitt „Vollstreckungsbescheid und Einspruch" im fünften Kapitel dieses Buches), Kostenfestsetzungsbeschlüsse (siehe dazu den Abschnitt „Wer die Kosten des Anwalts trägt" im dritten Kapitel dieses Buches), gerichtliche Vergleiche, notarielle Urkunden, einstweilige Verfügungen (siehe dazu den Abschnitt „Worauf der Kläger achten muss" im sechsten Kapitel dieses Buches).

2. Selbsthilfe ist verboten

Die zwangsweise Durchsetzung der Forderungen ist allein Sache des Staates. Zuständig sind in erster Linie Gerichtsvollzieher und Vollstreckungsgerichte. Sie sorgen dafür, dass der siegreiche Kläger zu seinem Recht kommt – entweder freiwillig oder unter Einsatz von Zwangsmitteln. Das bedeutet natürlich nicht, dass der Betroffene sich hierbei alles gefallen lassen müsste. Für die Zwangsvollstreckung gelten vielmehr feste Regeln. Es handelt sich um ein rechtsstaatliches Verfahren, gegen das sich der Betroffene notfalls mit Hilfe eines Anwalts zur Wehr setzen kann. Verweigert er die Durchsetzung des Urteils allerdings zu Unrecht, muss er am Ende mit Konsequenzen, im schlimmsten Fall mit Ordnungshaft rechnen. Außerdem treffen ihn sämtliche Kosten des Vollstreckungsverfahrens. Das umfasst nicht nur die Gebühren für die Anwälte und das Gericht, sondern auch die Kosten des Gerichtsvollziehers sowie Auslagen für Hilfspersonen, wie etwa Schlüsseldienste oder Sicherheitsbegleiter. Bei einer Forderung von 3.000,00 Euro kommen so für eine normale Zwangsvollstreckung beispielsweise rund 200,00 bis 300,00 Euro an Kosten zusammen.

Achtung: Die Zwangsvollstreckung ist für den Kläger oft mühsam und wenig Erfolg versprechend. Trotzdem darf der Kläger nicht zur Selbsthilfe greifen, um die Sache zu beschleunigen. Wer etwa seinem Schuldner das Geld wegnimmt oder ihn dazu nötigt, ihm das Geld zu bezahlen, macht sich strafbar.

WISO rät: Fordern Sie Ihren Gegner zunächst noch einmal schriftlich auf, den im Urteil festgelegten Betrag zu zahlen, ehe Sie mit der Zwangsvollstreckung beginnen. Einige Beklagte sind nämlich irrtümlich der Meinung, sie müssten die Forderungen erst auf eine gesonderte Aufforderung hin begleichen. Notfalls können Sie auch ein Inkassobüro oder einen Rechtsanwalt damit beauftragen (siehe dazu das zweite und dritte Kapitel dieses Buches).

Überlegen Sie, ob sich die Zwangsvollstreckung in Ihrem Fall überhaupt lohnt. Ist der Gegner nämlich offensichtlich pleite oder längst über alle Berge, verursachen Sie nur weitere Kosten, auf denen Sie am Ende selbst sitzen bleiben. Wo Sie Auskünfte über die Anschrift und das Vermögen des Schuldners einholen können, erfahren Sie in den Abschnitten „Anschrift und Aufenthaltsort des Schuldners" sowie „Vermögensverhältnisse des Schuldners" im zweiten Kapitel dieses Buches.

Bestehen realistische Aussichten, dass der Gegner zahlt, leiten Sie die Zwangsvollstreckung so schnell als möglich ein. Ansonsten kommen Ihnen vielleicht andere Gläubiger zuvor. In der Zwangsvollstreckung gilt der Grundsatz: Wer zuerst kommt, mahlt zuerst.

Planen Sie für die Zwangsvollstreckung von vornherein genügend Zeit ein. Je nach Einzelfall kann das Verfahren bis zu mehreren Monaten dauern, die zu dem vorangegangenen Prozess noch dazukommen.

3. Wie der Gläubiger bei der Zwangsvollstreckung vorgeht

Die zuständige Vollstreckungsstelle

Um die Zwangsvollstreckung einleiten zu können, benötigt der Kläger jedenfalls bei Urteilen regelmäßig einen entsprechenden Vermerk des Gerichts. Sinnvoll ist es, diesen Vermerk bereits im Rahmen des Prozesses zu beantragen, etwa am Ende der mündlichen Verhandlung. Die Klausel kann aber ohne weiteres auch noch im Nachhinein angefordert werden. Mit dem Urteil wendet sich der Kläger dann an die zuständige Vollstreckungsstelle und beantragt dort die Zwangsvollstreckung. Wer für die Vollstreckung zuständig ist, richtet sich danach, welche Maßnahmen der Kläger gegen den Schuldner ergreifen möchte. Im Wesentlichen stehen nachfolgende Möglichkeiten zur Verfügung. Eine bestimmte Reihenfolge ist nicht einzuhalten:

- Pfändung und Verwertung von Gegenständen, wie etwa Bilder, Möbel, Fahrzeuge, so genannte Standardzwangsvollstreckung.
  Zuständig hierfür ist der Gerichtsvollzieher.
- Wegnahme von Sachen.
  Zuständig hierfür ist der Gerichtsvollzieher.
- Räumung von Wohnungen.
  Zuständig hierfür ist der Gerichtsvollzieher.
- Pfändung und Überweisung von Forderungen, wie etwa Lohnansprüchen.
  Zuständig hierfür ist das Vollstreckungsgericht. Das Vollstreckungsgericht ist eine besondere Abteilung beim Amtsgericht.
- Durchsetzung von Handlungen, Duldungen oder Unterlassungen, unter Umständen unter Androhung von Ordnungsgeld oder Ordnungshaft.
  Zuständig hierfür ist das Gericht des Hauptprozesses.
- Abgabe einer bestimmten Erklärung, etwa Zustimmung zu einer Mieterhöhung.
  Keine Vollstreckung nötig. Die Erklärung gilt mit dem Urteil als abgegeben.
- Vollstreckung in Immobilien durch Eintragung einer Zwangssicherungshypothek und Zwangsversteigerung beziehungsweise durch Zwangsverwaltung.
  Zuständig hierfür ist das Grundbuchamt beim Amtsgericht beziehungsweise das Vollstreckungsgericht.

Achtung: Wer seine Forderungen schnell vollstrecken will, muss dem Gericht in der Regel eine Sicherheit hinterlegen. Schließlich kann es ja passieren, dass der Schuldner gegen das Urteil Rechtsmittel einlegt und den Prozess am Ende doch noch gewinnt. Würde der Gläubiger in diesem Fall ohne eine Sicherheit vollstrecken, müsste der Schuldner seinem Geld hinterherlaufen. Als Sicherheit dienen entweder Geldmittel in bar oder die Bürgschaft einer Bank.

Aufgepasst: Wer schon im Prozess absehen kann, dass er nicht in der Lage ist, eine Sicherheit zu leisten, sollte beim Gericht beantragen, ihm die Vollstreckung ausnahmsweise ohne Sicherheit zu gestatten.

WISO rät: Um die Zwangsvollstreckung durchzuführen, benötigen Sie nicht unbedingt einen Anwalt. Überlegen Sie aber, ob es nicht sinnvoll ist, fachkundigen Rat einzuholen.

Versuchen Sie herauszufinden, welche Vermögenswerte Ihr Schuldner besitzt. Denken Sie hier vor allem an Lohn- oder Gehaltsansprüche.

Kennen Sie die Vermögenswerte, wählen Sie eine Vollstreckung, mit der Sie gezielt auf diese Werte zugreifen können.

Kennen Sie die Vermögenswerte nicht, beauftragen Sie den Gerichtsvollzieher zunächst mit der „normalen" Zwangsvollstreckung in das Vermögen des Schuldners.

Wissen Sie nicht, wie Sie bei der Zwangsvollstreckung vorgehen sollen, wenden Sie sich an die Rechtsantragsstelle des Amtsgerichts und lassen Sie sich von den dort beschäftigten Beamten helfen. Hier erfahren Sie notfalls auch die Anschrift des zuständigen Vollstreckungsgerichts. Dort sollten Sie auch dann persönlich vorsprechen, wenn die Vollstreckung sehr schnell, unter Umständen schon am Tag des Urteilsspruchs von Statten gehen soll.

Für die Zwangsvollstreckung können Sie je nach Einzelfall staatliche Prozesskostenhilfe beantragen (siehe dazu den Abschnitt „Prozesskostenhilfe" im achten Kapitel dieses Buches). Unter Umständen springt auch die Rechtsschutzversicherung ein.

Der Antrag an den Gerichtsvollzieher

Im Normalfall wird der Kläger für die Vollstreckung einen Gerichtsvollzieher oder das Vollstreckungsgericht einschalten.

Den Auftrag an den Gerichtsvollzieher richtet er dabei am besten an die Verteilungsstelle für Gerichtsvollzieheraufträge beim Amtsgericht. Zuständig ist das Amtsgericht, in dessen Bezirk der Schuldner wohnt. Die Verteilungsstelle leitet den Auftrag dann an den jeweiligen Gerichtsvollzieher weiter. Der Auftrag muss keine bestimmte Form haben. Soweit vorhanden, können Vordrucke benutzt werden. Im Antrag empfehlen sich weitergehende Angaben darüber,

- wo sich mögliche Vermögenswerte des Schuldners befinden, etwa in einer Garage oder in einem Tresor;
- dass der Gerichtsvollzieher auch Teilzahlungen entgegennehmen soll;
- dass der Schuldner verpflichtet werden soll, die eidesstattliche Versicherung abzugeben, wenn die Maßnahmen des Gerichtsvollziehers erfolglos verlaufen. Bei der eidesstattlichen Versicherung muss der Schuldner sein gesamtes Vermögen offenbaren;
- dass ein Haftbefehl beantragt wird, falls der Schuldner im Termin zur eidesstattlichen Versicherung nicht erscheint;
- dass der Gerichtsvollzieher auch nachts oder an Sonn- und Feiertagen tätig werden soll;
- auf welches Konto etwaige Zahlungseingänge zu überweisen sind.

Schließlich muss der Kläger dem Auftrag noch das mit der Vollstreckungsklausel versehene Urteil beifügen, und zwar im Original. Hatte der Kläger zuvor bereits versucht,

3. Wie der Gläubiger bei der Zwangsvollstreckung vorgeht   211

gegen den Schuldner zu vollstrecken, sind die entsprechenden Unterlagen, wie etwa Quittungen, ebenfalls beizufügen. Aufgepasst: Bevor der Gerichtsvollzieher tätig wird, kann er von dem Gläubiger einen Vorschuss verlangen. Verläuft die Vollstreckung erfolgreich, erhält der Gläubiger sein Geld später wieder zurück.

WISO rät: Achten Sie in Ihrem Vollstreckungsantrag auf genaue Angaben zum Namen und zur Anschrift des Schuldners, zum zuständigen Gericht sowie zur Bezeichnung Ihrer Forderungen.
   Machen Sie sich von Ihrem Antrag eine Kopie.
   Wie Sie notfalls den Wohnort des Schuldners ermitteln, erfahren Sie im Abschnitt „Anschrift und Aufenthaltsort des Schuldners" im zweiten Kapitel dieses Buches.
   Die Anschrift des Gerichts erfahren Sie im Telefonbuch unter den Stichworten „Justizbehörden" oder „Amtsgericht", im Internet unter www.telefonbuch.de. Das nächste Amtsgericht lässt sich per Internet ermitteln, etwa unter www.justiz.nrw.de, Rubrik „Adressen und Links", Stichwort Adressdatenbank, oder unter www.jusline.de, Rubrik „Rechtsprechung", Stichwort „Ihr Gericht".

Der Antrag an das Vollstreckungsgericht

Will der Gläubiger auf eine Geldforderung des Schuldners zugreifen, etwa auf dessen Lohnanspruch gegenüber dem Arbeitgeber, ist die richtige Adresse hierfür nicht der Gerichtsvollzieher, sondern das Vollstreckungsgericht. Seinen Antrag muss der Gläubiger dann im Allgemeinen an das Amtsgericht richten, in dessen Bezirk der Schuldner seinen Wohn- beziehungsweise Firmensitz hat. Der Antrag lautet auf „Erlass eines Pfändungs- und Überweisungsbeschlusses". Auch hierfür gibt es zum Teil Vordrucke. Beifügen muss der Gläubiger dem Antrag das vollstreckbare Urteil im Original. Außerdem ist eine Gerichtsgebühr in Höhe von 10,00 Euro als Vorschuss zu entrichten. Hierzu verwendet der Gläubiger am besten Kostenmarken, die er bei der Zahlstelle des Amtsgerichts erhält. Die weiteren Kosten für die Übermittlung des Pfändungsbeschlusses an den Schuldner fordert das Gericht später an.
   Mit dem Pfändungs- und Überweisungsbeschluss wird die Forderung des Schuldners gegen einen Dritten, etwa den Arbeitgeber, gepfändet und dem Gläubiger zur Einziehung überwiesen. Der Arbeitgeber darf dann beispielsweise den Lohn nicht mehr an den Arbeitnehmer, sondern nur noch an den Gläubiger auszahlen. Doch Vorsicht: Für die Lohnpfändung gibt es bestimmte Grenzen. Der Gläubiger kann also etwa nicht den gesamten Lohn pfänden. Die absolute Untergrenze liegt derzeit bei 939,99 Euro (siehe dazu auch die Tabellen zu den Pfändungsgrenzen im Anhang). Kommt der Schuldner mit dem Lohn, der ihm nach der Pfändung übrigbleibt, nicht aus, empfiehlt es sich, bei Gericht zu beantragen, dass die Grenze ausnahmsweise angehoben wird. Sinnvoll ist das vor allem, wenn eine hohe Miete oder viel Unterhalt zu zahlen ist oder hohe Fahrtkosten für den Weg zur Arbeit anfallen.

4. Was der Gerichtsvollzieher macht

Pfändung und Versteigerung

Zahlt der Schuldner nach einem Urteil nicht freiwillig, muss er jederzeit damit rechnen, dass der Gerichtsvollzieher bei ihm vorbeischaut. Den genauen Termin seines Besuchs kündigt der Gerichtsvollzieher nämlich nicht an. Meist liegt er zwischen 06.00 und 09.00 Uhr morgens.

Ist der Schuldner zu diesem Zeitpunkt nicht zu Hause, hinterlässt der Gerichtsvollzieher eine Nachricht, in der er mitteilt, wann er das nächste Mal wiederkommt.

Trifft er den Schuldner dagegen an, wird er ihn zunächst fragen, ob er bereit ist, die Forderung zu begleichen. Im Normalfall wird der Beklagte das verneinen. Dann durchsucht der Gerichtsvollzieher die Wohnung und beginnt mit der so genannten Pfändung. Hierzu kennzeichnet er verwertbare Vermögensgegenstände, wie etwa Bilder oder Antiquitäten, mit einem amtlichen Siegel, im Volksmund „Kuckuck" genannt. Die Gegenstände werden später abgeholt und öffentlich versteigert. Von dem Erlös werden zunächst die Forderungen des Gläubigers und die Kosten des Gerichts beglichen, den Rest erhält der Schuldner. Der Gerichtsvollzieher kann bei der Pfändung aber auch so vorgehen, dass er die Gegenstände gleich selbst mitnimmt. Das geschieht etwa bei kleinen Dingen wie Schmuck, Wertpapieren oder Geld. Um pfändbare Gegenstände zu finden, darf der Gerichtsvollzieher den Schuldner notfalls sogar körperlich durchsuchen, so genannte Taschenpfändung. Das geht selbst dann, wenn dieser damit nicht einverstanden ist.

Abnahme der eidesstattlichen Versicherung

Findet der Gerichtsvollzieher in der Wohnung keine Vermögensgegenstände vor, vermerkt er das in seinem Protokoll und zieht wieder ab. Der Betroffene muss dann allerdings darauf gefasst sein, dass der Gerichtsvollzieher von Zeit zu Zeit wiederkommt oder der Kläger ihn dazu zwingt, eine so genannte eidesstattliche Versicherung (früher: Offenbarungseid) abzugeben. Mit der eidesstattlichen Versicherung erklärt der Schuldner dann offiziell, welche Vermögenswerte er hat. In der Regel läuft das darauf hinaus, dass der Schuldner bestätigt, vermögenslos zu sein und die Forderungen des Klägers nicht begleichen zu können. Damit ist dann das Ende der Fahnenstange erreicht. Doch Vorsicht: Wer bei der eidesstattlichen Versicherung nicht die Wahrheit sagt, macht sich strafbar. Bis zu drei Jahre Gefängnis können die Folge sein. Außerdem erfolgt mit Abgabe der eidesstattlichen Versicherung ein Eintrag in das Schuldnerverzeichnis. Bankkredite oder Ähnliches kann der Schuldner dann für die nächste Zeit abschreiben (siehe dazu auch den Abschnitt „Vermögensverhältnisse des Schuldners" im zweiten Kapitel dieses Buches).

WISO rät: Verläuft der Einsatz des Gerichtsvollziehers erfolglos, können Sie die Pfändung beliebig oft wiederholen. Denken Sie aber daran, dass jeder Pfändungsversuch neue Kosten verursacht, auf denen Sie im ungünstigsten Fall sitzen bleiben.

Überlegen Sie deshalb sorgfältig, ob es nicht sinnvoller ist, Ihre Forderungen endgültig abzuschreiben. Vor allem bei hoffnungslos überschuldeten Gegnern ist das oft die bessere Alternative. Anders mag es dagegen bei raffinierten Schuldnern sein, die sich nur um die Vollstreckung herumgedrückt haben.

5. Tipps für den Schuldner

Steht der Gerichtsvollzieher erst einmal vor der Tür, ist der Schreck bei den Betroffenen meist groß. Kein Wunder: Wer zuvor sämtliche Mahnungen und Gerichtstermine ignoriert hat, für den wird es spätestens jetzt ernst. Umso wichtiger ist es für den Schuldner zu wissen, wie er sich in dieser Situation am besten verhalten sollte. Die Frage nach der richtigen Taktik lässt sich leider nicht pauschal beantworten.

a) Zahlungsvereinbarungen treffen

Am klügsten ist es sicherlich, die Forderungen des Gläubigers so schnell wie möglich zu begleichen, um die Schulden nicht noch weiter anwachsen zu lassen. Doch das ist oft leichter gesagt als getan. Wer kein Geld hat, kann schließlich auch keines abgeben, selbst wenn er wollte. Ist die finanzielle Situation noch nicht völlig hoffnungslos, kann der Schuldner versuchen, sich mit dem Gläubiger auf einen Kompromiss zu einigen. Dann muss er den Gerichtsvollzieher hierauf ansprechen. Denkbar ist etwa, dass der Gläubiger auf einen Teil seiner Forderungen verzichtet oder eine Ratenzahlung akzeptiert.

b) Keine Angst vor der Pfändung

Lässt der Gläubiger sich darauf nicht ein, besteht für den Schuldner aber noch kein Grund zur Panik. Meist verläuft der Besuch des Gerichtsvollziehers nämlich harmloser als erwartet. Der Grund: Der Gerichtsvollzieher darf dem Schuldner nur solche Dinge wegpfänden, die er nicht zum täglichen Leben braucht. Und das schließt so einiges aus. Unpfändbar sind beispielsweise

- **persönliche Gegenstände:** normale Bekleidungsstücke, Bettwäsche, Fahrrad, Ehering, Orden
- **Haushaltsgegenstände:** Kühlschrank, Waschmaschine, Bügeleisen, Herd, Staubsauger
- **Einrichtungsgegenstände:** Schränke, Bett, Sitzmöglichkeiten, Tisch, Lampen, Heizgeräte
- **technische Gegenstände:** Radio, Telefon, Fernseher. Aber: Der Gerichtsvollzieher kann einen teuren Fernseher mittels einer Austauschpfändung durch ein billigeres Gerät ersetzen.
- **Berufsgegenstände:** Alle Sachen, die der Schuldner zur Berufsausübung benötigt. Das können je nach Einzelfall auch Auto, Computer und Werkzeug sein. Doch Vorsicht: Eine Luxuskarosse kann der Gerichtsvollzieher im Wege der Pfändung gegen einen kleineren Wagen austauschen.

- **Tiere:** Kleintiere in beschränkter Zahl, Haustiere. Bei Landwirten auch Nutztiere und Gerätschaften.

Hat der Schuldner zwar mehr im Haus als das unbedingt Nötigste, besitzt er aber nur alte und abgenutzte Gegenstände, braucht er den Besuch des Gerichtsvollziehers ebenfalls nicht zu fürchten. Der Gerichtsvollzieher beschlagnahmt nämlich nur solche Sachen, für die er bei einer Versteigerung auch noch etwas bekommt. Alles, was weniger wert ist als 150,00 Euro, lässt er normalerweise links liegen.

c) Zur Not: Zutritt verweigern

Will der Schuldner sich auf die Durchsuchung seiner Wohnung nicht einlassen, kann er dem Gerichtsvollzieher auch den Zutritt zu seiner Wohnung verweigern. Dann muss er zwar damit rechnen, dass der Gerichtsvollzieher beim nächsten Mal mit einem gerichtlichen Durchsuchungsbeschluss kommt und sich den Zutritt mit Gewalt verschafft. Auch droht die Gefahr einer eidesstattlichen Versicherung. Bis der Gerichtsvollzieher das nächste Mal auftaucht, kann der Schuldner aber alle notwendigen Vorkehrungen treffen, um den Erfolg der Zwangsvollstreckung zu verhindern. Und: Fragen des Gerichtsvollziehers nach anderen Vermögenswerten als denen, die in der Wohnung vorhanden sind, braucht der Schuldner nicht zu beantworten. Hierzu bedarf es einer eidesstattlichen Versicherung.

d) Die Abgabe einer eidesstattlichen Versicherung

Wird der Schuldner vom Gerichtsvollzieher dazu aufgefordert, eine eidesstattliche Versicherung abzugeben, sollte er den hierfür anberaumten Termin wahrnehmen. Das ist zwar unangenehm, lässt sich aber auf Dauer ohnehin nicht verhindern. Notfalls wird der Schuldner nämlich für die Abgabe der Erklärung verhaftet. Außerdem bringt dem Schuldner die Abgabe letztlich mehr Vor- als Nachteile. Hat der Schuldner nämlich öffentlich erklärt, dass bei ihm nichts mehr zu holen ist, lassen ihn die meisten Gläubiger erst einmal in Ruhe. Besonders profitiert der Schuldner hiervon, wenn er plötzlich zu viel Geld kommt. Denn seine neuen finanziellen Verhältnisse muss er dem Gericht oder dem Gerichtsvollzieher nicht nachmelden. Probleme gibt es also erst, wenn die Gläubiger den plötzlichen Geldsegen bemerken oder der Schuldner nach Ablauf von drei Jahren eine neue eidesstattliche Versicherung abgeben soll. Als Nachteil bleibt für den Schuldner bei der eidesstattlichen Versicherung der Eintrag in das gerichtliche Schuldnerverzeichnis, der auch von der Schufa gespeichert wird (siehe dazu auch den Abschnitt „Vermögensverhältnisse des Schuldners" im zweiten Kapitel dieses Buches). Hierüber braucht der Schuldner sich allerdings keine allzu großen Gedanken machen, da seine finanziellen Schwierigkeiten ohnehin meist kein Geheimnis mehr sein werden. Im polizeilichen Führungszeugnis taucht die Abgabe der eidesstattlichen Versicherung nicht auf. Gelingt es dem Schuldner, seine Schulden vor Ablauf von drei Jahren zu tilgen, sollte er das dem Gericht sofort melden, um den Eintrag in das Schuldnerverzeichnis zu löschen.

WISO rät: Lassen Sie sich vom Auftauchen des Gerichtsvollziehers nicht aus der Fassung bringen. Meist handelt es sich um eine durchaus nette Person.
Verlangen Sie zunächst, dass sich der Gerichtsvollzieher Ihnen gegenüber ausweist.
Denken Sie daran: Nur ein Gerichtsvollzieher darf pfänden.
Verhalten Sie sich im Übrigen kooperativ. Verweigern Sie den Zutritt zu Ihrer Wohnung nur, wenn der Besuch ungelegen kommt.

Stellt der Gerichtsvollzieher Fragen nach Ihrer Bankverbindung, Ihrer Arbeitsstelle oder sonstigem Vermögen, antworten Sie hierauf nicht. Achten Sie weiter darauf, dass der Gerichtsvollzieher nur solche Gegenstände pfändet, die Sie nicht zum täglichen Leben brauchen. Widersprechen Sie notfalls der Pfändung. Weisen Sie auch darauf hin, wenn Gegenstände anderen Mitbewohnern gehören. Entschließen Sie sich zur Zahlung, lassen Sie sich alles quittieren und im Gegenzug ein Exemplar des Urteils aushändigen.

Meldet der Gerichtsvollzieher seinen Besuch vorher an, sollten Sie zu dieser Zeit zu Hause sein oder rechtzeitig einen Alternativtermin vereinbaren.

Will Ihr Gläubiger den Gerichtsvollzieher in Ihre Wohnung begleiten, brauchen Sie ihn nur dann einlassen, wenn er hierfür einen gerichtlichen Betretungsbeschluss hat.

Versuchen Sie nicht, der Zwangsvollstreckung dadurch zu entgehen, dass Sie bereits gepfändete Gegenstände oder andere Vermögenswerte beiseite schaffen. Damit machen Sie sich strafbar. Im schlimmsten Fall drohen drei Jahre Gefängnis.

Spielen Sie bei der Zwangsvollstreckung nicht auf Zeit. Der Kläger hat 30 Jahre Zeit, das Urteil gegen Sie zu vollstrecken. Die Anzahl der Vollstreckungsversuche ist unbegrenzt. Sämtliche Vollstreckungskosten müssen Sie bezahlen.

Sehen Sie angesichts Ihrer Schulden keinen Ausweg mehr, wenden Sie sich umgehend an eine Schuldnerberatung (siehe dazu den Abschnitt „Individuelle Rechtsberatung" im ersten Kapitel dieses Buches).

e) Rechtsmittel einlegen

Hält der Gerichtsvollzieher sich bei der Pfändung nicht an die gesetzlichen Vorschriften oder ist die gesamte Zwangsvollstreckung unrechtmäßig, braucht der Schuldner sich das natürlich nicht gefallen zu lassen. Um sich zu wehren, muss er seine Einwände allerdings beim Vollstreckungsgericht vorbringen, und zwar im Wege einer so genannten Erinnerung. Am besten ist es, in diesem Fall einen Anwalt hinzuziehen. Notfalls helfen auch die Rechtspfleger auf der Rechtsantragsstelle des Amtsgerichts.

Doch Vorsicht: Mit der Erinnerung kann der Schuldner sich nur noch gegen die Zwangsvollstreckung zur Wehr setzen, nicht mehr gegen die zugrunde liegende Forderung. Die Schulden werden also dadurch nicht weniger. Außerdem ist die Erinnerung erfolglos, wenn der Gerichtsvollzieher Gegenstände gepfändet hat, die nicht dem Schuldner gehören. Grundsätzlich darf der Gerichtsvollzieher nämlich unabhängig von den Eigentumsverhältnissen alle Gegenstände pfänden, die sich in der Wohnung des Schuldners befinden. Sind darunter Sachen von Freunden oder Bekannten, müssen die bei Gericht selbst gegen die Pfändung vorgehen.

WISO rät: Wollen Sie sich gegen die Zwangsvollstreckung wehren, schalten Sie einen Anwalt ein. Das gilt nicht nur bei Pfändungen durch den Gerichtsvollzieher, sondern auch bei Lohnpfändungen durch das Gericht oder Vollstreckungen in Grundstücke. Mit Hilfe von Rechtsmitteln können Sie die Zwangsvollstreckung unter Umständen erheblich hinauszögern.

6. Schnäppchen: Versteigerung

So schlimm die Zwangsvollstreckung für den Schuldner ist, so schön ist sie für Schnäppchenjäger. Kommt es nämlich am Ende zur Versteigerung, werden viele gepfändete Gegenstände geradezu verramscht. Sparen kann der Interessent vor allem bei Immobilien. Sie sind manchmal bis zu einem Drittel günstiger als auf dem freien Markt. Aber auch andere Gegenstände gehen oft weit unter dem Verkehrswert weg.

Wer wissen will, wann und wo in seiner Umgebung Zwangsversteigerungen stattfinden, braucht nur beim nächsten Amtsgericht nachzusehen. Dort werden die Termine in Schaukästen ausgehängt. Unter Umständen lohnt auch ein Blick in die Tageszeitung. Hier finden sich Inserate und Anzeigen, in denen Gerichtsvollzieher Versteigerungstermine bekannt geben.

Noch mehr Möglichkeiten hat der Bieter, wenn es um die Zwangsversteigerung von Immobilien geht: Hier werden die Termine nämlich zusätzlich im Staatsanzeiger der einzelnen Bundesländer veröffentlicht. Interessant ist das vor allem für Bieter, die an überregionalen Terminen teilnehmen wollen. Sie können beim jeweiligen Regierungspräsidenten oder bei der Landesregierung den Staatsanzeiger anfordern. Den gibt es je nach Bundesland als Einzelausgabe, Mini-Abo oder Jahresabo. Die Preise für ein Jahresabonnement liegen etwa zwischen 25,00 und 100,00 Euro. Einige Landesregierungen stellen die Bekanntmachungen auch im Internet bereit, allerdings sind sie auch dort kostenpflichtig. Regionale und bundesweite Versteigerungskalender gibt es für rund 20,00 bis 50,00 Euro pro Monat im Abonnement über die Argetra GmbH, Philippstr. 45, 40878 Ratingen, Tel.: 02102/71 17 11, Fax: 02102/214 13, Internet: www.argetra.de. Im Internet können Versteigerungstermine nachgelesen werden, etwa unter www.zvg.com.

Versteigerungen sind öffentlich. Sie finden in der Regel dort statt, wo der Gerichtsvollzieher die Sachen eingelagert hat. Eine Ausnahme bilden Grundstücke. Für sie gibt es besondere Versteigerungstermine beim Amtsgericht. Vor der Versteigerung haben Interessenten Gelegenheit, sich die Sachen anzuschauen.

Im Versteigerungstermin mitbieten dürfen auch der Schuldner und der Gläubiger. Beide muss der Gerichtsvollzieher deshalb über den Termin informieren.

Wichtig: Schuldner und Gläubiger können dem Gerichtsvollzieher auch vorschlagen, einen Gegenstand nicht zu versteigern, sondern anders zu verwerten, etwa durch einen Verkauf auf dem freien Markt oder durch eine Übernahme des Gegenstandes durch den Gläubiger. Vor allem Letzteres ist oft sinnvoll.

WISO rät: Besuchen Sie zunächst eine oder mehrere Versteigerungen zur Probe, bevor es ernst wird. Schauen Sie sich die Gegenstände, bei denen Sie mitbieten wollen, vor der Versteigerung genau an. Das gilt vor allem für Grundstücke. Achten Sie hier auch auf das jeweilige Wertgutachten, das beim Amtsgericht ausliegt.

Setzen Sie sich beim Bieten ein Limit. Halten Sie Ihr Limit geheim.

Bieten Sie in unregelmäßigen Schritten, also mal mit kleinen, mal mit größeren Beträgen.

Nehmen Sie zur Versteigerung Ihren Personalausweis mit.

VIII. Die Finanzierung eines Rechtsstreits

Rechtsstreitigkeiten kosten Geld. Ob Anwälte, Notare, Richter, Schlichter, Mediatoren, Sachverständige, Zeugen, Dolmetscher, Gerichtsvollzieher, Behörden – jeder, der in einem Rechtsstreit tätig wird, will für seine Dienste bezahlt werden. Für den Verbraucher entsteht hierdurch ein enormes Kostenrisiko. Nicht nur, dass er für die Kosten eines Prozesses aufkommen muss, wenn er verliert. Auch im Falle eines Erfolges kann die Sache für ihn teuer werden. So muss etwa vor dem Arbeitsgericht jede Partei ihre Anwaltskosten selbst tragen. Ist der Gegner pleite, wird der Gewinner des Prozesses ebenfalls zur Kasse gebeten. Einigen sich die Parteien in einem Vergleich oder erledigt sich der Streit, bevor es zu einem Prozess kommt, bleibt der Verbraucher am Ende meist ebenso auf seinen Aufwendungen sitzen.

Wie groß das Kostenrisiko für den Verbraucher genau ist, hängt vom jeweiligen Einzelfall ab. Kann der Anwalt etwa für ein einfaches Mahnschreiben gerade mal einige Euro verlangen, kommen bei einem Revisionsprozess schnell zehntausend Euro und mehr zusammen (zu den Anwalts- und Gerichtskosten siehe im Einzelnen den Abschnitt „Kosten des Prozesses" im sechsten Kapitel und den Abschnitt „Was ein Anwalt kostet" im dritten Kapitel dieses Buches).

Doch ganz gleich wie hoch die Kosten sind – viele Haushalte können sich eine rechtliche Auseinandersetzung einfach nicht leisten. Selbst bei guten Erfolgsaussichten bleibt ihnen oft nichts anderes übrig, als auf die Verfolgung ihrer Rechte zu verzichten. Bevor der Gegner nämlich die Kosten für den Anwalt und das Gericht erstattet, muss der Betroffene sie erst einmal selbst vorschießen. Die meisten Verbraucher sind deshalb darauf angewiesen, dass ihnen bei einem Rechtsstreit jemand finanziell unter die Arme greift. Die Möglichkeiten hierzu sind vielfältig. Doch nicht alle Risiken lassen sich absichern. Am besten fährt, wer frühzeitig vorsorgt und im Streitfall mitdenkt.

1. Kostenhilfe durch den Staat

Wer die Kosten für einen Rechtsstreit nicht selbst aufbringen kann, bekommt unter Umständen vom Staat Unterstützung. Denn niemand soll von einer rechtlichen Beratung und Vertretung ausgeschlossen sein, nur weil er nicht über die nötigen finanziellen Mittel verfügt.

Das Wichtigste vorab: Die staatlichen Hilfen sind kein Almosen, sondern eine Unterstützungsleistung, auf die in vielen Fällen ein Anspruch besteht. Wer sie anfordert, ist kein Bitt-, sondern ein Antragsteller. Niemand braucht sich zu schämen, diese Leistungen in Anspruch zu nehmen.

a) Beratungshilfe

Unterstützung bei außergerichtlichen Streitereien

Will sich der Verbraucher von einem Anwalt beraten lassen, ohne gleich vor Gericht zu ziehen, kann er die so genannte Beratungshilfe beantragen. Dann beschränken sich seine Kosten auf eine maximale Eigenbeteiligung von zehn Euro.

Die Beratungshilfe umfasst, anders als es der Name vermuten lässt, nicht nur die reine Beratung, sondern auch das Anfertigen von Schriftsätzen, die Beantwortung von Mahnschreiben oder Verhandlungen mit der Gegenseite oder Behörden. Auf welchem rechtlichen Gebiet der Verbraucher das Problem hat, spielt für die Beratungshilfe keine Rolle. Mit Ausnahme von Steuer- und Auslandsstreitigkeiten sind alle Bereiche von der Beratungshilfe abgedeckt, so etwa Probleme mit dem Vermieter, dem Autoverkäufer, dem Handwerker oder dem Arbeitgeber. Bei Ordnungswidrigkeiten und strafbaren Handlungen erhält der Verbraucher allerdings lediglich eine Unterstützung für die Beratung, nicht aber für eine Verteidigung oder Vertretung, also etwa für den Schriftwechsel mit der Behörde.

Ohne Antrag läuft nichts

Den Antrag auf Beratungshilfe muss der Verbraucher beim nächstgelegenen Amtsgericht stellen.

Dazu kann er zum einen persönlich zum Amtsgericht gehen. Auf der Rechtsantragsstelle schildert er dem dort zuständigen Rechtspfleger dann sein Problem und legt seine persönlichen und wirtschaftlichen Verhältnisse dar. Der Rechtspfleger ist kein Richter, sondern ein „einfacher" Beamter des Gerichts. Dennoch kann er dem Antragsteller oft bereits selbst weiterhelfen, beispielsweise durch eine Auskunft oder die Formulierung eines Antrags. Ein gesonderter Antrag auf Beratungshilfe ist in diesem Fall nicht mehr erforderlich, die kostenlose Hilfestellung durch den Rechtspfleger macht den Besuch beim Rechtsanwalt überflüssig. Benötigt der Verbraucher allerdings einen konkreten rechtlichen Rat, muss der Rechtspfleger ihm einen so genannten Berechtigungsschein erteilen. Mit diesem Schein sucht der Antragsteller dann einen Anwalt seiner Wahl auf. Keine Angst: Wer keinen Anwalt kennt, findet die notwendigen Ratschläge und Tipps für die Anwaltssuche im dritten Kapitel dieses Buches.

WISO rät: Falls Sie Ihren Antrag persönlich bei Gericht stellen, sollten Sie den Rechtspfleger auf jeden Fall dazu anhalten, Ihnen einen Berechtigungsschein auszustellen. Zwar kennen sich Rechtspfleger juristisch sehr gut aus. Eine rechtliche Beratung dürfen aber nur die Anwälte vornehmen. Außerdem fallen Ihnen manche Fragen vielleicht erst ein, wenn Sie wieder zu Hause sind.

Auf die Erfahrungen und Kenntnisse des Rechtspflegers sollten Sie aber trotzdem nicht verzichten. Fragen kostet schließlich nichts. Und wer will schon im Nachhinein kontrollieren, ob der Rechtspfleger Ihnen mehr erzählt hat, als er eigentlich durfte.

Will der Verbraucher sich den Gang zum Amtsgericht sparen, kann er sich für die Beratungshilfe auch direkt an einen Anwalt wenden. Der klärt ihn über die Einzelheiten des Antrags auf, hilft beim Ausfüllen des Antragsformulars und leitet den Antrag auf

Beratungshilfe an das Amtsgericht weiter. Den Berechtigungsschein erhält der Anwalt in diesem Fall nicht über seinen Mandanten, sondern unmittelbar vom Amtsgericht. Aber Vorsicht: Lässt sich der Verbraucher gleichzeitig mit seinem Antrag schon vom Anwalt beraten und wird später kein Berechtigungsschein erteilt, muss er die anwaltlichen Gebühren selbst bezahlen. Das zumindest dann, wenn ihn der Anwalt pflichtgemäß nach seinen persönlichen und wirtschaftlichen Verhältnissen befragt und über sein Kostenrisiko informiert hatte.

WISO rät: Wenn Sie sich dafür entscheiden, den Antrag auf Beratungshilfe über Ihren Anwalt zu stellen, sollten Sie ihn bereits beim ersten Besuch auf diese Frage ansprechen. Der Grund: Den Beratungshilfeantrag können Sie bei Gericht zwar nachträglich, nicht aber rückwirkend stellen. Wer also die Beratungshilfe erst dann beantragt, wenn die Beratung schon gelaufen ist, hat Pech gehabt.

Und noch etwas: Zwingen Sie Ihren Anwalt nicht zur Beratungshilfe, selbst wenn Sie einen Berechtigungsschein in den Händen halten. Zwar darf der Anwalt die Beratung in diesem Fall nur ablehnen, wenn er hierfür einen wichtigen Grund hat. Eine Beratung gegen den Willen des Anwalts bringt Ihnen aber letztlich nichts. Bedenken Sie, dass der Staat dem Anwalt für seine Beratung gerade einmal zwischen 23,00 und 56,00 Euro an Gebühren erstattet.

Achtung: In **Hamburg** und **Bremen** ist der direkte Gang zum Rechtsanwalt für die Beratungshilfe ausgeschlossen. Hier gibt es für Bürger mit geringem Einkommen eine öffentliche Rechtsberatung. Sie erfolgt durch ausgebildete Juristen, die den ratsuchenden Bürger außergerichtlich beraten und vertreten. Die Kosten für die öffentliche Rechtsberatung belaufen sich im Normalfall auf 10,00 Euro, je nach finanzieller Situation können die Gebühren aber auch ermäßigt oder erlassen werden. Bei arbeits-, steuer- und sozialversicherungsrechtlichen Problemen braucht der Verbraucher in Bremen nichts bezahlen. Die Beratung auf diesen Gebieten erfolgt aber nur für Arbeitnehmer.

In **Berlin**, **Lübeck** und **Kiel** hat der Bürger die Wahl zwischen öffentlicher Rechtsberatung und anwaltlicher Beratungshilfe.

In **Berlin** können sich einkommensschwache Bürger für eine kostenlose Rechtsberatung an das jeweilige Bezirksamt wenden.

In **Kiel** erhalten Kieler Bürger gegen eine einkommensabhängige Gebühr zwischen 5,00 und 26,00 Euro Rechtsrat in allen Rechtsgebieten. Für Sozialhilfeempfänger ist die Beratung bei Arbeits-, Miet-, Familien- und Pfändungssachen kostenlos.

In **Lübeck** berät die Öffentliche Rechtsauskunfts- und Vergleichsstelle Bürger mit geringem oder mittlerem Einkommen für 11,00 Euro.

Im **Saarland** besteht für Arbeitnehmer bei Fragen rund um das Arbeits-, Sozial- und Schwerbehindertenrecht die Möglichkeit, sich anstelle der Beratungshilfe kostenlos bei der Arbeitskammer beraten und unterstützen zu lassen.

Die Anschriften der Beratungsstellen lauten:
- **Hamburg:** Öffentliche Rechtsauskunfts- und Vergleichsstelle, Holstenwall 6, 20355 Hamburg, Tel.: 040/428 43 30 71, Fax: 040/428 43 36 58, e-Mail: renate.frier@bsf.hamburg, Internet: www.hamburg.de unter der Rubrik „BSF".

- **Bremen:** Arbeitnehmerkammer Bremen, Bürgerstr. 1, 28195 Bremen, Tel.: 0421/36 30 10, Fax: 0421/36 30 19 31, e-Mail: info@arbeitnehmerkammer.de, Internet: www.arbeitnehmerkammer.de.
- **Berlin:** Zuständig sind die Bürgerämter beim jeweiligen Bezirksamt. Adressen finden Sie im Telefonbuch.
- **Kiel:** Bürger- und Ordnungsamt der Stadt Kiel, Rathaus, Fleethörn 9–17, 24103 Kiel, Tel.: 0431/901 29 32 (Montag bis Mittwoch), 0431/901 29 33 (Mittwoch bis Freitag), Fax: 0431/90 16 27 16, e-Mail: buergerberatung@LHStadt.kiel.de, Internet: www.kiel.de, Rubrik „Bürgerservice von A-Z, Stichwort „Rechtsberatung".
- **Lübeck:** Öffentliche Rechtsauskunfts- und Vergleichsstelle der Hansestadt Lübeck, Kronsforder Allee 2–6, 23552 Lübeck, Tel.: 0451/122 44 09.
- **Saarland:** Arbeitskammer des Saarlandes, Fritz-Dobisch-Str. 6–8. 66111 Saarbrücken, Tel.: 0681/400 50, Fax: 0681/400 54 01, e-Mail: presse@arbeitskammer.de, Internet: www.arbeitskammer.de.

Für seinen Antrag auf Beratungshilfe muss der Verbraucher einen amtlichen Vordruck verwenden. Dem Antragsformular ist eine Ausfüllanleitung sowie ein Merkblatt mit allgemeinen Informationen über die Beratungshilfe beigefügt.

Die Anträge und Merkblätter erhalten Sie bei jedem Gericht oder bei Ihrem Anwalt. Auf Wunsch wird Ihnen der Antrag meist auch kostenlos zugeschickt. Ein Antragsmuster finden Sie im Anhang.

Hilfe nur für sozial Schwache

Geht der Antrag des Verbrauchers auf Beratungshilfe durch, muss er für seinen Anwalt lediglich eine symbolische Gebühr von zehn Euro berappen. Und auch das nur ausnahmsweise, denn die meisten Anwälte verzichten gleich ganz auf eine Eigenbeteiligung ihres Mandanten. Kein Wunder also, dass die Beratungshilfe sehr begehrt ist. Bewilligt wird Sie aber nur unter strengen Voraussetzungen. Schließlich soll die Unterstützung durch den Staat nur solchen Personen zugute kommen, die tatsächlich darauf angewiesen sind und die für die Beratung einen vernünftigen Grund haben.

Zunächst einmal müssen die wirtschaftlichen Verhältnisse des Antragstellers so schlecht sein, dass er den Anwalt nicht selbst bezahlen kann. Ob das der Fall ist, prüft der Rechtspfleger beim Amtsgericht. Auch die Anwälte oder Verbraucherzentralen können bei der Berechnung helfen. Der Antragsteller muss dazu genaue Angaben über seine persönlichen und wirtschaftlichen Verhältnisse machen, wie zum Beispiel zu Lohn, Rente, Sozialhilfe, Miete, Unterhalt, Vermögen, Krediten oder Behinderungen. Alle Angaben sind durch Kopien der entsprechenden Unterlagen zu belegen. Entscheidend ist in erster Linie das Einkommen, zu dem zum Beispiel auch das Arbeitslosengeld zählt. Übersteigt es nach Abzug von Steuern und Versicherungen, den Kosten für die Unterkunft und anderen besonderen Belastungen wie Krankheitskosten einen bestimmten Freibetrag, wird die Beratungshilfe abgelehnt. Liegt es aber darunter und ist auch kein weiteres Vermögen vorhanden, wird die Beratungshilfe im Normalfall gewährt.

222   VIII. Die Finanzierung eines Rechtsstreits

Achtung: Einkünfte des Ehegatten oder eines nichtehelichen Lebenspartners werden zum Einkommen des Antragstellers in der Regel nicht dazugerechnet. Wer also 1.000,00 Euro monatlich verdient, braucht als Monatseinkommen nicht 2.000,00 Euro angeben, nur weil sein Partner ebenfalls für 1.000,00 Euro im Monat arbeiten geht. Eine wichtige Ausnahme gibt es allerdings, wenn die Partner zusammenwohnen und sich die Kosten für die Wohnung teilen. Dann zählt der Betrag, den der Partner zu den Wohnkosten beisteuert, zum Einkommen des Antragstellers dazu. Schließlich muss der Antragsteller die Wohnkosten in dieser Höhe ja nicht selbst bezahlen.

Folgende Freibeträge darf das Einkommen nicht überschreiten:
- jeweils 360,00 Euro für den Betroffenen und den Ehegatten,
- 253,00 Euro für jedes unterhaltsberechtigte Kind,
- zusätzlich maximal 147,00 Euro, wenn der Antragsteller erwerbstätig ist.

Die Freibeträge ändern sich zum 01. Juli jeden Jahres. Die aktuellen Werte erfährt der Verbraucher von seinem Rechtsanwalt oder beim Amtsgericht.

Übersteigt das Einkommen des Antragstellers den Freibetrag erst nach der Antragstellung, etwa weil seine Einkünfte zwischenzeitlich ansteigen, spielt das für die Beratungshilfe keine Rolle mehr. Umgekehrt kann der Antragsteller damit rechnen, auch einen späteren Prozess finanziert zu bekommen, wenn er Beratungshilfe erhält und sein Einkommen unverändert bleibt (siehe dazu auch den nachfolgenden Abschnitt über die Prozesskostenhilfe).

Weitere Voraussetzung für die Beratungshilfe ist der jeweilige Grund, den der Antragsteller für die Beratung vorbringt. Beratungshilfe gibt es nämlich nur, wenn der Antragsteller tatsächlich einen Bedarf nach rechtlicher Beratung hat. Schließlich sollen die Steuergelder nicht für Anträge aus Zeitvertreib oder Jux und Tollerei verprasst werden.

Andere Hilfen sind vorrangig

Ausgeschlossen ist die Beratungshilfe außerdem, wenn
- der Bürger bei einer Behörde einen Antrag stellen möchte, etwa auf Wohngeld,
- für die Angelegenheit das Jugendamt zuständig ist,
- eine Rechtsschutzversicherung für den Fall einspringt,
- der Antragsteller Mitglied einer Organisation ist, bei der er sich rechtlich beraten lassen kann, etwa bei einer Gewerkschaft, dem örtlichen Mieterverein oder einem Grundbesitzerverein,
- der Antragsteller zusätzliches Vermögen besitzt, das er für die Rechtsberatung einsetzen kann. Hierunter fallen aber nur hochwertige Vermögenswerte, die nicht zum Familienunterhalt oder zum Aufbau oder zur Erhaltung der beruflichen Existenz benötigt werden. Das Eigenheim steht also der Beratungshilfe nicht entgegen. Auch der Notgroschen und ein kleines Bausparguthaben bleiben verschont.

Wird der Antrag auf Beratungshilfe zurückgewiesen und ist der Verbraucher damit nicht einverstanden, kann er sich dagegen wehren. Hierzu muss er bei Gericht eine so genannte Erinnerung einlegen. Zusätzliche Gerichtskosten entstehen ihm dadurch nicht.

1. Kostenhilfe durch den Staat

b) Prozesskostenhilfe

Unterstützung bei gerichtlichen Streitereien

Was für die Vertretung außerhalb des Gerichts die Beratungshilfe, ist für das Verfahren vor Gericht die Prozesskostenhilfe. Wer also die Kosten für ein Gerichtsverfahren nicht aufbringen kann, der darf unter bestimmten Umständen auf eine Unterstützung durch den Staat hoffen. Der Staat übernimmt dann in der Regel die Gebühren für den eigenen Rechtsanwalt, der einem bei der Klage oder der Antwort auf eine Klage hilft. Abgedeckt werden über die Prozesskostenhilfe außerdem die entstehenden Gerichtskosten. Eine Eigenbeteiligung des Betroffenen ist nicht vorgesehen.

Wichtig: Der Staat übernimmt nicht die Kosten des gegnerischen Anwalts. Wenn Sie also den Prozess verlieren, müssen Sie in der Regel sämtliche Anwaltskosten des Gegners aus eigener Tasche bezahlen. Ausnahme: Klagen vor dem Arbeitsgericht und die meisten Ehesachen. Hier zahlt der Gegner seinen Anwalt selbst.

Nicht von der Prozesskostenhilfe abgedeckt sind natürlich auch die Beträge, um die die Parteien streiten. Wer etwa verurteilt wird, dem Gegner 200,00 Euro für ein Fahrrad zu bezahlen, bekommt hierfür keinen staatlichen Zuschuss. Und noch etwas: Abgesehen von Härtefällen übernimmt der Staat die Kosten in der Regel nicht endgültig, sondern nur vorläufig. Er tritt also quasi in Vorlage. Nähere Einzelheiten hierzu erfahren Sie im letzten Abschnitt dieses Kapitels.

Prozesskostenhilfe gibt es grundsätzlich bei allen Arten von gerichtlichen Prozessen und für jede am Prozess beteiligte Person oder Vereinigung. Es kann also je nach den wirtschaftlichen Voraussetzungen auch vorkommen, dass sowohl der Kläger als auch seine Gegner Prozesskostenhilfe erhalten.

Übrigens: Über 400.000 Bürger haben im Jahr 2000 Prozesskostenhilfe in Anspruch genommen.

Antrag und Verfahren

Prozesskostenhilfe erhält der Betroffene nur auf Antrag. Im Gegensatz zur Beratungshilfe muss er seinen Antrag allerdings nicht beim nächstgelegenen, sondern bei dem Gericht stellen, das für den Prozess zuständig ist (siehe dazu den Abschnitt „Das richtige Gericht" im sechsten Kapitel dieses Buches). Um in Erfahrung zu bringen, welches Gericht das ist, kann er aber auch beim nächstgelegenen Amtsgericht nachfragen.

Den Antrag stellt der Betroffene entweder selbst oder über seinen Rechtsanwalt. Wer sich dazu entschließt, die Sache selbst in die Hand zu nehmen, wendet sich am besten an die Rechtsantragsstelle des Gerichts. Dort formuliert er seine Klage beziehungsweise die Antwort auf eine Klage und gibt sie zusammen mit seinem Antrag auf Prozesskostenhilfe und den entsprechenden Belegen über seine persönlichen und wirtschaftlichen Verhältnisse beim Rechtspfleger ab. Der Rechtspfleger leitet die Unterlagen dann an den zuständigen Richter weiter, der über die Anträge entscheidet.

Die Rechtspfleger stehen dem Rechtsuchenden bei der Formulierung seiner Anträge mit Rat und Tat zur Seite. Wer Schwierigkeiten hat, etwas schriftlich zu formulieren, kann sein Anliegen auch mündlich vortragen. Der Antragsteller muss dann nur mit seiner Unterschrift bestätigen, was die Mitarbeiter des Gerichts für ihn aufgeschrieben haben. Bei vielen Gerichten stehen zudem Vordrucke für die gängigsten Klagearten zur Verfügung, die der Rechtssuchende nur noch ergänzen und unterschreiben muss.

Wer unsicher ist, ob seine Klage beziehungsweise Klageantwort überhaupt Aussicht auf Erfolg hat, kann die Durchführung des Prozesses davon abhängig machen, dass ihm Prozesskostenhilfe gewährt wird. Das bedeutet, dass der Richter zunächst einmal über seinen Antrag auf Prozesskostenhilfe entscheiden muss. Erst wenn der Antrag durchgeht und sich der Antragsteller über das finanzielle Risiko des Prozesses nicht mehr so viele Gedanken zu machen braucht, wird das gerichtliche Verfahren eingeleitet. Dann kann im Normalfall auch ohne Bedenken ein Anwalt eingeschaltet werden. Weiterer Vorteil an der Sache: Der Antragsteller erhält eine kostengünstige richterliche Einschätzung darüber, wie seine Karten im Prozess stehen. Denn Prozesskostenhilfe gibt es nur bei hinreichenden Erfolgsaussichten.

WISO rät: Nehmen Sie das Antragsformular für die Prozesskostenhilfe am besten erst einmal mit nach Hause und füllen Sie es dort in Ruhe aus. Verwenden Sie für die Belege nur Kopien. Bevor Sie den Antrag bei Gericht abgeben, sollten Sie sich intensive Gedanken über Ihre Klage machen oder, besser noch, Ihre Klage schon mal vorformulieren.

Stellen Sie die Einleitung des Prozesses im Zweifel unter die Bedingung, dass Ihnen Prozesskostenhilfe bewilligt wird.

Regen Sie sich nicht auf, wenn Ihrem Antrag auf Prozesskostenhilfe zunächst keine besondere Beachtung geschenkt wird. Vor allem wenn die Klage nicht von der Genehmigung der Prozesskostenhilfe abhängig gemacht wird, kommen viele Richter erst bei der mündlichen Verhandlung hierauf zu sprechen.

Stellen Sie Ihren Antrag auf Prozesskostenhilfe auch dann noch, wenn sich Ihre wirtschaftlichen Verhältnisse erst während des Prozesses verschlechtern. Im Gegensatz zur Beratungshilfe kann die Prozesskostenhilfe nämlich bis zum Ende des Verfahrens beantragt und bewilligt werden.

Den Antrag auf Prozesskostenhilfe kann man auch über seinen Anwalt stellen. Das Problem: Bereits für das Ausfüllen des Antrags und das Sortieren der Unterlagen fallen Gebühren an, die allerdings nicht vom Staat getragen werden. Nimmt der Verbraucher also hierfür die Hilfe eines Rechtsanwalts in Anspruch und wird sein Antrag auf Prozesskostenhilfe später abgelehnt, muss er die Kosten des Anwalts aus eigener Tasche bezahlen. Die Gebühren für das Antragsverfahren sind allerdings nicht besonders hoch. So beträgt die Gebühr bei einem Streitwert von 3.000,00 Euro gerade mal 94,50 Euro.

Beauftragt der Verbraucher den Anwalt nicht nur damit, Prozesskostenhilfe zu beantragen, sondern gleichzeitig auch, die gesamte Angelegenheit durchzuziehen, kann die Ablehnung des Antrags für den Mandanten teuer werden. Denn dann schuldet er dem Anwalt die vollen Prozessgebühren. Bei einem Streitwert von 3.000,00 Euro sind das immerhin schon rund 600,00 Euro.

1. Kostenhilfe durch den Staat

Achtung: Kein Anwalt ist verpflichtet, einen Mandanten zu vertreten, der Prozesskostenhilfe beantragt oder dem Prozesskostenhilfe bewilligt wurde. Immerhin sind die Gebühren, die der Staat dem Rechtsanwalt hier erstattet, wesentlich niedriger als die normalen Gebühren. Der Anwalt verdient in diesen Fällen also weniger. Das Ganze ist für ihn daher nicht so lukrativ. Notfalls muss sich der Antragsteller deshalb einen Anwalt beiordnen lassen. Das heißt, er bekommt vom Gericht einen vertretungswilligen Rechtsanwalt zugewiesen, der ihm im Prozess zur Seite steht. Der Antragsteller darf dabei einen Anwalt seiner Wahl für die Beiordnung vorschlagen.

Antragsformulare

Für seinen Antrag auf Prozesskostenhilfe muss der Verbraucher einen amtlichen Vordruck verwenden. Dem Antragsformular ist eine Ausfüllanleitung sowie ein Merkblatt mit allgemeinen Informationen über die Prozesskostenhilfe beigefügt.

Die Anträge und Merkblätter erhalten Sie bei jedem Gericht oder bei Ihrem Anwalt. Auf Wunsch wird Ihnen der Antrag meist auch kostenlos zugeschickt. Ein Antragsmuster finden Sie im Anhang.

Wichtig: Der Antrag auf Prozesskostenhilfe ist für jede Instanz gesondert zu stellen. Wer also etwa gegen das Urteil des Gerichts Berufung einlegt und für das anstehende Berufungsverfahren Prozesskostenhilfe bekommen will, muss hierfür einen erneuten Antrag einreichen. Vorsicht: Für den Antrag und seine Erklärung zu den wirtschaftlichen Verhältnissen hat der Betroffene nur so viel Zeit wie für das Einlegen der Berufung selbst, also einen Monat. Auch bei anderen Rechtsbehelfen, wie zum Beispiel der Revision, sind Fristen zu beachten.

Wichtigste Voraussetzung: Hilfsbedürftigkeit

Auch für die Prozesskostenhilfe ist es zunächst erforderlich, dass der Antragsteller persönlich und wirtschaftlich so gestellt ist, dass er die Kosten für den Prozess nicht selbst bezahlen kann. Hierzu muss er genaue Angaben über seine persönlichen und wirtschaftlichen Verhältnisse machen, wie zum Beispiel zu Lohn, Rente, Sozialhilfe, Miete, Unterhalt, Vermögen, Krediten oder Behinderungen. Alle Angaben sind durch entsprechende Unterlagen zu belegen. Es gelten die gleichen Freibeträge und Einkommensgrenzen wie bei der Beratungshilfe (siehe dazu den Abschnitt „Beratungshilfe" in diesem Kapitel).

Im Unterschied zur Beratungshilfe wird der Antrag aber nicht von vornherein abgelehnt, wenn der Antragsteller die maßgebliche Einkommensgrenze überschreitet. Vielmehr wird ihm dann die Möglichkeit eingeräumt, die Prozesskosten vom Staat vorgelegt zu bekommen und sie nach dem Ende des Prozesses in monatlichen Raten zurückzuzahlen. Die Höhe der Raten richtet sich dabei nach dem jeweiligen Einkommen. Zinsen fallen keine an. Insgesamt sind höchstens 48 Monatsraten aufzubringen, ganz gleich, wie teuer die Angelegenheit letztlich wird. Darüber hinausgehende Kosten werden erlassen.

VIII. Die Finanzierung eines Rechtsstreits

Beispiel:
Herr Müller ist verheiratet und Vater eines unterhaltsberechtigten Kindes. Er verdient monatlich 1.500,00 Euro netto.
Abzusetzen davon sind:
- der Freibetrag für ihn selbst: 360,00 Euro.
- der Freibetrag für seine Frau: 360,00 Euro.
- der Freibetrag für sein Kind: 253,00 Euro.
- der zusätzliche Freibetrag für ihn als Erwerbstätigen: 147,00 Euro.
- die Wohnkosten einschließlich Heizung: 600,00 Euro.

Zusammen ergeben sich 1.720,00 Euro, die von den 1.500,00 Euro netto abzuziehen sind. Damit verbleibt Herrn Müller kein einzusetzendes Einkommen. Er bekommt also Prozesskostenhilfe ohne Ratenzahlungsverpflichtung.

Hätte Herr Müller einen Nettoverdienst von 2.500 Euro, verbliebe nach Abzug der Freibeträge und der Wohnkosten ein einzusetzendes Einkommen in Höhe von 720,00 Euro. Dann müsste Herr Müller nach der amtlichen Tabelle monatliche Raten in Höhe von 300,00 Euro zurückzahlen. Spätestens nach 48 Monatsraten wäre aber mit der Rückzahlung Schluss, selbst wenn die Kosten des von Herrn Müller geführten Prozesses noch um ein Vielfaches höher liegen würden.

Wie hoch die Monatsraten im Verhältnis zum einzusetzenden Einkommen im Einzelnen sind, können Sie der Ratentabelle im Anhang entnehmen.

Übrigens: Bekäme Herr Müller keine Prozesskostenhilfe, weil er zu viel verdient, könnte er die staatliche Unterstützung unter Umständen noch über einen Umweg nutzen. Dazu müsste er die Forderungen, um die er sich mit seinem Gegner streitet, an einen mittellosen Freund übertragen. Der könnte die Forderungen dann bei Gericht einklagen und hierfür Prozesskostenhilfe beantragen. Im Falle einer Bewilligung ließe sich der Prozess ohne größeres Kostenrisiko führen und ein etwaiger Gewinn aufteilen. Weiterer Vorteil: Herr Müller könnte im Prozess seines Freundes als Zeuge aussagen.

WISO rät: Überlegen Sie sorgfältig, ob ein Antrag auf Prozesskostenhilfe für Sie in Betracht kommt. Prozesskostenhilfe erhalten Sie eher, als Sie denken.

Mit Hilfe so genannter PKH-Berechner können Sie schnell und einfach selbst überprüfen, ob und in welcher Form Ihnen Prozesskostenhilfe zusteht. Ein entsprechendes Programm finden Sie etwa im Internet unter der Adresse www.praetor.onlinehome.de oder unter www.annonet.de, Rubrik „Programme & Tools".

Geben Sie Ihr Vermögen wahrheitsgemäß an. Ansonsten machen Sie sich wegen Betrugs strafbar. Denken Sie auch daran, dass die Gegenseite unter Umständen über Ihre Vermögensverhältnisse Bescheid weiß.

Wurde Ihnen vor dem anstehenden Gerichtsverfahren bereits Beratungshilfe bewilligt und haben sich Ihre finanziellen Verhältnisse zwischenzeitlich nicht verändert, steht Ihnen für den Prozess automatisch Prozesskostenhilfe ohne Ratenzahlung zu. In diesem Fall sollten Sie in Ihrem Antrag auf die Bewilligung der Beratungshilfe hinweisen. Fügen Sie dem Antrag am besten eine Kopie Ihres Berechtigungsscheins unter Angabe des gerichtlichen Aktenzeichens bei.

Auch auf die Erfolgsaussichten kommt es an

Prozesskostenhilfe gibt es weiter nur dann, wenn die beabsichtigte Klage des Antragstellers einigermaßen Erfolg versprechend ist. Damit sollen unsinnige und von vornherein aussichtslose Prozesse auf Kosten der Steuerzahler vermieden werden. Der Maßstab der Prüfung ist zwar großzügig. Trotzdem sollte der Antragsteller darauf achten, dass sein Vorbringen für einen Außenstehenden logisch und nachvollziehbar klingt. Gegebenenfalls sind Beweismittel wie Zeugen oder Schriftstücke anzugeben beziehungsweise beizufügen.

Selbstverständlich darf die beabsichtigte Klage oder Verteidigung auch nicht mutwillig sein. Wer also etwa sofort klagt, obwohl es auch ein gerichtliches Mahnverfahren getan hätte, geht leer aus.

Andere Hilfen sind vorrangig

Ausgeschlossen ist die Prozesskostenhilfe ferner,
- wenn eine Rechtsschutzversicherung für den Fall einspringt;
- wenn eine andere Stelle, wie etwa eine Gewerkschaft, die Kosten übernimmt. „Andere Stellen" sind unter Umständen auch Ehegatten, Partner gleichgeschlechtlicher Ehen, Eltern oder Großeltern (siehe dazu auch den Abschnitt „Vorschuss für die Prozesskosten aus der Familie" in diesem Kapitel).
So hat etwa der bedürftige Ehegatte dem vermögenden anderen gegenüber ein Recht auf einen Vorschuss für die Prozesskosten. Das gilt auch oder gerade im Scheidungsverfahren. Minderjährige haben einen Vorschussanspruch in erster Linie gegenüber ihren Eltern, zur Not aber auch gegenüber ihren Groß- oder Urgroßeltern. Keinen Vorschuss verlangen können dagegen unverheiratete Lebenspartner;
- wenn der Antragsteller zusätzliches Vermögen besitzt, das er für die Prozessvertretung einsetzen kann. Hierunter fallen aber nur hochwertige Vermögenswerte, die nicht zum Familienunterhalt oder zum Aufbau oder zur Erhaltung der beruflichen Existenz benötigt werden. Das Eigenheim steht also der Prozesskostenhilfe im Normalfall nicht entgegen. Auch der Notgroschen und ein kleines Bausparguthaben bleiben verschont;
- wenn die Kosten der Prozessführung rechnerisch vier zurückzuzahlende Monatsraten voraussichtlich nicht übersteigen;
- für die Kosten des Rechtsanwalts, wenn gesetzlich nicht vorgeschrieben ist, dass der Betroffene sich durch einen Anwalt vertreten lassen muss und eine Vertretung nicht erforderlich erscheint. Meist prüft das Gericht das aber gar nicht erst, weil auch der Gegner durch einen Anwalt vertreten ist. Dann darf sich der Antragsteller aus Gründen der Chancengleichheit ebenfalls auf Kosten des Staates einen Anwalt nehmen.

Vorsicht: Rückzahlungsverpflichtung

Hat das Gericht die Prozesskostenhilfe bewilligt, ist der Antragsteller damit im Hinblick auf die Kosten noch lange nicht auf der sicheren Seite. Nach dem Ende des Verfahrens kann der Staat nämlich innerhalb von vier Jahren die Prozesskostenhilfe zu-

VIII. Die Finanzierung eines Rechtsstreits

rückfordern oder neue Raten festlegen, wenn sich die wirtschaftliche Situation des Antragstellers zwischenzeitlich verbessert. Zu diesem Zweck wird der Antragsteller in der Regel in jährlichen Abständen aufgefordert, Auskunft über seine aktuellen finanziellen Verhältnisse zu erteilen. Unter Umständen muss der Betroffene auch den Antrag neu ausfüllen und die entsprechenden Belege einreichen. Wer seiner Auskunftsverpflichtung nicht nachkommt, muss damit rechnen, dass die Prozesskostenhilfe rückwirkend widerrufen wird. Dann werden die noch offenen Kosten sofort zur Zahlung fällig.

Umgekehrt kann sich natürlich die wirtschaftliche Situation des Antragstellers im Verlauf des Prozesses oder während der Rückzahlungsphase auch verschlechtern. Dann sollte der Betroffene das Gericht von sich aus bitten, die Raten herabzusetzen oder festzulegen, dass die Raten überhaupt nicht mehr zu zahlen sind.

Wenn die Prozesskostenhilfe versagt wird

Wird ein Prozesskostenhilfeantrag zurückgewiesen, kann der Betroffene gegen die Entscheidung des Gerichts innerhalb eines Monats Beschwerde einlegen. Doch Vorsicht: Begründet das Gericht seine Ablehnung damit, dass der geplante Prozess keine Aussicht auf Erfolg hat, geht das nur bei Streitwerten von mehr als 600,00 Euro. Zuständig für die Beschwerde ist das gleiche Gericht wie beim Antrag selbst.

Ob eine Beschwerde wirklich sinnvoll ist, sollte sich der Betroffene gut überlegen. Zwar fallen für ein verlorenes Beschwerdeverfahren gerade mal 25,00 Euro Gerichtskosten an. Und wer alleine tätig wird, spart auch die Kosten für einen Anwalt. Auf die Entscheidung des Gerichts muss der Betroffene aber in der Regel mehrere Monate lang warten. Während dieser Zeit läuft das eigentliche Verfahren nicht weiter. Erst wenn über die Beschwerde entschieden ist, wird der Prozess fortgesetzt.

Die rechtlichen Regelungen zur Prozesskostenhilfe finden sich in der Zivilprozessordnung (ZPO) sowie im Bundessozialhilfegesetz (BSHG), nachzulesen etwa im Internet unter der Adresse www.staat-modern.de.

WISO rät: Beratungshilfe und Prozesskostenhilfe sind zum Teil sehr ähnlich. Bei Fragen und Unklarheiten sollten Sie deshalb noch einmal den Abschnitt über die Beratungshilfe am Anfang dieses Kapitels lesen. Im Zweifel finden Sie hier die passenden Antworten.

2. Kostenübernahme durch Rechtsschutzversicherungen

Um sicherzugehen, am Ende nicht auf den Kosten sitzen zu bleiben, lassen sich viele Verbraucher gegen das finanzielle Risiko eines Rechtsstreites rechtsschutzversichern. Die Rechtsschutzversicherung übernimmt schließlich im Streitfall nicht nur die Kosten für den eigenen Anwalt, sondern auch sämtliche anderen Kosten der Auseinandersetzung. Mit einer Rechtsschutzversicherung im Rücken braucht man sich also über die rechtlichen Sorgen des Lebens keine Gedanken mehr machen – so jedenfalls die Vorstellung vieler Bürger. Und wenn man den Werbesprüchen der Rechtsschutzversicherer Glauben schenken darf, zu Recht: „Rundum-Sorglos-Paket", „Komplett-Rechtsschutz", „Voll versichert" – mit solchen oder ähnlichen Slogans bieten die meisten Versicherer ihre Leistungen auf dem Markt an.

Doch die jüngsten Untersuchungen der Stiftung Warentest haben es wieder einmal gezeigt: Versicherungsverträge sind keine Garantiescheine. Im Ernstfall ist der Versicherungskunde oft der Dumme. Nur wer beim Abschluss des Versicherungsvertrages alle Punkte bedacht hat, kann sich im Streitfall einigermaßen beruhigt zurücklehnen.

a) Vertragsabschluss nur bei Bedarf

Allein die Tatsache, dass es Rechtsschutzversicherungen gibt, bedeutet noch nicht, dass jeder Verbraucher auch tatsächlich eine solche haben müsste. Zwar sind statistisch betrachtet mehr als die Hälfte aller bundesdeutschen Haushalte rechtsschutzversichert. Und in vielen Fällen war der Abschluss der Versicherung bestimmt auch sinnvoll. Dennoch: Die Rechtsschutzversicherung ist keine Versicherung, die zum „Pflichtbestand" eines Haushaltes zählt, wie etwa die private Haftpflichtversicherung oder eine Berufsunfähigkeitsversicherung. Der Verbraucher sollte also zunächst einmal überprüfen, ob er alle wirklich notwendigen Versicherungen bereits abgeschlossen hat, bevor er sich mit der Frage der Rechtsschutzversicherung beschäftigt. Nur dann kann er nämlich auch beurteilen, ob überhaupt noch genügend finanzieller Spielraum für den Abschluss einer weiteren Versicherung vorhanden ist.

WISO rät: Denken Sie daran, dass es in Ihrem Leben Wichtigeres gibt als den Abschluss einer Rechtsschutzversicherung. Sichern Sie sich und Ihre Familie zunächst gegen die finanziellen Folgen von Krankheit, Unfall und Tod ab. Befassen Sie sich erst dann mit der Frage der Rechtsschutzversicherung. Schließen Sie die Versicherung nicht ab, wenn Sie für die Zahlung der Prämien Ihr „letztes Hemd" verkaufen müssen.

Ein weiterer Punkt, der vor Abschluss einer Rechtsschutzversicherung zu klären ist: das Schadensrisiko. Der Verbraucher sollte also darüber nachdenken, wie groß für ihn überhaupt die Gefahr ist, in Rechtsstreitigkeiten verwickelt zu werden. Dabei geht es nicht darum, ob jemand besonders streitlustig ist oder nicht. Es kommt vielmehr darauf an, ob die allgemeinen Lebensumstände des Einzelnen so gelagert sind, dass er mit rechtlichen Auseinandersetzungen rechnen muss. Je größer die Wahrscheinlichkeit ist, in Rechtsstreitigkeiten hineingezogen zu werden, desto eher lohnt sich für den Verbraucher der Abschluss einer Rechtsschutzversicherung. Besondere Risiken bestehen zum Beispiel in folgenden Fällen:
- Der Verbraucher ist Mieter oder Vermieter,
- der Verbraucher ist Arbeitnehmer und nicht Mitglied einer Gewerkschaft,
- der Verbraucher besitzt ein oder mehrere Kraftfahrzeuge und ist Vielfahrer,
- der Verbraucher kauft gerne teure Dinge wie Schmuck, Designermöbel, Luxusautos, Hightech-Geräte.

Sicher: Vor einer rechtlichen Auseinandersetzung ist niemand gefeit. Selbst der unbescholtenste Bürger kann irgendwann einmal mit dem Recht in Konflikt geraten. Wenn

aber das persönliche Risiko gering ist, stellt sich die Frage, ob die Zahlung der Versicherungsprämien noch in einem angemessenen Verhältnis zum möglichen Ertrag steht. Immerhin kostet die Rechtsschutzversicherung Jahr für Jahr eine Stange Geld. Folgendes sollte sich der Verbraucher deshalb vor Augen führen:
- Schon nach kurzer Zeit hat er vielleicht mehr an Prämien eingezahlt, als er über eine Kostenerstattung je wieder hereinholen kann. So kostet ein „Komplett-Paket" pro Jahr rund 200,00 bis 300,00 Euro an Prämien.
- Das Geld für die Prämien ist zu Lasten anderer Investitionen verloren. So ließen sich für eine übliche Jahresprämie etwa 450,00 Euro Monatsrente für den Fall der Berufsunfähigkeit oder 95.000,00 Euro Versicherungssumme für den Todesfall versichern.
- Im Streitfall ist im Zweifel gerade das eingetretene Risiko nicht versichert. Dieser Gefahr kann der Verbraucher auch nicht mit einem „Rundum-Schutz" vorbeugen. Für einige rechtliche Risiken gibt es nämlich in der Regel keinen Versicherungsschutz, so etwa für Baustreitigkeiten, Bürgschaften oder vorsätzliche Straftaten.
- Je nach Versicherungssumme trägt der Verbraucher für die entstehenden Kosten ein Restrisiko.
- Bei kleineren Rechtsstreitigkeiten bleibt der Verbraucher oft auf seinen Kosten sitzen, weil die vereinbarte Eigenbeteiligung höher ist als die zu erstattenden Beträge.
- Bei einem gewonnenen Gerichtsprozess bringt die Versicherung nichts, weil dann allein der unterlegene Gegner die Kosten tragen muss. Es fallen also auf Seiten des Verbrauchers überhaupt keine Zahlungen an, für die die Versicherung einspringen müsste.
Immerhin: Rund 62 Prozent aller Prozesse gewinnen die Kläger, nur 17 Prozent die Beklagten. In den restlichen 21 Prozent der Fälle kommt es zu „gemischten" Entscheidungen oder Vergleichen.

WISO rät: Lassen Sie sich nicht von einem freundlichen Versicherungsvertreter einreden, dass Sie eine Rechtsschutzversicherung auf jeden Fall bräuchten. Prüfen Sie vielmehr sorgfältig, ob der Abschluss einer Rechtsschutzversicherung sich für Sie persönlich lohnt. Wägen Sie hierbei alle Vor- und Nachteile gut gegeneinander ab.

Kommen Sie nicht auf die Idee, eine Rechtsschutzversicherung abzuschließen, um damit eine bereits begonnene oder in Kürze anstehende Auseinandersetzung zu finanzieren. Die Vertragsbedingungen der Versicherer machen Ihnen hier einen dicken Strich durch die Rechnung (siehe dazu auch den Abschnitt „Problem: Wartezeiten" in diesem Kapitel).

b) Alternativen prüfen

Der Abschluss einer Versicherung ist nicht die einzige Möglichkeit, im Streitfall kostengünstig Rechtsschutz zu erhalten. Oft gibt es gleichwertige und vor allem preiswertere Alternativen. Vor seiner Entscheidung sollte der Verbraucher deshalb genau prüfen, ob er die finanziellen Risiken eines Rechtsstreits nicht auf anderem Wege in den Griff bekommen kann.

Bei Rechtsstreitigkeiten, die nicht vor Gericht ausgetragen werden, sind etwa folgende Alternativen denkbar:
- kostengünstige anwaltliche Beratungshilfe. Sie hängt in erster Linie von den persönlichen und wirtschaftlichen Verhältnissen des Betroffenen ab (siehe dazu den Abschnitt „Beratungshilfe" am Anfang dieses Kapitels);
- kostenlose beziehungsweise kostengünstige Rechtsberatung durch öffentliche Rechtsauskunftsstellen in Hamburg, Bremen und Lübeck (siehe dazu den Abschnitt „Beratungshilfe" am Anfang dieses Kapitels);
- kostenlose Rechtsberatung im Arbeits-, Steuer und Schwerbehindertenrecht durch die Arbeitskammer im Saarland (siehe dazu den Abschnitt „Beratungshilfe" am Anfang dieses Kapitels);
- kostengünstige Rechtsberatung durch die Beratungsstellen der Verbraucherzentralen. Hier werden zwar nicht alle, aber doch die für den Verbraucher wichtigsten Rechtsfragen beantwortet, wie etwa bei Problemen mit Herstellern, Händlern oder Handwerkern (siehe dazu auch den Abschnitt „Verbraucherzentralen" am Ende dieses Kapitels);
- kostenlose Beratung über Schuldnerberatungsstellen;
- kostenfreier beziehungsweise kostengünstiger Rechtsschutz für Mitglieder von Interessenvertretungen wie etwa Gewerkschaften, Wohlfahrts- und Schwerbehindertenverbänden, Automobilclubs, Lohnsteuerhilfevereinen oder Mieter- und Hauseigentümervereinen. Die Rechtsberatung beschränkt sich allerdings auf das jeweilige Interessengebiet. Voraussetzung ist außerdem meist, dass der Betroffene noch vor dem Rechtsstreit Mitglied geworden ist (siehe dazu auch den Abschnitt „Kostenübernahme durch Vereine" am Ende dieses Kapitels);
- kostenloser Rechtsschutz über die eigene Haftpflichtversicherung. Das betrifft natürlich nur eigene Haftpflichtfälle. Die Versicherung prüft dann, ob die Ansprüche gegen ihren Versicherungsnehmer berechtigt sind, und führt den Schriftwechsel mit der Gegenseite;
- automatische Rechtsschutzversicherung, wenn mit einer Kreditkarte gezahlt wird. Beispiel: Nutzung eines Mietwagens. Die Angebote der Kreditkartenunternehmen sind hier allerdings sehr unterschiedlich.

Wird der Streit vor Gericht ausgetragen, kommen folgende Möglichkeiten in Betracht:
- kostenlose staatliche Prozesskostenhilfe. Doch Vorsicht: Erstattet werden hier nur die Kosten für den eigenen Anwalt und das Gericht. Den Gegenanwalt muss der Verbraucher im Fall einer Niederlage selbst bezahlen. Für die Prozesskostenhilfe kommt es auf die persönlichen und wirtschaftlichen Verhältnisse des Einzelnen an (siehe dazu den Abschnitt „Prozesskostenhilfe" am Anfang dieses Kapitels);
- kostenlose gerichtliche Vertretung für Mitglieder von Interessengruppierungen wie Gewerkschaften, Sozial- und Behindertenverbänden, Lohnsteuerhilfevereinen (siehe dazu den Abschnitt „Kostenübernahme durch Vereine" am Ende dieses Kapitels);
- kostenlose gerichtliche Vertretung durch die eigene Haftpflichtversicherung bei Haftpflichtfällen;

- finanzieller Vorschuss auf die Prozesskosten für bedürftige Ehepartner, Lebenspartner gleichgeschlechtlicher Ehen und Kinder. Soweit möglich ist der besser gestellte Ehegatte verpflichtet, für die Prozesskosten seines vermögenslosen Partners in Vorlage zu treten. Bei minderjährigen Kindern geht dieser Anspruch gegen die Eltern, Großeltern oder Urgroßeltern (siehe dazu den Abschnitt „Vorschuss auf die Prozesskosten aus der Familie" in diesem Kapitel);
- automatische Rechtsschutzversicherung, wenn mit einer Kreditkarte gezahlt wird. Beispiel: Nutzung eines Mietwagens. Die Angebote der Kreditkartenunternehmen sind hier allerdings sehr unterschiedlich.

c) Gezielt versichern

Wer die Wahl hat, hat die Qual: Ist der Entschluss für eine Rechtsschutzversicherung gefallen, muss der Versicherungswillige sich überlegen, gegen welche rechtlichen Risiken er sich versichern lassen will. Privatrechtsschutz, Berufsrechtsschutz, Verkehrsrechtsschutz, Mieterrechtsschutz, Eigentümerrechtsschutz, Managerrechtsschutz, Unternehmerrechtsschutz, jeweils einzeln oder im Paket – die Rechtsschutzversicherer haben fast alles im Angebot. Einzige Besonderheit: Den Berufsrechtsschutz gibt es in der Regel nicht separat, sondern nur zusammen mit anderen Leistungen.

Wichtigstes Entscheidungskriterium ist auch hier wieder der persönliche Bedarf. Zu fragen ist also zunächst danach, in welchen Lebensbereichen zukünftig rechtliche Auseinandersetzungen drohen. Hat der Versicherungswillige das ermittelt, braucht er sich nur noch das Versicherungspaket herauszusuchen, das am besten auf seine Bedürfnisse zugeschnitten ist. Lässt sich auf diesem Weg keine optimale Lösung finden, etwa weil das gewünschte Paket den finanziellen Rahmen sprengt, empfiehlt es sich, nach dem Ausschlussprinzip vorzugehen und zunächst diejenigen Leistungspakete auszuscheiden, die am wenigsten in Betracht kommen.

Wem das alles zu umständlich ist, der kann sich auch von vornherein für ein Komplett-Paket entscheiden. Darin enthalten sind dann bei Nichtselbstständigen etwa der Privat-, Berufs-, Verkehrs- und Mietrechtsschutz. Die Prämienersparnisse beim Komplett-Paket sind allerdings im Verhältnis zu der Kombination von Einzelkomponenten eher gering. So kostet etwa bei den großen Versicherern ein Komplett-Paket rund 220,00 Euro pro Jahr. Die Einzelkomponenten kommen zusammen auf knapp 250,00 Euro pro Jahr.

Privat- und Berufsrechtsschutz für Nichtselbstständige

Der Klassiker unter den angebotenen Rechtsschutzpaketen ist die Privat- und Berufsrechtsschutzversicherung für Nichtselbstständige, häufig auch Familienrechtsschutz genannt.

Versichert sind hier neben dem Versicherungsnehmer der Ehegatte und die im Haushalt lebenden Kinder, Letztere allerdings nur bis zu einer gewissen Altersgrenze und sofern sie kein eigenes Einkommen erzielen. Und: Auch nichteheliche oder eingetragene homosexuelle Partner sind geschützt, wenn sie im Vertrag stehen und beim Versicherten wohnen.

Achtung: Die Altersgrenzen für mitversicherte Kinder unterscheiden sich zum Teil erheblich. So endet der Schutz bei einigen Versicherungen bereits nach dem 18. Lebensjahr, während bei anderen Anbietern überhaupt keine Altersbeschränkung gilt. Zusätzlicher Bonus einiger Versicherer: Die Kinder müssen nicht im Elternhaushalt, sondern dürfen auch alleine wohnen.

WISO rät: Teilen Sie Ihrer Versicherung jede familiäre, berufliche oder wohnliche Veränderung umgehend mit. Das erspart Ihnen im Streitfall unnötigen Ärger.

Die Familienversicherung deckt üblicherweise folgende Bereiche ab:
- Strafrechtsschutz: fahrlässig begangene Straftaten.
  Nicht versichert sind dagegen vorsätzlich begangene Straftaten und Verbrechen, wie zum Beispiel Mord.
- Ordnungswidrigkeitenrechtsschutz: begangene Ordnungswidrigkeiten.
- Schadensersatzrechtsschutz: Durchsetzung von Schadensersatzansprüchen.
  Für die Abwehr solcher Ansprüche ist dagegen die Haftpflichtversicherung zuständig.
- Vertragsrechtsschutz: Streitereien aus Verträgen. Nicht versichert sind aber häufig Online-Verträge.
- Sachenrechtsschutz: Eigentümerrechte an Gegenständen, wie etwa Fahrzeugen oder Einrichtungsgegenständen.
- Arbeitsrechtsschutz: Streitigkeiten aus Arbeitsverhältnissen. Nicht versichert sind aber etwa Streik und Aussperrung, Aufhebungsverträge, fristlose Kündigungen, verhaltensbedingte Kündigungen.
- Sozialgerichtsrechtsschutz: gerichtliche Auseinandersetzungen mit der gesetzlichen Kranken-, Renten-, Unfall- oder Arbeitslosenversicherung. Nicht versichert sind in der Regel vorgerichtliche Streitigkeiten mit der Behörde.
- Steuerrechtsschutz: Gerichtliche Streitigkeiten um Steuern oder andere Abgaben wie Zölle oder Gebühren. Nicht versichert sind in der Regel vorgerichtliche Streitigkeiten mit der Behörde.
- Rechtsschutz im Familien- und Erbrecht sowie im Recht gleichgeschlechtlicher Ehen: außergerichtliche Beratungen bei Änderung der jeweiligen Lebenssituation. Nicht versichert sind dagegen regelmäßig gerichtliche Auseinandersetzungen, wie etwa eine Scheidung oder ein Unterhaltsprozess. Ebenso ausgeschlossen sind allgemeine Beratungen ohne Änderung der Lebenssituation. Beispiel: Errichtung eines Testaments.
  Achtung: Der Anwalt darf der Rechtsschutzversicherung keine Beratungsrechnung erteilen, wenn seine Tätigkeit über eine bloße Beratung hinausging. Ansonsten macht er sich strafbar.

Nicht von der Familienversicherung abgedeckt sind dagegen unter anderem folgende Gebiete:
- Streitigkeiten der mitversicherten Personen gegeneinander;
- Streit mit der eigenen Rechtsschutzversicherung;
- Haftung für Verbindlichkeiten von Dritten, etwa als Bürge;

234   VIII. Die Finanzierung eines Rechtsstreits

- Baustreitigkeiten einschließlich Planfeststellungsverfahren. Beispiel: Hausbau, Kauf von Baugrundstücken;
- Rechtsstreitigkeiten durch Kriegsereignisse, innere Unruhen, Erdbeben, Nuklearschäden;
- Spiel- und Wettverträge, Termin- oder vergleichbare Spekulationsgeschäfte. Probleme gibt es zum Teil auch bei Aktionärs- und Anlegerklagen;
- Streit vor Verwaltungsgerichten oder mit Verwaltungsbehörden. Einige Versicherer machen hier allerdings Ausnahmen;
- Verfahren vor Verfassungsgerichten;
- wettbewerbsrechtliche Unterlassungsansprüche sowie ein Großteil anderer Wettbewerbstreitigkeiten;
- Insolvenzstreitigkeiten des Versicherten;
- Auseinandersetzungen als Eigentümer, Besitzer, Halter oder Fahrer von Kraftfahrzeugen. Aber: Versicherbar über eine gesonderte Verkehrsrechtsschutzversicherung, am besten im Paket mit dem Familienrechtsschutz. Bei Preisvergleichen ist darauf zu achten, wie viele Fahrzeuge jeweils vom Versicherungsschutz erfasst sind;
- Miet- und Wohnungsstreitigkeiten. Aber: Versicherbar über eine gesonderte Mietrechtsschutzversicherung, am besten im Paket mit dem Familienrechtsschutz. Der Schutz erstreckt sich allerdings immer nur auf die konkret benannten Wohnungen.

WISO rät: Vergleichen Sie den Familienrechtsschutz der Versicherer untereinander. Zwar bieten die meisten Versicherer hier grundsätzlich die gleichen Leistungen an, oft gibt es aber erhebliche Unterschiede im Detail. Und: Bessere Leistungsangebote kosten nicht unbedingt mehr Geld.

Vorsicht: Besonders aufpassen heißt es für Nichtselbstständige bei der Aufnahme freiberuflicher Nebenjobs. Überschreitet der Nebenverdienst nämlich eine bestimmte Grenze, gilt der Kunde bei der Versicherung als Selbstständiger. Der Berufsrechtsschutz erstreckt sich dann zwar automatisch auf die Tätigkeit des Versicherten als Freiberufler. Nicht mehr gedeckt ist aber die Beschäftigung des Kunden als Arbeitnehmer. Die maßgeblichen Verdienstgrenzen sind je nach Versicherer unterschiedlich hoch. In der Regel liegen sie zwischen 3.000,00 und 10.000,00 Euro jährlich. Doch Achtung: Einige Unternehmen lassen generell keine Nebeneinkünfte zu.

Verkehrsrechtsschutz

Jeder, der schon einmal in einen Autounfall verwickelt war, weiß es: Autoreparaturen sind teuer. Bereits bei kleinen Blechschäden kommen schnell hohe Schadenssummen zusammen. Muss der Betroffene sich dann noch mit dem Gegner oder dessen Versicherung herumstreiten, laufen die Kosten schnell aus dem Ruder. Besonders wichtig deshalb: der Verkehrsrechtsschutz.

Über eine Verkehrsrechtsschutzpolice sind geschützt
- der Versicherte als Fahrer, Beifahrer, Halter, Eigentümer oder Mieter eines PKW;
- der Versicherte als Fußgänger, Radfahrer oder Fahrgast in öffentlichen Verkehrsmitteln;

- alle Fahrer und Mitfahrer der auf den Versicherten zugelassenen Fahrzeuge, soweit sie erlaubt unterwegs sind.

Achtung: Der Versicherungsschutz erstreckt sich nur auf die jeweils versicherten Fahrzeuge. Nicht generell geschützt sind außerdem Familienmitglieder und deren Fahrzeug. Hierzu benötigt der Versicherte einen speziellen Familienverkehrsrechtsschutz.

Von der Versicherung umfasst sind die Bereiche Strafrechtsschutz, Ordnungswidrigkeitenrechtsschutz, Schadensersatzrechtsschutz, Vertragsrechtsschutz, Steuerrechtsschutz und Verwaltungsrechtsschutz in Verkehrssachen. Wichtig ist hier vor allem der letzte Punkt. Er schützt den Versicherten bei allen Verkehrsangelegenheiten vor Verwaltungsgerichten und -behörden.

Nicht zu zahlen braucht die Versicherung unter anderem in folgenden Fällen:
- vorsätzliche Straftaten rund um den Straßenverkehr, wie etwa Fahrerflucht, Verkehrsgefährdung, Trunkenheit im Verkehr.
- Halte- und Parkverstöße. Einige Versicherer machen hier aber Ausnahmen,
- Fahren ohne Führerschein,
- unerlaubte Benutzung eines Fahrzeugs,
- Nichtzulassung des benutzten Fahrzeugs.

Sonstiger Rechtsschutz

Rechtsschutz gibt es natürlich nicht nur für den Familien- und Verkehrsbereich, sondern auch für andere Lebensbereiche. Wer will, kann sich über Einzelpolicen oder Zusatzversicherungen gegen nahezu alle rechtlichen Risiken seines Lebens absichern. Für den Normalverbraucher sind die meisten Zusatzangebote der Versicherer aber nicht von Interesse. So ist es für die allermeisten Bürger etwa unsinnig, einen Rechtsschutz für Verbrechensopfer abzuschließen oder sich als Arbeitnehmer einen Managerrechtsschutz zuzulegen. Umgekehrt kann in anderen Fällen ein dringender Bedarf bestehen. Bei Firmeninhabern oder Mietern beziehungsweise Eigentümern von Wohnungen beispielsweise, sollte der Interessent den Abschluss einer entsprechenden Police durchaus ins Auge fassen. Genaue Informationen erhält er dann bei den einzelnen Versicherern.

d) Wahl des Versicherers:
Gleiche Leistungen – unterschiedliche Preise

Risiken abgewogen, mit dem Partner alles besprochen und Geld bereitgelegt: Jetzt heißt es für den Versicherungswilligen nur noch, die richtige Versicherung zu finden. Doch was auf den ersten Blick so einfach aussieht, gestaltet sich bei näherem Hinsehen oft äußerst schwierig.

Nicht nur, dass sich auf dem Versicherungsmarkt mehr als drei Dutzend Anbieter tummeln. Auch die Preisunterschiede zwischen den einzelnen Versicherern sind groß – und das bei durchaus vergleichbaren Leistungen. Die falsche Wahl kann den Versicherten über die Jahre gesehen mehrere tausend Euro kosten. Genaues Hinschauen ist des-

VIII. Die Finanzierung eines Rechtsstreits

halb unerlässlich. Eine wichtige Hilfe bieten hierbei die Untersuchungen der Stiftung Warentest. So wurden im letzten Test (finanztest 1/2003) etwa die Leistungen von 33 Versicherern unter die Lupe genommen und miteinander verglichen. Das Besondere hierbei: Bewertet wurden nicht nur die einzelnen Leistungsangebote, sondern auch das Abrechnungsverhalten im Schadensfall. Zu diesem Zweck haben die Tester mehr als 9.000 Anwälte befragt. Das Ergebnis: Bei der Abrechnung läuft oft längst nicht alles so glatt, wie es sein sollte.

Die Erfahrungen der Anwälte sind auch für den Versicherungswilligen von Bedeutung. Denn den anwaltlichen Beratungsvertrag schließt der Versicherte letztlich nicht mit seiner Rechtsschutzversicherung, sondern mit seinem Anwalt. Kommt es also zwischen Anwalt und Versicherung zu Unstimmigkeiten, kann der Anwalt sich sein Geld entgegen landläufiger Meinung durchaus beim Versicherten holen. Den Stress hat dann der Versicherte. Außerdem: Jeder Versicherte möchte gerne des Anwalts Liebling sein. Mit einer unzuverlässigen Rechtsschutzversicherung löst der Mandant beim Anwalt aber eher Aggressionen als Begeisterungsstürme aus. Solche Versicherer kosten den Anwalt nämlich viel Zeit und Ärger.

Insgesamt sollte der Verbraucher bei der Wahl des Versicherers auf folgende Punkte achten:
- Welche Versicherungspakete werden angeboten?
- Entsprechen die Pakete dem eigenen Risikoprofil?
- Wie teuer sind die einzelnen Pakete?
- Welche Rechtsbereiche sind im Einzelnen enthalten, welche Risiken sind ausgeschlossen?
- Gibt es günstige „Komplett-Pakete"?
- Wie hoch ist die Selbstbeteiligung?
- Kann man über eine höhere Selbstbeteiligung die Prämie senken?
- Wie hoch ist die Deckungssumme, also der Betrag, den die Versicherung im Schadensfall maximal übernimmt?
- Was kostet eine Erhöhung der Deckungssumme?
- Wie lange ist die Vertragslaufzeit?
- Für welche Länder gilt die Deckung?
- Wie reibungslos verläuft die Abwicklung im Schadensfall?

WISO rät: Versicherung ist nicht gleich Versicherung. Lassen Sie sich deshalb bei der Auswahl des Versicherers hinreichend Zeit.

Schließen Sie den Versicherungsvertrag nicht mit dem erstbesten Versicherer ab, sondern vergleichen Sie die Preise und Leistungen verschiedener Anbieter. Nutzen Sie hierzu beispielsweise die Testergebnisse der Zeitschrift finanztest. Achten Sie auf Sondertarife für Singles, Senioren, Beamte und Alleinerziehende. Spezialtarife gibt es unter Umständen auch für Vertragsabschlüsse über das Internet sowie bei Mitgliedschaften in bestimmten Vereinen, wie etwa Automobilclubs oder Mietervereinen.

Legen Sie Ihr Augenmerk bei der Auswahl vor allem auf den Familien- und Verkehrsrechtsschutz. Diese Versicherungen kommen für Sie als Verbraucher am ehesten in Betracht.

Haben Sie die Wahl, schließen Sie lieber einen Einjahres- als einen Fünfjahresvertrag ab. Das ist zwar etwas teurer, dafür können Sie leichter wechseln.

Vereinbaren Sie mindestens eine Deckungssumme von 100.000,00 Euro, am besten aber noch mehr. Ideal ist eine unbegrenzte Deckung.

Knausern Sie nicht unbedingt bei der Höhe der Eigenbeteiligung. Eine höhere Eigenbeteiligung kann nämlich die Prämien erheblich senken. Meist ist ein Rechtsstreit ohnehin entweder richtig teuer, sodass die Eigenbeteiligung kaum ins Gewicht fällt. Oder es geht um so wenig, dass es sich von vornherein nicht lohnt, die Rechtsschutzversicherung einzuschalten.

Achten Sie auf einen europa- oder weltweiten Versicherungsschutz, wenn Sie sich häufiger im Ausland aufhalten. Prüfen Sie, ob für den Auslandsschutz besondere Bedingungen, etwa bei der Versicherungssumme oder der Länge des Aufenthalts, gelten.

Testergebnisse zu Rechtsschutzversicherungen finden Sie unter anderem in der Zeitschrift finanztest. Die entsprechenden Ausgaben sind zu beziehen über die Stiftung Warentest, Lützowplatz 11–13, 10785 Berlin, Tel.: 030/263 10, Fax: 030/31 27 27, oder im Internet unter www.warentest.de. Hier können auch die Inhalte der einzelnen Ausgaben recherchiert werden. Auch in Büchereien oder Verbraucherzentralen stehen die jeweiligen Ausgaben zur Verfügung.

Adressen von Rechtsschutzversicherern in Ihrer Nähe finden Sie etwa in der Buchausgabe der Gelben Seiten unter dem Stichwort „Versicherung" oder online unter www.gelbe-seiten.de. Übersichten über verschiedene Leistungsanbieter erhalten Sie unter anderem im Internet, etwa unter www.brak.de oder www.jusline.de. Ein übersichtliches Anschriftenverzeichnis findet sich auch am Ende des bereits erwähnten Testberichts.

e) Kleingedruckt, doch groß geschrieben: Die Vertragsbedingungen

ARB – was klingt wie das neueste Produkt eines Waschmittelherstellers, ist in Wahrheit die Abkürzung für die Allgemeinen Rechtsschutzbedingungen der Versicherer. Sie stehen meist kleingedruckt im Anhang des Vertragsformulars und werden mit der Unterschrift Bestandteil des Versicherungsvertrages. Wer sie vorher nicht gelesen hat, wird spätestens dann auf sie aufmerksam, wenn die Versicherung im Streitfall nicht zahlt. Denn viele Vertragslücken erschließen sich erst bei näherem Studium der vereinbarten Vertragsbedingungen.

Das Problem: Die ARB sind nicht so allgemein, wie der Name es vermuten lässt. Vielmehr handelt es sich nur um Musterbedingungen, die von den Versicherern verwendet werden können, aber nicht müssen. In der Praxis benutzt deshalb nahezu jede Rechtsschutzversicherung eigene Vertragsbedingungen. Die stimmen zwar im Kern mit dem vom Versicherungsverband erarbeiteten Muster überein. Je nach Versicherer gibt es aber mehr oder weniger erhebliche Abweichungen im Detail. Der Dumme ist letztlich der Verbraucher: Er kann sich weder an einheitlichen Vertragsbedingungen orientieren noch die einzelnen Leistungsangebote vernünftig miteinander vergleichen.

Zusätzlich kompliziert wird die Sache dadurch, dass die Musterbindungen vom Versicherungsverband ständig verändert und fortgeschrieben werden. So sind mittlerweile drei unterschiedliche Grundversionen von Rechtsschutzbedingungen im Umlauf, nämlich die ARB 75 (1975), die ARB 94 (1994) und die ARB 2000. Für den Versicherten gelten in der Regel die Bedingungen zum Zeitpunkt seines Vertragsabschlusses. Neuere Bedingungen finden auf seinen Vertrag nur dann Anwendung, wenn er dem ausdrücklich zustimmt. Die Anpassung von Altverträgen erfolgt also nicht automatisch, sondern nur mit dem Einverständnis der Kunden. Ob sich ein Wechsel lohnt, ist für den Versicherten oft nur schwer zu entscheiden. Sowohl die alten als auch die neueren Bedingungen haben ihre Vor- und Nachteile. Prinzipiell lässt sich aber sagen: Eine Umstellung von ARB 94 auf ARB 2000 ist in den meisten Fällen ratsam, ein Wechsel von ARB 75 auf ARB 94 oder ARB 2000 dagegen nur bei einer zu geringen Deckungssumme des Altvertrages, einer geplanten Mitversicherung von nichtehelichen Lebenspartnern oder einer Ausweitung des Versicherungsschutzes auf das außereuropäische Ausland.

Achtung: Auch Neukunden mit Verträgen nach ARB 2000 sollten sich mit dem Thema Vertragsanpassung beschäftigen. Der Grund: Die aktuellen ARB 2000 werden derzeit überarbeitet und sollen demnächst durch neuere ARB ersetzt werden.

WISO rät: Lesen Sie die ARB sorgfältig durch, bevor Sie Ihren Versicherungsvertrag unterschreiben. Verfallen Sie nicht in Panik, wenn Ihre Versicherung Sie zu einer Umstellung Ihres Vertrages auffordert. Niemand kann Sie zu einem Wechsel Ihrer Vertragsbedingungen zwingen.
Geben Sie Ihre Vertragsbedingungen nicht leichtfertig auf, sondern wägen Sie sämtliche Vor- und Nachteile einer Vertragsanpassung sorgfältig gegeneinander ab.

Die Versicherungsbedingungen ARB 2000 können Sie beziehen beim Gesamtverband der deutschen Versicherungswirtschaft e.V., Friedrichstr. 191, 10117 Berlin, Tel.: 030/20 20 50 00, Fax: 030/20 20 60 00, e-Mail: berlin@gdv.org, oder im Internet kostenlos herunterladen unter www.gdv.de.

f) Was tun im Versicherungsfall?

Ob die Rechtsschutzversicherung tatsächlich das wert ist, was sich der Versicherte von ihr verspricht, zeigt sich meist erst bei Eintritt des Versicherungsfalls. Dann steht aber zunächst einmal nicht die Versicherung, sondern der Kunde in der Pflicht. Er muss der Versicherung den Streitfall melden, die notwendigen Unterlagen vorlegen und um Erteilung der so genannten Deckungszusage bitten. Erst dann ist die Versicherung gefordert. Sie hat Ihre Eintrittspflicht zu prüfen und dem Versicherungsnehmer gegebenenfalls die Deckungszusage zu erteilen. Mit der Deckungszusage erhält der Versicherte die Bestätigung, dass und inwieweit die Versicherung die Kosten der anstehenden Auseinandersetzung übernimmt. Ob die Deckungszusage erteilt wird, hängt unter anderem davon ab,
- ob das eingetretene Risiko versichert ist,

- ob die Rechtsverfolgung durch den Versicherten notwendig erscheint, also vernünftige Aussichten darauf bestehen, dass der Versicherte den Rechtsstreit gewinnt,
- ob die Versicherungsprämien pünktlich gezahlt wurden,
- ob der Versicherte die vereinbarte Wartezeit erfüllt hat (siehe dazu den Abschnitt „Problem: Wartezeiten" in diesem Kapitel) und
- ob der Beginn der Streitigkeit in den Versicherungszeitraum fällt (siehe dazu den Abschnitt „Problem: Streitigkeiten aus der Vergangenheit" in diesem Kapitel).

Wichtig: Die Deckungszusage erstreckt sich in der Regel nur auf bestimmte rechtliche Maßnahmen, wie etwa eine anwaltliche Beratung oder eine Klage. Will der Versicherte weitergehende rechtliche Schritte unternehmen, etwa gegen ein Urteil Berufung einlegen, benötigt er hierfür eine gesonderte Deckungszusage.

Die Deckungszusage erfasst außerdem nur den jeweiligen Streitfall. Für weitere oder nachfolgende Auseinandersetzungen sind also eigenständige Deckungszusagen erforderlich. Auswirkungen hat das auch auf die Eigenbeteiligung: Sie wird bei jeder neuen Streitigkeit erneut fällig.

WISO rät: Melden Sie Ihren Rechtsschutzfall rechtzeitig, am besten gleich nach Beginn der Streitigkeit, schriftlich bei der Versicherung an. Schildern Sie in Ihrem Schreiben kurz den Sachverhalt und fügen Sie für die Einzelheiten Kopien der erforderlichen Belege wie Verträge, behördliche Anordnungen oder sonstige Schriftstücke bei. Teilen Sie der Versicherung auch die Nummer Ihres Versicherungsscheines mit.

Nutzen Sie zur Übermittlung des Schreibens in dringenden Fällen Fax oder e-Mail. Öffentliche Faxgeräte finden Sie unter anderem in Poststellen oder speziellen Telefon-Shops. Zur Not tut es auch das Faxgerät des Nachbarn.

Fragen Sie bei Ihrer Versicherung selbst dann nach der Deckung, wenn Sie eine Kostenübernahme für unwahrscheinlich oder ausgeschlossen halten.

Unternehmen Sie keine rechtlichen Schritte, bis Sie von Ihrer Versicherung eine Nachricht erhalten haben. Drängen Sie notfalls bei der Versicherung auf eine zügige Bearbeitung. Für die Erteilung einer Deckungszusage benötigen die Versicherer im Durchschnitt elf Tage Zeit.

Wer keine Lust hat oder es sich nicht zutraut, die Deckungszusage selbst einzuholen, kann sich hierfür auch an einen Anwalt wenden. Der Anwalt leitet dann alles Notwendige in die Wege und informiert den Versicherten, sobald die Deckungszusage der Versicherung eingegangen ist. Um den Schriftverkehr mit der Rechtsschutzversicherung zu führen, benötigt der Anwalt vom Versicherten allerdings den Versicherungsschein und die notwendigen Streitunterlagen. Den Versicherungsschein muss der Kunde bei seiner Versicherung nicht extra anfordern, er wird ihm nach Abschluss des Vertrages automatisch von der Versicherung zugesandt.

Die Einholung der Deckungszusage bieten die meisten Anwälte als kostenlosen Service an. Für den Versicherten ist dieser Weg deshalb eine durchaus empfehlenswerte Alternative. Aber Vorsicht: Der Anwalt kann die Kosten für eine Anfrage bei der Rechtsschutzversicherung entgegen landläufiger Meinung durchaus in Rechnung stellen. Am besten sollte dieser Punkt daher von vornherein mit dem Anwalt geklärt werden. Besonders gefährlich wird es, wenn der Versicherte den Anwalt gleichzeitig mit der Einholung der Deckungszusage und der rechtlichen Beratung beauftragt. Lehnt die Versicherung hier Ihre Eintrittspflicht ab, muss der Versicherte die Kosten für die Beratung selbst aufbringen.

Wichtig: Der Versicherte kann seinen Anwalt frei wählen. Selbst wenn die Versicherung ihm von sich aus oder auf Anfrage verschiedene Anwälte vorschlägt, ist er nicht verpflichtet, sich für einen von ihnen zu entscheiden. Umgekehrt darf die Versicherung einen Anwalt benennen, wenn sie die Beauftragung eines Anwalts für notwendig hält und der Versicherte nichts unternimmt.

WISO rät: Sind Sie rechtsschutzversichert, sollten Sie eine rechtliche Streitigkeit am besten von vornherein in die Hände eines Anwalts legen. Alles andere verursacht nur unnötige Verzögerungen und Komplikationen. Im schlimmsten Fall versäumen Sie durch ein eigenmächtiges Handeln sogar wichtige Fristen und Termine. Denken Sie daran: Früher oder später kommen Sie um die Einschaltung eines Anwalts meist ohnehin nicht herum.

Gehen Sie bei der Auswahl Ihres Anwalts sorgfältig vor. Ihre Versicherung muss nicht zahlen, wenn Sie später den Anwalt wechseln.

Suchen Sie Ihren Anwalt selbst aus und vertrauen Sie nicht auf die Empfehlungen Ihrer Versicherung.

g) Wenn die Deckung abgelehnt wird

Häufig passiert es, dass die Versicherung im Streitfall die Deckung ablehnt. Dann ist der Ärger beim Kunden natürlich groß. In den meisten Fällen haben die Versicherungen dafür aber berechtigte Gründe, etwa weil das eingetretene Risiko gar nicht versichert ist oder der Kunde offensichtlich im Unrecht ist. Denkbar ist aber auch, dass dem Sachbearbeiter der Versicherung bei der Bearbeitung einfach ein Fehler unterlaufen ist. Der Versicherte sollte deshalb zunächst einmal nachhaken, weshalb seine Versicherung die Deckung verweigert. Beruft sie sich darauf, dass die rechtliche Position offensichtlich aussichtslos ist, muss der Kunde das nicht einfach hinnehmen. Vielmehr kann er die Entscheidung der Versicherung überprüfen lassen.

Einige Unternehmen räumen dem Versicherten hierzu die Möglichkeit ein, einen Anwalt seiner Wahl über die Erfolgsaussichten des Falles entscheiden zu lassen. Die Kosten für die Stellungnahme trägt dann in jedem Fall die Versicherung. Beurteilt der Anwalt den Fall positiv, muss der Versicherer auch die weiteren Kosten der Vertretung übernehmen. Zwingend gestattet ist dieser Weg Kunden mit Altverträgen nach ARB 75.

In den meisten Fällen muss sich der Versicherte aber bei einem Streit über die Erfolgsaussichten auf ein so genanntes Schiedsverfahren verweisen lassen. Über die Erfolgsaussichten entscheidet dann in der Regel ein von der Rechtsanwaltskammer benannter unabhängiger Gutachter. Gibt der Gutachter dem Kunden Recht, ist das kein Problem. Die Kosten des Schiedsverfahrens fallen der Versicherung zur Last. Außerdem muss die Versicherung noch die Kosten des Rechtsstreits zahlen. Entscheidet er dagegen zugunsten der Versicherung, muss der Kunde die Kosten des Schiedsverfahrens bei einigen Versicherern selbst tragen. Je nach Streitwert können hier mehrere hundert Euro zusammenkommen. So beträgt etwa die Gebühr für den Gutachter bei einem Streit um 7.000,00 Euro rund 160,00 Euro zuzüglich Auslagen und Mehrwertsteuer.

WISO rät: Tauschen Sie Ihre alten Rechtsschutzbedingungen ARB 75 nicht leichtfertig gegen andere ARB ein.

Erkundigen Sie sich vor Vertragsabschluss oder Vertragsumstellung bei der Versicherung, wie das Verfahren bei Ablehnung einer Deckungszusage gehandhabt wird.

h) Was die Versicherung zahlt

Ist die Deckungszusage erteilt, hat die Rechtsschutzversicherung mit der Streitigkeit zunächst nichts mehr zu tun. Auf den Plan tritt sie erst wieder, wenn es darum geht, die durch den Rechtsstreit verursachten Kosten zu erstatten. Im Normalfall geschieht das gegen Ende einer Auseinandersetzung. Der Versicherte oder sein Anwalt legen der Versicherung dann die verschiedenen Kostenabrechnungen vor und bitten um einen entsprechenden Ausgleich. Ausnahmsweise wird die Versicherung auch während des Rechtsstreits aktiv, etwa um bestimmte Geldbeträge vorzuschießen oder ihre Deckungszusage zu erweitern.

Zu den Kosten, die von der Versicherung übernommen werden, zählen zum Beispiel:
- die Kosten für den eigenen Anwalt, allerdings nur bis zur Höhe der gesetzlichen Gebühren. Aufpassen heißt es also bei der Vereinbarung höherer Honorare.
Weitere Einschränkungen:
Bei Vergleichen, also einvernehmlichen Regelungen mit dem Gegner, trägt die Versicherung die Kosten nur nach dem Verhältnis der getroffenen Vereinbarungen. Beispiel: Versicherter und Gegner einigen sich darauf, dass der Versicherte nur 60 Prozent des geltend gemachten Kaufpreises zahlen muss. Die Versicherung übernimmt maximal 60 Prozent der entstehenden Kosten.
Beauftragt der Versicherte einen Anwalt, der nicht am Ort des zuständigen Gerichts ansässig ist, erstattet die Versicherung grundsätzlich keine Reisekosten;
- Vorschüsse auf Anwalts- und Gerichtskosten;
- die Kosten für den Steuerberater im Falle des Steuerrechtsschutzes;
- die Kosten eines notwendigen Korrespondenzanwalts. So heißt der Anwalt, der den Fall vor Gericht verhandelt, wenn der Versicherungsnehmer mehr als 100 Kilometer vom zuständigen Gericht entfernt wohnt und der eigene Anwalt den Termin nicht wahrnimmt;
- die Kosten des Gegners, soweit der Versicherungsnehmer sie tragen muss, also etwa wenn er den Rechtsstreit verliert;
- die Kosten des Gerichts und der Verwaltungsbehörden einschließlich der Kosten für Zeugen, Sachverständige oder Gerichtsvollzieher;
- Kosten für ein Schlichtungs- oder Schiedsgerichtsverfahren bis zum 1,5-fachen Betrag eines normalen Verfahrens. Ausnahme: Altverträge nach ARB 75. Wichtig:

242   VIII. Die Finanzierung eines Rechtsstreits

Auch die Kosten anwaltlicher Mediationen sind erstattungsfähig (zur Mediation siehe das vierte Kapitel dieses Buches);
- Kosten eines öffentlich bestellten Sachverständigen, wenn dessen Gutachten erforderlich ist;
- Reisekosten des Versicherungsnehmers, wenn dessen Erscheinen vor einem ausländischen Gericht angeordnet wurde;
- zinslose Darlehen für Kautionen bei Strafverfolgungsangelegenheiten.

Wichtig: Die eigenen Anwaltskosten werden nicht nur dann erstattet, wenn es zum Gerichtsprozess kommt, sondern auch, wenn der Anwalt nur beratend tätig wird, also etwa eine Auskunft erteilt oder ein Mahnschreiben aufsetzt. Einzige Voraussetzung: Es muss zuvor der Versicherungsfall eingetreten sein. Beispiel: Der Gegner streitet die Forderungen des Versicherten ab.

Die Versicherung ist im Übrigen auch für die Kosten eintrittspflichtig, die dem Kunden zwischen der Meldung des Streitfalls und dem Eingang der Deckungszusage entstehen. Schließlich hat es der Versicherte nicht in der Hand, wie viel Zeit seine Versicherung für die Erteilung der Deckungszusage benötigt. Will der Versicherte sich also etwa zwischenzeitlich von einem Anwalt beraten lassen, braucht er hierfür nicht auf die Deckungszusage seiner Versicherung zu warten. Die Kosten für den Anwalt muss die Versicherung im Rahmen einer später erteilten Deckung übernehmen.

Wichtig: Die Versicherung ist im Normalfall sogar dann zur Kostentragung verpflichtet, wenn der Versicherte die Deckung verspätet beantragt hat. Beispiel: Der Kunde lässt sich vom Anwalt beraten, bevor die Versicherung über den Streitfall unterrichtet wurde. Oder: Der Kunde reicht eine Klage ein, obwohl die Versicherung zunächst nur die Deckung für eine außergerichtliche Beratung erteilt hat.

Wie hoch die Kosten sind, die bei einem Rechtsstreit entstehen können, finden Sie im Abschnitt „Kosten des Prozesses" im sechsten Kapitel und im Abschnitt „Was ein Anwalt kostet" im dritten Kapitel dieses Buches).

i) Problem: Sperrfristen

Viele Deckungsanfragen scheitern daran, dass der Versicherte zum jeweiligen Zeitpunkt noch nicht die vereinbarte Wartezeit erfüllt hat. In den meisten Versicherungsverträgen ist nämlich vereinbart, dass der Rechtsschutz erst nach Ablauf einer bestimmten Sperrfrist beginnt. Der Kunde muss also bereits eine längere Zeit, meist drei, vier oder sechs Monate, versichert sein, bevor die Versicherung für einen Streit einspringt.

Wichtig: Von den Sperrfristen gibt es im Einzelfall Ausnahmen. So tritt etwa die Verkehrsrechtsschutzversicherung sofort ein, wenn es um Kauf oder Leasing eines Autos geht. Direkter Schutz besteht auch bei unvorhersehbaren Streitigkeiten, wie zum Beispiel unvermittelten Schadensersatzfällen oder Strafsachen, sowie bei einem Wechsel der Versicherung.

j) Problem: Streitigkeiten aus der Vergangenheit

Ein weiterer Haken beim Deckungsschutz: Nicht versichert sind Streitigkeiten, die bereits vor Abschluss des Versicherungsvertrages begonnen haben. Aber selbst wenn der Rechtsstreit erst nach Abschluss des Vertrages ausbricht, kann für den Kunden eine Versicherungslücke entstehen. Liegt nämlich die Ursache für den Streit vor dem Vertragsabschluss, springt die Versicherung nicht ein. Wer also etwa denkt, er könne mit seiner Rechtsschutz im Rücken gegen eine Kündigung vorgehen, die ihm vor Abschluss des Versicherungsvertrages ausgesprochen wurde, hat Pech gehabt.

Andererseits: Die Versicherung muss unter Umständen sogar noch nach Beendigung des Vertrages bezahlen, nämlich dann, wenn der Versicherungsfall noch während der Vertragsdauer eingetreten ist.

WISO rät: Schließen Sie eine Rechtsschutzversicherung nie mit dem Ziel ab, einen bereits begonnenen oder angelegten Rechtsstreit zu finanzieren. Achten Sie in einem solchen Fall zumindest besonders gut auf die Bestimmungen zur Wartezeit.

Wechseln Sie Ihren Versicherer nur, wenn Sie die jeweiligen Vertragsbedingungen zuvor sorgfältig verglichen haben. Sorgen Sie bei dem Wechsel für einen lückenlosen Versicherungsschutz. Die Versicherungszeiten zwischen Vor- und Anschlussversicherer sollten in jedem Fall nahtlos aneinander anschließen.

k) Ausstieg aus dem Versicherungsvertrag

Wer an seinem Versicherungsvertrag nicht länger festhalten möchte, kann ihn jederzeit ohne Angabe von Gründen kündigen. Für den Ausstieg muss der versicherte allerdings eine Frist von drei Monaten zum Ende der Vertragslaufzeit einhalten. Beispiel: Der Vertrag wurde am 01. Januar 2002 für ein Jahr geschlossen und verlängert sich jeweils automatisch um ein weiteres Jahr, wenn er nicht zuvor gekündigt wird. Spätestens bis zum 30. September eines Jahres muss der Kunde gekündigt haben, wenn er zum 31. Dezember des gleichen Jahres aus dem Vertrag aussteigen will. Kündigt er am 01. Oktober, läuft der Vertrag erst zum 31. Dezember des Folgejahres aus.

Besondere Regeln für die Kündigung gelten, wenn

- die Versicherung im Schadensfall die Leistung verweigert. Der Grund für die Ablehnung spielt keine Rolle. Der Versicherte kann hier innerhalb eines Monats nach Empfang des Ablehnungsschreibens kündigen. Wichtig: Ob die Kündigung sofort oder erst zum Ende des laufenden Versicherungsjahres wirken soll, bestimmt der Kunde selbst. Bei neueren Verträgen kann er sich auch für einen dazwischen liegenden Zeitpunkt entscheiden;
- die Versicherung mindestens zweimal innerhalb von zwölf Monaten einen Schadensfall gedeckt hat. Die Kündigung muss dann binnen eines Monats nach der letzten Deckung erfolgen. Den Kündigungszeitpunkt bestimmt auch hier der Kunde selbst. Wichtig: Bei manchen Verträgen gilt das Kündigungsrecht schon nach einem Schadensfall;

244   VIII. Die Finanzierung eines Rechtsstreits

- die Versicherung die Beiträge erhöht hat. Dann ist der Kunde berechtigt, den Vertrag innerhalb folgender Fristen zu kündigen:
- Verträge, die vor 1991 geschlossen wurden:
  Kündigungsfrist ein Monat, wenn die Erhöhung 15 Prozent gegenüber dem Vorjahr oder 30 Prozent in drei Jahren betrug.
- Verträge, die zwischen 1991 und dem 28. Juli 1994 geschlossen wurden:
  Kündigungsfrist ein Monat, wenn die Erhöhung mehr als fünf Prozent gegenüber dem Vorjahr ausmacht oder mehr als 25 Prozent, verglichen mit dem Beginn des Vertrages.
- Verträge, die nach dem 28. Juli 1994 geschlossen wurden:
  Kündigungsfrist ein Monat bei jeder Erhöhung;
- der Versicherungsnehmer verstirbt. Der mitversicherte Ehegatte kann hier mit sofortiger Wirkung kündigen. Tut er das nicht, läuft der Versicherungsschutz für ihn und die Kinder zunächst bis zur nächsten Beitragsfälligkeit weiter. Zahlt er dann die nächste Prämie, wird er automatisch Kunde des Versicherers;
- ein versicherter Gegenstand wegfällt, also etwa die versicherte Wohnung verkauft wurde. Der Versicherungsschutz endet hier automatisch.

WISO rät: Kündigen Sie nur schriftlich und übermitteln Sie die Kündigung per Bote oder zumindest per Einschreiben/Rückschein (siehe dazu auch das zweite Kapitel dieses Buches).

Achtung: Nicht nur der Kunde, auch die Versicherung kann vorzeitig aus dem Versicherungsvertrag aussteigen. Besonders wichtig sind hier das zusätzliche Kündigungsrecht der Versicherung bei rückständigen Beitragszahlungen sowie die Kündigung nach einer oder mehreren erteilten Deckungszusagen. Treten solche Fälle ein, hat die Versicherung unter Umständen ein Problem, bei einer anderen Versicherung unterzukommen. Der Grund: Die Versicherungsdaten können an andere Versicherer oder den Gesamtverband der Versicherungswirtschaft weitergegeben werden.

3. Finanzierung von Prozesskosten über spezielle Unternehmen

a) Prinzip: Geld gegen Erfolg

Wem das finanzielle Risiko eines Prozesses zu groß ist, der kann auch einen so genannten Prozessfinanzierer einschalten. Das sind Unternehmen, die sich darauf spezialisiert haben, anderen Leuten Gerichtsprozesse zu finanzieren. Das Prinzip ist einfach: Die Firma übernimmt für einen Kläger sämtliche Kosten eines Prozesses. Im Gegenzug wird sie zu einem gewissen Prozentsatz, meist zwischen 20 und 50 Prozent, an dem Gewinn des Prozesses beteiligt. Der Vorteil für den Kläger: Er kann den Prozess gegen seinen Gegner führen, ohne sich von zu hohen Kosten abschrecken lassen zu müssen. Selbst wenn der Prozess durch mehrere Instanzen geht, ist er finanziell abgesichert.

Die Möglichkeit der Prozesskostenfinanzierung gibt es allerdings nur für Klagen, bei denen um Geld gestritten wird. Der Grund: Mitverdienen kann der Finanzierer an einem Prozess nur dann, wenn der Gegner im Erfolgsfall dazu verurteilt wird, an den Kläger einen gewissen Geldbetrag zu zahlen. Nicht finanzierbar sind damit etwa Scheidungsprozesse, Kündigungsklagen oder Räumungsverfahren.

Wegen des Prinzips der Gewinnbeteiligung kommt eine Prozessfinanzierung weiter nur für den Kläger, nicht aber für den Beklagten eines Rechtsstreits in Betracht. Wer verklagt wird, erzielt nämlich mit einem Prozess in der Regel keinen finanziellen Erlös, an dem der Finanzierer teilhaben kann – selbst wenn er gegen den Kläger in vollem Umfang gewinnt.

Für eine Prozesskostenfinanzierung sprechen auch noch andere Gründe:
- Der Kläger kommt nicht in die Verlegenheit, mit seinem Anwalt ein Erfolgshonorar zu vereinbaren. Erfolgshonorare sind in Deutschland nämlich verboten.
- Der Kläger ist nicht darauf angewiesen, sein eigenes Kapital für die Prozessführung einzusetzen beziehungsweise zu binden.
- Der Kläger ist für den Prozess nicht auf eine finanzielle Unterstützung durch seine Bank angewiesen. Die meisten Banken finanzieren ohnehin keine streitigen Forderungen.
- Der Kläger hat eine Finanzierungsalternative, wenn er vom Staat keine Prozesskostenhilfe bekommt, etwa weil er zu viel verdient.
- Kläger und Gegner müssen sich bei Prozessen mit einem Streitwert von mehr als 5.000,00 Euro jeweils von einem Anwalt vertreten lassen. Das Kostenrisiko steigt damit bei hohen Streitwerten zusätzlich an.
- Der Kläger hat keine Probleme, für einen finanzierten Prozess einen guten Anwalt zu finden.
- Der Kläger kann seine Forderung wegen des fehlenden Kostenrisikos gleich in voller Höhe einklagen. Das erhöht die Chancen für einen günstigen Vergleich.
- Der Kläger braucht bei der Prozessführung nicht aufs Geld zu schauen, etwa bei der Einholung von Sachverständigengutachten oder der Anzahl der benannten Zeugen.
- Gewinnt der Kläger den Prozess, sorgt der Finanzierer durch eine Bürgschaft dafür, dass er das Urteil ohne weitere Umstände gegen seinen Gegner vollstrecken kann.

Interessant sind Prozesskostenfinanzierer vor allem für Leute, die nicht rechtsschutzversichert sind oder für deren Fall die Rechtsschutzversicherung nicht einspringt, etwa weil die Wartezeit noch nicht abgelaufen ist, die Deckungshöhe überschritten wird oder der Versicherungsvertrag das eingetretene Risiko nicht abdeckt, wie zum Beispiel bei Baustreitigkeiten, Insolvenzfällen oder Erbschaftsauseinandersetzungen.

Gegenüber der Gewährung von Prozesskostenhilfe (siehe dazu den Abschnitt „Prozesskostenhilfe" am Anfang dieses Kapitels) hat die Prozesskostenfinanzierung den Vorzug, dass der Finanzierer im Falle einer Niederlage auch die Anwaltskosten der Gegenseite übernimmt. Außerdem braucht der Kläger bei der Finanzierung nicht zu befürchten, noch im Nachhinein an den Kosten des Rechtsstreits beteiligt zu werden. Im Gegensatz zur Prozesskostenhilfe kommt es nämlich nicht darauf an, wie sich die finanziellen Verhältnisse des Klägers nach dem Ende des Prozesses entwickeln. Nicht zu vergessen ist schließlich, dass die Prozesskostenhilfe in vielen Fällen von vornherein nur als Darlehen gewährt wird, sodass das Geld wieder zurückbezahlt werden muss. Eine Kostenübernahme im eigentlichen Sinne findet dann gar nicht statt.

b) Entscheidend: Erfolgsaussichten und Streitwert

Prozesskostenfinanzierer leben vom Prozesserfolg ihrer Kunden. Wichtigstes Kriterium für die Übernahme einer Finanzierung sind deshalb die Erfolgsaussichten der Klage. Nur wer seinen Prozess aller Voraussicht nach gewinnen wird, hat eine reelle Chance, mit einem Finanzierer ins Geschäft zu kommen. Beinahe ebenso bedeutsam: der finanzielle Wert der Streitigkeit. Unter einem Streitwert von 20.000,00 Euro steigen die meisten Prozessfinanzierer erst gar nicht ein. Zum Teil liegt die Grenze aber auch bei 50.000,00 Euro und mehr. Einige Anbieter beschränken ihr Angebot darüber hinaus auf bestimmte Rechtsgebiete oder schließen bestimmte Rechtsgebiete von vornherein von einer Finanzierung aus.

Beispiele für Spezialisierungen und Mindeststreitwerte:

Name des Unternehmens	Streitwert in Euro
Acivo AG, Leipzig	10.000,00
Exactor Forderungsmanagement AG, Erfurt	10.000,00
Gloria GmbH, Berlin	15.000,00
Rima AG, Hamburg	25.000,00
D.A.S. Prozessfinanzierungs AG, München	50.000,00
Proxx AG, Essen (vorwiegend Fälle aus dem Bau- und Insolvenzrecht)	50.000,00
Roland AG, Köln	50.000,00
Solvantis AG, München	50.000,00
Allianz ProzessFinanz GmbH, München	100.000,00
Foris AG, Berlin	200.000,00
Jurecon AG, Düsseldorf	250.000,00

Wegen der hohen Anforderungen an die Erfolgsaussichten und den Streitwert scheidet eine Prozesskostenfinanzierung in den meisten Fällen von vornherein aus. Aber selbst wer denkt, seine Klage sei für eine Finanzierung geeignet, muss sich am Ende oft eines Besseren belehren lassen: Gerade einmal zwischen zehn und 20 Prozent aller Finanzierungsanfragen führen zu einem Vertragsabschluss. Die Gründe für eine Ablehnung müssen nicht immer beim Kläger liegen. Ist etwa beim Beklagten nichts zu holen, können die Erfolgsaussichten noch so gut sein: Der Finanzierer wird abwinken.

WISO rät: Sparen Sie sich den Aufwand für eine Finanzierungsanfrage, wenn Ihr Fall keine überdurchschnittliche Aussicht auf Erfolg hat. Aber: Geben Sie nicht gleich auf, nur weil Ihr Fall knapp unter den aufgeführten Streitwertgrenzen liegt. Je nach Erfolgsaussicht steigen die Unternehmen nämlich trotzdem in eine Finanzierung ein. Erkundigen Sie sich hier nach Verhandlungsspielräumen.

Vor allem neue und kleinere Anbieter steigen oft schon bei wesentlich niedrigeren Streitwerten ein.

Beispiel:
Eventus GmbH, Berlin   kein Mindeststreitwert
GEPRO GmbH, Torgau   Euro 4.000,00

c) Wie die Finanzierung abläuft

Wer vorhat, gegen seinen Gegner einen Prozess zu führen und sich dabei finanziell unter die Arme greifen zu lassen, sollte sich zunächst gut überlegen, ob er den Prozess nicht doch mit eigenen Mitteln bestreiten kann. Hierzu lässt er sich am besten von einem Anwalt beraten. Der hilft, den Fall richtig einzuordnen und die Risiken gegeneinander abzuwägen. Entschließt sich der Interessent zu einer Prozessfinanzierung, übernimmt der Anwalt außerdem den Schriftverkehr mit den Prozessfinanzierern.

Natürlich kann der Interessent die ganze Sache auch selbst in die Hand nehmen. Dann trifft er die Entscheidung, einen Prozessfinanzierer einzuschalten, in eigener Regie. Anschließend setzt er sich schriftlich oder telefonisch mit einem Finanzierungsunternehmen in Verbindung und lässt sich die Unterlagen für die Prozessfinanzierung zusenden. Hat er alle Papiere ausgefüllt, sendet er sie zusammen mit den erforderlichen Anlagen zurück an den Finanzierer, der die Erfolgsaussichten des Falles und die Übernahme der Finanzierung prüft. Dazu benötigt das Unternehmen in der Regel nur wenige Tage. Fällt die Entscheidung positiv aus, schließen beide Seiten den Finanzierungsvertrag. Der Kläger sucht sich dann einen Anwalt seiner Wahl, der für ihn den Prozess führt. Der Finanzierer selbst wird dagegen vor Gericht nicht tätig. Er verfolgt lediglich den Verlauf des Verfahrens. Je nach Lage des Prozesses kann er allerdings vom Kläger verlangen, einem angemessenen Vergleichsvorschlag zuzustimmen. Will der Kläger sich hierauf nicht einlassen, muss er den Prozess auf eigenes Risiko weiterführen und dem Prozessfinanzierer auf der Grundlage des Vergleichsvorschlags den vereinbarten Erfolgsanteil auszahlen. Beispiel: Der Finanzierungsvertrag sieht eine Erfolgsbeteiligung von 20 Prozent vor. Die Parteien streiten um 80.000,00 Euro. Schlägt das Gericht nun eine Einigung auf der Basis von 60.000,00 Euro vor, bekommt der Finanzierer vom Kläger mindestens 20 Prozent (= 12.000,00 Euro) dieses Betrages ausbezahlt, auch wenn er den Prozess fortsetzt und am Ende verliert.

Wichtig: Prozessfinanzierer sind allein für die Finanzierung eines Prozesses zuständig. Rechtsberatung und Gerichtsvertretung bleiben den Anwälten vorbehalten.

Welcher Anwalt den Prozess führen soll, entscheidet allein der Kläger. An Vorschläge oder Anregungen seines Finanzierers ist er nicht gebunden. Doch Vorsicht: Der Finanzierer zahlt in der Regel nicht die Mehrkosten für einen Anwaltswechsel, wenn der Kläger mit seinem Anwalt im Nachhinein unzufrieden ist. Bei der Anwaltssuche sollte der Kläger deshalb sehr sorgfältig vorgehen (siehe dazu auch das dritte Kapitel dieses Buches).

VIII. Die Finanzierung eines Rechtsstreits

Gewinnt der Kläger den Prozess, muss der Gegner die gesamten Kosten des Rechtsstreits tragen. Der Finanzierer wiederum erhält vom Kläger den vereinbarten Teil des Erlöses. Zu diesem Zweck fließt der gesamte Gewinn zunächst an den Finanzierer, der dem Mandanten dann den ihm zustehenden Anteil am Erlös ausbezahlt. Bei Bedarf stellt der Finanzierer dem Kläger zusätzlich eine Bürgschaft, damit dieser die Zahlungsansprüche gegenüber dem Gegner möglichst schnell durchsetzen kann.

Verliert der Kläger den Prozess, übernimmt der Finanzierer sämtliche anfallenden Verfahrenskosten, also etwa die Gebühren für das Gericht und die beteiligten Anwälte.

Wichtig: Der Finanzierer zahlt dem Kläger nur die Verfahrenskosten, nicht aber die eigentliche Forderung. Geht der Prozess verloren, kann sich der Kläger also wegen des vergeblich eingeklagten Geldes nicht an den Finanzierer halten. Wer also beispielsweise mit seinem Mieter um Mietforderungen streitet und den Prozess verliert, bekommt von dem Finanzierer nur den Prozess bezahlt, nicht aber die Miete.

WISO rät: Wenden Sie sich zur Einschaltung eines Prozesskostenfinanzierers am besten gleich an einen Anwalt. Das kostet Sie im Fall einer Ablehnung der Finanzierung zwar Geld. Andererseits ermöglicht Ihnen in der Regel erst die Hilfe eines Anwalts, einen Erfolg versprechenden Finanzierungsantrag zu stellen.

Schauen Sie vor einer Finanzierungsanfrage genau hin, was Sie die Prüfung des Falles durch den Finanzierer kostet. Manche Anbieter versuchen bereits hier, kräftig abzukassieren. In der Regel erfolgt die Prüfung aber kostenlos.

d) Wenn der Finanzierer vorzeitig aussteigt

Nicht bei jedem Prozess muss der Prozesskostenfinanzierer bis zum Ende dabeibleiben. Ergeben sich im Verlaufe eines Prozesses neue Tatsachen, die den Erfolg der Klage in Frage stellen, hat er die Möglichkeit, aus der weiteren Finanzierung aussteigen. Für den Kläger ist das kein Risiko: Er kann den Prozess beenden und sich die bis dahin entstandenen Kosten vom Finanzierer erstatten lassen. Anders sieht es natürlich aus, wenn er den Prozess weiterführt. Dann muss er im Fall einer Niederlage die angefallenen Mehrkosten selbst bezahlen. Sollte der Kläger den Prozess aber entgegen der Prognose seines Finanzierers gewinnen, kann er den gesamten Erlös für sich behalten. Der Finanzierer geht leer aus. Doch Vorsicht: Wegen der gesunkenen Erfolgsaussichten ist es meist besser, den Prozess nicht fortzusetzen.

e) Die Auswahl des Finanziers – verhandeln und vergleichen

Noch vor wenigen Jahren musste sich der Kläger über die Auswahl des Finanzierers keine Gedanken machen: Es gab schlicht keinen. Erst gegen Ende der Neunzigerjahre kam das Modell der Prozesskostenfinanzierung in Deutschland auf den Markt. Erfinder und alleiniger Anbieter war damals die Foris AG, die auch heute noch zu den Marktführern zählt. Mittlerweile gibt es allerdings eine Vielzahl weiterer Anbieter, die dem Kläger die Entscheidung schwer machen, Tendenz steigend. Die Angebote sind oft sehr ähnlich, Unterschiede finden sich vor allem bei den Einstiegsstreitwerten und der Höhe der Erlösbeteiligung.

WISO rät: Erhöhen Sie Ihre Chance, einen Finanzierer für Ihren Prozess zu finden, indem Sie Ihre Anfrage an verschiedene Finanzierungsunternehmen richten.

Vergleichen Sie die Angebote mehrerer Anbieter miteinander. Achten Sie dabei vor allem auf die Höhe der Gewinnbeteiligung. Versuchen Sie zu verhandeln, um so die besten Konditionen für sich herauszuholen. Ihre Verhandlungsposition ist umso besser, je größer der Streitwert und die Erfolgsaussichten Ihres Falles sind.

Lesen Sie sich vor Ihrer Unterschrift das Vertragsformular und die Finanzierungsbedingungen des Vertrages sorgfältig durch. Fragen Sie nach, wenn Ihnen etwas unklar ist. Unterschreiben Sie den Vertrag erst, wenn Sie alle Bestimmungen verstanden haben.

Wenn Sie einen Anwalt mit den Finanzierungsanfragen beauftragen, sollten Sie zusätzlich Folgendes beachten: Weisen Sie den Anwalt an, Angebote verschiedener Finanzierungsunternehmen einzuholen. Treffen Sie hierzu eine eigene Auswahl. Berücksichtigen Sie aber auch die Anregungen und Empfehlungen Ihres Anwalts. Erörtern Sie mit dem Anwalt die einzelnen Angebote, bevor Sie sich entscheiden. Fragen Sie nach, wenn Ihnen Ihr Anwalt einen bestimmten Finanzierer aufschwatzen will. Viele Finanzierer bieten Anwälten Sondergebühren für ein finanziertes Mandat.

f) Vorsicht: Geldgeber ohne Geld

Der beste Finanzierungsvertrag nützt nichts, wenn das finanzierende Unternehmen während des Prozesses Pleite geht. Zwar ist ein solcher Fall bei den großen Finanzierern bislang noch nicht eingetreten. Dennoch heißt es hier für den Verbraucher aufgepasst. Immerhin sind viele der Anbieter erst seit kurzer Zeit auf dem Markt, und um die Finanzkraft einiger Unternehmen ist es auch nicht gerade zum Besten bestellt. Vor Abschluss des Finanzierungsvertrages sollte der Kläger deshalb auf jeden Fall folgende Punkte überprüfen:

- Seit wann gibt es die Firma?
- Wie viele Fälle wurden mit welchem Erfolg bearbeitet?
- Wie steht es um die Finanzkraft des Unternehmens?
- Gibt es einen finanzstarken Mutterkonzern, dem das Unternehmen angehört, wie etwa bei Töchterfirmen größerer Rechtsschutzversicherungen?
- Beschränkt sich die Geschäftstätigkeit auf die Prozesskostenfinanzierung oder gibt es noch andere Geschäftsbereiche, wie etwa bei der Foris AG?

Die notwendigen Informationen lassen sich zum Beispiel im Internet oder direkt bei den einzelnen Unternehmen beschaffen.

Wer allerdings auf Nummer sicher gehen will, kommt um zusätzliche Vorsorge im Vertrag nicht herum. Denkbar sind hier etwa folgende Regelungen:
- Einzahlung der voraussichtlichen Prozesskosten durch den Finanzierer auf ein Treuhandkonto, etwa bei einem Rechtsanwalt,
- sofortige Erstattung angefallener Rechtsanwaltskosten,
- Vorlage einer Bankbürgschaft in Höhe der voraussichtlichen Prozesskosten.

Anschriften von Prozessfinanzierern finden Sie zum Beispiel im Internet unter www.jusline.de.

Eine Liste der oben aufgeführten Anbieter (Stand: Februar 2002) erhalten Sie auch über die Stiftung Warentest, per Faxabruf unter der Nummer 0180/51 00 10 86 74 (sieben Seiten, 0,62 Euro/Min.) oder als Download unter der Rubrik „download". Zusätzlicher Service: Die Übersicht enthält neben der Anschrift der einzelnen Unternehmen auch eine nähere Beschreibung der Tätigkeitsbereiche und der Beteiligungsmodalitäten. Aber Vorsicht: Die Daten beruhen ausschließlich auf eigenen Angaben der Unternehmen. Abgeraten wird seitens der Tester von den Unternehmen First Pacific, Juragent AG und Juri KG.

4. Vorschuss für die Prozesskosten aus der Familie

Hilfe aus der Familie

Wer einen Prozess nicht mit eigenen Mitteln führen kann, für den gibt es noch eine weitere Form der Unterstützung, den so genannten Prozesskostenvorschuss. Er steht allerdings nur Ehepartnern, Partnern gleichgeschlechtlicher Ehen und minderjährigen Kindern zu. Sie können unter bestimmten Umständen verlangen, dass ihre Eltern beziehungsweise der andere Partner für die Kosten des Prozesses in Vorlage treten. Je nach Einzelfall sind sie sogar nicht einmal verpflichtet, das Geld am Ende des Prozesses wieder zurückzuzahlen. Doch Vorsicht: Was auf den ersten Blick gut klingt, entpuppt sich bei näherem Hinsehen schnell als Flop. Denn durch den Anspruch auf einen Prozesskostenvorschuss werden andere Fördermöglichkeiten, wie etwa die staatliche Prozesskostenhilfe, oft ausgeschlossen. Ist der Betroffene in der Lage, sein Geld vom Partner beziehungsweise von den Eltern zu bekommen, dann muss er es sich auch dort holen. Der Staat springt hier nicht ein. Im Ergebnis werden die Möglichkeiten einer Prozessfinanzierung also durch den Prozesskostenvorschuss nicht erweitert, sondern begrenzt. Umso wichtiger ist es für die Betroffenen zu wissen, wie sie im Streitfall vorgehen müssen und worauf sie beim Vorschuss zu achten haben.

a) Vorschuss für den Ehegatten

Ob Doppelverdienerehe, Alleinverdienerehe oder Zuverdienerehe – jeder Ehepartner muss seinen Beitrag zum ehelichen Zusammenleben leisten. Mit Ausnahme von Wirtschafts- und Taschengeld sind damit in der Regel keine unmittelbaren Geldzahlungen verbunden. Die Ehepartner sind lediglich dazu verpflichtet, entsprechend ihren Möglichkeiten für den Lebensbedarf der Familie zu sorgen. In der so genannten Alleinverdiener- oder Haushaltsführungsehe führt das dazu, dass der eine Ehegatte für die Beschaffung der Geldmittel zuständig ist, während der andere Ehegatte den Haushalt führt und die Kinder versorgt. Ähnlich ist die Aufteilung auch bei der so genannten Zuverdienerehe. Das Problem: Will der nicht oder weniger verdienende Ehegatte einen

Prozess führen, fehlt ihm hierzu oft das nötige Geld. Ausnahmsweise kann er deshalb von seinem Partner einen finanziellen Vorschuss verlangen. Läuft die Ehe gut, ist das meist kein großes Thema. Die Ehegatten sprechen sich ab und die Dinge nehmen ihren Lauf. Schwieriger wird es schon, wenn es in der Ehe kriselt oder die Partner bereits getrennt leben. Dann lässt die Zahlungsbereitschaft des besser verdienenden Partners oft schnell nach. Endgültig aus ist es schließlich, wenn der bedürftige Partner das Geld haben will, um bei Gericht die Scheidung einzureichen. Doch auch in diesem Fall ist der Besserverdienende verpflichtet, seinen Partner finanziell zu unterstützen – vorausgesetzt natürlich, dem steht der Vorschuss tatsächlich zu.

Wann der Partner zahlen muss

Um in den Genuss eines Prozesskostenvorschusses zu kommen, müssen folgende fünf Voraussetzungen vorliegen:

- Die Partner müssen verheiratet sein.
  Keinen Vorschuss gibt es deshalb etwa bei Streit um nacheheliche Unterhalt oder bei Streitigkeiten zwischen nichtehelichen Lebenspartnern.
  Hierunter fallen zum Beispiel Familienstreitigkeiten wie Scheidung, Trennungsunterhalt oder Prozesse eines Wiederverheirateten gegen einen Ex-Partner. Ausgeschlossen sind beispielsweise allgemeine Klagen wie Mietprozesse.
- Es muss sich um einen Rechtsstreit in einer persönlichen Angelegenheit handeln.
- Der beabsichtigte Prozess muss Erfolgsaussichten haben
- Der Partner muss nicht zahlen bei mutwilligen oder offensichtlich aussichtslosen Klagen.
- Man muss selbst bedürftig sein.
  Bedürftigkeit liegt vor, wenn die vorhandenen Eigenmittel nicht ausreichen, um den Prozess zu führen. Soweit zumutbar, muss der Bedürftige aber zunächst sein eigenes Vermögen angreifen, um den Prozess zu finanzieren. Nicht zurückgegriffen werden muss etwa auf ein Grundstück.
- Der Partner muss leistungsfähig sein.
  Natürlich muss auch dem Partner Geld zum Leben bleiben. Er muss deshalb nur dann einen Vorschuss zahlen, wenn ihm abzüglich bestehender Verbindlichkeiten, wie etwa Miete, Auto usw., selbst noch genügend Geld zur Verfügung steht. Ausgeschlossen ist der Vorschuss also etwa dann, wenn der Partner nach seinen finanziellen Verhältnissen selbst Prozesskostenhilfe beantragen könnte. Das gilt zumindest bis zu einem anrechenbaren Prozesshilfeeinkommen von 750,00 Euro (siehe dazu auch den Abschnitt „Prozesskostenhilfe" in diesem Kapitel).

Achtung: Wer sich seiner Vorschussverpflichtung mit dem Hinweis entziehen will, er habe kein Geld, sollte bedenken, dass der Partner die eigenen Vermögensverhältnisse unter Umständen gut kennt. Vielleicht hat er sich die wichtigsten Unterlagen sogar bereits kopiert oder angeeignet. Bei einem Streit um den Vorschuss hat der Inanspruchgenommene also vor Gericht schlechte Karten.

VIII. Die Finanzierung eines Rechtsstreits

WISO rät: Werden Sie im Rahmen eines Scheidungsverfahren aufgefordert, einen Prozesskostenvorschuss zu zahlen, sollten Sie zunächst überprüfen, ob Ihr Partner von Ihnen nach der Scheidung einen Zugewinnausgleich verlangen kann. In diesem Fall empfiehlt es sich nämlich, anstelle des Vorschusses einen Abschlag auf den zu erwartenden Zugewinnausgleich zu leisten. So versetzen Sie Ihren Partner in die Lage, sich den Scheidungsprozess selbst zu finanzieren, und ersparen sich die Zahlung des Vorschusses. Beispiel für einen Zugewinnausgleich: Der eine Partner hat während der Ehe ein Vermögen von 10.000,00 Euro angehäuft, der andere blieb vermögenslos. Von den 10.000,00 Euro müssen im Rahmen der Scheidung die Hälfte, also 5.000,00 Euro, abgegeben werden.

Wie man zu seinem Vorschuss kommt

Um einen Prozesskostenvorschuss zu fordern, muss der Betroffene zunächst einmal ausrechnen, was ihn der beabsichtigte Rechtsstreit voraussichtlich kosten wird. Verlangt werden können in der Regel die Gebühren für das Gericht und den Anwalt, nicht dagegen die Kosten einer Rechtsberatung außerhalb des gerichtlichen Verfahrens. Die Anzahl der Gebühren richtet sich nach dem jeweiligen Prozess. Für ihre Höhe kommt es wiederum auf den Streitwert an, der unter Umständen im Wege der Schätzung zu ermitteln ist.

Fazit: Die Berechnung des Prozesskostenvorschusses ist längst nicht so einfach, wie man vielleicht glauben könnte. Der Betroffene jedenfalls wird damit regelmäßig überfordert sein. Am besten ist es deshalb, sich für die Berechnung des Vorschusses gleich an einen Anwalt zu wenden. Der übernimmt es dann je nach Auftrag auch, den Vorschuss mit dem nötigen Nachdruck bei dem Partner einzufordern. Der Vorschussberechtigte braucht sich in diesem Fall um nichts mehr zu kümmern. Wenn er Glück hat, verzichtet der Anwalt für seine vorbereitenden Tätigkeiten sogar auf eine Gebühr, falls der Partner den Vorschuss nicht zahlt und der Betroffene daraufhin von dem Prozess Abstand nimmt.

Denken Sie daran: Um zu prüfen, ob Ihnen überhaupt ein Vorschuss zusteht und wie hoch er ist, benötigt Ihr Anwalt zahlreiche Unterlagen und Belege. Nehmen Sie also alles mit, was über die Vermögensverhältnisse von Ihnen und Ihrem Partner Aufschluss geben kann. Machen Sie notfalls Kopien oder lassen Sie sich Bescheinigungen ausstellen.

Wer es vorzieht, auf eigene Faust vorzugehen, sollte zumindest daran denken, seinen Vorschussanspruch vernünftig zu begründen und das Schreiben per Einschreiben/Rückschein, Bote oder gegen Empfangsbestätigung an seinen Partner zu übermitteln.

Verweigert der Partner die Zahlung des Vorschusses, kann der Bedürftige seinen Anspruch mit Hilfe des Familiengerichts durchsetzen. Unter Umständen geht das sogar kurzfristig im Wege eines Schnellverfahrens. Ohne einen Anwalt läuft hier für den Betroffenen aber gar nichts.

Rückzahlung ja oder nein?

Um es gleich vorweg zu sagen: Seinen Vorschuss kann der Partner im Normalfall nicht zurückverlangen. Selbst wenn sich die wirtschaftlichen Verhältnisse später wieder verbessern, braucht der Bedürftige in der Regel nicht mit einer Rückforderung zu rechnen. Ausnahmen gibt es allerdings bei beachtlichen Vermögensgewinnen oder wenn der Partner gezahlt hat, ohne hierzu verpflichtet gewesen zu sein. Dann kann der Berechtigte den Vorschuss notfalls auch gerichtlich zurückfordern.

b) Vorschuss für die Kinder

Was zwischen den Ehepartnern untereinander gilt, gilt natürlich erst recht im Verhältnis der Eltern zu ihren Kindern. Kinder sind daher unter bestimmten Umständen berechtigt, von ihren Eltern einen Prozesskostenvorschuss zu verlangen. Die Gerichte gehen neuerdings sogar noch weiter: Können die Eltern das Geld für den Vorschuss nicht aufbringen, müssen – zumindest bei Minderjährigen – auch die Großeltern oder Urgroßeltern hierfür einspringen.

Achtung: Die Vorschussverpflichtung der Eltern besteht generell gegenüber Minderjährigen. Sie kann aber je nach Einzelfall auch einmal gegenüber volljährigen Kindern eintreten, etwa wenn der Volljährige wirtschaftlich noch nicht auf eigenen Füßen steht.

Neben den Erfolgsaussichten der Klage, der eigenen Bedürftigkeit des Kindes und der Leistungsfähigkeit der Eltern setzt der Prozesskostenvorschuss des Kindes voraus, dass es sich bei dem Streit um eine persönlich lebenswichtige Angelegenheit, wie etwa ein Unterhaltsverfahren, handelt.

Jeder Elternteil muss nur so viel zu dem Vorschuss beitragen, wie es seinen wirtschaftlichen Verhältnissen entspricht. Zur Not ist der andere Elternteil zur Ersatzhaftung heranzuziehen.

5. Wirtschaftliche Entlastung von Prozesskosten in besonderen Fällen

Führt der Verbraucher einen Prozess, kann er sich in bestimmten Fällen wirtschaftlich von den Prozesskosten entlasten. Folgende Möglichkeiten sind denkbar:

- Der Verbraucher muss bei einer Klage oder einem gerichtlichen Mahnverfahren keinen Vorschuss auf die Gerichtskosten zahlen, etwa weil er finanziell in Schwierigkeiten ist, Prozesskostenhilfe bekommt oder seine Klage so dringend ist, dass er nicht warten kann, bis er das Geld für den Vorschuss zusammen hat. Auf die besonderen Umstände muss der klagende Verbraucher hinweisen. Auch bei bestimmten Verfahren, etwa im Zusammenhang mit einer Scheidung, fällt kein Vorschuss an.
- Das Gericht ermäßigt den Streitwert einer Klage, damit die Kosten des Prozesses nicht so hoch werden. Dazu muss der Verbraucher darlegen, dass er die vollen Gerichtskosten wirtschaftlich nicht tragen könnte. Den Antrag auf Herabsetzung des Streitwerts gibt es nur bei bestimmten Streitigkeiten, wie etwa bei Patenten, Aktienangelegenheiten oder unlauterem Wettbewerb, wie zum Beispiel im Fall unerwünschter Faxwerbung.

- Das Gericht sieht von sich aus davon ab, die Kosten bei dem Verbraucher einzutreiben, wenn dieser vermögenslos ist.

6. Kostenübernahme durch Vereine, Verbände und andere Organisationen

Um sich gegen das finanzielle Risiko eines Rechtsstreits abzusichern, kann der Verbraucher auch Mitglied in bestimmten Vereinen, Verbänden oder anderen Organisationen, wie etwa einer Gewerkschaft, werden. Sie bieten ihren Mitgliedern kostenlosen oder kostengünstigen Rechtsschutz. Die rechtliche Beratung erstreckt sich allerdings immer nur auf das jeweilige Aufgabengebiet. Außerdem lassen sich über die Mitgliedschaft mitunter nur rechtliche Auskünfte und Schriftwechsel, aber keine Prozesse finanzieren.

WISO rät: Prüfen Sie vor einem Eintritt in einen Verein oder Verband, ob sich die Mitgliedschaft für Sie auch wirklich lohnt. Lesen Sie dazu vor allem das „Kleingedruckte" in Form der Allgemeinen Geschäfts- oder Mitgliedsbedingungen. Hier erfahren Sie, welche Leistungen im Streitfall erbracht werden, welche Streitfälle abgedeckt sind und mit welchen Fristen Sie die Mitgliedschaft notfalls kündigen können.

Für den Verbraucher sind vor allem folgende Vereinigungen von Interesse:

a) Gewerkschaften

Einen umfassenden Rechtsschutz bieten ihren Mitgliedern die Gewerkschaften. Für einen regelmäßigen Beitrag in Höhe von einem Prozent des Bruttomonatsgehalts erhalten Arbeitnehmer hier den vollen rechtlichen Beistand, wenn es mal Ärger mit dem Chef gibt, wie etwa bei Abmahnungen oder Kündigungen. Rechtsauskünfte, Formulierungshilfen, Vermittlungsgespräche, Prozessvertretung vor dem Arbeits- und Sozialgericht – alles ist im Preis enthalten. Das Angebot beschränkt sich allerdings auf Streitereien rund um das Arbeits- und Sozialrecht. Hat der Arbeitnehmer also etwa ein Problem mit seinem Vermieter oder einem Handwerker, springt die Gewerkschaft nicht ein.

Übrigens: Auch andere Personengruppen wie Arbeitslose, Schüler und Studenten können den Rechtsschutz der Gewerkschaft in Anspruch nehmen, oft sogar zu einem wesentlich günstigeren Mitgliedsbeitrag.

Achtung: Rechtsschutz bekommt der Gewerkschafter im Normalfall erst nach drei Monaten Mitgliedschaft. Tritt das Problem früher auf, lohnt es sich aber nachzufragen, ob die Gewerkschaft nicht ausnahmsweise doch die Vertretung übernimmt.

Welche Gewerkschaft für ihn die Richtige ist, erfährt der Verbraucher über den Deutschen Gewerkschaftsbund, Henriette-Hertz-Platz 2, 10178 Berlin, Tel.: 030/24 06 00, Fax: 030/24 06 03 24, e-Mail: info@bvv.dgb.de, Internet: www.dgb.de.

Einzelheiten zum jeweiligen Rechtsschutz sind nachzulesen in den Satzungen der einzelnen Gewerkschaften.

Was für den Arbeitnehmer die Gewerkschaft, ist für den Arbeitgeber der Arbeitgeberverband. Er gewährt seinen Mitgliedern ebenfalls kostenlosen Rechtsschutz. Informationen gibt es über die Bundesvereinigung der Deutschen Arbeitgeberverbände, 11054 Berlin, Tel.: 030/203 30, Fax: 030/20 33 10 55, e-Mail: info@bda-online.de, Internet: www.bda-online.de.

b) Sozial- und Behindertenverbände

Einen rechtlichen Rundum-Service bieten auch die Sozial- und die Behindertenverbände. In sämtlichen Fragen des Sozial- beziehungsweise Behindertenrechts werden die Mitglieder kostenlos beraten, unterstützt und vor dem Sozialgericht vertreten. Die Mitgliedschaft kostet meist nicht mehr als ein bis fünf Euro pro Monat.

Adressen von Behindertenverbänden finden sich in der kostenlosen Broschüre „SGB IX – Rehabilitation und Teilhabe behinderter Menschen" des Bundesministeriums für Gesundheit und Soziale Sicherung, Postfach 500, 53105 Bonn, Tel.: 01888/52 70 (aus Berlin und Bonn Ortstarif, sonst normaler Ferntarif), Fax: 01888/527 22 54, e-Mail: info@bmgs.bund.de, Internet: www.bmgs.de.

Informationen zu Sozialverbänden sind zu beziehen über den Sozialverband VdK Deutschland e.V. (Verband der Kriegs- und Wehrdienstopfer, Behinderter und Rentner Deutschlands e.V.), Wurzerstr. 4a, 53175 Bonn, Tel.: 0228/82 09 30, Fax: 0228/820 93 43. e-Mail: kontakt@vdk.de, Internet: www.vdk.de oder über den Sozialverband Deutschland e.V., Kurfürstenstr. 131, 10785 Berlin, Tel.: 030/263 91 03, Fax: 030/26 39 10 55, e-Mail: contact@sozialverband.de, Internet: www.sozialverband.de.

c) Wohlfahrtsverbände

Wohlfahrtsverbände, wie etwa die Caritas oder die Diakonie, erteilen kostenlose Auskünfte und Unterstützungsleistungen bei Fragen zum Sozial- und Schwerbehindertenrecht. Wer woanders keine rechtliche Hilfe findet, kann sich von den Verbänden auch gerichtlich vertreten lassen.

Adressen von Wohlfahrtsverbänden finden sich in der kostenlosen Broschüre „SGB IX – Rehabilitation und Teilhabe behinderter Menschen" des Bundesministeriums für Gesundheit und Soziale Sicherung, Postfach 500, 53105 Bonn, Tel.: 01888/52 70 (aus Berlin und Bonn Ortstarif, sonst normaler Ferntarif), Fax: 01888/527 22 54, e-Mail: info@bmgs.bund.de, Internet: www.bmgs.de.

d) Lohnsteuerhilfevereine

Wenn es um Probleme und Unterstützung bei der Lohnsteuererklärung geht, sollte der Verbraucher einem Lohnsteuerhilfeverein beitreten. Für einen einkommensabhängigen Beitrag zwischen 55,00 und 200,00 Euro pro Jahr erhält er hier rechtliche Auskünfte sowie Hilfe beim Erstellen der Lohnsteuererklärung und beim Überprüfen des

Lohnsteuerbescheides. Außerdem darf der Verein seine Mitglieder gegenüber dem Finanzamt sowie vor dem Finanzgericht vertreten. Ist der Verbraucher neben seinem Job noch selbstständig tätig oder hat er sonstige Einnahmen, etwa aus Mieten oder Kapitaleinnahmen, von mehr als 9.000,00 Euro im Jahr, scheidet eine Beratung durch einen Lohnsteuerhilfeverein allerdings aus.

Aufgepasst: In einer Untersuchung der Stiftung Warentest (finanztest 4/2001) hat sich gezeigt, dass es zwischen den einzelnen Lohnsteuerhilfevereinen erhebliche Qualitätsunterschiede gibt. Vor seinem Beitritt sollte sich der Verbraucher also sorgfältig informieren und die Bedingungen und Leistungen einzelner Vereine miteinander vergleichen. Die Testergebnisse sind zu beziehen über die Stiftung Warentest, Lützowplatz 11–13, 10785 Berlin, Tel.: 030/263 10, Fax: 030/31 27 27 oder im Internet unter www.warentest.de. Auch in Büchereien oder Verbraucherzentralen stehen die Ergebnisse zur Verfügung.

Die Anschriften der umliegenden Lohnsteuerhilfevereine findet der Verbraucher in den Gelben Seiten unter dem Stichwort „Lohnsteuerhilfeverein", im Internet unter www.gelbe-seiten.de.

e) Mietervereine

Wer Streitereien mit seinem Vermieter befürchtet, kann für einen jährlichen Beitrag zwischen 30,00 und 60,00 Euro plus Zahlung einer einmaligen Aufnahmegebühr in Höhe von rund 15,00 bis 20,00 Euro in einen Mieterverein eintreten. Dort wird er bei rechtlichen Problemen kostenlos beraten. Außerdem übernehmen die Mietervereine die Prüfung der Betriebskosten- und Nebenkostenabrechnung, berechnen die ortsübliche Vergleichsmiete und erledigen gegen eine geringe Gebühr die Korrespondenz mit dem Vermieter. In Gerichtsverhandlungen dürfen die Vereine den Mieter allerdings nicht vertreten. Zu diesem Zweck kann der Mieter aber über den Verein meist eine kostengünstige Rechtsschutzversicherung abschließen. Bei vielen Mietervereinen ist die Prämie für die Rechtsschutzversicherung sogar bereits im Mitgliedsbeitrag enthalten.

Für junge Mieter, Schüler, Studenten, Arbeitslose und Sozialhilfeempfänger sind die Beiträge und Gebühren bei den meisten Mietervereinen ermäßigt oder erlassen.

Die Adresse der örtlichen Mietervereine findet der Verbraucher über den Deutschen Mieterbund, Littenstr. 10, 10179 Berlin, Tel.: 030/22 32 30, Fax: 030/22 32 31 00, e-Mail: info@mieterbund.de, Internet: www.mieterbund.de.

Ähnliche Rechtsschutzmöglichkeiten wie für Mieter gibt es natürlich auch für Vermieter. Ansprechpartner sind hier die örtlichen Hauseigentümer- und Grundbesitzervereine. Die Adressen erfahren Sie über Haus & Grund Deutschland, Mohrenstr. 33, 10117 Berlin, Tel.: 030/20 21 60, Fax: 030/20 21 65 55, e-Mail: zv@haus-und-grund.net, Internet: www.haus-und-grund.net.

f) Automobilclubs

Kostenvorteile bringt bei Streitereien rund ums Auto die Mitgliedschaft in einem Automobilclub. So bietet etwa der ACE seinen Mitgliedern im Streitfall eine einmalige kostenlose Beratung durch einen Vertrauensanwalt. Dazu kommen kostengünstige Tarife beim Abschluss von Verkehrsrechtsschutzversicherungen. So können Clubmitglieder sich auch finanziell absichern, wenn es in einem Verkehrsrechtsstreit mal vor Gericht geht. Denn in Gerichtsverhandlungen dürfen die Automobilclubs ihre Mitglieder nicht vertreten. Die Mitgliedsbeiträge von Automobilclubs schwanken zwischen rund 40,00 und 55,00 Euro pro Jahr. Für viele Personengruppen gibt es aber ermäßigte Tarife. Unter bestimmten Umständen ist die Mitgliedschaft sogar kostenfrei. Hier lohnt es sich also nachzufragen. Nachfolgend einige Adressen bekannter Automobilclubs:

- ACE Auto Club Europa, Schmidener Str. 227, 70374 Stuttgart, Tel.: 0711/530 30 Fax: 0711/530 32 59, e-Mail: ace@ace-online.de, Internet: www.ace-online.de.
- ADAC Allgemeiner Deutscher Automobilclub, Am Westpark 8, 81373 München, Tel.: 089/767 60, Fax: 089/76 76 25 00, e-Mail: adac@adac.de, Internet: www.adac.de.
- AvD Automobilclub von Deutschland, Lyoner Str. 16, 60528 Frankfurt, Tel.: 069/660 60, Fax: 069/660 67 89, Internet: www.avd.de.

Adressen weiterer Automobilclubs finden sich im Telefonbuch oder im Internet.

g) Arbeits- und Arbeitnehmerkammern

In Bremen und im Saarland sind Arbeitnehmer automatisch Mitglied in der Arbeitnehmerkammer beziehungsweise der Arbeitskammer. Dort können sie sich bei Problemen im Arbeits- und Sozialrecht kostenlos beraten lassen. In Bremen werden kostenlose Rechtsauskünfte auch in Lohnsteuersachen erteilt.

Bremen: Arbeitnehmerkammer Bremen, Bürgerstr. 1, 28195 Bremen, Tel.: 0421/363 01-0, Fax: 0421/363 01-931, e-Mail: info@arbeitnehmerkammer.de, Internet: www.arbeitnehmerkammer.de.
Saarland: Arbeitskammer des Saarlandes, Fritz-Dobisch-Str. 6–8, 66111 Saarbrücken, Tel.: 0681/40 05-0, Fax: 0681/40 05-401, e-Mail: presse@arbeitskammer.de, Internet: www.arbeitskammer.de.

7. Kostengünstige Beratung durch spezielle Beratungsstellen

Geht es nicht um einen Prozess, sondern nur um eine rechtliche Beratung, kann der Verbraucher seine Kosten unter Umständen dadurch senken, dass er, anstatt zum Anwalt zu gehen, zunächst eine andere Beratungsstelle aufsucht.

a) Verbraucherzentralen

Wichtigster Anlaufpunkt sind hier sicherlich die Verbraucherzentralen. Sie bieten für rund 7,00 bis 15,00 Euro Rechtsrat zu allen verbraucherrelevanten Themen, wie etwa

Eigenheimbau, Handwerkerrechnungen, Reisen, Erbschaften, Altersvorsorge, Miete oder Kauf.

Die Anschrift der nächstgelegenen Verbraucherzentrale erfährt der Verbraucher über den Bundesverband der Verbraucherzentralen e.V., Markgrafenstr. 66, 10969 Berlin, Tel.: 030/258 00-0, Fax: 030/258 00-518, e-Mail: info@vzbv.de oder im Internet unter www.vzbv.de. Auch in den Übersichten am Anfang der Gelben Seiten ist die regionale Verbraucherzentrale in der Regel aufgeführt.

b) Schuldnerberatungsstellen

Die Schuldnerberatungsstellen der Gemeinden, Wohlfahrtsverbände und Verbraucherzentralen beraten Verbraucher, die finanziell in Not geraten sind. Die Beratung ist in der Regel kostenlos. Die meisten Beratungsstellen dürfen auch tätig werden, wenn der Verbraucher beabsichtigt, Privatinsolvenz anzumelden.

Anschriften von Schuldnerberatungsstellen in seiner Umgebung erhält der Verbraucher unter anderem im Internet unter der Adresse www.forum-schuldnerberatung.de.

Auskünfte über Adressen erteilen auch die Bürgerberatungsstellen der Gemeinden. Telefonnummern finden sich in der Regel im jeweiligen Telefonbuch unter dem Stichwort „Stadtverwaltung" oder in der Anfangsübersicht der Gelben Seiten.

c) Öffentliche Rechtsberatung

Einige Städte bieten ihren Bürgern eine kostenlose oder kostengünstige öffentliche Rechtsberatung. Der Service beschränkt sich zum Teil auf Bürger mit geringem Einkommen, zum Teil sind die Angebote aber auch einkommensunabhängig. Nähere Einzelheiten hierzu finden sich im Abschnitt über die staatliche Beratungshilfe in diesem Kapitel.

Weitere Informationen zur Rechtsberatung durch Vereine, Verbände und sonstige Stellen können Sie im Abschnitt „Individuelle Rechtsberatung" im ersten Kapitel dieses Buches nachlesen.

IX. Streitigkeiten mit internationalem Bezug

Ob der Einkauf am Urlaubsort oder die Bestellung über das Internet – rechtliche Geschäfte machen vor Landesgrenzen nicht Halt. Auch für viele deutsche Verbraucher gehören Verträge mit ausländischen Anbietern mittlerweile zum Alltag dazu. Doch die internationalen Geschäfte bringen nicht nur Lust, sondern manchmal auch Frust. Immer häufiger kommt es über die Landesgrenzen hinweg zu Streitereien zwischen Händlern und Kunden. Schnell stellt sich dann die Frage, wie in solchen Fällen zu entscheiden ist. Denn wie der Volksmund schon sagt: Andere Länder, andere Sitten.

Rechtliche Probleme tauchen aber nicht nur auf, wenn es um grenzüberschreitende Verträge geht. Die geplante Hochzeit mit der Urlaubsbekanntschaft aus Thailand, der Unfall im Ferienhaus auf Mallorca, die Erbschaft des verstorbenen Onkels aus Marokko – auch in diesen Fällen stellt sich die Frage nach dem „richtigen" Recht.

Der Verbraucher sollte sich durch solche Überlegungen allerdings nicht von seinen internationalen Aktivitäten abhalten lassen. Wer aufgepasst, sich alle Dokumente, die er unterschreibt, vorher aufmerksam durchliest, klare Absprachen trifft und sich an die einmal getroffenen Vereinbarungen hält, bekommt auch bei Auslandsfällen meist keine Probleme. Und wenn es doch einmal zum Streit kommt, ist auch noch nicht gleich alles verloren. Einige Grundregeln sollte der Verbraucher allerdings bei solchen Auseinandersetzungen beachten.

1. Sorgfältig informieren

Am besten ist es, spätere unliebsame Überraschungen von vornherein zu vermeiden. Dazu sollte sich der Verbraucher bei internationalen Geschäften frühzeitig mit den Gewohnheiten und Rechtsregeln des jeweiligen Landes vertraut machen. Wichtiger Anlaufpunkt hierfür sind die europäischen Verbraucherzentren in Kiel und Gronau sowie die Verbraucherberatungsstelle in Kehl. Sie liefern Informationen über typische Verbrauchergeschäfte im europäischen Ausland, wie etwa Autokauf, Urlaub oder Online-Kauf. Wer weltweite Geschäfte tätigt, wendet sich am besten an den internationalen Verbraucherverband „Consumers International". Hier können unter der Adresse www.consumersinternational.org, Rubrik „Members", Stichwort „Directory" per Mausklick weltweit Adressen von über 250 ausländischen Verbraucherorganisationen abgerufen werden.

Anschriften:
- Europäisches Verbraucherzentrum Gronau, Enscheder Str. 362, 48599 Gronau, Tel.: 02562/702 17, Fax: 02562/702 47, e-Mail: consumenten@euregio.de, Internet: www.verbraucher.euregio.de

- Europäisches Verbraucherzentrum Kiel e.V., Willestr. 4–6, 24103 Kiel, Tel.: 0431/971 93 50, Fax: 0431/971 93 60, e-Mail: evz@evz.de, Internet : www.evz.de
- Beratungsstelle Euro-Info Verbraucher e.V., Kinzigstraße 22, 77694 Kehl, Tel.: 07851/991 48-0, Fax: 07851/991 48-11, e-Mail: info@euroinfo-kehl.com, Internet: www.euroinfo-kehl.com
- Consumers International Head Office, 24, Highbury Cresent, London N5 1RX, United Kingdom, Tel.: 0044-20-72 26 66 63, Fax: 0044-20-73 54 06 07, e-Mail: consint@consint.org, Internet: www.consumersinternational.org

Eine weitere gute Anlaufstelle für zuverlässige Informationen sind die internationalen Behörden. So erhält der Verbraucher etwa über die Europäische Union (EU) kostenlos eine Vielzahl von Broschüren, die sich mit dem Leben und Arbeiten in der Europäischen Gemeinschaft beschäftigen. Die rechtliche Ergänzung hierzu bilden die Merkblätter und Leitfäden von „Europa direkt", nachzulesen unter http://europa.eu.int/citizens. Hier erfährt der Verbraucher, wie er seine Rechte in den einzelnen Mitgliedstaaten am besten durchsetzen kann und was dabei zu beachten ist. Persönliche Rechtsauskünfte erteilt darüber hinaus der Bürgerberater beziehungsweise die Bürgerberaterin der Europäischen Kommission in Deutschland.

In Deutschland lassen sich Auslandsinformationen weiter über das Auswärtige Amt besorgen. Wichtig ist das vor allem für Adressen von ausländischen Botschaften in Deutschland und deutschen Botschaften im Ausland. Aber auch bei allgemeinen Rechtsfragen helfen die Mitarbeiter weiter.

Anschriften:
- Europa Direkt, Postfach 1712, L-1017 Luxembourg, Tel.: 00-800-67 89 10 11, Internet: http://europa.eu.int/citizens
- Bürgerberaterin der Europäischen Kommission, Vertretung in der Bundesrepublik Deutschland, Unter den Linden 78, 10117 Berlin, Tel.: 030/228 02-450, Fax: 030/228 02-222, e-Mail: eu-de-kommission@cec.eu.int, Internet: www.eu-kommission.de
- Auswärtiges Amt, Werderscher Markt 1, 10117 Berlin, Tel.: 030/50 00-0, Notruf: 030/50 00-2000, Fax: 030/50 00-3402, e-Mail: poststelle@auswaertiges-amt.de, Internet: www.auswaertiges-amt.de

2. Rat vom Anwalt einholen

Grenzüberschreitende Konflikte sind rechtlich oft besonders schwierig, angefangen bei der Frage, ob auf den Streit deutsches oder ausländisches Recht anzuwenden ist, bis zu dem Problem, vor welchem Gericht ein Prozess geführt werden muss. Nur wer sich im internationalen Recht gut auskennt, findet hier die passenden Antworten. Umso wichtiger ist es deshalb für den Verbraucher, sich in seinem Fall rechtzeitig fachlich beraten und vertreten zu lassen, am besten von einem Anwalt. Vor allem bei persönlichen Angelegenheiten wie Erb- oder Familienfragen oder wenn es um viel Geld geht, ist der Besuch beim Anwalt Pflicht.

Anwälte, die sich auf internationale Rechtsstreitigkeiten spezialisiert haben, erkennt der Verbraucher in Werbeanzeigen unter anderem an den Tätigkeitsschwerpunkten „Internationales Privatrecht" oder „EU-Recht". Auskünfte über spezialisierte Anwälte erteilen aber auch die örtliche Rechtsanwaltskammer, der Deutsche Anwaltverein oder verschiedene Anwaltssuchdienste (zu Anschriften und Telefonnummern siehe den Abschnitt „Wie ein passender Anwalt zu finden ist" im dritten Kapitel dieses Buches). Dort kann der Verbraucher auch nach Anwälten suchen, die ihren juristischen Abschluss in einem anderen Land erworben haben, aber in Deutschland als Anwalt zugelassen wurden. Sie kennen sich mit dem Recht ihres Heimatlandes meist besonders gut aus. Auch Anwälte mit speziellen Fremdsprachenkenntnissen lassen sich über die aufgeführten Stellen recherchieren.

Übrigens: Die Kosten für den Anwalt berechnen sich bei internationalen Rechtsstreitigkeiten nach den gleichen Regeln wie bei inländischen Konflikten.

Benötigt der Verbraucher einen Anwalt im Ausland, empfiehlt es sich, zunächst einen spezialisierten inländischen Anwalt aufzusuchen und sich dort nach einem entsprechenden Kollegen im Ausland zu erkundigen. Der Vorteil: Der Verbraucher erspart sich eine mühsame Sucherei und verringert die Gefahr, einen falschen Anwalt auszuwählen. Im Idealfall übernimmt die deutsche Kanzlei zudem die Korrespondenz mit dem ausländischen Anwalt, sodass keine Sprach- und Verständigungsschwierigkeiten auftreten. Hier haben größere Kanzleien oft einen Vorteil: Sie arbeiten in der Regel von vornherein grenzüberschreitend mit ihren Kollegen zusammen und können ihre Mandanten somit ohne weiteres auch international betreuen.

Kennt der deutsche Anwalt keinen passenden ausländischen Kollegen, erhält der Verbraucher auf diesem Weg zumindest wertvolle Tipps für die Anwaltssuche im Ausland.

Geht es nicht um eine rechtliche Beratung, sondern lediglich um das Beitreiben grenzüberschreitender Geldforderungen, ist an den Einsatz eines international tätigen Inkassobüros zu denken. Inkassobüros arbeiten häufig unkonventionell und zügig, was vor allem bei grenzüberschreitenden Auseinandersetzungen von Vorteil sein kann. Anschriften von Inkassobüros finden sich im jeweiligen Branchenverzeichnis oder zentral über den Bundesverband deutscher Inkasso-Unternehmen e.V. (BDIU), Brennerstr. 76, 20099 Hamburg, Tel.: 040/28 08 26-0, Fax: 040/28 08 26-99, e-Mail: bdiu@inkasso.de, Internet: www.inkasso.de.

3. Konflikte ohne Gericht regeln

Grenzüberschreitende Streitigkeiten vor Gericht auszutragen, ist meist keine gute Idee. Hohe Kosten, lange Verfahrensdauer, schwierige Vollstreckung, unübersichtliche Rechtslage – vor allem wenn es um kleinere Beträge geht, lohnt sich der Aufwand für einen Prozess in der Regel kaum. Besser ist es deshalb, sich mit seinem Gegner auf anderem Weg zu einigen, etwa über eine Schlichtungsstelle.

a) Allgemeine Verbrauchergeschäfte

Zu diesem Zweck hat die Europäische Kommission das so genannte EEj-Net geschaffen. Die Abkürzung steht für „European Extra-Judical Network", zu deutsch „Außergerichtliches Europäisches Netzwerk". Das Prinzip ist einfach: Wer als Verbraucher ein Problem mit einem ausländischen Anbieter hat, wendet sich zunächst an eine nationale „Clearing-Stelle". Für Deutschland ist das der Euro-Info Verbraucher e.V. in Kehl. Die Clearing-Stelle informiert den Verbraucher, welche Möglichkeiten in dem jeweiligen Land bestehen, um den Konflikt ohne Hilfe eines Gerichts beizulegen. Außerdem berät die Clearing-Stelle den Verbraucher und hilft ihm, seine Beschwerde zu formulieren. Hierzu kann der Verbraucher auch das EU-Beschwerdeblatt nutzen, das über die Clearing-Stelle erhältlich ist. Die Clearing Stelle in Kehl nimmt dann Kontakt auf mit der Clearing-Stelle des jeweiligen EU-Landes, in dem der Gegner sitzt. Von dort wird der Fall dann an die richtige Schlichtungsstelle weitergeleitet. Unter Umständen schaltet die Clearing-Stelle die jeweilige Schlichtungsstelle auch direkt ein.

Abgesehen von dem Weg über die Clearing-Stelle kann der Verbraucher sich bei Reklamationen auch an die europäischen Verbraucherzentren in Kiel und Gronau sowie an den Bundesverband der Verbraucherzentralen wenden.

Die Anschriften lauten:
Clearing-Stelle Deutschland, Euro-Info Verbraucher e.V., Kinzigstraße 22, 77694 Kehl, Tel.: 07851/991 48-0, Fax: 07851/991 48-11, e-Mail: info@euroinfo-kehl.com, Internet: www.euroinfo-kehl.com.

Bundesverband der Verbraucherzentralen e.V., Markgrafenstr. 66, 10969 Berlin, Tel.: 030/258 00-0, Fax: 030/258 00-518, e-Mail: info@vzbv.de, Internet: www.vzbv.de.

Ein Verzeichnis der außergerichtlichen Streitschlichtungsstellen in Europa findet der Verbraucher unter anderem im Internet unter der Adresse http://europa.eu.int/comm/consumers/redress/out_of_court/commu/database.htm.

b) Banken und Versicherungen

Gibt es Probleme mit Auslandsüberweisungen, sollte der Verbraucher die Schlichtungsstelle der Deutschen Bundesbank einschalten. Das Verfahren ist kostenlos.

Anschrift:
Deutsche Bundesbank Schlichtungsstelle, Postfach 11 12 32, 60047 Frankfurt am Main, Tel.: 069/23 88 19-07, Fax: 069/23 88 19-19, www.bundesbank.de.

Auch bei sonstigem Ärger mit Banken und Versicherungen im Ausland empfiehlt es sich in der Regel, eine Beschwerde bei der jeweiligen deutschen Schlichtungsstelle einzureichen (siehe dazu den Abschnitt „Schlichtung bei ausgewählten branchenspezifischen Stellen" im vierten Kapitel dieses Buches). Von dort wird die Reklamation dann weitergeleitet. Wer die ausländische Stelle direkt einschalten will oder muss, nutzt dazu am besten das FIN-NET, das Netzwerk für Verbraucherbeschwerden über Finanzdienstleistungen der Europäischen Union (EU). Informationen über die beteiligten Schlichtungsstellen und Hinweise zum Verfahren gibt es online unter http://finnet.jrc.it oder über die nationalen Schlichtungsstellen.

c) e-Commerce

Speziell für grenzüberschreitende Online-Geschäfte hat die EU im Jahre 2002 ein weiteres Schlichtungssystem ins Leben gerufen: Online Confidence. Das System soll dem Verbraucher helfen, auf schnellem und kostengünstigen Weg zu seinem Recht zu kommen. Voraussetzung ist allerdings, dass der Online-Anbieter sich an dem System beteiligt. Die Teilnahme erkennt der Käufer an dem Online-Confidence-Trustseal, einem offiziellen Gütezeichen, mit dem der Anbieter auf seiner Webseite werben kann.

Um das Schlichtungsverfahren einzuleiten, klickt der Kunde im Streitfall einfach das Trustseal an und schildert online sein Problem. Die Nachricht wird direkt an den Anbieter weitergeleitet, sodass die Vertragspartner nun online über eine Lösung des Konflikts verhandeln können. Kommt es zu einer Einigung, ist das Verfahren beendet. Kosten entstehen in diesem Fall keine.

Beharren dagegen beide Seiten auf ihren Standpunkten, wird der Fall auf Wunsch des Kunden an einen unabhängigen Schlichter weitergeleitet. Der Schlichter unterbreitet den Beteiligten dann einen Einigungsvorschlag, der bis zu einem Streitwert von 3.000,00 Euro für den Anbieter verbindlich ist. Dieser Teil des Verfahrens ist für beide Seiten kostenpflichtig. Für den Verbraucher fallen hier je nach Streitwert zwischen 30,00 und 200,00 Euro an.

Übrigens: Auch Anbieter, die das Gütezeichen nicht führen, können sich freiwillig dem Schlichtungssystem unterwerfen.

Weitere Informationen über OnlineConfidence erhält der Verbraucher online unter der Adresse www.onlineconfidence.org.

Ein weiteres Schlichtungsprojekt auf europäischer Ebene ist das so genannte ECODIR (Electronic Consumer Dispute Resolution). Dabei handelt es sich um eine von der Europäischen Kommission geförderte Schlichtungsstelle, die sich speziell mit Streitigkeiten im Bereich des e-Commerce beschäftigt. Die Korrespondenz mit dem Sekretariat findet in englischer Sprache statt, die Streitschlichtung erfolgt in einer gemeinsamen Sprache der Parteien. Zurzeit ist dieses Verfahren noch kostenfrei. Nähere Informationen gibt es online unter www.ecodir.org.

Ein nationaler Ansprechpartner für Schlichtungen im Bereich e-Commerce ist weiter die e-Commerce-Verbindungsstelle, Euro-Info Verbraucher e.V., Kinzigstrasse 22, 77694 Kehl, Tel.: 07851/991 48-0, Fax: 07851/991 48-11, e-Mail: info@euroinfo-kehl.com, Internet: www.euroinfo-kehl.com.

Bei Schwierigkeiten mit amerikanischen Online-Anbietern wendet sich der Verbraucher für eine außergerichtliche Schlichtung am besten an die Better Business Bureaus (www.bbonline.org) oder an Squaretrade (www.squaretrade.com). Internationale Betrugsfälle können bei der amerikanischen Federal Trade Commission gemeldet werden, online zu finden unter www.econsumer.gov und www.ftc.gov.

Eine Übersicht über Online-Streitschlichtungen beinhaltet die Broschüre „Disputes in Cyberspace" vom internationalen Verbraucherverband Consumers International, im Internet zu finden unter www.consumersinternational.org, Rubrik „Campaigns & Programmes" , Stichworte „e-commerce" und dann „Publikationen".

Adressen und Daten zu diesem Thema finden sich auch im Verzeichnis der Internationalen Handelskammer in Paris, International Chamber of Commerce, www.Iccwbo.org, Rubrik B2C (Business to consumer) dispute resolution.

d) Verwaltung und Behörden

Muss der Verbraucher sich mit einer ausländischen Behörde herumschlagen, etwa weil Vorschriften zum europäischen Binnenmarkt nicht eingehalten werden, helfen die Kontaktstellen im Bundesfinanz- und das Bundeswirtschaftsministerium weiter:
- Bundesministerium der Finanzen, Wilhelmstraße 97, 10117 Berlin, Tel.: 030/22 42-0, Fax: 030/22 42-3258, e-Mail: Poststelle@bmf.bund.de, Internet: www.bundesfinanzministerium.de,
- Bundesministerium für Wirtschaft und Arbeit, Scharnhorststr. 34–37, 10115 Berlin, Tel.: 01888/61 50, Fax: 01888/527 18 30, e-Mail: info@bmwi.bund.de, Internet: www.bmwi.de.

Binnenmarktprobleme betreffen zum Beispiel Fragen wie die Anerkennung von Diplomen im Ausland, Bestimmungen zum Wahlrecht, zur Sozialversicherung oder zur Kraftfahrzeugzulassung.

Unter dem Namen SOLVIT hat die Europäische Kommission außerdem ein Netzwerk geschaffen, das sich mit Streitschlichtungen auf diesem Sektor befasst, im Internet zu finden unter http://europa.eu.int/solvit/pilot.

e) Schiedsgerichte

Wer von vornherein die Zeit und das Geld für einen internationalen Prozess sparen will, vereinbart mit seinem Vertragspartner am besten eine so genannte Schiedsgerichtsklausel. Dann tritt im Streitfall ein unabhängiges Schiedsgericht zusammen, um den Konflikt mit den Beteiligten zu regeln. Kommt es zu keiner Einigung, entscheidet das Schiedsgericht über die Sache im Wege eines Schiedsspruchs. Der Schiedsspruch ist endgültig und für beide Seiten verbindlich. Doch Vorsicht: Eine Schiedsgerichtsklausel bringt dem Verbraucher unter Umständen nur dann Vorteile, wenn es um größere Beträge geht. Häufig liegen die Kosten für den Schiedsrichter nämlich bei kleinen Streitigkeiten über dem eigentlichen Wert der Sache. Dann lohnt sich ein Schiedsverfahren nicht. Üblich sind Schiedsgerichtsklauseln deshalb eher bei Geschäften zwischen Unternehmern oder wirtschaftlich besonders bedeutsamen Transaktionen.

4. Internationale Prozesse und Vollstreckungsmaßnahmen

Trotz aller Vorsicht und Diplomatie – manchmal entstehen grenzüberschreitende Auseinandersetzungen, die sich nur noch mit Hilfe von Gerichten klären lassen. Dazu muss der Verbraucher sich aber nicht etwa an den Europäischen Gerichtshof in Luxemburg wenden. Auch die nationalen Gerichte im Land des Anbieters sind für Klagen deutscher Verbraucher häufig nicht zuständig. Seinen Prozess kann der Verbraucher also in den meisten Fällen vor einem deutschen Gericht führen. Doch einen richtigen Vorteil bringt ihm das nicht. Häufig ist die Rechtslage nämlich unklar und es muss bei der Entscheidung auch ausländisches Recht berücksichtigt werden. Außerdem lassen sich deutsche Urteile im Ausland nicht so ohne weiteres durchsetzen. Jedes Land hat für die Vollstreckung nämlich seine eigenen Regeln, an die sich der Verbraucher halten muss. Im schlimmsten Fall führt das dazu, dass der Geschädigte trotz seines Prozesserfolges am Ende leer ausgeht.

Übrigens: Eine direkte Klage vor dem Europäischen Gerichtshof (EuGH) gibt es für Privatpersonen grundsätzlich nicht. Wer meint, durch eine Maßnahme der EU unmittelbar in seinen Rechten verletzt worden zu sein, etwa durch eine dienstliche Anordnung, muss sich zunächst einmal an das Europäische Gericht erster Instanz (EuG) wenden. Erst in zweiter Instanz kommt es dann zu einer Überprüfung durch den EuGH.

Anhang

Anschriften von Bundesbehörden und anderen Bundeseinrichtungen

Achtung: Soweit im Folgenden Telefonnummern mit der Vorwahl 01888 angegeben sind, gilt hierfür bei Anrufen aus Berlin und Bonn der Ortstarif, ansonsten der übliche Ferntarif.

Bundesministerium der Justiz
(Verbraucherrecht, wie etwa Allgemeine Geschäftsbedingungen, Verbraucherkredite, Verschuldung, Mietrecht, Ehe- und Familienrecht, Erbrecht, Strafrecht, Opferschutz, Urheberrecht, Prozesskostenhilfe)
Mohrenstraße 37
10117 Berlin
Tel.: 030/20 25 70 oder 01888/58 00
Fax: 030/20 25 95 25 oder 01888/580 95 25
e-Mail: poststelle@bmj.bund.de
Internet: www.bmj.bund.de

Bundesministerium für Wirtschaft und Arbeit
(Sozialrecht/Sozialversicherung, Arbeitsrecht, Arbeitsschutz, Arbeitsförderung, Rente und private Altersvorsorge, Sozialhilfe, Behindertenrechte)
Scharnhorststr. 34–37
10115 Berlin
Tel.: 01888/61 50

Derzeit noch kostenloses Bürgertelefon
Montag bis Donnerstag von 08.00 bis 20.00 Uhr, Freitag 08.00 bis 12.00 Uhr
zu folgenden Themen:
0800/15 15 15-0   Rente, Altersvorsorge
0800/15 15 15-2   Beschäftigung für schwer behinderte Menschen sowie Rehabilitation (Kuren)
0800/15 15 15-3   Teilzeitarbeit und geringfügige Beschäftigung (400-Euro-Mini-Jobs)
0800/15 15 15-4   Arbeitslosenhilfe, Einstellungshilfe
0800/15 15 15-5   Haushaltsscheck
0800/111 00 05   Schreibtelefon/Fax für Gehörlose und Hörgeschädigte
0800/111 00 01

Gebührenpflichtiges Bürgertelefon (12 Ct./Min.):
0180/552 69 22   Arbeitsrecht
0180/552 69 23   Teilzeit, Altersteilzeit, Mini-Jobs
Fax: 018 88/5 27 18 30
e-Mail: info@bmwi.bund.de
Internet: www.bmwi.de

Bundesministerium für Gesundheit und soziale Sicherung

(Krankenversicherung, Pflege, Patientenrechte, Organspende, Selbsthilfegruppen)
Postfach 500
53105 Bonn
Tel.: 01888/52 70

Kostenloses Bürgertelefon Montag bis Donnerstag von 08.00 bis 20.00 Uhr,
Freitag 08.00 bis 12.00 Uhr
zu folgenden Themen:
08 00/15 15 15-8   Pflegeversicherung
08 00/15 15 15-9   Gesetzliche Krankenversicherung
Fax: 01888/527 22 54
e-Mail: info@bmgs.bund.de
Internet: www.bmgs.de
Anfragen per SMS: 0163/767 34 25 oder 0163 – smsdial

Bundesministerium für Verbraucherschutz, Ernährung und Landwirtschaft

(Lebensmittelrecht)
Postfach 14 02 70
53107 Bonn.
Tel.: 0228/52 90 oder 01888/52 90; Fax: 0228/529 42 62 oder 01888/529 42 62
e-Mail: internet@bmvel.bund.de
Internet: www.verbraucherministerium.de

Bundesministerium für Familie, Senioren, Frauen und Jugend

(Familien-, Kinder-, Frauen-, Seniorenfragen, Schuldnerberatung)
Taubenstr. 42/43
10117 Berlin
Tel.: 030/206 55-0; Fax: 030/206 55-1145
e-Mail: poststelle@bmfsfj.bund.de
Internet: www. bmfsfj.de

Anhang

Bundesministerium für Verkehr, Bau- und Wohnungswesen

(Straßenverkehrsordnung, Bußgeldkatalog, Bauen, Wohnen)
Invalidenstraße 44
10115 Berlin
Tel.: 030/20 08-0 oder 01888/30 00; Fax: 030/20 08-1920 oder 01888/300 19 20
e-Mail: buergerinfo@bmvbw.bund.de
Internet: www.bmvbw.de

Bundesministerium der Finanzen

(Steuern, Zölle, Familienförderung)
Wilhelmstraße 97
10117 Berlin
Tel.: 030/22 42-0 oder 01888/68 20; Fax: 030/22 42-3258
e-Mail Poststelle@bmf.bund.de
Internet: www.bundesfinanzministerium.de

Bundesministerium für Bildung und Forschung

(Bafög, Bildung)
Heinemannstr. 2
53175 Bonn
Tel.: 01888/57-0; Fax: 01888/57-3601
e-Mail bmbf@bmbf.bund.de
Internet: www.bmbf.de
Kostenlose Hotlines zu bestimmten Themen, unter anderem
0800/223 63 41   Bafög.

Bundesministerium des Innern

(Datenschutz, Beamtenrecht, Ausländerrecht, Asyl)
Alt-Moabit 101 D
10559 Berlin
Tel.: 01888/681-0; Fax: 01888/681-2926
e-Mail poststelle@bmi.bund.de
Internet: www.bmi.bund.de

Bundesministerium für Umwelt, Naturschutz und Reaktorsicherheit

(Umweltfragen, Atomrecht)
Robert-Schuman-Platz 3
53175 Bonn (Bad Godesberg)
Tel.: 01888/305-0; Fax: 01888/305-225
e-Mail service@bmu.bund.de
Internet: www.bmu.de

Presse- und Informationsamt der Bundesregierung
(Broschüren)
11044 Berlin
Tel.: 01888/272-0; Fax: 01888/272-2555
e-Mail: InternetPost@bundesregierung.de
Internet: www.bundesregierung.de

Bundesanstalt für Arbeit
(Arbeitslosengeld, Arbeitslosenhilfe, Arbeitsförderung)
Regensburger Straße 104
90478 Nürnberg
Tel.: 0911/179-0; Fax: 0911/179-2123
e-Mail: zentralamt@arbeitsamt.de
Internet: www.arbeitsamt.de

Bundesamt für Zivildienst
Sibille-Hartmann-Str. 2–8
50964 Köln
Tel.: 0221/36 73-0; Fax: 02 21/36 73-4661
e-Mail: info@baz.bund.de
Internet: www.zivildienst.de

Bundesamt für Verbraucherschutz und Lebensmittelsicherheit
(Gesundheitsverträglichkeit von Konsumgütern)
Rochusstr. 65
53123 Bonn
Tel.: 0228/61 98-0; Fax: 0228/61 98-120
e-Mail: poststelle@bvl.bund.de
Internet: www.bvl.bund.de

Bundesanstalt für Finanzdienstleistungsaufsicht
(Banken, Geldanlagen, private Versicherungen, Anlegerschutz)
www.bafin.de
Graurheindorfer Str. 108
53117 Bonn
und
Lurgiallee 12
60439 Frankfurt
Tel.: 0228/41 08-0; Fax : 02 28/41 08-1550 oder 0228/41 08-123 (Frankfurt)

Bundesversicherungsanstalt für Angestellte

(gesetzliche Rentenversicherung für Angestellte, Rehabilitation)
Ruhrstraße 2
10709 Berlin
Tel.: 030/86 51; kostenloses Infotelefon: 0800/333 19 19; Fax: 030/86 52 72 40
e-Mail: bfa@bfa-berlin.de
Internet: www.bfa.de

Bundesbeauftragter für Datenschutz

Friedrich-Ebert-Str. 1
53173 Bonn
Tel.: 01888/77 99-0; Fax: 01888/77 99-550
e-Mail: poststelle@bfd.bund.de
Internet: www.bfd.bund.de

Bundesverwaltungsamt

(unter anderem Ausländerfragen)
Barbarastr. 1
50735 Köln
Tel.: 01888/358-0; Fax: 01888/358-2823
e-Mail: bva-poststelle@bva.bund.de
Internet: www.bva.bund.de

Regulierungsbehörde für Telekommunikation und Post

(Verträge mit Telekommunikationsanbietern)
Tulpenfeld 4
53113 Bonn
Tel.: 0228/140; Infotelefon zum Ortstarif: 0180/510 10 00
Fax: 0228/14 88 72
e-Mail: poststelle@regtp.de
Internet: www.regtp.de

Auswärtiges Amt

(Reisewarnungen, Reise- und Länderinformationen)
Werderscher Markt 1
10117 Berlin
Tel.: 030/50 00-0; Notruf: 030/50 00-2000; Fax: 030/50 00-3402
e-Mail: poststelle@auswaertiges-amt.de
Internet: www.auswaertiges-amt.de

Deutsches Patent- und Markenamt

(Marken-, Warenzeichen- und Patentanmeldungen, Anmeldeformulare, Markenrecherchen)
80297 München
Tel.: 089/21 95-0; Fax: 089/21 95-2221
e-Mail: info@dpma.de
Internet: www.dpma.de

Statistisches Bundesamt

(Statistiken, Zahlen, Tabellen)
Gustav-Streseman-Ring 11
65185 Wiesbaden
Tel.: 0611/75 24 05; Fax: 0611/75 33 30
e-Mail: info@destatis.de
Internet: www.statistik-bund.de

Bundesrechtsanwaltskammer

Littenstr. 9
10179 Berlin
Tel.: 030/28 49 39-0; Fax: 030/28 49 39-11
e-Mail: zentrale@brak.de
Internet: www.brak.de

Bundesnotarkammer

Mohrenstr. 34
10117 Berlin
Tel.: 030/383 86 60; Fax: 030/383 86 66
e-Mail: bnotk@bnotk.de
Internet: www.bnotk.de

Bundessteuerberaterkammer

Neue Promenade 4
10178 Berlin
Tel.: 030/24 00 87-0; Fax: 030/24 00 87-99
e-Mail: zentrale@bstbk.de
Internet: www.bstbk.de

Beispiel: Schriftliche Aufforderung zur Zahlung eines Kaufpreises

Eigene Anschrift   Ort, Datum

Anschrift des Schuldners
- per Bote -

Kaufvertrag über ein gebrauchtes Kraftfahrzeug vom ...
Hier: Zahlung des Kaufpreises

Sehr geehrte Frau ....,

am ..... haben wir einen Kaufvertrag über ein gebrauchtes Kraftfahrzeug der Marke .... abgeschlossen. Als Kaufpreis war ein Betrag in Höhe von 3.000,00 Euro vereinbart. Als ich das Fahrzeug bei Ihnen vorbeibringen wollte, haben Sie mir mitgeteilt, dass Sie zwischenzeitlich einen günstigeren Wagen gefunden haben. Den Kaufpreis wollten Sie deshalb nicht mehr bezahlen.

Da ich davon ausgehe, dass unsere Kaufvereinbarung gültig ist, fordere ich Sie hiermit nochmals ausdrücklich auf, den Kaufpreis in Höhe von 3.000,00 Euro bis zum

Datum

an mich zu überweisen. Im Gegenzug bekommen Sie von mir den Wagen. Meine Bankverbindung lautet:

Bank: ......
Kontonummer: ......
Bankleitzahl: ......

Sollten Sie Ihren Verpflichtungen aus dem Kaufvertrag nicht nachkommen, werde ich einen Anwalt einschalten.

Mit freundlichen Grüßen
(Unterschrift)

Beispiel: Zahlungserinnerung und Mahnschreiben

Zahlungserinnerung

Eigene Anschrift   Ort, Datum

Anschrift des Schuldners

Rechnung vom ...
Rechnungsnummer: ...

                    Zahlungserinnerung

Sehr geehrte Damen und Herren,

auf unsere oben genannte Rechnung haben wir leider noch keinen Zahlungseingang feststellen können.

Möglicherweise ist die Rechnung Ihrer Aufmerksamkeit entgangen. Für diesen Fall haben wir eine Kopie der Rechnung beigefügt und bitten Sie, den Rechnungsbetrag in Höhe von ... bis spätestens zum

                    Datum, ca. 10–14 Tage

auf unser Konto bei der (Bank, Kontonummer, Bankleitzahl) zu überweisen.
Sollten Sie den Rechnungsbetrag in den letzten Tagen gezahlt haben, betrachten Sie bitte dieses Schreiben als gegenstandslos.

Mit freundlichen Grüßen
(Unterschrift)

Mahnung

Sehr geehrte Damen und Herren,

nach unseren Unterlagen steht die oben angegebene Rechnung trotz unserer Zahlungserinnerung vom (Datum der Zahlungserinnerung) immer noch offen.

Wir sehen uns deshalb veranlasst, Sie an die Erledigung dieser Rechnung zu erinnern. Bitte gleichen Sie den Betrag in Höhe von ... bis spätestens zum

Datum, ca. 10 Tage

aus. Eine Kopie der Rechnung haben wir beigefügt.

Sollten Sie den Rechnungsbetrag in den letzten Tagen gezahlt haben, betrachten Sie bitte dieses Schreiben als gegenstandslos.

Mit freundlichen Grüßen
(Unterschrift)

Letzte Mahnung

Sehr geehrte Damen und Herren,

trotz unserer schriftlichen Mahnungen vom (Datum der Erinnerungen und Mahnungen) haben Sie die oben genannte Rechnung immer noch nicht beglichen.

Wir fordern Sie deshalb letztmalig auf, den Gesamtbetrag in Höhe von ... an uns zu überweisen.

Frist: Datum (ca. 10 Tage)

Sollte der angemahnte Betrag nicht innerhalb der Frist bei uns eingehen, werden wir unsere Forderungen ohne weiteren Schriftwechsel gerichtlich geltend machen. Die dadurch entstehenden Kosten haben Sie zu tragen.

Wir würden diesen Schritt bedauern und hoffen aus diesem Grund auf Ihre Einsicht. Wenn Sie den Rechnungsbetrag in den letzten Tagen gezahlt haben, betrachten Sie bitte dieses Schreiben als gegenstandslos.

Mit freundlichen Grüßen
(Unterschrift)

Beispiel: Klage auf Zahlung eines Kaufpreises

An das
Amtsgericht in .....

Klage

des Herrn ...., wohnhaft in ....,
Klägers,

gegen

Frau ...., wohnhaft in ....,
Beklagte,

wegen: Kaufpreisforderung.
Streitwert: 3.000 EUR.

Hiermit erhebe ich Klage und beantrage,

1. die Beklagte zu verurteilen, an mich 3.000 EUR nebst ... % Zinsen hieraus seit dem ..... Zug um Zug gegen Übertragung des Eigentums am Kraftfahrzeug ...., amtliches Kennzeichen ....., Fahrgestell-Nr. ....., Motor-Nr. ...., zu zahlen.
2. festzustellen, dass sich die Beklagte seit dem ...... in Annahmeverzug befindet.

Für den Fall, dass das Gericht das schriftliche Vorverfahren anordnet, beantrage ich,

im Fall eines Anerkenntnisses ein Anerkenntnisurteil gem. § 307 II ZPO beziehungsweise bei fehlender Verteidigungsanzeige ein Versäumnisurteil nach § 331 III ZPO ohne mündliche Verhandlung zu erlassen.

Anhang

Begründung:

I.

Ich habe am ...... mit der Beklagten einen schriftlichen Kaufvertrag über das gebrauchte Kraftfahrzeug des Klägers, einen Pkw ....., amtliches Kennzeichen ...... Fahrgestell-Nr. ...., Motor-Nr. ...., geschlossen. Es wurde ein Kaufpreis von 3.000 EUR vereinbart. Der Kaufpreis sollte bei Übergabe des Pkw gezahlt werden.

Beweis: Kaufvertrag vom ....., beigefügt in Kopie als Anlage K 1

Am ..... habe ich der Beklagten das Fahrzeug an ihrem Wohnsitz angeboten. Die Beklagte erklärte, sie lehne die Übernahme des Pkw und die Bezahlung ab, da sie inzwischen ein günstigeres Angebot von dritter Seite angenommen habe.

Beweis: Zeugnis des Herrn ...., wohnhaft ....

II.

Die Klage ist zulässig und begründet.

Ich habe gegen die Beklagte einen Anspruch auf Zahlung des Kaufpreises nach § 433 Abs. 2 BGB, da sich die Beklagte am .... endgültig geweigert hat, ihrer Verpflichtung aus dem Kaufvertrag nachzukommen.

Der Zinsanspruch ergibt sich aus § 288 II BGB. Ich nehme derzeit einen Bankkredit in Höhe der Klageforderung zu dem im Antrag genannten Zinssatz in Anspruch, den ich bei Zahlung des Kaufpreises zurückgeführt hätte.

Beweis: Bescheinigung der ...... (Bank) vom ....., beigefügt in Kopie als Anlage K 2.

Als Vorschuss auf die Gerichtskosten habe ich einen Verrechnungsscheck in Höhe von EUR .... beigefügt. Eine Abschrift der Klage für die Beklagte liegt bei.

................, den............

....
Unterschrift des Klägers

Beispiel: Erwiderung auf eine Klage auf Zahlung eines Kaufpreises

An das
Amtsgericht in .....

Klageerwiderung

In dem Rechtsstreit

(Name des Klägers) ./. (Name der Beklagten)

Aktenzeichen: ....

beantrage ich,

die Klage abzuweisen.

Begründung:

Die Klage ist unbegründet.

Der Kläger hat gegen mich keinen Anspruch auf Zahlung eines Kaufpreises für einen gebrauchten Pkw, da ein solcher Kaufvertrag niemals zustande kam. Bei der vom Kläger vorgelegten Vereinbarung handelt es sich lediglich um einen Entwurf, der allerdings nie rechtsgültig wurde. Den Vertrag habe ich nicht unterschrieben, sondern lediglich zur Kenntnis genommen.

..................., den............

....
Unterschrift der Beklagten

Beispiel: Klage auf rückständiges Gehalt

An das
Arbeitsgericht in .....

Klage

des Herrn ...., wohnhaft in ....,
Klägers,

gegen

die Firma ...., Anschrift........, gesetzlich vertreten durch den Geschäftsführer ...., Anschrift ... ,
Beklagte.

Hiermit erhebe ich Klage und beantrage,
1. die Beklagte zu verurteilen, an mich Euro .... brutto nebst fünf Prozent Zinsen über dem Basiszinssatz aus dem sich hieraus ergebenden Nettobetrag seit dem ...... zu zahlen.
2. die Beklagte zu verurteilen, an mich Euro .... brutto nebst fünf Prozent Zinsen über dem Basiszinssatz aus dem sich hieraus ergebenden Nettobetrag seit dem ...... zu zahlen.
3. die Beklagte zu verurteilen, an mich Euro .... brutto nebst fünf Prozent Zinsen über dem Basiszinssatz aus dem sich hieraus ergebenden Nettobetrag seit dem ...... zu zahlen.
4. die Beklagte zu verurteilen, an mich Euro .... brutto nebst fünf Prozent Zinsen über dem Basiszinssatz aus dem sich hieraus ergebenden Nettobetrag seit dem ...... zu zahlen.

Weiter beantrage ich, mir Prozesskostenhilfe zu bewilligen. Die Erklärung über die persönlichen und finanziellen Verhältnisse werde ich unverzüglich nachreichen.

Begründung:

I.

Ich bin seit dem .... für die Beklagte als .... tätig. Mein Bruttomonatsverdienst betrug zuletzt ....Euro, fällig jeweils spätestens am Monatsende. Dazu erhalte ich jährliches Urlaubs- und Weihnachtsgeld in Höhe von ...., das jeweils im Dezember ausgezahlt wird. Vom .... bis einschließlich .... war ich arbeitsunfähig krank. Das ärztliche Attest habe ich der Beklagten fristgerecht vorgelegt.

Mein Gehalt für den Monat .... hat mir die Beklagte nicht gezahlt, auch nicht in der Zeit, wo ich krank war. Außerdem hat sie das Weihnachts- und Urlaubsgeld nur anteilig in Höhe von .... Euro gezahlt. Als ich nach meiner Krankheit wieder arbeiten wollte, lehnte die Beklagte das bis zum Ende des Monats ab und zahlte mir bis dahin auch keinen Lohn mehr.

Meine Ansprüche habe ich mit Schreiben vom .... schriftlich bei der Beklagten geltend gemacht. Den Empfang des Schreibens hat der Geschäftsführer der Beklagten quittiert. Die Beklagte hat mit Schreiben vom .... jegliche Zahlungen abgelehnt.

II.

Meine Klage ist zulässig und begründet.

Ich habe gegen die Beklagte Zahlungsansprüche, die sich im Einzelnen wie folgt beziffern:

1. Anteiliger Monatslohn für den Monat .... in Höhe von ....
2. Lohnfortzahlung im Krankheitsfall für den Zeitraum .... dieses Monats in Höhe von .....
3. Lohnansprüche aus Annahmeverzug für den Zeitraum ..... dieses Monats in Höhe von .....
4. Restliches Weihnachts- und Urlaubsgeld in Höhe von ....

.................., den............

....
Unterschrift des Arbeitnehmers

Antrag auf Beratungshilfe mit Hinweisblatt

Vorblatt

Vordruck für den Antrag auf Beratungshilfe
Allgemeine Hinweise

Wozu Beratungshilfe?

Durch die Beratungshilfe soll es Bürgern mit geringem Einkommen ermöglicht werden, sich beraten und vertreten zu lassen. Die Beratungshilfe ist Hilfe für die Wahrnehmung von Rechten außerhalb eines gerichtlichen Verfahrens und im obligatorischen Güteverfahren nach § 15a des Gesetzes betreffend die Einführung der Zivilprozessordnung. Sie wird für die meisten Rechtsgebiete gewährt. Genaueres teilen das Amtsgericht oder die Rechtsanwälte mit. Möchte sich der Bürger in einem gerichtlichen Verfahren vertreten lassen, so kommt die Prozesskostenhilfe in Betracht, über die bei den Gerichten und Rechtsanwälten weitere Informationen zu erhalten sind.

Wird die Beratungshilfe durch die Rechtsanwältin/den Rechtsanwalt gewährt, so hat der Rechtsuchende dem Rechtsanwalt eine Gebühr von 10 Euro zu zahlen, die dieser allerdings auch erlassen kann. Im Übrigen trägt die Kosten der Beratungshilfe das Land. Eine Vereinbarung über eine Vergütung im Bereich der Beratungshilfe wäre nichtig.

Wer erhält Beratungshilfe?

Beratungshilfe erhält, wer nach seinen persönlichen und wirtschaftlichen Verhältnissen die für eine Beratung oder Vertretung erforderlichen Mittel nicht aufbringen kann und keine anderen zumutbaren Möglichkeiten für eine Hilfe hat. Die beabsichtigte Wahrnehmung seiner Rechte darf nicht mutwillig sein.

Sollten Sie anwaltliche Beratung bereits vor der Bewilligung von Beratungshilfe in Anspruch nehmen, so haben Sie - sofern Ihr Antrag später durch das Amtsgericht abgewiesen wird - selber die gesetzlichen Gebühren an die Rechtsanwältin/den Rechtsanwalt zu bezahlen.

Wer gewährt Beratungshilfe?

Die Beratungshilfe erteilen die Rechtsanwälte, die, wenn nicht besondere Ausnahmen eingreifen, zur Beratungshilfe verpflichtet sind. Das Amtsgericht kann die Beratungshilfe gewähren, soweit dem Anliegen durch eine sofortige Auskunft, einen Hinweis auf andere Möglichkeiten der Hilfe oder die Aufnahme eines Antrags oder einer Erklärung entsprochen werden kann.

Wie erhält man Beratungshilfe?

Erforderlich ist ein Antrag, der mündlich oder schriftlich gestellt werden kann. Sie können den Antrag bei dem Amtsgericht stellen oder Sie können unmittelbar eine Rechtsanwältin/einen Rechtsanwalt Ihrer Wahl mit der Bitte um Beratungshilfe aufsuchen. Die Rechtsanwältin/der Rechtsanwalt wird Ihren Antrag auf Bewilligung der Beratungshilfe an das Amtsgericht weiterleiten. Für einen schriftlichen Antrag ist das anhängende Formular zu benutzen.

Liegen die Voraussetzungen für die Gewährung von Beratungshilfe vor, stellt das Amtsgericht, sofern es nicht selber die Beratung vornimmt, Ihnen einen Berechtigungsschein für Beratungshilfe durch eine Rechtsanwältin/einen Rechtsanwalt Ihrer Wahl aus. Gegen einen Beschluss des Amtsgerichts, durch den Ihr Antrag zurückgewiesen wird, ist der nicht befristete Rechtsbehelf der Erinnerung statthaft.

Die Beratungshilfe wird mit Mitteln bezahlt, die von allen Bürgern durch Steuern aufgebracht werden. Das Gericht muss deshalb sorgfältig prüfen, ob ein Anspruch auf Beratungshilfe besteht. Haben Sie daher bitte Verständnis dafür, dass Sie Ihre persönlichen und wirtschaftlichen Verhältnisse darlegen müssen.

Lesen Sie bitte das Antragsformular sorgfältig durch und füllen Sie es gewissenhaft aus. Sie finden auf der nächsten Seite Hinweise, die Ihnen die Beantwortung der Fragen erleichtern sollen. Wenn Sie beim Ausfüllen Schwierigkeiten haben, wird Ihnen das Amtsgericht oder Ihre Rechtsanwältin/Ihr Rechtsanwalt behilflich sein.

Sollte der Raum im Antragsformular nicht ausreichen, können Sie Angaben auf einem besonderen Blatt machen. Bitte weisen Sie in dem betreffenden Feld auf das beigefügte Blatt hin.

Denken Sie bitte daran, die notwendigen Belege beizufügen. Das erübrigt Rückfragen, die das Verfahren verzögern. Bewusst unrichtige oder unvollständige Angaben können eine Strafverfolgung nach sich ziehen.

Ausfüllhinweise

(A) Geben Sie bitte kurz an, worüber Sie beraten werden wollen (kurze Angabe des Sachverhalts). Geben Sie gegebenenfalls den Namen und die Anschrift Ihres Gegners an.

(B) Sollten Sie eine Rechtsschutzversicherung haben, prüfen Sie bitte zuerst, ob Ihre Versicherung die Kosten übernehmen muss. Fragen Sie im Zweifelsfall bei Ihrer Versicherung nach.

Wenn Sie die an sich mögliche kostenlose Beratung durch einen Verband, dessen Mitglied Sie sind, in Ihrem Fall nicht für ausreichend halten, begründen Sie dies kurz auf einem besonderen Blatt.

(C) Anzugeben sind als Bruttoeinkommen Einkünfte jeder Art (Lohn, Gehalt, Renten, Einkünfte aus selbständiger Arbeit, Vermietung, Verpachtung, Kapitalvermögen; ferner Kindergeld, Unterhaltsleistungen, Wohngeld, Arbeitslosengeld, Ausbildungsförderung). Nettoeinkommen ist der Betrag, der nach Abzug der auf die Einkünfte gezahlten Steuern, Beiträge zur Sozialversicherung und zur Arbeitslosenversicherung, Beiträge zu sonstigen Versicherungen sowie der Werbungskosten zur Verfügung steht. Maßgebend ist in der Regel der letzte Monat vor der Antragstellung; bei Einkünften aus selbständiger Arbeit sowie bei unregelmäßig anfallenden Einkünften ist jedoch ein Zwölftel der voraussichtlichen Jahreseinkünfte anzugeben.

Fügen Sie bitte zur Glaubhaftmachung Ihrer Angaben Belege bei, z. B. Lohn- oder Gehaltsabrechnung, bei Selbständigen den letzten Steuerbescheid.

Das Einkommen des Ehegatten oder Lebenspartners ist anzugeben, weil er unter Umständen als Unterhaltspflichtiger in wichtigen und dringenden Angelegenheiten für die Kosten der Inanspruchnahme einer Rechtsanwältin/eines Rechtsanwalts aufkommen muss.

(D) Die Kosten für Ihre Unterkunft (einschließlich Heizung) werden von Ihrem Einkommen in Abzug gebracht, sofern Sie nicht nach den gegebenen Umständen als offensichtlich überhöht erscheinen. Bitte geben Sie daher die Wohnungsgröße und die monatlich insgesamt (also bei Miete einschließlich Heizungs- und Nebenkosten) anfallende Wohnkosten an.

(E) Wenn Sie für Angehörige sorgen müssen, wird dies bei der Bewilligung der Beratungshilfe berücksichtigt. Deshalb liegt es in Ihrem Interesse, wenn Sie angeben, welchen Personen Sie Unterhalt gewähren und ob diese eigene Einkünfte haben.

(F) Vermögen sind Grundvermögen, Eigentumswohnungen, Ersparnisse jeder Art, Bausparguthaben, Wertpapiere und sonstige wertvolle Gegenstände. Beratungshilfe kann auch dann bewilligt werden, wenn zwar Vermögenswerte vorhanden sind, diese aber zur Sicherung einer angemessenen Lebensgrundlage (Ausbildung, Berufsausübung, Wohnung, Hausstand) oder einer angemessenen Vorsorge dienen. Derartige Vermögenswerte sind zum Beispiel

    Gegenstände, die für die Berufsausbildung oder die Berufsausübung benötigt werden;

    ein eigengenutztes angemessenes Hausgrundstück (Familienheim);

    ein angemessener Hausrat;

    kleinere Barbeträge oder Geldwerte; Beträge bis insgesamt 2301 Euro für Sie persönlich zuzüglich 256 Euro für jede. Person, der Sie Unterhalt gewähren, sind in der Regel als ein solcher kleinerer Barbetrag oder Geldwert anzusehen.

Sollte der Einsatz oder die Verwertung eines anderen Vermögensgegenstandes für Sie und Ihre Familie eine Härte bedeuten, erläutern Sie dies bitte auf einem besonderen Blatt.

(G) Wenn Sie eine besondere Belastung geltend machen, bitte den Monatsbetrag oder die anteiligen Monatsbeträge angeben, die von Ihren Einnahmen bzw. den Einnahmen Ihrer Ehegattin/Ihres Ehegatten oder Lebenspartnerin/Lebenspartners abgesetzt werden sollen. Bitte fügen Sie außer den Belegen auf einem besonderen Blatt eine Erläuterung bei. Eine Unterhaltsbelastung der Ehegattin/des Ehegatten oder der Lebenspartnerin/des Lebenspartners aus ihrer/seiner früheren Ehe oder Lebenspartnerschaft kann hier angegeben werden. Auch hohe Kreditraten können als besondere Belastung absetzbar sein.

282   **Anhang**

Stempel des Rechtsanwalts / der Rechtsanwältin

Geschäftsnummer des Amtsgerichts

Eingangsstempel des Amtsgerichts

An das

Amtsgericht ....

Postleitzahl, Ort

Die Beratungshilfe wird beantragt von (Name, Vorname, ggf. Geburtsname)	Beruf, Erwerbstätigkeit	Geburtsjahr	Familienstand
Anschrift (Straße, Hausnummer, Postleitzahl, Wohnort)	Tagsüber telefonisch erreichbar unter Nr.		

(A) Es wird Beratungshilfe in folgender Angelegenheit beantragt:

(B) Eine Rechtsschutzversicherung tritt für den vorliegenden Fall nicht ein.
Eine andere Möglichkeit, kostenlose Beratung und Vertretung in Anspruch zu nehmen (z. B. als Mitglied eines Mietervereins, einer Gewerkschaft oder einer anderen Organisation) besteht in dieser Angelegenheit nicht.

Wenn Sie laufende Leistungen zum Lebensunterhalt nach dem Bundessozialhilfegesetz beziehen und den letzten Bescheid des Sozialamtes beifügen, sind Angaben zu (C) bis (G) entbehrlich, sofern das Gericht nicht etwas anderes anordnet.

(C) Meine monatlichen Einkünfte belaufen sich auf brutto .... EUR, netto .... EUR

Mein/e Ehegatte/Ehegattin, Lebenspartner/Lebenspartnerin hat monatliche Einkünfte von netto .... EUR

(D) Die Wohnkosten für die von mir gemeinsam mit .... Personen bewohnte Wohnung in Größe von .... m^2

betragen monatlich insgesamt .... EUR

(E) **Angehörige,** denen Sie Unterhalt gewähren

Name, Vorname (Anschrift nur, wenn sie von Ihrer Anschrift abweicht)	Geburtsdatum	Familienverhältnis (z. B. Ehegatte, Lebenspartner, Kind, Schwiegermutter)	Wenn Sie den Unterhalt ausschließlich durch Zahlung gewähren: Monatsbetrag in EUR	Haben die Angehörigen eigene Einnahmen? (z. B Ausbildungsvergütung, Unterhaltszahlungen vom anderen Elternteil)
1				Nein ☐ Ja, EUR mtl. netto ☐
2				Nein ☐ Ja, EUR mtl. netto ☐
3				Nein ☐ Ja, EUR mtl. netto ☐
4				Nein ☐ Ja, EUR mtl. netto ☐
5				Nein ☐ Ja, EUR mtl. netto ☐

Antrag auf Beratungshilfe mit Hinweisblatt

(F) Ist **Vermögen** vorhanden? ☐ Nein ☐ Ja, in diesem Fall bitte nachstehende weitere Angaben:

		Verkehrswert oder Guthabenbetrag
Grundvermögen ☐ Nein ☐ Ja	Bezeichnung nach Lage, Größe, Nutzungsart	
Bank-, Spar-, Bauspar-guthaben, Wertpapiere ☐ Nein ☐ Ja	Bezeichnung der Bank, Sparkasse oder des sonstigen Kreditinstituts. Bei Bausparguthaben bitte Auszahlungstermin und Verwendungszweck angeben.	
Sonstige Vermögenswerte (einschließlich Bargeld); Haushalt, Kleidung, Berufs-gegenstände, soweit nicht Luxus, bleiben außer Betracht	Bezeichnung des Gegenstandes	
Verbindlichkeiten (bitte nur ausfüllen, wenn Vermögenswerte angegeben)		Restbetrag in EUR
Art der Verbindlichkeit, Bezeichnung des Gläubigers, Verwendungszweck		

(G) Als besondere Belastung mache ich geltend: Besondere Belastung (z. B. Mehrausgaben für körperbehinderten Angehörigen) bitte begründen. Die Angaben sind zu belegen.

In der Angelegenheit, für die ich Beratungshilfe beantrage, ist mir bisher Beratungshilfe weder gewährt noch durch das Amtsgericht versagt worden.

Ein gerichtliches Verfahren war oder ist nicht anhängig,

Ich versichere, dass meine Angaben vollständig und wahr sind.

Das Hinweisblatt zu diesem Vordruck habe ich erhalten.

Belege zu folgenden Angaben haben vorgelegen:

☐ Bewilligungsbescheid für laufende Hilfe zum Lebensunterhalt

☐ Einkünfte

☐ Sonstiges

Ort, Datum

_____

(Unterschrift des Antragstellers / der Antragstellerin)

Ort, Datum

_____

(Unterschrift der Rechtspflegerin/des Rechtspflegers, der Rechtsanwältin/des Rechtsanwalts)

Antrag auf Prozesskostenhilfe mit Hinweisblatt

**Hinweisblatt
zum Vordruck für die Erklärung
über die persönlichen und wirtschaftlichen
Verhältnisse bei Prozesskostenhilfe**

- Bitte bewahren Sie dieses Blatt bei Ihren Prozessunterlagen auf –

Allgemeine Hinweise

Wozu Prozesskostenhilfe?

Ein Rechtsstreit vor einem Gericht kostet Geld. Wer eine Klage erheben will, muss für das Verfahren in der Regel Gerichtskosten zahlen. Schreibt das Gesetz eine anwaltliche Vertretung vor oder ist aus sonstigen Gründen anwaltliche Vertretung notwendig, kommen die Kosten für diese hinzu. Entsprechende Kosten entstehen einer Partei, die sich gegen eine Klage verteidigt.

Die Prozesskostenhilfe will Parteien, die diese Kosten nicht aufbringen können, die Verfolgung oder Verteidigung ihrer Rechte ermöglichen.

Wer erhält Prozesskostenhilfe?

Dazu schreibt das Gesetz vor:
„Eine Partei, die nach ihren persönlichen und wirtschaftlichen Verhältnissen die Kosten der Prozessführung nicht, nur zum Teil oder nur in Raten aufbringen kann, erhält auf Antrag Prozesskostenhilfe, wenn die beabsichtigte Rechtsverfolgung oder Rechtsverteidigung hinreichende Aussicht auf Erfolg bietet und nicht mutwillig erscheint."

Einen **Anspruch auf Prozesskostenhilfe** hat danach, wer
- einen Prozess führen muss und die dafür erforderlichen Kosten nicht aufbringen kann **und**
- nach Einschätzung des Gerichts nicht nur geringe Aussichten hat, den Prozess zu gewinnen.

Ein Anspruch auf Prozesskostenhilfe besteht **nicht**, wenn eine **Rechtsschutzversicherung** oder eine **andere Stelle** die Kosten übernimmt.

Sie kann ferner z. B. dann nicht gewährt werden, wenn der Ehegatte oder bei einem unverheirateten Kind die Eltern oder ein Elternteil aufgrund **gesetzlicher Unterhaltspflicht** für die Kosten aufkommen müssen.

Was ist Prozesskostenhilfe?

Die Prozesskostenhilfe bewirkt, dass die Partei auf die Gerichtskosten und auf die Kosten ihrer anwaltlichen Vertretung je nach ihren persönlichen und wirtschaftlichen Verhältnissen keine Zahlungen oder **Teilzahlungen** zu leisten hat. Aus ihrem Einkommen hat sie gegebenenfalls **bis höchstens 48 Monatsraten** zu zahlen, deren Höhe gesetzlich festgelegt ist.

Auf die Kosten einer anwaltlichen Vertretung erstreckt sich die Prozesskostenhilfe, wenn das Gericht der Partei einen Rechtsanwalt oder eine Rechtsanwältin **beiordnet**. Dies muss besonders beantragt werden. Der Rechtsanwalt oder die Rechtsanwältin muss grundsätzlich bei dem Gericht **zugelassen** sein. Sollte dies nicht zutreffen, kann das Gericht dem Beiordnungsantrag nur entsprechen, wenn der Rechtsanwalt oder die Rechtsanwältin auf die Vergütung der Mehrkosten verzichtet.

Verbessern sich die Verhältnisse der Partei **wesentlich**, kann sie vom Gericht auch noch nachträglich bis zum Ablauf von **vier Jahr seit Prozessende** zu Zahlungen herangezogen werden, u. U. bis zur vollen Höhe der Gerichtskosten und der Kosten ihrer anwaltlichen Vertretung. **Verschlechtern** sich ihre Verhältnisse, ist eine Veränderung etwa festgesetzter Raten zugunsten der Partei möglich.

Welche Risiken sind zu beachten?

Wer einen Rechtsstreit führen muss, sollte sich zunächst möglichst genau über die Höhe der zu erwartenden Gerichts- **und** Anwaltskosten informieren lassen. Dies gilt auch bei Prozesskostenhilfe. Sie schließt nicht jedes Kostenrisiko aus.
Insbesondere erstreckt sie sich nicht auf die Kosten, die die gegnerische Partei für ihre Prozessführung, z. B. für ihre anwaltliche Vertretung, aufwendet. **Verliert eine Partei den Prozess, so muss sie dem Gegner diese Kosten in der Regel auch dann erstatten, wenn ihr Prozesskostenhilfe bewilligt worden ist. Eine Ausnahme gilt in der Arbeitsgerichtsbarkeit:** hier hat die unterliegende Partei in der ersten Instanz die Kosten der gegnerischen Prozessvertretung nicht zu erstatten.
Schon in der anwaltlichen Vertretung im Verfahren über die Bewilligung der Prozesskostenhilfe entstehen Kosten. Diese muss die Partei begleichen, wenn ihrem Antrag auf Prozesskostenhilfe nicht entsprochen wird. Das gleiche gilt für bereits entstandene und noch entstehende Gerichtskosten.

Allgemeine Fassung

Wie erhält man Prozesskostenhilfe?

Erforderlich ist ein **Antrag**. In dem Antrag muss das Streitverhältnis ausführlich und vollständig dargestellt sein. Es muss sich aus ihm für das Gericht die vom Gesetz geforderte „hinreichende Aussicht auf Erfolg" (s. oben) schlüssig ergeben. Die **Beweismittel** sind anzugeben. Zu diesen Fragen sollten Sie sich, wenn nötig, anwaltlich beraten lassen. Lassen Sie sich dabei auch über das **Beratungshilfegesetz** informieren, nach dem Personen mit geringem Einkommen und Vermögen eine kostenfreie oder wesentlich verbilligte Rechtsberatung und außergerichtliche Vertretung beanspruchen können.

Dem Antrag sind außerdem eine **Erklärung über die persönlichen und wirtschaftlichen Verhältnisse** (Familienverhältnisse, Beruf, Vermögen, Einkommen und Lasten) sowie entsprechende **Belege** beizufügen. **Für die Erklärung muss der vorliegende Vordruck benutzt werden.** Prozesskostenhilfe kann grundsätzlich nur für die Zeit **nach Vorlage** des vollständigen Antrags einschließlich dieser Erklärung und aller notwendigen Belege bewilligt werden.

Das Gericht verfügt mit der Bewilligung der Prozesskostenhilfe über Mittel, die von der Allgemeinheit durch Steuern aufgebracht werden. Es muss deshalb prüfen, ob ein Anspruch auf Prozesskostenhilfe besteht. Der Vordruck soll diese Prüfung erleichtern. Haben Sie daher bitte Verständnis dafür, dass Sie Ihre persönlichen und wirtschaftlichen Verhältnisse darlegen müssen.

Lesen Sie den Vordruck sorgfältig durch und füllen Sie ihn vollständig und gewissenhaft aus.

Die Ausfüllhinweise zum Vordruck finden sie im folgenden. Wenn Sie beim Ausfüllen Schwierigkeiten haben, können Sie sich an Ihren Rechtsanwalt, Ihre Rechtsanwältin oder an das Gericht wenden.

Sollte der Raum im Vordruck nicht ausreichen, können Sie die Angaben auf einem besonderen Blatt machen. Bitte weisen Sie in dem betreffenden Feld auf das beigefügte Blatt hin.

Bitte fügen Sie die **notwendigen Belege** nach dem jeweils neuesten Stand bei, nummerieren Sie sie und tragen Sie die Nummer in dem dafür vorgesehenen Kästchen am Rand jeweils ein.

Fehlende Belege können zur **Versagung** der Prozesskostenhilfe führen, **unvollständige** oder **unrichtige** Angaben auch zu ihrer **Aufhebung** und zur Nachzahlung der inzwischen angefallenen Kosten. Bewusst unrichtige oder unvollständige Angaben können eine **Strafverfolgung** nach sich ziehen.

Ausfüllhinweise

Füllen Sie den Vordruck bitte in **allen Teilen vollständig** aus. Wenn Fragen zu **verneinen** sind, kreuzen Sie bitte das dafür vorgesehene Kästchen an. Wenn ein solches nicht vorgesehen ist, tragen Sie bitte das Wort „nein" oder einen waagerechten Strich ein.

[A] Bitte bezeichnen Sie auch die **Erwerbstätigkeit**, aus der Sie Einnahmen (Abschnitt **E** des Vordrucks) beziehen. Ihren **Familienstand** können Sie abgekürzt (l = ledig, vh = verheiratet; gtrl = getrennt lebend; gesch = geschieden; verw = verwitwet) angeben.

[B] Sollten Sie eine **Rechtsschutzversicherung** haben, prüfen Sie bitte zuerst, ob diese die Kosten übernimmt. **Fügen Sie bitte in jedem Fall den Versicherungsschein bei**. Fragen Sie im Zweifelsfall bei der Versicherung, Ihrem Rechtsanwalt oder Ihrer Rechtsanwältin nach. Falls Ihre Versicherung die Übernahme der Kosten ablehnt, fügen Sie bitte auch den Ablehnungsbescheid bei. Entsprechendes gilt, wenn die Kosten von einer **anderen Stelle** oder **Person** (z. B. Haftpflichtversicherung, Arbeitgeber) übernommen werden oder wenn Sie eine kostenlose Prozessvertretung durch eine Organisation (z. B. **Mieterverein, Gewerkschaft**) beanspruchen können.

[C] Die Frage ist auch dann zu bejahen, wenn Ihnen die Leistungen nicht als Unterhaltsrente, sondern als **Naturalleistung** (z. B. freie Wohnung, Verpflegung, sonstige Versorgung im elterlichen Haushalt; Leistungen des Partners einer eheähnlichen Lebensgemeinschaft) gewährt werden. Der Betrag dieser Leistungen ist unter **E** "Andere Einnahmen" einzutragen.

Falls die unterhaltsverpflichtete Person Ihr **getrennt lebender Ehegatte** ist oder mit Ihnen **in gerader Linie verwandt** ist (z. B. Vater/Mutter) und Ihr Prozess eine persönliche Angelegenheit betrifft (z. B. Unterhaltsprozess, Scheidungssache), benötigt das Gericht zusätzlich Angaben über die persönlichen und wirtschaftlichen Verhältnisse dieser Person. Für den getrennt lebenden Ehegatten müssen die Angaben in den Abschnitten **E** bis **J** dieses Vordrucks gemacht werden. In den übrigen Fällen bitte ein **Zweitstück** dieses Vordrucks verwenden. Streichen Sie in diesem in der ersten Zeile unter **A** das Worte „Die Prozesskostenhilfe wird beantragt von" und schreiben Sie darüber – je nachdem wer Ihnen Unterhalt gewährt – die für Ihren Fall zutreffende Bezeichnung „[Eltern] [Vater] [Mutter] der Person, die Prozesskostenhilfe beantragt". Bitte lassen Sie es dann

286   Anhang

von den Eltern bzw. dem Elternteil in den Abschnitten **A, D** bis **J** ausfüllen und unterschreiben und fügen Sie es Ihrer Erklärung bei.

Falls die unterhaltsverpflichtete Person die Mitwirkung ablehnt, geben Sie bitte den Grund der Weigerung sowie das an, was Ihnen über deren persönliche und wirtschaftliche Verhältnisse bekannt ist.

D Wenn Sie **Angehörigen** Unterhalt gewähren, wird dies bei der Bewilligung der Prozesskostenhilfe berücksichtigt. Deshalb liegt es in Ihrem Interesse, wenn Sie angeben, welchen Personen Sie Unterhalt leisten, ob Sie den Unterhalt ausschließlich durch Geldzahlungen erbringen und ob die Personen eigene Einnahmen haben. Zu den eigenen Einnahmen einer Person, der Sie Unterhalt gewähren, gehören z. B. auch Unterhaltszahlungen eines dritten, insbesondere diejenigen des anderen Elternteils für das gemeinsame Kind, oder eine Ausbildungsvergütung, die ein unterhaltsberechtigtes Kind bezieht.

E Zu Ihren Angaben müssen Sie die notwendigen Belege beifügen.

Einnahmen aus **nichtselbständiger Arbeit** sind insbesondere Lohn oder Gehalt. Anzugeben sind die **Bruttoeinnahmen des letzten Monats vor der Antragstellung.** Falls Sie monatlich weniger oder mehr verdienen, geben Sie bitte die niedrigeren bzw. höheren Durchschnittseinnahmen an. Erläutern Sie diese auf einem besonderen Blatt. Urlaubs-, Weihnachtsgeld und andere einmalige oder unregelmäßige Einnahmen bitte gesondert unter „Andere Einnahmen" angeben. Beizufügen sind:

1. eine **Lohn- oder Gehaltsabrechnung der Arbeitsstelle für die letzten zwölf Monate** vor der Antragstellung;

2. falls vorhanden, der **letzte Bescheid des Finanzamts** über einen Lohnsteuerjahresausgleich oder die Einkommensteuer, sonst die **Lohnsteuerbescheinigung** der Arbeitsstelle, **aus der die Brutto- und Nettobezüge des Vorjahrs ersichtlich sind.**

Einnahmen aus **selbständiger Arbeit, Gewerbebetrieb** oder **Land-** und **Forstwirtschaft** sind in einem aktuellen Monatsbetrag anzugeben. Das gleiche gilt für die Eintragung der entsprechenden **Betriebsausgaben** als **Abzüge** unter **F** ④. Stellen Sie die Monatsbeträge bitte auf einem besonderen Blatt anhand eines **Zwischenabschlusses** mit dem sich aus ihnen ergebenden Reingewinn dar. Saisonale oder sonstige Schwankungen im Betriebsergebnis sind durch angemessene Zu- oder Abschläge zu berücksichtigen; die in den Vordruck einzusetzenden Monatsbeträge der Einnahmen und der Betriebsausgaben sind daraus zeitanteilig zu errechnen. Auf Anforderung des Gerichts sind die Betriebseinnahmen mit den entsprechenden Umsatzsteuervoranmeldungen und die Betriebsausgaben mit den angefallenen Belegen nachzuweisen. Der **letzte Jahresabschluss** und der **letzte Steuerbescheid, aus dem sich die erzielten Einkünfte ergeben,** sind beizufügen.

Bei Einnahmen aus **Vermietung und Verpachtung** und aus **Kapitalvermögen** (z. B. Sparzinsen, Dividenden) bitte **ein Zwölftel der voraussichtlichen Jahreseinnahmen** eintragen.

Wenn Sie **Unterhaltszahlungen** für sich und Kinder beziehen, ist bei Ihrer Angabe unter „Andere Einnahmen" nur der für Ihren Unterhalt bestimmte Betrag einzutragen. Die für die Kinder bestimmten Beträge bitte im letzten Feld des Abschnitts **D** angeben.

Beispiele für **andere Einnahmen** sind auch Leistungen wie Pensionen, Versorgungsbezüge, Renten jeglicher Art, Ausbildungsförderung, Krankengeld, Arbeitslosengeld, Arbeitslosenhilfe, Sozialhilfe und dergleichen. Der **letzte Bewilligungsbescheid** und die Unterlagen, aus denen sich die derzeitige Höhe der Leistungen ergibt, sind beizufügen.

Anzugeben mit ihrem Geldwert sind hier ferner **alle sonstigen,** in den vorhergehenden Zeilen des Vordrucks nicht erfassten **Einnahmen,** auch Naturalleistungen (z. B. Deputate, freie Verpflegung und sonstige Sachbezüge; freie Wohnung jedoch nur, wenn unter **H** Wohnkosten angegeben werden).

F Als **Abzüge** können Sie geltend machen:

① die auf das Einkommen entrichteten **Steuern** (auch Kirchen-, Gewerbesteuer, nicht Umsatzsteuer);

② Pflichtbeiträge zur **Sozialversicherung** (Renten-, Kranken-, Invaliden-, Arbeitslosenversicherung);

③ Beiträge zu **öffentlichen oder privaten Versicherungen oder ähnlichen Einrichtungen,** soweit diese Beiträge gesetzlich vorgeschrieben oder nach Grund und Höhe angemessen sind; bitte erläutern Sie Art und Umfang der Versicherung auf einem besonderen Blatt, falls dies nicht eindeutig aus den beizufügenden Belegen (z. B. Versicherungsschein, Beitragsrechnung) hervorgeht;

Antrag auf Prozesskostenhilfe mit Hinweisblatt 287

- 4 -

④ **Werbungskosten**, d. h. die notwendigen Aufwendungen zur Erwerbung, Sicherung und Erhaltung der Einnahmen (z. B. auch Berufskleidung, Gewerkschaftsbeitrag). Wenn Sie Kosten der **Fahrt zur Arbeit** geltend machen, ist die einfache Entfernung in km anzugeben, bei Benutzung eines Pkw auch der Grund, warum kein öffentliches Verkehrsmittel benutzt wird. Bei Einnahmen aus selbständiger Arbeit hier bitte die **Betriebsausgaben** angeben; soweit diese Aufwendungen zugleich unter **F** ①,② oder ③ oder unter **J** fallen, dürfen sie jedoch nur einmal abgesetzt werden.

[G] Hier sind **alle Vermögenswerte** (auch im Ausland angelegte) anzugeben, die Ihnen und Ihrem Ehegatten gehören. Sollten eine oder mehrere dritte Personen Miteigentümer sein, bitte den Anteil bezeichnen, der Ihnen bzw. Ihrem Ehegatten gehört.

Prozesskostenhilfe kann auch dann bewilligt werden, wenn zwar Vermögenswerte vorhanden sind, diese aber zur Sicherung einer angemessenen Lebensgrundlage oder einer angemessenen Versorgung dienen. Derartige Vermögenswerte sind zum Beispiel:

- ein eigengenutztes angemessenes Hausgrundstück (Familienheim);
- kleinere Barbeträge oder Geldwerte (Beträge bis insgesamt 2300,00 EUR für die hilfebedürftige Partei zuzüglich 256,00 EUR für jede Person, die von ihr überwiegend unterhalten wird, sind in der Regel als ein solcher kleinerer Betrag anzusehen).

Diese Vermögenswerte müssen Sie aber trotzdem angeben.

Hausrat, Kleidung sowie Gegenstände, die für die Berufsausbildung oder die Berufsausübung benötigt werden, müssen nur dann angegeben werden, wenn sie den Rahmen des Üblichen übersteigen oder wenn es um Gegenstände von hohem Wert handelt.

Ist **Grundvermögen** vorhanden, das bebaut ist, geben Sie ggf. bitte auch die jeweilige Gesamtfläche an, die für Wohnzwecke bzw. einem gewerblichen Zweck genutzt wird, nicht nur die von Ihnen und Ihren Angehörigen (oben **D**) genutzte Fläche.

In der letzten Spalte des Abschnitts ist bei **Grundvermögen** der **Verkehrswert** (nicht Einheits- oder Brandversicherungswert) anzugeben, bei **Bauspar-, Bank-, Giro-, Sparkonten** u. dgl. die derzeitige **Guthabenhöhe**, bei **Wertpapieren** der derzeitige **Kurswert** und bei einer **Lebensversicherung** der Wert, mit dem sie **beliehen** werden kann.

Unter „**Sonstige Vermögenswerte**" fallen auch Forderungen und Außenstände, in Scheidungsverfahren insbesondere auch der Anspruch aus Zugewinn.

Sollte der Einsatz oder die Verwertung eines Vermögensgegenstandes für Sie und ihre Familie eine besondere Härte bedeuten, erläutern Sie dies bitte auf einem besonderen Blatt.

[H] Wenn **Wohnkosten** geltend gemacht werden, bitte Wohnfläche und Art der Heizung angeben. Die Kosten bitte wie im Vordruck vorgesehen aufschlüsseln.

Mietnebenkosten sind außer den gesondert anzugebenden **Heizungskosten** die auf die Mieter umgelegten **Betriebskosten** (Grundsteuer, Entwässerung, Straßenreinigung, Aufzug, Hausreinigung, Gemeinschaftsantenne usw.).

Zu der **Belastung aus Fremdmitteln** bei **Wohneigentum** gehören insbesondere die Zins- und Tilgungsraten auf Darlehen/Hypotheken/Grundschulden, die für den Bau, den Kauf oder die Erhaltung des Familienheims aufgenommen worden sind. **Nebenkosten** sind auch hier außer den gesondert anzugebenden Heizungskosten die Betriebskosten.

Sollten Sie sich den Wohnraum mit einer anderen Person als einem Angehörigen (oben **D**) teilen, tragen Sie bitte nur die auf Sie entfallenden anteiligen Beträge ein.

Die notwendigen Belege (z. B. Mietvertrag, Darlehensurkunden, Nebenkostenabrechnung) **müssen beigefügt werden.**

[I] Auch über die monatlichen Zahlungen und die derzeitige Höhe der Restschuld sind die notwendigen Belege beizufügen, wenn die Zahlungsverpflichtung für die Anschaffung eines unter **G** anzugebenden Vermögensgegenstandes eingegangen worden ist oder wenn sie unter **J** als besondere Belastung geltend gemacht wird.

[J] Wenn Sie eine **besondere Belastung** geltend machen, bitte den Monatsbetrag oder die anteiligen Monatsbeträge angeben, die von Ihren Einnahmen bzw. den Einnahmen Ihres Ehegatten abgesetzt werden sollen.

 Anhang

Bitte fügen Sie außer den Belegen auf einem besonderen Blatt eine Erläuterung bei. Eine Unterhaltsbelastung des Ehegatten aus seiner früheren Ehe kann hier angegeben werden. Auch hohe Kreditraten können als besondere Belastung absetzbar sein. Aus den Einzelangaben dazu unter I des Vordrucks muss sich ergeben, wofür, seit wann und bis wann die Ratenverpflichtung besteht. Anzugeben ist ferner, ob Sie die Kreditraten laufend begleichen. Ihre tatsächlichen Zahlungen müssen Sie belegen.

K Die Erklärung ist in der letzten Zeile von der Partei selbst bzw. der Person zu unterschreiben, die sie gesetzlich vertritt.

Antrag auf Prozesskostenhilfe mit Hinweisblatt

Erklärung über die persönlichen und wirtschaftlichen Verhältnisse
- Anlage zum Antrag auf Bewilligung der Prozesskostenhilfe; **die notwendigen Belege sind beizufügen.** -

Geschäftsnummer des Gerichts

(A) Die Prozesskostenhilfe wird beantragt von (Name, Vorname, ggf. Geburtsname): | Beruf, Erwerbstätigkeit | Geburtsdatum | Familienstand

Anschrift (Straße, Hausnummer, Postleitzahl, Wohnort) | Tagsüber telefonisch erreichbar unter Nr.

Antragstellende Partei wird gesetzlich vertreten von (Name, Vorname, Anschrift, Telefon)

(B) Trägt eine **Rechtsschutzversicherung** oder **andere Stelle/Person** (z. B. Gewerkschaft, Arbeitgeber, Mieterverein) die Kosten Ihrer Prozessführung?
Nein ☐ Ja, in voller Höhe ☐ Ja, in Höhe von EUR ☐

(C) Beziehen Sie **Unterhaltsleistungen** (z. B. Unterhaltszahlungen; Versorgung im elterlichen Haushalt, Leistungen des Partners einer eheähnlichen Lebensgemeinschaft)?
Nein ☐ Ja, von Eltern/Vater/Mutter ☐ (Bitte auf Zweitstück dieses Vordrucks Angaben über deren/dessen Verhältnisse - s. Hinweise) Ja, vom getrenntlebenden/geschiedenen Ehegatten ☐ Ja, von anderer Person ☐

Beleg Nr.

(D) Angehörige, denen Sie Unterhalt gewähren | Geburtsdatum | Familienverhältnis (z. B. Ehegatte, Kind, Schwiegermutter) | Wenn Sie den Unterhalt ausschließlich durch Zahlung gewähren Monatsbetrag in EUR | Haben die Angehörigen eigene Einnahmen? (z. B. Ausbildungsvergütung, Unterhaltszahlungen vom anderen Elternteil) | Beleg Nr.

Name, Vorname (Anschrift nur, wenn sie von Ihrer Anschrift abweicht)

1 | | | | Nein ☐ Ja, EUR mtl. ☐
2 | | | | Nein ☐ Ja, EUR mtl. netto ☐
3 | | | | Nein ☐ Ja, EUR mtl. netto ☐
4 | | | | Nein ☐ Ja, EUR mtl. netto ☐
5 | | | | Nein ☐ Ja, EUR mtl. netto ☐

Wenn Sie laufende Leistungen zum Lebensunterhalt nach dem Bundessozialhilfegesetz beziehen **und den letzten Bescheid des Sozialamtes beifügen**, sind Angaben zu (E) bis (J) entbehrlich, sofern das Gericht nicht etwas anderes anordnet.

(E) Bruttoeinnahmen

Bitte unbedingt beachten:
Die notwendigen Belege (z. B. *Lohnbescheinigung der Arbeitsstelle*) **müssen** beigefügt werden.

	Haben **Sie** Einnahmen aus			Hat Ihr **Ehegatte** Einnahmen aus			Beleg Nr.
	nichtselbständiger Arbeit?	Nein ☐	Ja, EUR mtl. brutto	nichtselbständiger Arbeit?	Nein ☐	Ja, EUR mtl. brutto	
	selbständiger Arbeit/Gewerbebetrieb/Land-, Forstwirtschaft?	Nein ☐	Ja, EUR mtl. brutto	selbständiger Arbeit/Gewerbebetrieb/Land-, Forstwirtschaft?	Nein ☐	Ja, EUR mtl. brutto	
	Vermietung und Verpachtung?		Ja, EUR mtl. brutto	Vermietung und Verpachtung?	Nein ☐	Ja, EUR mtl. brutto	
	Kapitalvermögen?		Ja, EUR mtl.	Kapitalvermögen?	Nein ☐	Ja, EUR mtl.	
	Kindergeld?	Nein ☐	Ja, EUR mtl.	Kindergeld?	Nein ☐	Ja, EUR mtl.	
	Wohngeld?			Wohngeld?			
Bitte Art und Bezugszeitraum angeben z. B. Unterhaltsrente mtl. Altersrente mtl. Weihnachts-/Urlaubsgeld jährl. Arbeitslosenhilfe mtl. Arbeitslosenförd. mtl. Ausbildungsförd. mtl. Krankengeld mtl.	Andere Einnahmen (auch einmalige oder unregelmäßige)?	Nein ☐	Ja, und zwar EUR brutto / EUR brutto / EUR brutto	Andere Einnahmen (auch einmalige oder unregelmäßige)?	Nein ☐	Ja, und zwar EUR brutto / EUR brutto / EUR brutto	

Falls zu den Einnahmen alle Fragen verneint werden: Auf welche Umstände ist dies zurückzuführen? Wie bestreiten Sie Ihren Lebensunterhalt?

(F) Abzüge

Bitte kurz bezeichnen
z. B. ☐[1] Lohnsteuer ☐[2] Pflichtbeiträge ☐[3] Lebensversich. ☐[4] Fahrt zur Arbeit ... km / einfache Entfernung

Die notwendigen Belege müssen beigefügt werden.

Welche Abzüge haben **Sie**?		Welche Abzüge hat Ihr **Ehegatte**?		Beleg Nr.
[1] Steuern	EUR mtl.	[1] Steuern	EUR mtl.	
[2] Sozialversicherungsbeiträge	EUR mtl.	[2] Sozialversicherungsbeiträge	EUR mtl.	
[3] sonstige Versicherungen	EUR mtl.	[3] sonstige Versicherungen	EUR mtl.	
[4] Werbungskosten, Betriebsausgaben	EUR mtl.	[4] Werbungskosten, Betriebsausgaben	EUR mtl.	

Anhang

(G) Ist Vermögen vorhanden?

	A/B oder C		Verkehrswert Guthabenhöhe, Betrag in EUR	Beleg-Nr.
		In dieser Spalte mit Großbuchstaben bitte jeweils angeben, wem der Gegenstand gehört: A = mir allein B = meinem, Ehegatten allein C = meinem Ehegatten und mir gemeinsam		
Grundvermögen? (z. B. Grundstück, Familienheim, Wohnungseigentum, Erbbaurecht)		Nutzungsart, Lage, Größe, Grundbuchbezeichnung, Jahr der Bezugsfertigkeit, Einheits-, Brandversicherungswert:		
☐ Nein ☐ Ja				
Bausparkonten?		Bausparkasse, voraussichtlicher oder feststehender Auszahlungstermin, Verwendungszweck:		
☐ Nein ☐ Ja				
Bank-, Giro-, Sparkonten u. dgl.?		Kreditinstitut, Guthabenart:		
☐ Nein ☐ Ja				
Kraftfahrzeuge?		Fahrzeugart, Marke, Typ, Bau-, Anschaffungsjahr:		
☐ Nein ☐ Ja				
Sonstige Vermögenswerte, Lebensversicherung, Wertpapiere, Bargeld, Wertgegenstände, Forderungen, Außenstände?		Bezeichnung der Gegenstände:		
☐ Nein ☐ Ja				

(H) Wohnkosten
Angaben sind zu belegen

	Größe des Wohnraums, den Sie mit Ihren oben unter (D) bezeichneten Angehörigen bewohnen	Größe in qm	Art der Heizung (z.B. "Zentrale Ölheizung")			Beleg-Nr.
Wenn Sie den Raum als **Mieter** oder in einem ähnlichen Nutzungsverhältnis bewohnen	Miete ohne Mietnebenkosten EUR mtl.	Heizungskosten EUR mtl.	Übrige Nebenkosten EUR mtl.	Gesamtbetrag EUR mtl.	Ich zahle darauf EUR mtl.	Ehegatte zahlt EUR mtl.
Wenn Sie den Raum als **Eigentümer**, Miteigentümer, Erbbauberechtigter o. dgl. bewohnen	Belastung aus Fremdmitteln EUR mtl.	Heizungskosten EUR mtl.	Übrige Nebenkosten EUR mtl.	Gesamtbetrag EUR mtl.	Ich zahle darauf EUR mtl.	Ehegatte zahlt EUR mtl.
Genaue Einzelangaben zu der Belastung aus Fremdmitteln (z. B. ... % Zinsen, ... % Tilgung aus Darlehn der Sparkasse ... für Kauf des Eigenheims; Zahlungen laufen bis ..."):				Restschuld EUR	Ich zahle darauf EUR mtl.	Ehegatte zahlt EUR mtl.

(I) Sonstige Zahlungsverpflichtungen
Bitte angeben an wen, wofür, seit wann die Zahlungen geleistet werden und bis wann sie laufen (z.B. "Ratenkredit der ... Bank vom ... für Kauf eines Pkw; Raten laufen bis ..."):

		Restschuld EUR	Ich zahle darauf EUR mtl.	Ehegatte zahlt EUR mtl.	Beleg-Nr.

(J) Als besondere Belastung mache ich geltend:
Besondere Belastung (z.B. Mehrausgaben für körperbehinderten Angehörigen) bitte begründen. Die Angaben sind zu belegen.

	Ich bringe dafür auf EUR mtl.	Ehegatte bringt dafür auf EUR mtl.	Beleg-Nr.

Ich versichere hiermit, daß meine Angaben vollständig und wahr sind. Das Hinweisblatt zu diesem Vordruck habe ich erhalten.

(K)
Anzahl
____ **Belege** füge ich bei.
Ort, Datum

Aufgenommen:

_____
Unterschrift der Partei oder der Person, die sie gesetzlich vertritt

_____
Unterschrift, Amtsbezeichnung

Antrag auf Erlass eines Mahnbescheides mit Hinweisen

Antrag auf Erlaß eines Mahnbescheids
– Nur für Gerichte, die die Mahnverfahren maschinell bearbeiten. –

Raum für Vermerke des Gerichts

Zeilen-Nummer | Datum des Antrags | EURO | **Achtung:** Bitte lesen Sie zunächst die **Hinweise** zu diesem Vordruck. Die Hauptforderung ist mit einer aus dem Hinweisblatt zu entnehmenden **Katalog-Nr.** zu bezeichnen.

1

2 Antragsteller
Bei mehreren Antragstellern: Es wird versichert, dass der in Spalte 1 Bezeichnete bevollmächtigt ist, die weiteren zu vertreten.

Spalte 1
◄ 1 = Herr
 2 = Frau

Spalte 2 **Weiterer Antragsteller**
◄ 1 = Herr
 2 = Frau

3 Vorname — Vorname

4 Nachname — Nachname

5 Straße, Hausnummer – bitte kein Postfach! – Straße, Hausnummer – bitte kein Postfach! –

6 Postleitzahl Ort Ausl. Kz. — Postleitzahl Ort Ausl. Kz.

7 *Spalte 3* **Nur Firma, juristische Person u. dgl. als Antragsteller** — Rechtsform, z.B. GmbH, AG, OHG, KG

8 ◄ 3 = nur Einzelfirma 4 = nur GmbH u. Co KG sonst Rechtsform:
Vollständige Bezeichnung

9 Fortsetzung von Zeile 9

10 Straße, Hausnummer – bitte kein Postfach! – Postleitzahl Ort Ausl. Kz.

11 Gesetzlicher Vertreter — **Gesetzlicher Vertreter** (auch weiterer)
12 ◄ Nr. der Spalte, in der der Vertretene bezeichnet ist ◄ Nr. der Spalte, in der der Vertretene bezeichnet ist
Stellung (z.B. Geschäftsführer, Vater, Mutter, Vormund) Stellung

13 Vor- und Nachname Vor- und Nachname

14 Straße, Hausnummer – bitte kein Postfach! – Straße, Hausnummer – bitte kein Postfach! –

15 Postleitzahl Ort Ausl. Kz. Postleitzahl Ort Ausl. Kz.

16

17 Antragsgegner
☐◄ Antragsgegner sind Gesamtschuldner

Spalte 1 *Spalte 2* **Weiterer Antragsgegner**
18 ◄ 1 = Herr ◄ 1 = Herr
 2 = Frau   2 = Frau
Vorname Vorname

19 Nachname Nachname

20 Straße, Hausnummer – bitte kein Postfach! – Straße, Hausnummer – bitte kein Postfach! –

21 Postleitzahl Ort Postleitzahl Ort

22

23 *Spalte 3* **Nur Firma, juristische Person u. dgl. als Antragsgegner** Rechtsform, z.B. GmbH, AG, OHG, KG
◄ 3 = nur Einzelfirma 4 = nur GmbH u. Co KG sonst Rechtsform:
Vollständige Bezeichnung

24 Fortsetzung von Zeile 24

25 Straße, Hausnummer – bitte kein Postfach! – Postleitzahl Ort

26

27 Gesetzlicher Vertreter **Gesetzlicher Vertreter** (auch weiterer)
◄ Nr. der Spalte, in der der Vertretene bezeichnet ist ◄ Nr. der Spalte, in der der Vertretene bezeichnet ist
Stellung (z.B. Geschäftsführer, Vater, Mutter, Vormund) Stellung

28 Vor- und Nachname Vor- und Nachname

29 Straße, Hausnummer – bitte kein Postfach! – Straße, Hausnummer – bitte kein Postfach! –

30 Postleitzahl Ort Postleitzahl Ort

31

Bitte die nächste Vordruckseite beachten!

Bezeichnung des Anspruchs

I. Hauptforderung - siehe Katalog in den Hinweisen -   Euro

Zeilen-Nummer	Katalog-Nr.	Rechnung/Aufstellung/Vertrag oder ähnliche Bezeichnung	Nr. der Rechng./des Kontos u. dgl.	Datum bzw. Zeitraum vom	bis	Betrag
32						
33						
34						

	Postleitzahl	Ort als Zusatz bei Katalog-Nr. 19,20,90		Ausl. Kz.	Vertragsart als Zusatz bei Katalog-Nr. 28	
35						-Vertrag

Sonstiger Anspruch - nur ausfüllen, wenn im Katalog nicht vorhanden - mit Vertrags-/Lieferdatum/Zeitraum vom ... bis ... -

36						
	Fortsetzung von Zelle 36			vom	bis	Betrag
37						
				Datum	Seit diesem Datum ist die Forderung an den Antragsteller abgetreten/auf ihn übergegangen.	
38	Nur bei Abtretung oder Forderungsübergang:					
	Früherer Gläubiger – Vor- und Nachname, Firma (Kurzbezeichnung)			Postleitzahl	Ort	Ausl. Kz.
39						

IIa. Laufende Zinsen

Zeilen-Nr. der Hauptforderung	Zinssatz %	oder % über Basiszinssatz	1 = jährl. 2 = mtl. 3 = tägl.	Nur angeben, wenn abweichend vom Hauptforderungsbetrag aus	Ab Zustellung des Mahnbescheids, wenn kein Datum angegeben. ab oder vom	bis
40						
41						
42						

IIb. Ausgerechnete Zinsen | **III. Auslagen des Antragstellers für dieses Verfahren**

	Gemäß dem Antragsgegner mitgeteilter Berechnung für die Zeit			Vordruck/Porto Betrag	Sonstige Auslagen Betrag	Bezeichnung
	vom	bis	Betrag			
43						

IV. Andere Nebenforderungen

	Mahnkosten Betrag	Auskünfte Betrag	Bankrücklastkosten Betrag	Inkassokosten Betrag	Sonstige Nebenforderung Betrag	Bezeichnung
44						

Ein streitiges Verfahren wäre durchzuführen vor dem

1 = Amtsgericht
2 = Landgericht
3 = Landgericht – KfH
6 = Amtsgericht – Familiengericht
8 = Sozialgericht

		Postleitzahl	Ort		Im Falle eines Widerspruchs beantrage ich die Durchführung des streitigen Verfahrens
45	◀		in	◁	

Prozeßbevollmächtigter des Antragstellers | Ordungsgemäße Bevollmächtigung versichere ich.

			Betrag	Bei Rechtsanwalt oder Rechtsbeistand: Anstelle der Auslagenpauschale des § 26 BRAGO werden die nebenstehenden Auslagen verlangt, deren Richtigkeit versichert wird.		Der Antragsteller ist nicht zum Vorsteuerabzug berechtigt.
46	◀	1 = Rechtsanwalt 4 = Herr, Frau 2 = Rechtsanwälte 5 = Rechtsanwältin 3 = Rechtsbeistand 6 = Rechtsanwältinnen			◁	
	Vor- und Nachname					
47						
	Straße, Hausnummer – bitte kein Postfach –			Postleitzahl	Ort	Ausl. Kz.
48						
	Bankleitzahl	Konto-Nr.		bei der/dem		
49						

Von Kreditgebern (auch Zessionar) zusätzlich zu machende Angaben bei Anspruch aus Vertrag, für den das Verbraucherkreditgesetz gilt:

Zeilen-Nr. der Hauptforderung	Vertragsdatum	Effektiver Jahreszins	Zeilen-Nr. der Hauptforderung	Vertragsdatum	Effektiver Jahreszins	Zeilen-Nr. der Hauptforderung	Vertragsdatum	Effektiver Jahreszins
50								

Geschäftszeichen des Antragstellers/Prozeßbevollmächtigten

51 .   .

An das Amtsgericht - Mahnabteilung -

52 Postfach _____

Ich beantrage, einen Mahnbescheid zu erlassen und in diesen die Kosten des Verfahrens aufzunehmen.
Ich erkläre, daß der Anspruch von einer Gegenleistung

☐◁ abhängt, diese aber bereits erbracht ist.   ☐◁ nicht abhängt.

Unterschrift des Antragstellers/Vertreters/Prozeßbevollmächtigten

53 Postleitzahl, Ort

.   .

Antrag auf Erlass eines Mahnbescheides mit Hinweisen   293

Tabelle Gerichtsgebühren

Beispiel: In einem gewöhnlichen Prozess fallen drei volle Gerichtsgebühren an, bei einem Streitwert von 5.000,00 Euro also 363,00 Euro.

Streitwert bis ... EUR	Gebühr EUR	Streitwert bis ... EUR	Gebühr EUR
300	25	40.000	398
600	35	45.000	427
900	45	50.000	456
1.200	55	65.000	556
1.500	65	80.000	656
2.000	73	95.000	756
2.500	81	110.000	856
3.000	89	125.000	956
3.500	97	140.000	1.056
4.000	105	155.000	1.156
4.500	113	170.000	1.256
5.000	121	185.000	1.356
6.000	136	200.000	1.456
7.000	151	230.000	1.606
8.000	166	260.000	1.756
9.000	181	290.000	1.906
10.000	196	320.000	2.056
13.000	219	350.000	2.206
16.000	242	380.000	2.356
19.000	265	410.000	2.506
22.000	288	440.000	2.656
25.000	311	470.000	2.806
30.000	340	500.000	2.956
35.000	369		

Tabelle Rechtsanwaltsgebühren

Beispiel: Bei einem gewöhnlichen Prozess fallen für den Anwalt drei volle Gebühren an, bei einem Streitwert von 5.000,00 Euro also 903,00 Euro.

Streitwert bis ... EUR	Gebühr EUR	Streitwert bis ... EUR	Gebühr EUR
300	25	40.000	902
600	45	45.000	974
900	65	50.000	1.046
1.200	85	65.000	1.123
1.500	105	80.000	1.200
2.000	133	95.000	1.277
2.500	161	110.000	1.354
3.000	189	125.000	1.431
3.500	217	140.000	1.508
4.000	245	155.000	1.585
4.500	273	170.000	1.662
5.000	301	185.000	1.739
6.000	338	200.000	1.816
7.000	375	230.000	1.934
8.000	412	260.000	2.052
9.000	449	290.000	2.170
10.000	486	320.000	2.288
13.000	526	350.000	2.406
16.000	566	380.000	2.524
19.000	606	410.000	2.642
22.000	646	440.000	2.760
25.000	686	470.000	2.878
30.000	758	500.000	2.996
35.000	830		

Tabelle Notargebühren

Beispiel: Bei einer gewöhnlichen Beurkundung fällt für den Notar eine volle Gebühr an, bei einem Streitwert von 5.000,00 Euro also 42,00 Euro.

Geschäftswert bis ... EUR	Gebühr EUR	Geschäftswert bis ... EUR	Gebühr EUR	Geschäftswert bis ... EUR	Gebühr EUR
1.000	10	250.000	432	640.000	1.017
2.000	18	260.000	447	650.000	1.032
3.000	26	270.000	462	660.000	1.047
4.000	34	280.000	477	670.000	1.062
5.000	42	290.000	492	680.000	1.077
8.000	48	300.000	507	690.000	1.092
11.000	54	310.000	522	700.000	1.107
14.000	60	320.000	537	710.000	1.122
17.000	66	330.000	552	720.000	1.137
20.000	72	340.000	567	730.000	1.152
23.000	78	350.000	582	740.000	1.167
26.000	84	360.000	597	750.000	1.182
29.000	90	370.000	612	760.000	1.197
32.000	96	380.000	627	770.000	1.212
35.000	102	390.000	642	780.000	1.227
38.000	108	400.000	657	790.000	1.242
41.000	114	410.000	672	800.000	1.257
44.000	120	420.000	687	810.000	1.272
47.000	126	430.000	702	820.000	1.287
50.000	132	440.000	717	830.000	1.302
60.000	147	450.000	732	840.000	1.317
70.000	162	460.000	747	850.000	1.332
80.000	177	470.000	762	860.000	1.347
90.000	192	480.000	777	870.000	1.362
100.000	207	490.000	792	880.000	1.377
110.000	222	500.000	807	890.000	1.392
120.000	237	510.000	822	900.000	1.407
130.000	252	520.000	837	910.000	1.422
140.000	267	530.000	852	920.000	1.437
150.000	282	540.000	867	930.000	1.452
160.000	297	550.000	882	940.000	1.467
170.000	312	560.000	897	950.000	1.482
180.000	327	570.000	912	960.000	1.497
190.000	342	580.000	927	970.000	1.512
200.000	357	590.000	942	980.000	1.527
210.000	372	600.000	957	990.000	1.542
220.000	387	610.000	972	1.000.000	1.557
230.000	402	620.000	987		
240.000	417	630.000	1.002		

Tabelle Raten bei Prozesskostenhilfe

Bei der Bewilligung von Prozesskostenhilfe mit Ratenzahlung sind von dem nach den Abzügen verbleibenden, auf volle Euro abzurundenden Teil des monatlichen Einkommens (einzusetzendes Einkommen) unabhängig von der Zahl der Rechtszüge höchstens 48 Monatsraten aufzubringen, und zwar bei einem

einzusetzenden Einkommen bis EUR	eine Monatsrate in Höhe von EUR
5	0
50	15
100	30
150	45
200	60
250	75
300	95
350	115
400	135
450	155
500	175
550	200
600	225
650	250
700	275
750	300
über 750	300 zuzüglich des 750 übersteigenden Teils des einzusetzenden Einkommens.

Tabelle Pfändungsfreigrenzen

Netto-Lohn monatlich	Pfändbarer Betrag bei Unterhaltspflicht für ... Personen					
	0	1	2	3	4	5 und mehr
bis 939,99	—	—	—	—	—	—
940,00 bis 949,99	7,00	—	—	—	—	—
950,00 bis 959,99	14,00	—	—	—	—	—
960,00 bis 969,99	21,00	—	—	—	—	—
970,00 bis 979,99	28,00	—	—	—	—	—
980,00 bis 989,99	35,00	—	—	—	—	—
990,00 bis 999,99	42,00	—	—	—	—	—
1.000,00 bis 1.009,99	49,00	—	—	—	—	—
1.010,00 bis 1.019,99	56,00	—	—	—	—	—
1.020,00 bis 1.029,99	63,00	—	—	—	—	—
1.030,00 bis 1.039,99	70,00	—	—	—	—	—
1.040,00 bis 1.049,99	77,00	—	—	—	—	—
1.050,00 bis 1.059,99	84,00	—	—	—	—	—
1.060,00 bis 1.069,99	91,00	—	—	—	—	—
1.070,00 bis 1.079,99	98,00	—	—	—	—	—
1.080,00 bis 1.089,99	105,00	—	—	—	—	—
1.090,00 bis 1.099,99	112,00	—	—	—	—	—
1.100,00 bis 1.109,99	119,00	—	—	—	—	—
1.110,00 bis 1.119,99	126,00	—	—	—	—	—
1.120,00 bis 1.129,99	133,00	—	—	—	—	—
1.130,00 bis 1.139,99	140,00	—	—	—	—	—
1.140,00 bis 1.149,99	147,00	—	—	—	—	—
1.150,00 bis 1.159,99	154,00	—	—	—	—	—
1.160,00 bis 1.169,99	161,00	—	—	—	—	—
1.170,00 bis 1.179,99	168,00	—	—	—	—	—
1.180,00 bis 1.189,99	175,00	—	—	—	—	—
1.190,00 bis 1.199,99	182,00	—	—	—	—	—
1.200,00 bis 1.209,99	189,00	—	—	—	—	—
1.210,00 bis 1.219,99	196,00	—	—	—	—	—
1.220,00 bis 1.229,99	203,00	—	—	—	—	—
1.230,00 bis 1.239,99	210,00	—	—	—	—	—
1.240,00 bis 1.249,99	217,00	—	—	—	—	—
1.250,00 bis 1.259,99	224,00	—	—	—	—	—

Anhang

Netto-Lohn monatlich	Pfändbarer Betrag bei Unterhaltspflicht für ... Personen					
	0	1	2	3	4	5 und mehr
1.260,00 bis 1.269,99	231,00	—	—	—	—	—
1.270,00 bis 1.279,99	238,00	—	—	—	—	—
1.280,00 bis 1.289,99	245,00	—	—	—	—	—
1.290,00 bis 1.299,99	255,00	5,00	—	—	—	—
1.300,00 bis 1.309,99	259,00	10,00	—	—	—	—
1.310,00 bis 1.319,99	266,00	15,00	—	—	—	—
1.320,00 bis 1.329,99	273,00	20,00	—	—	—	—
1.330,00 bis 1.339,99	280,00	25,00	—	—	—	—
1.340,00 bis 1.349,99	287,00	30,00	—	—	—	—
1.350,00 bis 1.359,99	294,00	35,00	—	—	—	—
1.360,00 bis 1.369,99	301,00	40,00	—	—	—	—
1.370,00 bis 1.379,99	308,00	45,00	—	—	—	—
1.380,00 bis 1.389,99	315,00	50,00	—	—	—	—
1.390,00 bis 1.399,99	322,00	55,00	—	—	—	—
1.400,00 bis 1.409,99	329,00	60,00	—	—	—	—
1.410,00 bis 1.419,99	336,00	65,00	—	—	—	—
1.420,00 bis 1.429,99	343,00	70,00	—	—	—	—
1.430,00 bis 1.439,99	350,00	75,00	—	—	—	—
1.440,00 bis 1.449,99	357,00	80,00	—	—	—	—
1.450,00 bis 1.459,99	364,00	85,00	—	—	—	—
1.460,00 bis 1.469,99	371,00	90,00	—	—	—	—
1.470,00 bis 1.479,99	378,00	95,00	—	—	—	—
1.480,00 bis 1.489,99	385,00	100,00	2,00	—	—	—
1.490,00 bis 1.499,99	392,00	105,00	6,00	—	—	—
1.500,00 bis 1.509,99	399,00	110,00	10,00	—	—	—
1.510,00 bis 1.519,99	406,00	115,00	14,00	—	—	—
1.520,00 bis 1.529,99	413,00	120,00	18,00	—	—	—
1.530,00 bis 1.539,99	420,00	125,00	22,00	—	—	—
1.540,00 bis 1.549,99	427,00	130,00	26,00	—	—	—
1.550,00 bis 1.559,99	434,00	135,00	30,00	—	—	—
1.560,00 bis 1.569,99	441,00	140,00	34,00	—	—	—
1.570,00 bis 1.579,99	448,00	145,00	38,00	—	—	—
1.580,00 bis 1.589,99	455,00	150,00	42,00	—	—	—
1.590,00 bis 1.599,99	462,00	155,00	46,00	—	—	—
1.600,00 bis 1.609,99	469,00	160,00	50,00	—	—	—

Tabelle Pfändungsfreigrenzen

Netto-Lohn monatlich	Pfändbarer Betrag bei Unterhaltspflicht für ... Personen					
	0	1	2	3	4	5 und mehr
1.610,00 bis 1.619,99	476,00	165,00	54,00	—	—	—
1.620,00 bis 1.629,99	483,00	170,00	58,00	—	—	—
1.630,00 bis 1.639,99	490,00	175,00	62,00	—	—	—
1.640,00 bis 1.649,99	497,00	180,00	66,00	—	—	—
1.650,00 bis 1.659,99	504,00	185,00	70,00	—	—	—
1.660,00 bis 1.669,99	511,00	190,00	74,00	—	—	—
1.670,00 bis 1.679,99	518,00	195,00	78,00	—	—	—
1.680,00 bis 1.689,99	525,00	200,00	82,00	3,00	—	—
1.690,00 bis 1.699,99	532,00	205,00	86,00	6,00	—	—
1.700,00 bis 1.709,99	539,00	210,00	90,00	9,00	—	—
1.710,00 bis 1.719,99	546,00	215,00	94,00	12,00	—	—
1.720,00 bis 1.729,99	553,00	220,00	98,00	15,00	—	—
1.730,00 bis 1.739,99	560,00	225,00	102,00	18,00	—	—
1.740,00 bis 1.749,99	567,00	230,00	106,00	21,00	—	—
1.750,00 bis 1.759,99	574,00	235,00	110,00	24,00	—	—
1.760,00 bis 1.769,99	581,00	240,00	114,00	27,00	—	—
1.770,00 bis 1.779,99	588,00	245,00	118,00	30,00	—	—
1.780,00 bis 1.789,99	595,00	250,00	122,00	33,00	—	—
1.790,00 bis 1.799,99	602,00	255,00	126,00	36,00	—	—
1.800,00 bis 1.809,99	609,00	260,00	130,00	39,00	—	—
1.810,00 bis 1.819,99	616,00	265,00	134,00	42,00	—	—
1.820,00 bis 1.829,99	623,00	270,00	138,00	45,00	—	—
1.830,00 bis 1.839,99	630,00	275,00	142,00	48,00	—	—
1.840,00 bis 1.849,99	637,00	280,00	146,00	51,00	—	—
1.850,00 bis 1.859,99	644,00	285,00	150,00	54,00	—	—
1.860,00 bis 1.869,99	651,00	290,00	154,00	57,00	—	—
1.870,00 bis 1.879,99	658,00	295,00	158,00	60,00	1,00	—
1.880,00 bis 1.889,99	665,00	300,00	162,00	63,00	3,00	—
1.890,00 bis 1.899,99	672,00	305,00	166,00	66,00	5,00	—
1.900,00 bis 1.909,99	679,00	310,00	170,00	69,00	7,00	—
1.910,00 bis 1.919,99	686,00	315,00	174,00	72,00	9,00	—
1.920,00 bis 1.929,99	693,00	320,00	178,00	75,00	11,00	—
1.930,00 bis 1.939,99	700,00	325,00	182,00	78,00	13,00	—
1.940,00 bis 1.949,99	707,00	330,00	186,00	81,00	15,00	—
1.950,00 bis 1.959,99	714,00	335,00	190,00	84,00	17,00	—

Anhang

Netto-Lohn monatlich	Pfändbarer Betrag bei Unterhaltspflicht für ... Personen					
	0	1	2	3	4	5 und mehr
1.960,00 bis 1.969,99	721,00	340,00	194,00	87,00	19,00	—
1.970,00 bis 1.979,99	728,00	345,00	198,00	90,00	21,00	—
1.980,00 bis 1.989,99	735,00	350,00	202,00	93,00	23,00	—
1.990,00 bis 1.999,99	742,00	355,00	206,00	96,00	25,00	—
2.000,00 bis 2.009,99	749,00	360,00	210,00	99,00	27,00	—
2.010,00 bis 2.019,99	756,00	365,00	214,00	102,00	29,00	—
2.020,00 bis 2.029,99	763,00	370,00	218,00	105,00	31,00	—
2.030,00 bis 2.039,99	770,00	375,00	222,00	108,00	33,00	—
2.040,00 bis 2.049,99	777,00	380,00	226,00	111,00	35,00	—
2.050,00 bis 2.059,99	784,00	385,00	230,00	114,00	37,00	—
2.060,00 bis 2.069,99	791,00	390,00	234,00	117,00	39,00	—
2.070,00 bis 2.079,99	798,00	395,00	238,00	120,00	41,00	1,00
2.080,00 bis 2.089,99	805,00	400,00	242,00	123,00	43,00	2,00
2.090,00 bis 2.099,99	812,00	405,00	246,00	126,00	45,00	3,00
2.100,00 bis 2.109,99	819,00	410,00	250,00	129,00	47,00	4,00
2.110,00 bis 2.119,99	826,00	415,00	254,00	132,00	49,00	5,00
2.120,00 bis 2.129,99	833,00	420,00	258,00	135,00	51,00	6,00
2.130,00 bis 2.139,99	840,00	425,00	262,00	138,00	53,00	7,00
2.140,00 bis 2.149,99	847,00	430,00	266,00	141,00	55,00	8,00
2.150,00 bis 2.159,99	854,00	435,00	270,00	144,00	57,00	9,00
2.160,00 bis 2.169,99	861,00	440,00	274,00	147,00	59,00	10,00
2.170,00 bis 2.179,99	868,00	445,00	278,00	150,00	61,00	11,00
2.180,00 bis 2.189,99	875,00	450,00	282,00	153,00	63,00	12,00
2.190,00 bis 2.199,99	882,00	455,00	286,00	156,00	65,00	13,00
2.200,00 bis 2.209,99	889,00	460,00	290,00	159,00	67,00	14,00
2.210,00 bis 2.219,99	896,00	465,00	294,00	162,00	69,00	15,00
2.220,00 bis 2.229,99	903,00	470,00	298,00	165,00	71,00	16,00
2.230,00 bis 2.239,99	910,00	475,00	302,00	168,00	73,00	17,00
2.240,00 bis 2.249,99	917,00	480,00	306,00	171,00	75,00	18,00
2.250,00 bis 2.259,99	924,00	485,00	310,00	174,00	77,00	19,00
2.260,00 bis 2.269,99	931,00	490,00	314,00	177,00	79,00	20,00
2.270,00 bis 2.279,99	938,00	495,00	318,00	180,00	81,00	21,00
2.280,00 bis 2.289,99	945,00	500,00	322,00	183,00	83,00	22,00
2.290,00 bis 2.299,99	952,00	505,00	326,00	186,00	85,00	23,00
2.300,00 bis 2.309,99	959,00	510,00	330,00	189,00	87,00	24,00

Tabelle Pfändungsfreigrenzen

Netto-Lohn monatlich	Pfändbarer Betrag bei Unterhaltspflicht für ... Personen					
	0	1	2	3	4	5 und mehr
2.310,00 bis 2.319,99	966,00	515,00	334,00	192,00	89,00	25,00
2.320,00 bis 2.329,99	973,00	520,00	338,00	195,00	91,00	26,00
2.330,00 bis 2.339,99	980,00	525,00	342,00	198,00	93,00	27,00
2.340,00 bis 2.349,99	987,00	530,00	36,00	201,00	95,00	28,00
2.350,00 bis 2.359,99	994,00	535,00	350,00	204,00	97,00	29,00
2.360,00 bis 2.369,99	1.001,00	540,00	354,00	207,00	99,00	30,00
2.370,00 bis 2.379,99	1.008,00	545,00	358,00	210,00	101,00	31,00
2.380,00 bis 2.389,99	1.015,00	550,00	362,00	213,00	103,00	32,00
2.390,00 bis 2.399,99	1.022,00	555,00	366,00	216,00	105,00	33,00
2.400,00 bis 2.409,99	1.029,00	560,00	370,00	219,00	107,00	34,00
2.410,00 bis 2.419,99	1.036,00	565,00	374,00	222,00	109,00	35,00
2.420,00 bis 2.429,99	1.043,00	570,00	378,00	225,00	111,00	36,00
2.430,00 bis 2.439,99	1.050,00	575,00	382,00	228,00	113,00	37,00
2.440,00 bis 2.449,99	1.057,00	580,00	86,00	231,00	115,00	38,00
2.450,00 bis 2.459,99	1.064,00	585,00	390,00	234,00	117,00	39,00
2.460,00 bis 2.469,99	1.071,00	590,00	394,00	237,00	119,00	40,00
2.470,00 bis 2.479,99	1.078,00	595,00	398,00	240,00	121,00	41,00
2.480,00 bis 2.489,99	1.085,00	600,00	402,00	243,00	123,00	42,00
2.490,00 bis 2.499,99	1.092,00	605,00	406,00	246,00	125,00	43,00
2.500,00 bis 2.509,99	1.099,00	610,00	410,00	249,00	127,00	44,00
2.510,00 bis 2.519,99	1.106,00	615,00	414,00	252,00	129,00	45,00
2.520,00 bis 2.529,99	1.113,00	620,00	418,00	255,00	131,00	46,00
2.530,00 bis 2.539,99	1.120,00	625,00	422,00	258,00	133,00	47,00
2.540,00 bis 2.549,99	1.127,00	630,00	426,00	261,00	135,00	48,00
2.550,00 bis 2.559,99	1.134,00	635,00	430,00	264,00	137,00	49,00
2.560,00 bis 2.569,99	1.141,00	640,00	434,00	267,00	139,00	50,00
2.570,00 bis 2.579,99	1.148,00	645,00	438,00	270,00	141,00	51,00
2.580,00 bis 2.589,99	1.155,00	650,00	442,00	273,00	143,00	52,00
2.590,00 bis 2.599,99	1.162,00	655,00	446,00	276,00	145,00	53,00
2.600,00 bis 2.609,99	1.169,00	660,00	450,00	279,00	147,00	54,00
2.610,00 bis 2.619,99	1.176,00	665,00	454,00	282,00	149,00	55,00
2.620,00 bis 2.629,99	1.183,00	670,00	458,00	285,00	151,00	56,00
2.630,00 bis 2.639,99	1.190,00	675,00	462,00	288,00	153,00	57,00
2.640,00 bis 2.649,99	1.197,00	680,00	466,00	291,00	155,00	58,00
2.650,00 bis 2.659,99	1.204,00	685,00	470,00	294,00	157,00	59,00

Netto-Lohn monatlich	Pfändbarer Betrag bei Unterhaltspflicht für ... Personen					
	0	1	2	3	4	5 und mehr
2.660,00 bis 2.669,99	1.211,00	690,00	474,00	297,00	159,00	60,00
2.670,00 bis 2.679,99	1.218,00	695,00	478,00	300,00	161,00	61,00
2.680,00 bis 2.689,99	1.225,00	700,00	482,00	303,00	163,00	62,00
2.690,00 bis 2.699,99	1.232,00	705,00	486,00	306,00	165,00	63,00
2.700,00 bis 2.709,99	1.239,00	710,00	490,00	309,00	167,00	64,00
2.710,00 bis 2.719,99	1.246,00	715,00	494,00	312,00	169,00	65,00
2.720,00 bis 2.729,99	1.253,00	720,00	498,00	315,00	171,00	66,00
2.730,00 bis 2.739,99	1.260,00	725,00	502,00	318,00	173,00	67,00
2.740,00 bis 2.749,99	1.267,00	730,00	506,00	321,00	175,00	68,00
2.750,00 bis 2.759,99	1.274,00	735,00	510,00	324,00	177,00	69,00
2.760,00 bis 2.769,99	1.281,00	740,00	514,00	327,00	179,00	70,00
2.770,00 bis 2.779,99	1.288,00	745,00	518,00	330,00	181,00	71,00
2.780,00 bis 2.789,99	1.295,00	750,00	522,00	333,00	183,00	72,00
2.790,00 bis 2.799,99	1.302,00	755,00	526,00	336,00	185,00	73,00
2.800,00 bis 2.809,99	1.309,00	760,00	530,00	339,00	187,00	74,00
2.810,00 bis 2.819,99	1.316,00	765,00	534,00	342,00	189,00	75,00
2.820,00 bis 2.829,99	1.323,00	770,00	538,00	345,00	191,00	76,00
2.830,00 bis 2.839,99	1.330,00	775,00	542,00	348,00	193,00	77,00
2.840,00 bis 2.849,99	1.337,00	780,00	546,00	351,00	195,00	78,00
2.850,00 bis 2.851,00	1.344,00	785,00	550,00	354,00	197,00	79,00

Der Mehrbetrag ab 2.851,00 EUR ist voll pfändbar.

Stichwortregister

A
Abmahnung 170
Allgemeine Rechtsschutzbedingungen 238
amtlicher Vordruck 226
Anklage 204
Anwalt 37
Anwaltsbroschüren 107
Anwaltsgericht 129
Anwalts-Hotline 118
Anwaltskammern 111
Anwaltskosten 99
Anwaltsnotare 41
Anwalts-Ranglisten 114
Anwaltssuchdienste 112
Anwaltszwang 180
Arbeitnehmerkammern 258
Arbeitskammern 258
Aufenthaltsort 66
Auskunfteien 69
Ausländerzentralregister 69
Auslandsfälle 260
Automobilclubs 257

B
Basiszinssatz 63, 193
Befangenheitsantrag 194
Beglaubigungen 38
Behindertenverbände 47, 256
Behörden 32, 44, 87
Beiordnung 113, 226
Beratungseinrichtungen 34
Beratungshilfe 220
Beratungsstellen 34, 35
Berechtigungsschein 220, 221
Berufshaftpflichtversicherung 41, 128, 134
Berufung 197
Beschwerde 129, 198, 229
Betreuer 36
Beurkundungen 37
Bevollmächtigung 53
Beweise 78
Beweismittel 78, 179
Beweispflicht 78
Beweisverfahren, selbstständiges 83, 84
Bibliotheken 18, 19
Boten 56

Branchentelefonbücher 110
Broschüren 16, 17
Bücher 16
Büchereien 18
Buchläden 18
Buchprüfer 36
Bundesbehörden 17
Bundesministerien 17, 26
Bundesnotarkammer 40
Bundesrechtsanwaltskammer 111
Bundessteuerberaterkammer 43
Bundesverband der Verbraucherzentralen e.V.
   17, 20, 46
Bundeszentralregister 69, 205
Bußgeldbescheid 206
Bußgeldstelle 206

C
CD-ROM 21
Clearing-Stelle 263

D
Deckungszusage 239
Detekteien 69
Detektiv 200
Detektivkosten 141
Deutscher Anwaltsverein e.V. (DAV) 111
Deutscher Gewerkschaftsbund 46
Doktortitel 94
Dolmetscher 200
DVD 21

E
eidesstattliche Versicherung 213, 215
Eigenbeteiligung 238
Eilverfahren 194
Einigung, außergerichtliche 144
Einigung, gütliche 59
Einschreiben 57
Einspruch 174, 198, 206
Einwohnermeldeamt 66
Einwurfseinschreiben 57
E-Mail-Verzeichnisse 69
Empfangsbestätigung 56
Entscheidungen 24
Erfahrung 102

Erfolglosigkeitsbescheinigung 153
Erfolgsaussichten 179, 225, 228, 247
Erfolgshonorar 133
Erfüllung der Ansprüche 195
Erinnerung 198, 216
Erklärung zu den wirtschaftlichen
   Verhältnissen 226
Erstberatung 100, 115, 138

F
Fachanwalt 92
Fachliteratur 16
Familienrechtsschutz 233
Faxabrufe 28
Fehler des Anwalts 126
Fernleihe 19
finanztest, Zeitschrift 21
Forderung 63
Forderungseinzug 72
Frachtprüfer 35
Freibeträge 223
Fremdsprache 103
Friedensrichter 156
Fristen 56, 74, 189
Fristversäumung 75
Funk und Fernsehen 31

G
Gebühren 39, 130, 131, 137
Gebühreneinzugszentrale 81
Gebührenhonorar 133
Gebührenordnung 132
Gebührensätze 138
Gegenstandswert 131
Gelbe Seiten 110
Genossenschaftsregister 67
Gericht, richtiges 183
Gerichte 24
Gerichtsgebühren 199
Gerichtskasse 199
Gerichtsverfahren 178
Gerichtsvollzieher 56, 210, 211
Gesetzestexte 23
Gewerbeamt 67
Gewerkschaften 46, 255
Grundbesitzervereine 47
Grundbuchamt 68
Gutachter 85
Gütesiegel 108
Gütestellen 153, 154

H
Haftpflichtversicherung 41
Haftung 124
Haftung des Anwalts 126
Haftungsbeschränkung 127
Handelsregister 67
Handwerkskammer 67
Hauseigentümervereine 47
Hebegebühr 138
Honorarvereinbarung 131, 133
Hotline-Beratung 118

I
in dubio pro reo 205
Industrie- und Handelskammer 67
Informationsquellen 16
Infotheken 20
Inkassobüro 35, 49, 64, 71
Insolvenzgericht 67
Interessenschwerpunkte 93
internationale Geschäfte 260
Internet 22
Internet-Cafe 23
Internet-Foren 26
ISO-Zertifizierung 108

K
Kanzleigröße 96
Kanzleiwerbung 104
Karlsruher Virtueller Katalog 25
Klage 187
Klageerhebung 188
Klageerwiderung 187, 188
Klageschrift 186
Klagevordrucke 188
Kooperationen 104
Kopien 58
Korrespondenzanwalt 122, 242
Kostenerstattung 139
Kostenfestsetzungsbeschluss 141
Kostenmarken 212
Kostenordnung für Notare 39
Kostenrechnerprogramme 138
Kostenrisiko 140, 201
Kostenübernahme 255
Kostenvorschuss 135

L
Ladung 182
Lohnsteuerhilfevereine 36, 42, 256

Stichwortregister 305

M
Mahnbescheid 171, 173
Mahnkosten 64
Mahnung 60
Mahnverfahren 169, 170
Mailinglisten 28
Mandantengespräche 117
Mandatsbeendigung 124
Mandatswechsel 124
Mediation 146
Mediator 36, 147
Mietervereine 47, 257
Musterklage 46
Musterprozess 145

N
Nachlassgericht 67
Newsgroups 26, 27
Newsletter 28
Notar 37, 103
Notarkammern 40

O
öffentliche Rechtsberatung 259
öffentliches Recht 90
Online Confidence 264
Online-Beratung 27, 119
Ordnungsgeld 81, 182
Ordnungshaft 81, 209
Ordnungswidrigkeit 205
Organisationen 32
Originalvollmacht 53

P
Partnerschaftsregister 67
Patentanwälte 36
Pauschalhonorar 133
Petitionsausschüsse 89
Pfändung 213
Pfändungs- und Überweisungsbeschluss 212
Pfändungsgrenzen 212
Pflichten, anwaltliche 122
PKH-Berechner 227
Polizei 81
Privat- und Berufsrechtsschutz 233
Privatgutachten 83
Privatklage 150, 205
Professor-Titel 95
Prozess 178
Prozessdauer 192
Prozessfinanzierer 245
Prozesskosten 130, 199

Prozesskostenfinanzierung 246
Prozesskostenhilfe 224
Prozesskostenvorschuss 251

Q
Qualifikation 91

R
Ranking-Listen 108
Ratenzahlung 61
Rechnung 62, 135
Rechtsantragsstelle 220
Rechtsanwalt 35, 90
Rechtsanwaltskammern 111
Rechtsauskünfte 32, 33
Rechtsbeistand 35
Rechtsberatung 32, 33, 35
Rechtsberatung, öffentliche 44
Rechtsberatungsgesetz 34
Rechtsmittel 197, 216
Rechtspfleger 220
Rechtsrat 33, 34
Rechtsrat, individueller 34
Rechtsschutzversicherer 60
Rechtsschutzversicherung 229
Regress 124
Rentenberater 35
Revision 197
Rückschein 57
Rückzahlungsverpflichtung 228

S
Sachenrechtsbereinigung 150
Sachverständigengutachten 78, 83
Schadensersatz 126
Schiedsämter 150, 153, 156
Schiedsgericht 148, 265
Schiedsgutachter 156
Schiedsrichter 149, 153, 156
Schiedsspruch 148
Schiedsverfahren 241
Schlichtung 144, 148
Schlichtungspflicht bei Bagatellstreitigkeiten 151
Schlichtungsstellen 154
Schlichtungsverfahren 144
Schriftstücke 78
Schuldnerberatungsstellen 48, 259
Schuldnerkartei 68
Schuldnerverzeichnis 215
Schutzgemeinschaft für allgemeine Kreditsicherung (Schufa) 71

Stichwortregister

schwarze Männer 73
Schweigepflicht 117, 122
Selbsthilfe 209
SMS2mail 28
Sozialverbände 47, 256
Sperrfristen 243
Spezialisierung 92
Sprache 103
Steuer 142, 202
Steuerberater 36, 42
Steuerberaterkammern 43
Stiftung Warentest 21, 29, 43
Strafbefehl 205
Strafrecht 90
Straftat 205
Streitwert 131, 247
Stundenhonorar 133
Stundung 61, 65
Suchmaschinen 23

T
Tarifverträge 24
Taschenpfändung 213
Tätigkeitsschwerpunkte 92
Teilzahlung 65
Telefonaktionen 30
Telefonberatung 118
Termine 74
test, Zeitschrift 21
Titel 95

U
Übersetzer 200
Untätigkeitsklage 88
Untersuchungshaft 205
Urteil 24, 190, 195

V
Verbände 32
Verbraucherberatungsstellen 260
Verbraucherinformationen 24
Verbraucherinsolvenzverfahren 48, 150
Verbraucherzentralen 45, 258
Verbraucherzentren 260
Vereinsregister 67
Verfügungsverfahren, einstweiliges 194
Vergleich 59
Vergleichsstellen, öffentliche 156
Verjährung 76, 127
Verkehrsrechtsschutz 235
Verkehrssünderkartei 206
Vermittlung 146

Vermögensverhältnisse 70
Versäumnisurteil 196
Versicherungsberater 35
Versicherungsfall 239
Versteigerer 35
Versteigerung 213, 217
Verteidiger 205
Verwarnung 206
Vollstreckungsantrag 212
Vollstreckungsbescheid 174
Vollstreckungsgericht 210, 212
Vollstreckungsklausel 211
Vollstreckungsstelle 210
vorformulierte Vereinbarungen 127
Vorschuss 135, 171, 199

W
Wartezeit 144
Werbemaßnahmen 105
Widerspruch 87, 151, 174
Widerspruchsfrist 174
Wiedereinsetzung in den vorigen Stand 189, 195
Wirtschaftsprüfer 36
Wohlfahrtsverbände 47, 256

Z
Zahlungserinnerung 61
Zahlungsrückstand 63
Zeithonorar 133
Zeitschriften 20
Zeitungen 20
Zertifizierungsstellen 79
Zeugen 78, 80
Zeugenbetreuungsstelle 82
Zinsen 63
Zinseszinsen 64
Zivilrecht 90
Zulassung 91
Zuständigkeit 185
Zustellung von Amts wegen 75
Zwangsvollstreckung 208

Der WISO-Zuschauerservice

WISO im ZDF ist die am meisten gesehene Wirtschaftssendung im deutschen Fernsehen. Die WISO-Tipps und andere geldwerte und informierende Sendungen haben schon vielen Zuschauern geholfen, ihre Rechte als Arbeitnehmer oder Verbraucher zu wahren, Geld zu verdienen oder zu sparen. Die Redaktion bietet darüber hinaus zur Ergänzung und Vertiefung der Tipps und Themen zahlreiche sendungsbegleitende Informationen: zum Abruf per Fax, im Internet (www.wiso.de), als Video-Text oder in Form von Büchern und Software. Hier ein Überblick über diese Dienstleistungen und Angebote.

WISO. Das Wirtschaftsmagazin – immer montags, 19.25 bis 20.15 Uhr, im ZDF.

WISO im ZDF.text auf den Tafeln ab 530.

WISO-Faxabruf. Kompakte „geldwerte" Informationen zu den Themen aus der WISO-Sendung. Den aktuellsten WISO-Tipp finden Sie immer unter 0190-25 00 25 3, das komplette Inhaltsverzeichnis aller abrufbaren Infos erhalten Sie unter 0190-25 00 25 (0,62 Cent pro Minute) sowie im ZDF.text, Tafel 533.

WISO im Internet. Unter www.zdf.de oder unter www.wiso.de mit Kurzfassungen der WISO-Tipps, aktuellen Zinskonditionen, Börseninformationen und vielen anderen Infos, die Ihnen helfen können, Geld zu sparen oder zu verdienen.

WISO-Magazin. Vierfarbige Monatszeitschrift. Mit vielen zusätzlichen Informationen zu den Beiträgen der WISO-Sendungen. Preis: 4,70 Euro als Einzelexemplar, 48,00 Euro im Jahresabonnement. Bestellung unter Telefon 01805-35 45 55 oder e-Mail wiso-service@zdf.de.

WISO-CD. Das monatlich erscheinende Medium für den PC. Ebenso wie das WISO-Magazin mit zahlreichen Zusatzinformationen zu den WISO-Tipps und anderen persönlich nutzbaren Themen. Dazu mit dem WISO-Wirtschaftslexikon, Grafikbibliothek und zusätzlichen „Knüllern" (nützliche Software). Hypertext ermöglicht einfaches Durchblättern und Zugriff auf Querverweise. Jederzeitiger Rückgriff auf die gesamte Wissensbank. Preis pro Stück: 7,14 Euro, im Abonnement 70,56 Euro. Bestellung unter Telefon 01805-35 45 55, per e-Mail wiso-service@zdf.de oder unter www.zdf.de im „WISO-Shop".

WISO-Bookware

Buch und Software in einem Paket

Software-Produkte aus der WISO-Redaktion. Viele Testsieger in ihrem Segment, zum Beispiel:

WISO-Sparbuch. Erscheint jährlich in aktueller Ausführung; Begleitbuch und Software auf CD-ROM. Hilft Steuern zu sparen und macht das Ausfüllen der Steuerformulare zum Kinderspiel.

WISO-Börse: Software zur Analyse und Verwaltung Ihrer Wertpapiere. Begleitbuch mit einer Einführung in das Geschehen an der Börse und zahlreichen Tipps. Bezug: siehe oben.

WISO-Mein Geld: Mehr als nur Homebanking. Ein umfangreiches Software-Paket zur Verwaltung Ihrer privaten Finanzen. Dazu ein Ratgeberbuch zum cleveren Umgang mit Geld.

Bezugsquelle: Buch- und Softwarehandel oder „WISO-Shop" unter www.zdf.de. Dort finden Sie auch die komplette Übersicht.

Die WISO-Bücher im Überblick

WISO Aktien Fonds Futures
Eine Einführung in die Börse
hrsg. von Michael Jungblut
320 Seiten, Paperback, 2000
€ 15,90 [D] / SFr 29,– (SB)
ISBN 3-8323-0624-2

WISO Bewerbungsberater
Überzeugende Unterlagen / perfekter Auftritt / Online-Bewerbungen / Networking / Bewerbermessen
hrsg. von Michael Opoczynski
288 Seiten, Paperback, 2001
€ 15,90 [D] / SFr 29,– (SB)
ISBN 3-8323-0740-0

WISO Börsen-Buch
Das aktuelle Lexikon der Geldanlage
3., aktualisierte und erweiterte Auflage
hrsg. von Michael Jungblut
448 Seiten, Paperback, 2001
€ 15,90 [D] / SFr 29,– (SB)
ISBN 3-8323-0745-1

WISO Die 99 besten Tipps
Rund um Geld, Familie, Eigentum, Gesundheit
hrsg. von Michael Jungblut
ca. 300 Seiten, Paperback, 2003
€ 15,90 [D] / SFr 27,50 (SB)
ISBN 3-8323-0942-X

WISO Erben und Vererben
Testament / Erbfolge / Pflichtteil / Steuern
2., aktualisierte und erweiterte Auflage
von Michael Opoczynski u. Jürgen E. Leske
240 Seiten, Paperback, 2001
€ 15,90 [D] / SFr 29,– (SB)
ISBN 3-8323-0847-4

WISO Euro-Berater
199 Fragen & Antworten rund um die neue Währung
von Michael Jungblut
192 Seiten, Paperback, 2001
€ 9,90 [D] / SFr 18,30 (SB)
ISBN 3-8323-0835-0

WISO Existenzgründung
Business-Plan / Finanzierung und Rechtsform / Steuern und Versicherungen / Checklisten und Adressen
2., aktualisierte und erweiterte Auflage
von Michael Opoczynski u. Willi Fausten
304 Seiten, Paperback, 2002
€ 15,90 [D] / SFr 29,– (SB)
ISBN 3-8323-0848-2

WISO Fondsführer
Aktienfonds / Immobilienfonds / Mischfonds / Indexfonds
Mit Lexikon & Glossar
Ein Ratgeber der ZDF-Wirtschaftsredaktion von Rudolf Rauschenberger
280 Seiten, Paperback, 2000
€ 15,90 [D] / SFr 29,– (SB)
ISBN 3-8323-0668-4

WISO Geld-Buch
Einkommen / Vermögensverwaltung / Kredite / Versicherungen / Gewährleistungen
4., aktualisierte und erweiterte Auflage
Ein Ratgeber der ZDF-Wirtschaftsredaktion hrsg. von Michael Jungblut
396 Seiten, Paperback, 2000
€ 15,90 [D] / SFr 29,– (SB)
ISBN 3-8323-0683-8

WISO Immobilienfinanzierung
Kassensturz / Kapitalbedarf / Finanzierungsformen / Förderungen. Mit vielen Checklisten und Rechenbeispielen
2., aktualisierte und erweiterte Auflage
Ein Ratgeber der ZDF-Wirtschaftsredaktion von Michael Hölting
272 Seiten, Paperback, 2002
€ 15,90 [D] / SFr 27,50 (SB)
ISBN 3-8323-0897-0

WISO Immobilienrecht
Probleme mit: Maklern, Bauträgern, Architekten, Handwerkern. Mit vielen Fallbeispielen und Formbriefen
Ein Ratgeber der ZDF-Wirtschaftsredaktion von Michael Hölting und Ines Gaedtke
304 Seiten, Paperback, 2000
€ 15,90 [D] / SFr 29,– (SB)
ISBN 3-8323-0625-0

WISO Kinder, Familie, Geld
Geld vom Staat / Weniger Steuern / Erziehungsurlaub /Kindesunterhalt / Stipendien
Ein Ratgeber der ZDF-Wirtschaftsredaktion hrsg. von Michael Jungblut
368 Seiten, Paperback, 2002
€ 15,90 [D] / SFr 27,50 (SB)
ISBN 3-8323-0933-0

WISO Krankenkassenberater
Gesetzlich oder privat? / Kassenwechsel / Leistungsvergleiche / Alternative Medizin / Billiger im Ausland? / Pflegeversicherung
Ein Ratgeber der ZDF-Wirtschaftsredaktion hrsg. von Michael Jungblut
288 Seiten, Paperback, 2002
€ 15,90 [D] / SFr 27,50 (SB)
ISBN 3-8323-0935-7

WISO Mein Auto
Kauf / Versicherung / Steuern / Mängel / Service
von Thomas J. Kramer
288 Seiten, Paperback, 2002
€ 15,90 [D] / SFr 29,– (SB)
ISBN 3-8323-0866-0

WISO Mein Recht
Das Wichtigste aus den Bereichen Arbeitsrecht / Mietrecht / Familienrecht / Erbrecht / Verkehrsrecht / Baurecht
von Sigrid Born und Nicole Würth
304 Seiten, Paperback, 2002
€ 15,90 [D] / SFr 27,50 (SB)
ISBN 3-8323-0899-7

WISO Meine Rechte im Job
Vertragsgestaltung / Urlaub / Krankheit / Kündigung / Zeugnis
von Axel Breuckmann u. Nicole Würth
ca. 300 Seiten, Paperback, 2003
€ 15,90 [D] / SFr 27,50 (SB)
ISBN 3-8323-0944-6

WISO Mieten und Wohnen
2., aktualisierte und erweiterte Auflage
Verträge / Mängel und Mietminderung / Nebenkosten / Musterbriefen & Checklisten
Topaktuell: Das neue Mietrecht
von Thomas J. Kramer
296 Seiten, Paperback, 2001
€ 15,90 [D] / SFr 29,– (SB)
ISBN 3-8323-0849-0

WISO Ratgeber Haustier
Steuern / Haftung / Versicherung / Tierpension / Mietklauseln
von Sigrid Born und Nicole Würth
ca. 300 Seiten, Paperback, 2003
€ 15,90 [D] / SFr 27,50 (SB)
ISBN 3-8323-0943-8

WISO Rentenberater
Riester-Rente / Lebensversicherung / Fondssparen / betriebliche Altersvorsorge / Direktversicherung
hrsg. von Michael Jungblut
288 Seiten, Paperback, 2002
€ 15,90 [D] / SFr 29,– (SB)
ISBN 3-8323-0868-7

WISO Scheidungsberater
Unterhalt / Sorgerecht / Zugewinnausgleich
Ein Ratgeber der ZDF-Wirtschaftsredaktion von Sigrid Born und Nicole Würth
3., aktualisierte Auflage
264 Seiten, Paperback, 2003
€ 15,90 [D] / SFr 29,– (SB)
ISBN 3-8323-1053-3

WISO Steuerberater 2002/2003
Schenken Sie nichts dem Finanzamt
von Günter D. Alt u. Klaus Bothmann
ca. 300 Seiten, Paperback, i. Vb.
ca. € 15,90 [D] / SFr 27,50 (SB)
ISBN 3-8323-0932-2

WISO Start Up
Die besten Konzepte der erfolgreichen Gründer
von Michael Opoczynski und Frank Thomsen
ca. 280 Seiten, Paperback, 2003
€ 15,90 [D] / SFr 29,– (SB)
ISBN 3-8323-0934-9

WISO Vermögensberater
Karriere / Wohlstand / Sicherheit
2., aktualisierte und erweiterte Auflage
hrsg. von Michael Jungblut
352 Seiten, Paperback, 2001
€ 15,90 [D] / SFr 29,– (SB)
ISBN 3-8323-0800-8

WISO Versicherungsberater
*Finanzielle Sicherheit zum fairen Preis
Mit den neuen Altersvorsorgeregelungen*
hrsg. von Michael Jungblut
320 Seiten, Paperback, 2002
€ 15,90 [D] / SFr 29,– (SB)
ISBN 3-8323-0744-3

WISO Vorsorgeplaner
*Hinweise für die Nachlassregelung /
Formulare für den Todesfall
Entwürfe für Patienten-, Betreuungs- und Organverfügungen
Alle persönlichen Daten im Überblick /
Mit vielen Checklisten und Musterschreiben*
von Thomas J. Kramer, Karin Meyer-Götz, Heinrich Meyer-Götz
200 Seiten, A4, Ringbindung, 2002
ca. € 19,90 [D] / SFr 35,90 (SB)
ISBN 3-8323-0869-5

WISO Wirtschaftswissen
*Von Abfindung bis Zahlungsbilanz
Ein Nachschlagewerk der ZDF Wirtschaftsredaktion*
hrsg. von Michael Jungblut
552 Seiten, Hardcover, 1999
€ 24,90 [D] / SFr 44,50 (SB)
ISBN 3-8323-0583-1

Tierisch gut!

Wer sich ein Haustier anschafft, macht sich vorher meist keine Gedanken darüber, dass dies auch rechtliche Konsequenzen hat. Zu groß ist die Freude über das neue Familienmitglied. Doch fast jeden Tierbesitzer holt früher oder später der Alltag ein. Welche Versicherung sollte ich abschließen? Was kann ich tun, wenn Tiere in der Mietwohnung gar nicht erlaubt sind? Wo gibt es geeignete Tierpensionen? Wer haftet, wenn das Tier jemanden verletzt? Der WISO Ratgeber Haustier beantwortet die am häufigsten gestellten Fragen von Tierbesitzern aus dem Bereich Recht und Steuern – einfach, verständlich und umfassend.

ca. 300 Seiten
Format 14,8 x 21 cm, Paperback
ISBN 3-8323-0943-8
15,90 [D] / sFr 27,50

Sigrid Born und **Nicole Würth** sind Rechtsanwältinnen und arbeiten seit mehreren Jahren als Autorinnen für das ZDF-Magazin WISO.

REDLINE WIRTSCHAFT
bei ueberreuter

Best of WISO!

Man muss nicht alles wissen – aber man sollte wissen, wo man nachsehen kann. Zum Beispiel in dieser Sammlung der meistgenutzten WISO-Tipps. Hier finden Sie zahlreiche Hinweise, die Ihnen helfen können, Geld zu sparen oder Nachteile zu vermeiden. Sie erfahren, wie Sie sich vor unberechtigten Forderungen schützen und wie Sie sich und Ihre Familien gegen Risiken absichern. Ob es um die Miete oder die Heizkosten geht, um ein Studium im Ausland, die Rente oder Krankenversicherung, eine Scheidung oder Erbschaft: Diese Tipps können Ihnen weiterhelfen.

392 Seiten
Format 14,8 x 21 cm, Paperback
ISBN 3-8323-0942-X
15,90 [D] / sFr 27,50

Michael Jungblut ist Fernsehjournalist, Leiter der ZDF-Wirtschaftsredaktion und Moderator von WISO. Er ist Autor zahlreicher Bücher; für seine Publikationen wurde er mehrfach ausgezeichnet.

REDLINE WIRTSCHAFT
bei ueberreuter

Von der Einstellung bis zur Kündigung

Weit mehr als 80 Prozent aller Erwerbstätigen verdienen ihr Geld als Arbeitnehmerin oder Arbeitnehmer, meistens über Jahrzehnte. Naturgemäß stellen sich in dieser Zeit viele Fragen rund um den Arbeitsplatz. Vor allem aber, wenn es zur Trennung kommt, ist guter Rat teuer: Welche Gründe braucht der Arbeitgeber für die Kündigung? Was für eine Abfindung steht mir zu? Der WISO-Ratgeber gibt in klarer und verständlicher Sprache Antworten auf alle wichtigen Fragen zum Thema Job und Jobverlust. Zahlreiche Tipps aus der Praxis helfen dem Leser, sich im Dschungel arbeitsrechtlicher Vorschriften besser zurechtzufinden.

296 Seiten
Format 14,8 x 21 cm, Paperback
ISBN 3-8323-0944-6
15,90 [D] / sFr 27,50

Axel Breuckmann und **Nicole Würth** sind Rechtsanwälte und arbeiten seit mehreren Jahren als Rechtsexperten und Autoren im Sektor Verbraucherfragen für das ZDF-Magazin WISO.

REDLINE WIRTSCHAFT
bei ueberreuter

Gesundheit ist Chefsache

Immer höhere Beiträge, immer weniger Leistung: Was zahlen die Kassen überhaupt noch, was müssen Sie aus eigener Tasche drauflegen? Ist das billigste Medikament gerade gut genug? Wer hat Anspruch auf Kuren? Lohnt sich ein Wechsel der Krankenkasse? Gesetzlich oder privat versichern? Wer zahlt für alternative Medizin? Fragen über Fragen, auf die sich angesichts der komplizierten Regelungen und Gesetze oft nur schwer Antworten finden lassen. Dieser WISO-Ratgeber zeigt, wie Sie den besten Versicherungsschutz finden und wie Sie die Leistungen bekommen, auf die Sie Anspruch haben.

ca. 300 Seiten
Format 14,5 x 21 cm, Paperback
15,90 [D] / sFr 27,50
ISBN 3-8323-0935-7

Michael Jungblut ist Fernsehjournalist, Leiter der ZDF-Wirtschaftsredaktion und Moderator von WISO. Er ist Autor zahlreicher Bücher; für seine Publikationen wurde er mehrfach ausgezeichnet.

REDLINE WIRTSCHAFT
bei ueberreuter

Mut zur Lücke?

Nur wenige wissen, wie hoch ihre Rente später einmal sein wird. Wer sich zu spät um seine Altersversorgung kümmert, muss fast immer feststellen, dass es zu spät ist, um noch etwas zu tun. Wer dagegen früh damit beginnt, für den dritten Lebensabschnitt vorzusorgen, kann auch mit kleinen Beiträgen viel erreichen. Der berühmte Zinseszinseffekt sorgt dafür, dass auch aus kleinen Beträgen ein ansehnliches finanzielles Polster werden kann. Aber auch in späteren Jahren lässt sich noch manches tun. Der WISO-Rentenberater erläutert, wie unser Rentensystem funktioniert. Er informiert darüber, was der Durchschnittsrentner zu erwarten hat und wie aus eigener Initiative eine solide finanzielle Basis für den dritten Lebensabschnitt geschaffen werden kann.

ca. 300 Seiten
Format 14,5 x 21
Paperback
ISBN 3-8323-0868-7
15,90

Michael Jungblut ist Fernsehjournalist, Leiter der ZDF-Wirtschaftsredaktion und Moderator von WISO und anderen Wirtschaftssendungen. Er ist Autor zahlreicher Bücher; für seine Publikationen wurde er mehrfach ausgezeichnet.

300.000 Mietrechtsprozesse jährlich!

Seit September 2001 gilt das neue Mietrecht, das wesentliche Änderungen mit sich bringt, die sich auch auf Altverträge auswirken. An den Konflikten zwischen Mietern und Vermietern hat sich jedoch leider nichts geändert. Dieser Ratgeber zeigt den Weg durch den Rechtsdschungel und gibt Auskunft über die neuen Regeln bei Kündigungsfristen, Mieterhöhungen, Betriebskosten, Modernisierungsmaßnahmen sowie Zeitmietverträgen. Er bietet kompetente Hilfe bei der Konfliktlösung und enthält zahlreiche Musterurteile, aktuelle Gesetzestexte und Formbriefe.

296 Seiten
Format 14,5 x 21
Paperback
ISBN 3-8323-0849-0
15,90

Thomas J. Kramer ist Redakteur beim ZDF. Seit 1996 ist er WISO-Tipp-Moderator. Er veröffentlichte bereits einige Publikationen zum Thema Miete.

REDLINE WIRTSCHAFT
bei ueberreuter

Aller Anfang ist schwer

Dieses Buch steht allen zur Seite, die ein eigenes Unternehmen gründen wollen und dabei die Chancen und Risiken abwägen möchten. Denn bei der Existenzgründung zählt außer der Idee und dem Willen vor allem eine umfassende Vorbereitung und die richtige Strategie. Dieser Ratgeber unterstützt bei den Initiativen, die der Gründer selbst entwickeln muss. Die beiliegende CD-ROM enthält informative Adressen sowie Webseiten und E-Mails, Musterschreiben, -formulare und Checklisten. Diese aktualisierte Auflage berücksichtigt u. a. bereits das neue Kredit-Rating der Banken.

304 Seiten
Format 14,5 x 21
Paperback
ISBN 3-8323-0848-2
15,90

Michael Opoczynski ist Fernsehjournalist, Redaktionsleiter und Moderator der ZDF-Wirtschaftssendung WISO.
Willi Fausten war lange in den Bereichen Verkauf, Marketing und strategische Unternehmensentwicklung beschäftigt, wobei er u. a. in der Zentrale eines Franchisesystems als Berater, Trainer und Coach agierte. Jetzt ist er selbstständiger Berater von Einzelpersonen und Großkonzernen.